日德兰

胜败攸关 12 小时

1916

[英] 安格斯·康斯塔姆 著

武宁 译

Angus Konstam

JUTLAND 1916

TWELVE HOURS THAT DECIDED
THE GREAT WAR

图书在版编目(CIP)数据

日德兰1916：胜败攸关12小时 /(英)安格斯·康斯塔姆(Angus Konstam)著；武宁译. -- 上海：上海社会科学院出版社, 2019
 ISBN 978-7-5520-2747-1

Ⅰ.①日… Ⅱ.①安… ②武… Ⅲ.①第一次世界大战战役—海战—史料 Ⅳ.①E194.3

中国版本图书馆CIP数据核字(2019)第088000号

上海市版权局著作权合同登记号：09-2019-347

JUTLAND 1916: TWELVE HOURS THAT DECIDED THE GREAT WAR
By ANGUS KONSTAM
Copyright © Angus Konstam
This edition arranged with ANDREW LOWNIE LITERARY AGENT
through BIG APPLE AGENCY, INC., LABUAN, MALAYSIA
Simplified Chinese Edition Copyright ©
2019 Beijing Paper Jump Cultural Development Co., Ltd.
All rights reserved.

日德兰1916：胜败攸关12小时

Jutland 1916: Twelve Hours That Decided The Great War

著　　者：［英］安格斯·康斯塔姆(Angus Konstam)
译　　者：武　宁
总 策 划：纸间悦动　刘　科
策 划 人：唐云松　倪谦谦
责任编辑：王　勤
特约编辑：倪谦谦
封面设计：左左工作室
出版发行：上海社会科学院出版社
　　　　　上海顺昌路622号　邮编200025
　　　　　电话总机021-63315900　销售热线021-53063735
　　　　　http://www.sassp.org.cn　E-mail: sassp@sass.org.cn
印　　刷：鑫艺佳利（天津）印刷有限公司
开　　本：880mm×1230mm　1/32
印　　张：15
字　　数：310千字
版　　次：2019年9月第1版　2019年9月第1次印刷

ISBN 978-7-5520-2747-1/E·026　　　定价：88.00元

版权所有　侵权必究

目录

序 i
关于距离、方向和时间的说明 v

引子 01

第一部分　决战难免 07
第一章　无畏舰横空出世 09
第二章　开赴决战场 24
第三章　费舍尔的荒唐 43
第四章　首轮交锋 58
第五章　诱敌出港 74

第二部分　泰坦交锋 93
第六章　春季出击 95
第七章　发现敌舰！ 111
第八章　该死的船 129
第九章　向北撤退 153

第十章	杰利科介入战斗	173
第十一章	无畏舰上阵	189
第十二章	战术大转向	212
第十三章	再逢良机	226
第十四章	哈托格的死亡之行	238

第三部分　舍尔脱身　263

第十五章	光线趋暗，希望渐微	265
第十六章	黄昏对决	282
第十七章	夜幕掩护	294
第十八章	侦察敌阵战线	306
第十九章	一支驱逐舰队的覆灭	325
第二十章	突破重围	348

第四部分　取胜无望　369

第二十一章	空荡的海面	371
第二十二章	宣传战	393
第二十三章	孰为胜者？	401
第二十四章	纵观全局	412

后记		425
附录　参加日德兰海战的大舰队		430
参加日德兰海战的公海舰队		437
参考文献		442
注释		448

序

日德兰海战是个谜团。这是一场参战双方都宣称自己获胜的战争,但它也是一场难以区分胜利者和溃败方的战争。当天北海海域弥漫在一片大雾之中,这似乎也给事实蒙上了一层神秘的面纱。一个世纪后的今天,事情已经变得明朗一些。尽管当年参战的水兵已不复在人间,没有谁能跟我们说说他们的故事,但许多人记录下了自己的经历,使我们不乏第一手资料。实际上,资料数量太多了——其中许多描述相互矛盾,甚至干脆就是错误的。不过这也不足为奇,鉴于这场战役战线拉得太长,情况过于复杂,没有哪位亲历者能够尽览全局。我们还掌握了其他丰富的、更官方的记录,而且就在近期,人们又发现了日德兰战役中许多战舰的残骸,并对其进行了考察。这团迷雾终于开始渐渐消散。

我第一次听说这场战役时还是个孩子。在奥克尼(Okerney)就能够看到大舰队战时所用的广阔锚泊地,如果在这里长大,一想到斯卡帕湾(Scapa Flow)曾经满是战舰,在1916年的5月轰隆着驶出这片宽阔隐秘的锚泊地去参加战斗,你就不禁会心驰神往。最早了解到关于这场战斗的信息时,我还处于少年时代,当时我就被一排排在战斗中胶着的无畏舰及成群快速出击的驱逐舰的故事深深吸引了。于我而言，毫无疑问是英国赢了。毕竟，德国失败的确凿证据从我的卧室窗口就能看到。它俯视着德国投降后公海舰队被扣押的地方，一年之后，德国海军就在这里将整个舰队凿沉，从而不令其落入协约国手中。后来，我甚至潜到那3艘仍躺在这片水域的德国无畏舰旁——它们像是一座座锈迹斑斑的水下纪念碑，提醒着人们德国曾试图从英国手中夺走制海权。这3艘战舰全都参加了那场在日德兰半岛附近展开的战役。*

由于生长在奥克尼，我还知道另外两位参加过日德兰海战的"老兵"，它们也长眠于斯卡帕湾底，这更加令我心痛。1917年，"前卫号"无畏舰在其停泊地爆炸了，这是一场由弹药库意外爆炸造成的悲剧。它的残骸现如今还散落海底。其次是"皇家橡树号"，带着它的834名船员沉入海底，从我的卧室窗口几乎就能看见它沉没的地方。它虽然在日德兰一役中幸免于难，但却在1939年另一场战争爆发伊始便被德国U型潜艇击沉在斯卡帕湾的锚泊处。后来，我加入了皇家海军，这一经历让我有幸读完了大学，并使我越来越痴迷海军历史。几年的海军经历让我对参加过日德兰海战的水兵当时可能过的生活有了一定的了解，尽管他们的海军生涯与我的全然不同。不过，关于这5艘沉船的记忆从未从我脑中消失，对他们象征意义的思考也一直萦绕在我脑际。

---

* 1918年战败后，德国公海舰队74艘战舰被协约国押解至斯卡帕湾，后于1919年6月21日集体自沉，最终52艘战舰覆没于此。部分沉船始终未被打捞，包括文中提及的3艘战列舰："国王号""王储号"和"边境总督号"。——编者注

今天，无畏舰时代似乎早已被人们遗忘在记忆深处。跟一个世纪前相比，如今的皇家海军简直连它的影子都不如，当时的英国海军力量可谓如日中天。帝国的势力也是如此，盛极一时，因为海军和帝国之间有着密不可分的联系。将它们联系在一起的正是"海权"（seapower）——日德兰一战正是为争夺这一极为重要的资产而打响的。英国依赖其对海洋的控制，如果没有舰队，它的帝国势力就会像一堆枯枝落叶一样土崩瓦解。而海权的真正裁决者是战列舰队——一国的无畏舰部队。如今看来，这些用钢铁打造的庞然大物可能看起来像是从20世纪初"蒸汽朋克式"幻想中走出来的，但它们却代表着那个时代的工业和技术力量。无论这些舰船是英国的还是德国的，它们都集雄伟、优雅与破坏力于一身，而这破坏力比之前任何军舰都强得多。

我对这些巨舰的痴迷从未衰减，反而日渐强烈。关于它们的故事，尤其是那场伟大的考验，我了解得越多，就越对日德兰着迷。关于这场战役的书都能装满几个图书馆了——有些支持这一方，有些赞同另一方，而更多的是对战斗进行刨根问底的分析。自从舰队班师回港以来，关于这场战役各个方面的争论一直铺天盖地，从舰船的设计，到运用舰船的方法和策略，再到更偏技术层面的敌对双方火控系统。跟希佩尔和贝蒂一样，杰利科和舍尔也都做出过各自的评论。我对这一切研究得越多，越觉得自己的看法在不断地改变。我开始感到自己越来越敬重杰利科和舍尔了，他们在使用没有参战经历的舰船和火炮进行战斗的同时，还得应付新的战争要素，如鱼雷、潜艇、飞机和无线电。我要向他们脱帽致敬。

最重要的一点是,我觉得日德兰海战还跟一个世纪以前一样,今天的人们对它仍然知之甚少。许多人用"非决定性"(indecisive)一词形容这场战役——一场全无成就的战役,对战局的决定性意义更是寥寥。其他人则将其视作英国的胜利,因为它依然保持着绝对的海上优势,而德国人已经仓皇逃回港内,而且日德兰一战之后,他们似乎不愿再驶出港口。另有少数人将双方舰船损失和人员伤亡数量加以对比,作为例证,声称是德国人赢了。当然,跟一个月后索姆河战役中的流血相比,这点儿伤亡显得无关痛痒。但尽管如此,索姆河一战也不是决定性的——虽然人员伤亡超过100万,但这场大屠杀对结束战争仍没有起到多大作用。相比之下,日德兰海战中的伤亡虽不及索姆河战役的百分之一,但在最终确保德国战败这方面,却比西线上任何数量的死亡所做的贡献都大。总之,日德兰海战的关键不在于取得成功而在于不容失败——夺得胜利的桂冠固然可喜,但海上的失败则无异于输掉整场战争。这也是为什么说日德兰海战是第一次世界大战中最具决定性意义的战役之一,以及一个世纪之后,它为什么应该得到人们更多的了解。

安格斯·康斯塔姆
2016年于爱丁堡

关于距离、方向和时间的说明

在本书中，对舰船的描述往往用的是正前方（ahead）、正后方（astern）、舰尾（quarter）或正侧面（beam）等航海术语。这些航海术语可能会让人摸不着头脑，但它们都遵循一个简单的逻辑，对此，可以用一张图做出最好的解释。

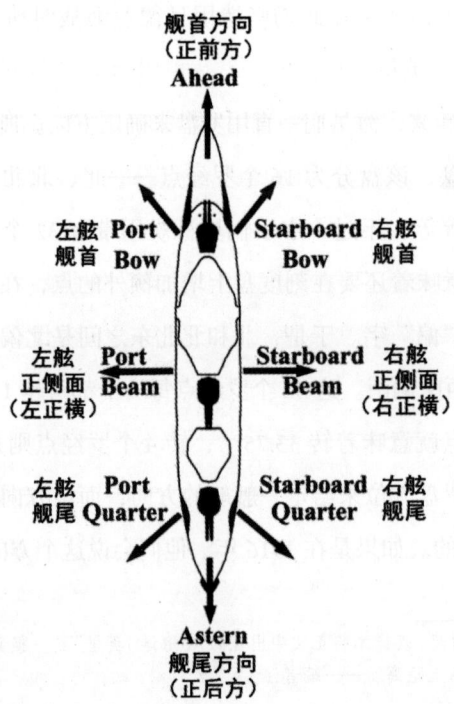

在本书中,"英里"一词皆指"海洋英里"。实际上,"sea mile"("海洋英里")和"nautical mile"("海里")类似——前者乃后者之简化版。从历史来看,海里传统上表示的是地球子午线圆周的一弧分——圆周的360°被等分为60弧分。

在日德兰海战的年代,一海里被确定为6 080英尺(约1853.2米),但实际上——比如在航海和火炮射击领域——将海上距离按等于2 000码(1828.8米)的长度单位划分则更加方便。这就是所谓的"海洋英里"。一海洋英里又被分为10链,一链等于200码或者100英寻,一英寻等于6英尺或2码。1925年之后,单位"国际海里"的长度被确定为1852米,这便是今天所有人都使用的系统。不过,我们在此仍坚持用日德兰海战时所采用的"海洋英里"(简称"英里")[*]。

2 000多年来,海员们一直用罗盘来确定方向。所有人都通晓它的罗经刻度盘,该盘分为16个罗经点——北、北北东、东北、东北东、东,等等。不过,水手们更喜欢用带有32个罗经点的罗经刻度盘。这意味着还要在刻度盘上增加额外的点,在它们的名称之间加入一个"偏"字。于是,北和北北东之间是北偏东,西南和南南西之间是西南偏南。这32个罗经点每一个都跨越11.25°,因此,转3个罗经点就意味着转33.75°,转4个罗经点则是转45°。今天,我们用罗盘方位来给定一艘船的方向,而该方向是以角度(如145°)测量的。如果是在1916年,他们会说这个方向是东南偏南。

---

[*] 为便于读者理解,汉译本将正文中出现的"(海洋)英里"统一换算为"海里"或"千米"来表示海上距离。——编者注

这在现代人听来有些困惑，但对于第一次世界大战时期的一名无畏舰舵手而言，这个术语在几代人以前便已存在。

为简单起见，在本书中，我们没有考虑日德兰半岛附近真北和磁北之间的细微差别。然后要说的是日德兰海战中船员的报时方式问题。虽然英德两国在1916年5月底采用的都是夏令时，但德国的时钟比英国的早一小时。在本书中，我坚持使用英国的计时方式，不过有一种情况除外，即所提到的时间出现在来自德方的引语时。在这种情况下，我都在后面的括号里加上了对应的英国时间。另外，我还采用了12小时制的时钟，因为虽然当时皇家海军已经正式接受了24小时制的时钟，但德意志帝国海军尚未接受。除此之外，大多数在日德兰海战中写下自己经历的人使用的也是12小时制。

最后要说明的是书中所提到的射程和距离。这些数字大部分来自射击测距仪，但有些仅仅是记录数据的士兵自己估算的数值。有些数值可能是错的。因此，书中的每一幅地图也可能如此。当时尚没有卫星导航，导航全凭航位推算。在战斗过程中，领航员可能会犯些错误。

对此英军驱逐舰上的一名中尉总结得很完美，以下是他的原话："我一手拿着三明治，一手握着圆规，凝视着航海图，努力想算出我们的位置，却是徒劳。这就好比让巧妇去做无米之炊，因为舰长当时忙得焦头烂额，没有记下我们航线和速度的诸多变化。我曾寄希望于领航员留在海图桌上的笔记本，但它里面一片空白，像从未使用过一样。然而，导航并不是我们当前首要考虑的问题，于是我乐观地在海图上画了一个圆圈，并在旁边标记上20点30分（估计值）。"

引子

1916年5月31日刚过下午4点,英德两军的战列巡洋舰就陷入了胶着的战斗之中。这并非它们之间第一次炮火的洗礼——在此之前双方交过手——但这次冲突有所不同。这场战斗规模更大,火力更加疯狂,无疑也是更加致命的。那天下午的参战人员如今都已不在人世,但是人们仍然可以感受得到当时的戏剧性场面以及那一刻的兴奋和恐惧——这些场景都被当时在场的人记录下来。目睹这些雄伟的军舰喷着蒸汽驶向战斗,许多人心中不禁升起一股自豪之情。有些人在忙着自己的工作——装填炮弹,计算弹道,以及检查不断缩短的射击距离。还有一些人被更现实与理智的恐惧所笼罩,他们担心敌人的下一颗炮弹就会径直朝自己扑来。虽然他们明白自己正经历着一生中最重要的几分钟,但对太多人而言,这几分钟也将是生命的最后时刻。

战列巡洋舰(battlecruiser)是一种新型战舰——既拥有战列舰的致命火力,又不乏巡洋舰的机动速度和优雅外观。[1] 在船舶设计师看来,火力、速度和防护"三位一体"之间的平衡是最重要的。然而,在战列巡洋舰,尤其是英国的战列巡洋舰设计中,设计师们放弃了装甲,目的是使舰船获得最快的航速和最大的杀伤力。日德兰海战将是对这种激进而不平衡之设计的终极测试。现在,11艘这样雄伟、威猛但很脆弱的军舰正在对阵,舰上的火炮向敌人投掷着巨大的炮弹,熊熊的火焰随之喷吐而出。在这场殊死决斗中,6艘英国战列巡洋舰对阵5艘德国战列巡洋舰。其中任何一艘战舰被一颗炮弹打中,都会给舰船本身和全体船员带来灾难。再过一会儿,炮弹真的会做到这一点。

海军中将戴维·贝蒂(David Beatty)爵士和弗朗茨·希佩尔(Franz Hipper)分别在各自的旗舰"狮号"和"吕佐夫号"上,两人故作镇定地观察着这场战斗。在此之前,他们进行过决斗,而这一次两人都认为可以拿下对手。他们都自以为有着秘密优势。双方都知道,在自己身后某个地方,一队无畏舰正火速前来支援。然而,他们彼此都没有意识到敌人的无畏舰已在海上。这将不仅仅是一场小规模战斗。相反,它恰恰开启了期待已久的算总账之日,德国人把这一天称为"决战日"(Der Tag)。海上之战可能在那个下午就会一决胜负。过去近两年的时间里,两大舰队要么不出港,要么试图诱敌作战,但总是徒劳无功。可现在,这样的等待终于熬过去了。首先,双方的战列巡洋舰将展开殊死决斗。然后,战列舰队将前来横扫敌方残部。

到现在,战斗已经肆虐了12分钟,双方都明确了各自的射程范围,开始痛击敌人。用12英寸(305毫米)*口径的火炮朝战

---

* 火炮口径上,德国使用的单位通常是"厘米",英国则是"英寸"。汉译本中保留双方惯用单位,同时会在英制单位后括号注明对应的毫米数值。——编者注

列巡洋舰开火一直被形象地比作拿锤子砸核桃。就英国而言，他们的核桃壳尤为薄弱。虽然已经有几发炮弹命中，但是没有一个算得上是有效打击。5分钟前，也就是下午3点55分，英军战列巡洋舰"虎号"上的一座主炮塔被炸毁，但是伤亡并不算重，短短几分钟后，火炮又将恢复战斗状态。更严重的反倒是德国战列巡洋舰"塞德利茨号"遭到的一击。它的C炮塔被炸毁，大多数船员也都丧生——在爆炸中葬身火海。下午4点，一颗德国炮弹打中了贝蒂所在的旗舰"狮号"，其上的Q炮塔遭遇了同样的不幸。炮塔被撕裂，船员或负伤或阵亡，只不过幸运降临，阻止了爆炸引起的猛烈大火向弹药库蔓延。否则那将毁掉"狮号"，贝蒂也会命丧于此。[2]

英德两军的战列巡洋舰平行地航行着，双方相距大约6.9海里。前方的其他舰船都在互相齐射，而两支舰队各自末尾的两艘船，英国的"不倦号"和德国的"冯·德·坦恩号"却一直在单打独斗，彼此对射。直到现在，这两艘军舰都无一命中。下午4点后不久，一轮28厘米口径炮弹的齐射对"不倦号"形成了跨射，炮弹碎片散落在它四周。"冯·德·坦恩号"的枪炮官马尔霍兹（Marholz）中校透过望远镜，看到他的一发炮弹命中了英国舰船的尾部。这时，位于"不倦号"前桅高处的第一信号兵查尔斯·法尔默（Charles Falmer）正忙着解开一些信号旗，所以他把战斗的全过程看得一清二楚，当然也包括敌人的第一发命中弹。两分钟后他仍在那里，这时"冯·德·坦恩号"的炮弹再一次袭来。

"冯·德·坦恩号"的这一轮齐射散落在"不倦号"附近，其中两发炮弹还击中了船身。它们从前桅上法尔默所在位置后方落下，打在了主桅和 X 炮塔之间。在"不倦号"的正前方是战列巡洋舰"新西兰号"，舰桥上的洛维特－卡梅隆（Lovett-Cameron）少校向船尾看时，刚巧看到了爆炸。随后，他注意到那艘船突然转舵驶向港口："当时我们正改变航向，它的转舵系统似乎被损坏了，因为它并没在后面跟上我们。"[3] 显然是出了什么问题。站在洛维特－卡梅隆身边的威廉·帕克南（William Pakenham）少将也看到了"不倦号"被击中的一幕："两三颗一起下落的炮弹击中了'不倦号'的上甲板外缘，与 X 炮塔在一条线上。随后发生了一起小规模爆炸，它摇晃着掉了队，从船尾处开始下沉。"[4] 在他看来，那好像是一处致命伤。正当他看着这一切，"不倦号"又一次遭到炮击。

这一次，德军的齐射炮弹落在了这艘战列巡洋舰的舰首周围，其中两颗炮弹打中了 A 炮塔。在超过一海里之外的德国 B-98 号驱逐舰上，观察员记得发生了一起爆炸，然后便看到巨大的火柱直冲天空。在"冯·德·坦恩号"上，马尔霍兹也看到了烟雾和火焰，升得跟"不倦号"的前桅一样高。就在桅杆上面，法尔默看着自己的舰船在脚下分崩离析。"船上发生了可怕的爆炸——弹药库被引爆了。我看到大炮像火柴棍儿一样被抛到空中——那可都是 12 英寸（305 毫米）大炮呀——还有许多人的肢体，反正什么都有。"[5] 这艘船开始侧翻。"新西兰号"上惊恐万分的洛维特－卡梅隆目睹了这艘船爆炸的情景："主爆炸开始前是一片片的大火，随即一团漆黑的浓烟遮住了我的视线，之后便看不见那艘船了。船上各种各样的东西都被冲上了半空,一只50英尺(约15米)长的哨艇甚至被冲到200英尺(约61米)高的天空,虽然被整个倒扣过来,但好像没怎么受损。"[6]

"不倦号"的船员根本就没有希望逃生。那天早上,一共1 019名官兵登上这艘战舰驶向战场,最终却只有两名幸存者。其中之一就是查尔斯·法尔默。他被远远地抛出船外,所以才避免了被沉船吸入海底的悲剧。他头脑恍惚得厉害,但不知怎么竟活了下来——在油污覆盖的冰冷水面上漂浮了近5个小时后,他被一艘德国驱逐舰救起。另一位幸存者是一名一等水兵,沉船时他也在前桅上。其余人尽数罹难。

全体船员顷刻就被消灭,幸运的人被炸成碎片,不幸的则在冰冷的海水涌进时被深深地困在了沉船中。战列巡洋舰的激烈拼杀才刚持续15分钟,便已有1 000多人阵亡。然而,这场气势磅礴的海战还将断断续续地肆虐12个小时。"不倦号"被撕裂仅仅是拉开了铁甲巨兽间腥风血雨般冲突的序幕,现如今我们称此一役为"日德兰海战"(Battle of Jutland)。

第一部分

决战难免

第一部分

失败难免

第一章

无畏舰横空出世

通往日德兰半岛的道路始于英国海军部的一张大橡木桌。这张桌子摆在一条带花纹的深红色地毯上，在第一海务大臣、海军元帅约翰·费舍尔爵士的办公室里格外显眼。透过房间高大的窗户可以俯瞰白厅，那是帝国政府的心脏，其他几面墙上则挂着海军先辈中伟大将领的画像，还有一幅描绘特拉法尔加海战的油画，这一战役是英国最伟大的海军英雄霍雷肖·纳尔逊生命中最辉煌的胜利。正是从这张整洁地堆放着一沓沓报告和信件的桌子上，费舍尔把他的意志加诸英国皇家海军，将其拉进了蒸汽、钢铁和火炮的现代时期。一些现任官员反对那些给海军思想和舰船建造带来革命的事物，还有一些顽固的退役海军将领致信《泰晤士报》，发表反对言论。不过，大多数人还是意识到了，如果大不列颠要继续保持对潜在敌人的优势，即1805年在特拉法尔加海战中赢得的海上霸权，改变现状便显得至关重要。一个世纪之后，约翰·费舍尔就像前人一样，也在竭力维持这种优势。

"杰基"

对同时代的人而言，约翰·阿巴思诺特·费舍尔（John Arbuthnot Fisher，1841—1920）更像是一股自然之力而非凡人。[1]在其跨越半个多世纪的海军生涯中，他一直力主改革，坚定地提倡现代化，使用新技术。他不欢迎那种把仪容内务看得比战斗效率还重要的海军，相反，他想要的不仅是一支招之即来、来之能战的海军，还要是一支能比敌人更好、更快、在更远射程内作战的海上舰队。这势必引发了他与海军中反对分子之间的冲突，但在费舍尔掌权之后，他便能无视反对者的意见。在1904年10月21日，也就是特拉法尔加战役胜利99周年这一天，费舍尔成为第一海务大臣，这是皇家海军中职业军官的最高职位。从那一刻起，他开始着手将海军拉进现代化时期。

费舍尔为人有许多特点。他不喜欢有组织的体育运动，而是热爱跳舞，且舞艺极为精湛。在航海途中，虽然没有女性做伴，但他仍在船上组织跳舞。他有宗教信仰，在岸上的时候，每逢星期天，他往往要去听好几次布道。实际上，威斯敏斯特教堂主教曾警告过他，要提防"精神消化不良"。费舍尔对愚蠢之人从来没有耐心，并会毁掉他认为不够专业的军官的职业生涯，他因此而得了个专横霸道的恶名。其他所有人都称呼他"杰基"（Jacky），只不过从没有人当着他的面这样叫，这个名字会激怒他，而他统治其海军世界的手段可谓铁腕。

然而，费舍尔也有极具魅力的一面。先是维多利亚女王，再是爱德华七世国王，都对他评价很高，许多著名政治家和英国海军军官中较为进步的人士也都很钦佩他。他改革的力度、毫不客气的言语以及对任何阻碍者的无情践踏，无不令较为守旧的官员深感震惊。现在，作为新的职业海军军官首领，除了在管理层算是温和的议会和财政部，他几乎掌握着绝对的控制力。费舍尔可以随心所欲地塑造海军。

他的一生大部分时间都在准备迎接这一时刻的到来，以及随之而来的挑战。他出生于锡兰（现斯里兰卡），是家里的长子，母亲是一位漂亮的英国女人，父亲是个痴情的年轻上尉，在当时的第78高地步兵团服役。他父亲离开军队后成了咖啡种植园主，生意失败后，他成了一名殖民地警官，但是薪水很低。在6岁时，"杰基"被家人送回伦敦，跟同样穷困的外祖父一起生活。在13岁那年，他加入了皇家海军。1854年7月，通过写出主祷文、喝下一杯雪利酒以及裸体跳过一把椅子，费舍尔证明了自己适合在海军服役。他就这样成了一名海军军校学员，也就在那年夏天，他平生第一次登上了远洋舰艇。

"加尔各答号"是一艘木质风帆战列舰，在蒸汽时代到来后成为老式战舰。费舍尔后来回忆道："加入海军的那一天我还只是个小男孩，当时看到有8个人在受鞭打，我一下就晕了过去。"[2] 不过，费舍尔进步迅速，尽管他很容易晕船，而在这一点上，他跟纳尔逊一样。1855年夏天，"加尔各答号"出海去迎击敌人。当时正值英俄交战，所以"加尔各答号"被派往波罗的海增援邓达斯将军的舰队。不幸的是，纳皮尔认为这艘军舰是个负担，于是将它遣返回家了。

1856年7月,费舍尔获升海军准少尉,并加入了蒸汽动力炮舰"抱负号",这艘舰船将要开往中国水域。如此便开始了他在中国的五年海军生涯,而这五年为他日后取得的成就奠定了基础。"抱负号"抵达的时候,英军正与中国皇帝交战。尽管这次战争名义上称为第二次鸦片战争(1856—1860),但实际上是为了巩固欧洲在中国的贸易垄断地位,而英国从印度出口到中国的毒品只是其中一种重要商品。正是在这里,在这场不必要的小规模战争期间,费舍尔第一次目睹作战行动。不过,在广州港外对抗海盗的小规模战斗并没有令他准备好去迎接真正的战火洗礼。

1859年6月,"抱负号"加入了一支英国舰船中队,当时该中队正停靠在通往北京的白河(今海河)河口。担负守卫河口任务的是大沽口炮台,它们由一系列庞大的土木防御工事组成,戒备森严,而费舍尔就加入了攻击这些炮台的任务。顽强的抵抗很快便将英国登陆部队压制在泥滩上。费舍尔蹲在泥地里,四周满是被打死或受重伤的水兵。随后,石脑油燃烧弹制造的火焰把船员活活烧死在自己的同伴面前。费舍尔后来写道:"我一辈子都不曾闻过这样可怕的气味。"[3] 进攻计划被迫放弃,水兵们在夜色的掩护下撤了回去。

在大沽口炮台负伤的人员中,就有"抱负号"舰长查尔斯·沙德韦尔(Charles Shadwell)。他在费舍尔心中就像父亲一样,所以,当他因伤势被送回英格兰时,这个少年看到他离开心里很难过。两人分别之前,沙德韦尔将袖扣送给了费舍尔,半个多世纪以后,费舍尔仍然戴着这个有着纪念意义的礼物，将它视为珍宝。沙德韦尔还对他的这个年轻门生赞赏有加，所以第二年春天，费舍尔就获升署理上尉军衔，并被派往位于中国海域的另一艘炮舰"暴怒号"。费舍尔后来描述这艘明轮船时，称它是"行动迟缓的破旧小船"，并用"撒旦"来形容该船的指挥官，4 但琼斯舰长却对这个年轻军官表示满意。当第二年该舰回到朴次茅斯后，琼斯谈及费舍尔时说道："作为水手、军官、导航员及一名绅士，我再如何称赞他也不过分。"5 对一名年轻水手而言，简直很难想象出比这更高的赞誉了。

轻松通过上尉考试后，费舍尔被分配到海军炮术学校"卓越号"上。"卓越号"原先可能只是一艘停泊在朴次茅斯港的木质巨舰，但在1861年，它成了海军火炮射击术的研究中心，而炮术恰恰是海上胜负的仲裁者。正是在这里，费舍尔真正开始出名。对一名进步的海军军官而言，那是一个激动人心的年代。过去的几十年见证了蒸汽动力之于风帆动力的绝对优势，带有铁板或钢板绝佳保护的装甲舰也在这几十年间出现。许多年轻军官像费舍尔一样，通过阅读了解到最新的技术成果，并参加过南北战争、普丹战争及意大利独立战争中的海上战斗。费舍尔狂热地支持技术变革，先是大力倡导火炮射击术，后来又坚定地提倡使用鱼雷。从这一刻开始，费舍尔将与改革、创新和作战效率紧密联系在一起。

变革的力量

费舍尔被派往"卓越号"后,又到皇家海军第一艘装甲战列舰"勇士号"上担任了一段时间的枪炮官。随后他回到炮术学校任职,这次是作为教官,之后又作为海军新式武器——鱼雷的专业评估人。在履职的空隙时间里,他还抽空向一位牧师之女弗朗西丝·凯瑟琳·德尔夫斯·布劳顿求爱并迎娶了她,开启了一段幸福美满的婚姻,这是费舍尔成功事业的奠基石。事实上,两人的婚姻生活充满浓情,以至于随后在香港"海洋号"上当舰务官的那段出海的日子成了一种强迫式分离,令费舍尔难以忍受。尽管如此,他仍然专注工作。多亏有费舍尔,这艘装甲战列舰配上了电气系统,使其搭载的所有火炮得以同时发射。"海洋号"因此成为舰队中第一艘采用这一创新系统的舰船。

1872 年,费舍尔回到"卓越号",他做的第一件事就是将鱼雷学校分离出去,归建到另一艘海上战舰"弗农号"上。在费舍尔的管理下,这两所技术学校将诞生一批有天赋、富有进取心的军官,其中包括约翰·杰利科(John Jellicoe)和珀西·斯科特(Percy Scott),后者将成为海军中火炮射击术的主要倡导者。1874 年,费舍尔成为上校,指挥的舰船也越来越有名,并在指挥舰队中最强大的战舰——"不屈号"时达到了巅峰。"不屈号"看上去很笨拙,但它有 4 个巨大的前装炮,威力不凡。1881 年,费舍尔成为它的第一任舰长,然后于 1882 年 7 月,他率领该舰参加了轰炸亚历山大港的行动,这是自克里米亚战争以来海军的最大行动。在全国人的瞩目下,费舍尔舰长成了海军名人。

随后,英军登陆部队刚一控制亚历山大港口,费舍尔就令人给火车披上装甲,并以此来防卫这座城市。在岸上的那段时间为他赢得了英国媒体的赞誉,但也就在这期间,他险些丧了命。他感染了疟疾和痢疾,并被遣送回国。在他到达位于马耳他的海军医院之前,人们一度觉得他会死去,但费舍尔活了下来,而且刚回到家就受到维多利亚女王的邀请,请他去夏宫——奥斯本庄园里静养。很明显,费舍尔舰长的仕途正青云直上。一些批评他的人——数量越来越多——认为他的肤色偏黄是因为有东方血统,后来德国皇帝还说他是"半个亚洲人"。不过,这位冉冉升起的海军明星却毫不在意别人的议论。

1883年4月,费舍尔身体康复,可以复职了,这次他作为指挥官回到了"卓越号"。随后,他又担任了其他多个要职,如海军军械总局局长,主管海军火炮的设计。而在1890年被授予将官军衔之后,海军少将费舍尔成为朴次茅斯造船厂的新一任总监。这可是一纸关键的任命。在其短暂的任期内,他监造了一艘新战舰——"君权号",完工周期之短打破了纪录。14年后,这段经历为他自己的快速舰船建造计划提供了蓝图。两年后,费舍尔当上第三海务大臣,负责英国战舰的设计和建造。1896年,他晋升为海军中将,次年,他便回到海上,出任北大西洋和西印度舰队司令。在费舍尔的率领下,这支曾经被认为封闭落后的舰队很快成了繁忙的舰队训练中心。

那里的成功最终换来了回报,费舍尔得到了令人钦羡的任命——指挥地中海舰队。他在北美水域启动的计划到了马耳他水域得以实现。费舍尔认为，舰队应该时刻做好上战场的准备，而且他决不容忍在力求高效方面有丝毫懈怠和抵触情绪。训练成为家常便饭，此外还有射击比赛和专业讲座。他一直保持着这种近乎疯狂的活动强度，直到 1902 年夏天，这时他以海军上将的身份返回伦敦，出任第二海务大臣，负责人事和训练工作。人们不会忘记他在地中海的这段时期。

行政官员汉基（Hankey）勋爵，后为皇家海军陆战队的一名军官，曾把费舍尔形容为一股旋风："对于没有体验过前一种体制的人来说，他们很难意识到费舍尔究竟为地中海舰队带来了怎样的巨变。他来之前，军官餐厅里的话题和争论主要局限于诸如清理油漆和铜器之类的问题……这些事已被抛诸脑后，取而代之的是对战术、战略、炮术、鱼雷作战、封锁等问题的持续辩论。这可谓是一场名副其实的海军复兴，每一名海军军官都感受得到。"[6]

作为第二海务大臣，费舍尔继续推陈出新，对工程师和海员一视同仁，甚至还试图将两班人马合二为一。后来证明这一步走得太远，但他设法改革了军官选拔和训练机制：裸体跳椅子的方式被面试所取代，他还在达特茅斯创立了不列颠皇家海军学院，如今胸怀抱负的见习船员仍然到这里学习技术。第二年，费舍尔获任远洋舰队之心脏——朴次茅斯舰队的总指挥，如此一来，他在通向海军最高职位的进阶之路上完成了最后一步。目前看来，费舍尔成为新一任第一海务大臣将顺理成章，因此，在 1904 年 5 月，第一海军大臣、政治家塞尔本（Selbourne）勋爵前往朴次茅斯向他授予了这一职位。如此一来，在1904年特拉法尔加日这一天，"杰基"费舍尔成了皇家海军的大权独揽者。

自1904年10月至1910年1月，费舍尔一直担任这一要职。事实证明，这6年时间对英国及皇家海军来说至关重要，其间发生了一系列重大事件，事后看来，可以说这些事件直接导致了日德兰海战的爆发。他任职期间的系列改革彻底改造了皇家海军。尽管存在强烈的反对意见，费舍尔仍坚持报废了舰队中最过时的舰船，尤其是"维多利亚级"炮舰，在他看来，这些舰船"弱到打不了仗，慢到逃不了命"。节省下来的资金及腾出来供职其他岗位的数千名船员很快就被用来配备新型战列舰，而这些战列舰将成为费舍尔海军的中坚力量。他重新整顿预备舰队，以使其时刻准备进入现役状态，他还鼓励全面训练、全面提高效率，并和珀西·斯科特上将一同着手提升总体欠佳的舰炮射击水平。不过他首先做的是建造了第一艘现代战列舰。

巨炮战列舰

过去几十年间，舰炮射击和战舰设计取得了长足的进步。蒸汽动力推进系统、装甲船体、后装炮和穿甲弹无不改变了主力舰（如人们所知的海军战列舰）的外形和作战能力。费舍尔担任第一海务大臣期间，世界各国海军列装的远洋战列舰的设计如出一辙——它们之间的差别相较甚小，不外乎尺寸和所配武器有所不同。几乎所有的战列舰都载有一组由4门重炮组成的主炮，它们分别安装在两座双联装炮塔上。在皇家海军中，这种最先进的战舰当属8艘"英王爱德华七世级"战列舰，不过在费舍尔开始执掌海军大权时，它们仍然在建。

毫无疑问，"英王爱德华七世号"战列舰及其姊妹舰看上去雄伟庄严。[7]它们集优雅与对称之美于一身，与舰艇建造局局长威廉·怀特（William White）爵士设计战列舰时所期待的效果一样。这些舰船还配备了那个时代令人赞叹的武器装备——每艘舰上都安装了4门12英寸（305毫米）、4门9.2英寸（234毫米）和10门6英寸（152毫米）口径的大炮。理论上，这令它们堪称海上最强大的战列舰。但不幸的是，当"英王爱德华七世号"战列舰于1905年年初开始服役时，已经变得落伍。它的过时都是拜费舍尔所赐，现在的他可以自由追寻自己那"巨炮战列舰"（big gun battleship）的梦想了。这意味着，不是建造一艘配备多口径、多类型大炮的战列舰，而是要打造一艘火力由多门单一口径主炮组成的战列舰——而且火炮口径要尽可能地大。这一建造军舰的基本理念是颠覆性的。

费舍尔很幸运，有位支持者和他一样，对打造巨炮战列舰也情有独钟。1902年，菲利普·沃茨（Philip Watts，1846—1926）爵士继威廉·怀特爵士之后出任舰艇建造局局长。他的第一项工作就是监督建造那8艘由其前任设计的"爱德华七世级"和其他9艘战列舰，此时，它们仍处于在建状态。他还得监督建造另外两艘为智利海军打造的战列舰，但这两艘战舰最终却由海军部购买，并在其授意下开始服役。在费舍尔上任以前，沃茨就主张过发展巨炮战列舰，但遇到了海军部相当大的阻碍。这倒不难理解，因为海军部不愿意将现有的战列舰队过早淘汰。换句话说，英国建造现代化战列舰的能力摆在那儿，但缺乏政治上的意愿。费舍尔将要改变这一切。

与此同时，沃茨还设计了两艘"纳尔逊勋爵级"战列舰，它们将主炮口径减少到两种。这一做法产生的结果是，出现了一种强大的混合式战舰，同时其也将成为最后一级老式战列舰。1904年10月之后，沃茨找到了费舍尔这位支持者，于是二人开始着手设计一艘新型战列舰，较之以前任何的舰船，其速度极快、装备甚优。尽管费舍尔成立了一个由经验丰富的军官组成的委员会来决定这艘战列舰的设计，但他和沃茨仍能够让他们循着早已确定的道路展开商议。费舍尔和沃茨才是这一将彻底改变海战面貌之战列舰设计的真正缔造者。

费舍尔和沃茨倾向于打造一艘能够装有多座炮塔、搭载多门巨炮的战列舰，其装甲能抵挡得住其他大型军舰的攻击，并且其涡轮动力主机可使它不但在航速上优于对手，而且机械性能也比对手更为可靠。[8]他们二人受到了美国和日本舰船发展的刺激，这两个国家的军舰设计师已经启动了相似的野心勃勃的项目，比如"南卡罗来纳级"和"萨摩级"战列舰。费舍尔心里很清楚，如果再不采取行动，皇家海军在数量和技术上的对敌优势都将失去。终于，海军部勉强同意授权建造一艘由沃茨设计的新型战列舰。最终成果便是"无畏号"，这艘战舰将完全打破旧有模式。

激励他们二人的是世界另一端在军舰制造方面所取得的进展。

1905年年初，日本开始建造"萨摩级"战列舰的前两艘，原计划将其打造成安装12门12英寸（305毫米）口径火炮的巨炮战列舰。由于缺少合适的炮筒，日本人不得不将它们改造为由4门12英寸口径和12门10英寸（254毫米）口径大炮组合而成的战列舰，不过即便如此，也令它们比沃茨的两艘"纳尔逊勋爵级"战列舰威力更大。随后海军部又获悉，美国海军也打算授权建造两艘自己的巨炮战列舰——"南卡罗来纳级"——其中第一艘将于1906年年末开始建造。这两艘战列舰将载有8门12英寸大炮，分别安装在4座炮塔上，两座在艏楼，另两座在艉楼，并且后方炮塔高于前方炮塔，总体呈阶梯状。英国似乎要被甩在后面了。

显然，任何要维持海军现状的希望很快将变得不合时宜。皇家海军要想维护其海上霸权，必须和这两支海外势力做一番较量。这就意味着，它要拥有属于自己的巨炮战列舰。这正是费舍尔和沃茨所需要的外部刺激。在来自美国和日本的情报部门报告的帮助下，他们能够快速推行自己的计划，抑或说是费舍尔严密监督的设计委员会做出的计划。结果得出了一份战列舰设计图，其理念固然具有革命性，但在广义上这也是战舰设计演化的结果。巨炮战列舰的时代已经到来——只不过费舍尔要确保这一时代首先光临英国。

谈起建造战列舰，费舍尔想起了他在朴次茅斯船厂的那段时光，以及他用破纪录的时间组织建造"君权号"的方式。这一次，他还会那样做。这艘新战列舰被费舍尔命名为"无畏号"，并于1905年10月2日在朴次茅斯开始建造。在组织生产方面，这位第一海务大臣很在行。他早已储备好了钢板和其他重要构件，并确保"无畏号"在使用材料、劳动力和资源方面具有绝对的优先权。结果，这一战列舰仅用时4个月多几天便做好了下水的准备。就这样，在1906年2月10日中午，费舍尔站在国王爱德华七世旁边，在这艘战列舰的舰首上，国王笨拙地试着打开了一瓶澳洲红酒，并高声宣布道："本王赐名'无畏号'予你。"紧接着，随着皇家海军陆战队乐队奏响国歌，这艘巨舰沿着船台滑入了朴次茅斯港冰冷的海水中。

当然，"无畏号"的下水仅仅是一个开端。之后，它又被送回船厂，成群的工人回到船上，开始了对它的装备过程。1 000多人每天工作将近12小时来完成这艘舰船的舾装工作。用作舰船装甲带的大型钢板安装妥当，巨大的巴布科克-威尔科克斯锅炉也配备到位，之后在5月，其涡轮机也安装上了。"无畏号"战列舰的动力系统几乎和其火力装备一样经过了革命性创新。此前的所有战列舰都是采用往复式发动机推动螺旋桨，而"无畏号"并非如此。它采用的是涡轮机——安装在一个转轴上的多个盘状钢质桨叶，随着高压蒸汽吹过这些桨叶，转轴便会转动。与往复式发动机相比，使用涡轮驱动螺旋桨出错的可能性大大降低，因为前者需要动用更多的运动机件，并对轴承和汽缸产生巨大压力。涡轮机就是船舶推进系统的未来，费舍尔和沃茨都心知肚明。

然而问题在于，涡轮机此前从未在大型军舰上装备过，只是用在小型雷击舰上。不过，冠达公司的邮轮"卢西塔尼亚号"和"毛里塔尼亚号"采用的就是涡轮机，费舍尔认为没有理由不能将它们用在"无畏号"上。4台庞大的涡轮机由泰恩赛德的帕森船用涡轮机公司生产,并于5月交付至朴次茅斯。3个月后的8月,随着"无畏号"战列舰进入干船坞,这几台涡轮机同其他动力装置一起接受了测试。它们表现得很完美。因此,"无畏号"战列舰的动力由燃煤锅炉和蒸汽轮机组合提供,推动4组巨大的螺旋桨,从而可使其达到最高21节的航速——比"英王爱德华七世号"还高出3节。尽管这看似没什么了不起,但确实令它成了世界上最快的战列舰。

6月,"无畏号"的火力装备也到了。费舍尔抄了捷径,挪用了本应装在沃茨设计的两艘"纳尔逊勋爵级"战列舰上的8门12英寸(305毫米)大炮及其炮塔。这样做加速了地位更为重要的"无畏号"战列舰的竣工。结果,这艘新战列舰到1906年10月就已准备好海上试航了——恰是该舰开始建造后的一年零一天。这真可谓一项了不起的成就,而最终成果更是一艘不可思议的舰船。仅两周之后,"无畏号"又测试了舰上的主炮——8门大炮进行了一次舷炮齐射。再次一切顺利,舾装也随之完成。于是,1906年12月11日这一天,也就是开工建造"无畏号"战列舰14个月后,该舰入列皇家海军开始服役。顺便提一下,日本的两艘"萨摩级"战列舰费时四五年之久才竣工,而"南卡罗来纳号"也用了3年多时间。

"无畏号"的一切都令人赞叹。[9]比起先前的战列舰,它的体形更大,结构也甚为坚固。唯有如此,它才能与其较大型的火力装备相适应,也才能承受住其舰炮开火时产生的冲击力。不像以前的战列舰有 4 门 12 英寸巨炮，"无畏号"共载有 10 门 12 英寸巨炮，分别安装在 5 座双联装炮塔上：一座炮塔装在舰首，一座在舰尾，一座在舰腹，另外两座分别装在前甲板上层结构的两侧。这意味着，它可以同时向一侧发射 8 发炮弹，向前方最多时可以发射 6 发。不像早先的战列舰，这些大炮可以集中瞄向同一点，利用一套复杂的火控系统对敌进行协调一致且火力密集的齐射。理论上，"无畏号"携带的火力装备是先前战列舰的 2.5 倍。实际上，其火力性能得到了指数级提高，这得益于该舰齐射炮弹的数量及潜在精准度。

简而言之，"无畏号"诞生后，先前所有的战列舰设计都被淘汰。有些老式战列舰甚至在"无畏号"开始服役时仍处于在建状态，但不久后它们就被统称为"前无畏舰"，这带有些许嘲弄的味道。事实上，这艘新型战列舰具有非凡的革命意义，根据其名称产生了一种全新的战舰——"无畏舰"。军舰新时代悄然来临。问海战之未来谁主沉浮？显然当属"无畏号"，以及像它一样威力无穷的海上巨兽们。

第二章

开赴决战场

"无畏号"战列舰可能已成为世界上威力最强的战舰，但外界对它并非没有微词。日后成为首相的大卫·劳合·乔治称其为"恣意挥霍、极其浪费的炫耀"。从某个角度来看，他说的没错——无畏舰时代的到来将令英国付出巨大的代价。通过淘汰英国庞大的现有舰队，费舍尔几乎将整个国家逼上了一条不断增加海军军费的不归路。费舍尔担任第一海务大臣期间，通过减少老旧舰船的开支及确保资金合理使用节省了不少资金，而现在这些资金已被消耗大半。然而，相较于从零开始打造一支全新的舰队，这些花费只算是零头。

无畏舰的出现还重新改变了海上局势。突然之间，英国强大的战列舰队现在变得无足轻重，它公认的制海权也不再有保障。一艘无畏舰便足以予敌重创，而一支无畏舰队将使其主拥有毋庸置疑的海上霸权。尽管英国先声夺人，抢在对手之前造出了第一艘无畏舰，但若不立即着手启动耗资不菲的造船计划，它的某个主要海上对手就可能打造出自己的无畏舰队，并利用它从皇家海军手中夺走海军强国的位置。

费舍尔很清楚这一点,所以他主张调整海军预算以供建造更多的无畏舰。就在"无畏号"战列舰仍处于在建状态的时候,又有3艘相似的舰船得到了批准,它们的规格将与最早的这艘几乎一样。[1]第一艘"柏勒罗丰级"战列舰于1906年12月3日在朴次茅斯开工建造,也就是"无畏号"开始服役的前一周。实际上,它是在同一个船台上建造的。这艘舰船只是许多同类舰中的第一艘,因为英国要努力保持领先地位。英国的对手也启动了自己的无畏舰计划,这给英国带来的危险显而易见。尽管费舍尔尽可能不动声色地建造"无畏号"战列舰,其他竞争国家还是对它了解了不少。毕竟,根据外交礼节,还是要邀请德国驻英国海军武官卡尔·冯·科尔珀(Carl von Coerper)少将出席下水仪式。他的详细报告将装在下一个外交邮袋里被送往柏林。[2]

德皇的海军

数十年来,英国一直视法国为其未来战争中最可能的敌手。然而,法国海军绝不是英国海军的对手,由于巴黎方面政见不统一,海军政策不能一以贯之,这一切都使法国海军无法进步。这意味着,法国海军的发展最多是断断续续的,而资源的缺乏则意味着它可能要花上10年时间才能造出一艘新战舰。这使得法国海军不可能跟上技术变革的脚步,因而,其舰船甚至在服役之前就已过时并被人超越。关于舰船建造的思路,有一派法国人认为应忽略战列舰,并把资源集中起来打造雷击舰和商船袭击舰队。然而，甚至连这一政策也缺乏人力和财力的投入。

不过，在1900年，海上势力中出现了一张新面孔。自17世纪晚期普鲁士登上政治舞台以来，它已发展成一个以强大军队为核心的集权国家。不过，它在海军上没什么拿得出手的，甚至在军事上也没有太大的抱负。虽然在打败法国的莱比锡和滑铁卢战役中，普鲁士军队发挥了一定的作用，但根据1815年达成的泛欧洲和平协定，普鲁士不需要打外部战争。然而，普鲁士的"铁血宰相"奥托·冯·俾斯麦改变了这一切。他将战争视为外交的重要延伸，因此骁勇善战的普鲁士军队参加了3场欧洲战争：1864年对丹麦的战争、1866年对奥地利的战争，以及1870—1871年对法国的战争。普鲁士不仅较为轻松地赢得了这3场战争，而且促成了德意志的统一。

1871年1月，德意志众小邦合并成一个新的德意志国家，以普鲁士国王威廉一世为皇帝（Kaiser）。俾斯麦成为宰相，在之后的20年里，他一直利用外交手段而非军队来捍卫这一新生的统一德国。他通过与邻国结盟来实现这一目的，这种外交策略很大程度上就是阻止法国和俄国联手。在这一时期，德国还发展成为工业和经济强国。尽管德国的工业生产能力尚不能与英国相媲美，但它拥有许多钢铁厂、枪炮铸造厂和机器制造厂，这意味着，一旦德国想组建一支舰队，它目前已经具备了必要的资金和技术。

1888年，德皇驾崩，其子腓特烈继位。数月后，他因喉癌也去世了。因此，1888年6月，腓特烈那29岁性情急躁的儿子成了威廉二世皇帝。新即位的皇帝与宰相之间的关系变得恶劣，因为威廉比起他的祖父更加盲目自大，奉行更为激进的外交政策。特别是他想得到"太阳下的位置"（a place in the sun），那种像不列颠和法兰西一样的殖民帝国。

俾斯麦于1890年辞职，从那时起，德皇便开始无拘无束地施行自己的外交和军事方针。当时的《笨拙画报》（*Punch*）刊登过一幅漫画，题为"扔掉舵手"，描绘了俾斯麦被留在岸边，德皇得以自由地为自己的国家之船掌舵。³这一比喻尤为恰当，因为德皇不顾俾斯麦的建议，执意要将德国打造成海上强国。

威廉皇帝与英国王室关系密切。其母是维多利亚女王的长女，而威尔士亲王爱德华——未来的英王爱德华七世——是她的弟弟，也就是威廉的"伯蒂舅舅"。威廉拜访过他的英国亲戚，而他对海洋的热情正是在朴次茅斯观赏皇家海军阅舰大典以及在考斯城（Cawes）参加赛艇会时点燃的。1894年，他读了阿尔弗雷德·马汉的著作《海权对历史的影响》（*The Influence of Sea Power upon History*，1890）一书，那位美国海军战略家对海权的推崇与这位皇帝将德国打造成海军和殖民大国的愿景不谋而合。在俾斯麦的协助下，他的祖父已将德国塑造成欧洲强国。现在，他要通过壮大海军，使德国变为世界强国（Weltmacht）。

德国已有自己的海军，实力只是勉强说得过去。⁴普鲁士有一小支用于海岸防护的部队，这支部队在1864年德国-丹麦战争中发挥了一定的作用。然而，奥匈帝国为因这场战争而临时组成的全德海军同盟提供了最大的一支分遣舰队。在随后的对奥和对法战争中，这支几乎老掉牙的普鲁士舰队构成了北德意志邦联海军

（Norddeutsche Bundesmarine）的一部分，后来又于1871年成为新组建的帝国海军（Kaiserliche Marine）的中坚力量。1869年，亚德河口（Jade Estuary）建了一处海军基地，以普鲁士统治者的名字命名为威廉港（Wilhelmshaven）。这一基地和波罗的海沿岸的基尔港（Kiel）日后将成为其孙创建的德意志帝国海军的主要港口。

1888年威廉继位之时，德国海军拥有一支规模可观的12艘铁甲舰部队，殊不知这些战舰日渐老化，全都没什么作战价值。然而，就在前一年，威廉皇帝运河（今基尔运河）的开凿工作已经开始，这将为德国两大海军基地——基尔港和威廉港——提供安全的连接通道。威廉随即开始扩充自己的小型舰队。在即位后的几个月内，威廉根据最初由祖父批准的计划，订购了一批共8艘海防战列舰。[5]这批战列舰中的第一艘——"齐格弗里德号"——在位于基尔港的日耳曼尼亚船厂投入生产，但是建造全部8艘舰船的资金在5年之后才拨下来。[6]1888年7月，威廉任命海军中将亚历山大·冯·蒙茨（Alexander von Monts）掌管德国海军部，并命其起草一系列方案，指导建造一批合适的远洋战列舰。

在蒙茨于1889年年初去世之前，他用了一冬天的时间来说服那些情非所愿的政客们，让他们相信新型战列舰将会取代整个日渐老化的铁甲舰队。于是，那年春天，不情不愿的帝国议会批准了6 400万马克的拨款，用以建造4艘这种新战舰。设计方案于当年完成，接着1890年年初，全部4艘战舰——现称其为"勃兰登堡级"——分别在基尔港、威廉港和斯德丁港（Stettin）的造船厂投入生产，三四年后就将进入服役。这标志着现代德国海军的真正开端。当时，威廉皇帝运河业已开通，法国媒体界对此一片愕然。在他们看来，英国方面好像几乎没有注意到此事。不过，这种态度即将改变。

蒙特斯去世后，德皇随即将帝国海军部一分为三。一是帝国海军办公室（Reichsmarineamt），负责行政和拨款事宜，并负责为海军和德国政府其他部门提供联系渠道。二是海军内阁（Marinekabinett），此为独立机构，负责监管海军人事工作，这一职责以前一直由军事内阁承担，该部门负责管理德国军队人员。三是帝国海军总司令部（Kaiserliches Oberkommando der Marine），该机构成为舰队的作战部门。德皇严密关注他的两个行政部门，并利用海军办公室来支持自己日益膨胀的雄心计划。然而，他却将舰队的实际指挥权交给了专业人士。蒙特斯去世后，海军中将马克斯·冯·德·戈尔茨（Max von de Golrz）被任命为总司令部司令，这是个新头衔，理论上下辖全部三个部门。但更为实际地说，他是帝国海军事实上的最高统帅。

海军拨出的另外一大笔经费于1895年到位，此时帝国议会同意拨款建造一批新级别的战列舰，体形比刚刚进入服役的"勃兰登堡级"还要庞大。这4艘新建造的"皇帝级"战列舰在布局上比"勃兰登堡级"更为优化，但仍然远不及英法俄三国现役的最新且更为强大的主力舰。问题在于，德国战列舰似乎一直都是由委员会设计的。这倒不难理解，因为海军人数不多的设计部门不但缺乏经验，还得应对在战列舰设计上总是"事必躬亲"的德皇的干预。德国海军真正需要的是一份面向未来的规划，以及一位愿意执行这项规划的指挥官。幸运的是，德国海军的救星正朝他们挥手走来。

提尔皮茨

阿尔弗雷德·冯·提尔皮茨（Alfred von Tirpitz）一直以来被奉为德国海军之父[7]，这不是没有道理的。1897年夏天，他来柏林履新，担任海军办公室大臣。他此前一直担任德国东亚分舰队司令，这一小支巡洋舰部队驻守在远东地区，主要还是出于外交考虑。在远渡重洋从中国返回德国期间，提尔皮茨起草了一份文件，这份文件将促使德国走上与英国交恶的道路。该文从海军的各方面证实了英国已经对德国构成了最严重的威胁。未来的任何一场海战都将是与皇家海军之间的较量，而战场就是北海。德国不应该再零零散散地造船，相反，应该集中资源打造一支强大的战列舰队，一支能够与英国人相抗衡的舰队。皇帝阅毕，赞同该文的真知灼见及其假设。

提尔皮茨为德国提出了雄心勃勃的海军新政策，而这位总设计师早在1865年就加入了普鲁士海军，也就是在普鲁士战胜丹麦人的第二年。在1866年普奥战争及1870—1871年普法战争期间，提尔皮茨在一艘风帆炮舰上服役，但没参加过战斗。他经常进出英国港口，于是渐渐地成了一名亲英者，曾称自己在朴次茅斯比在基尔更觉得安适自在。随着军衔的晋升，提尔皮茨的地位也慢慢提高，并于1878年被派去主管鱼雷监察团，这份工作与费舍尔的相似,负责评估鱼雷这一新式武器。在这儿,他继续研发雷击舰以发射这些武器,这反过来又促使他对德国海军的战术进行反思。提尔皮茨很快就要扬名立万了。

1888年,官至海军上校的提尔皮茨被任命为一支巡洋舰的指挥官——这对日后的晋升是必需的一步。此后,他又成为重要的波罗的海舰队的参谋长,通过频繁的演习、操练及模拟战斗,他将该舰队的作战效率提升到了一个很高的水平。在德皇到基尔港的一次巡视中,提尔皮茨以其打造强大战列舰队的坚定信念打动了皇帝陛下。德皇要求他详述这些理念,于是在1892年年初,他向威廉呈奏了一份详细的规划文件,提出了他所构想的舰队建设纲要。这份文件恰与皇帝自己的思想不谋而合,于是不出数月,提尔皮茨便被擢升为海军参谋总长。然而,二人仍不能放开手脚,因为吝啬的帝国议会不愿意增加海军预算。

1895年,时任海军少将的提尔皮茨提出了建设一支战列舰分舰队的计划,因为他和皇帝二人都对因缺乏资源而被迫采取权宜之计的造船方法大感苦恼。[8] 次年,帝国议会将海军预算削减了17%,于是,内心沮丧的皇帝对他的议会和海军办公室都失去了耐性。当时,提尔皮茨远在远东,指挥着东亚分舰队,但毫无疑问,威廉心里清楚自己需要谁来为海军争取利益。于是,提尔皮茨被召了回来。

身为海军办公室大臣,提尔皮茨少将不得不在帝国议会和皇帝之间进行协调。这可不是件容易的工作,但这位从没听过火炮怒响的将军却在政治舞台的刀光剑影中表现出了天赋。他打算首先争取俾斯麦的支持，虽然此时后者已退休且日渐年迈，不过仍具有相当大的影响力。此外，他还要赢得各派政党领袖的支持。提尔皮茨对德国其他要人也做了同样的事，从巴伐利亚和萨克森的小国君主到德国港口城市的议会领袖，这些人通过不断增长的德国海上贸易而逐渐富裕起来。他逐渐扭转了局势，为保护德国贸易和各个港口而建设一支更加强大的海军这个想法赢得了广泛支持。结果，在1898年3月，帝国议会以绝大多数的赞成票通过了提尔皮茨的《海军法案》。

德皇和将军现在终于有了造船所需的资金。4艘"腓特烈三世级"战列舰中的两艘此前已经动工在建，但另外两艘的建造工作却因资金短缺而推迟。现在这都不再是问题，它们的建造工作在夏季结束之前就已在基尔和埃尔宾（Elbing）两地开始。接下来，提尔皮茨批准了建造首批新战列舰——"维特尔斯巴赫级"战列舰——的最终计划，这些战舰于1899年分别在威廉港、基尔港和埃尔宾港开始施工建造。就战列舰而言，这几艘并不是什么不起的舰船。与"皇帝级"类似，它们的主炮是4门24厘米口径的火炮，抵不上同时期英国在建的装备12英寸（305毫米）大炮的战列舰。其实，提尔皮茨是有意这样设计的，因为他不想故意与英国敌对。不过，"维特尔斯巴赫级"仍说明战列舰队的创建向前迈出了一大步。

然而，这一切还不够。1899年年末，英国与南非布尔人之间的战争爆发了，而许多德国人视布尔人这一民族与他们有着血缘关系。在3艘德国商船被英国巡洋舰逼停后，德国上下顿时舆论哗然。事实上，这些船装满了给布尔人的武器和补给，但德国媒体认为这不是重点。那些报纸大声疾呼，要求改善海军防卫，于是，时为海军中将的提尔皮茨把握时势，提出了《第二海军法案》。该法案要求大幅扩充舰队规模，并呼吁制订未来20年的定期造船计划。这一切正是提尔皮茨和皇帝二人梦寐以求的。1900年6月，该法案在一股强烈的爱国主义热潮中由帝国议会通过。

这一举措给伦敦方面敲响了警钟。若不是为了挑战皇家海军的权威，德国为何想要将战列舰队规模扩大一倍？尽管该法案没有将矛头直指英国，但它不断提及一个更大的海军强国，提尔皮茨意在指谁便几无疑问了。该法案还提到了他的"风险论"（Risk Theory）。概括而言，这一理论认为这一更大的海军强国是全球性的武装力量，因而会在全球范围内部署其舰船。尽管德国战列舰队规模小得多，但其集中兵力于国内水域，一旦战争爆发，它能够在那个强国集中舰船以前便给敌人造成严重损害。如此一来，就能破坏该海军强国的全球优势地位，而这正是该国所不能冒的风险。换言之，提尔皮茨坚信，德国维持一支强大的舰队，英国就会避而远之，不会与其交战。

对一位像提尔皮茨这样公认的亲英派而言，这种想法彰显了其对英国的不屈精神相当缺乏了解。不管遇到任何艰难险阻，英国人都期待自己的海军获胜，倘若战争爆发，它定会主动寻求一战。他的观点还忽略了英国比德国建造船只的速度更快这一能力，以及它能够集中其丰富的海军资源于切实所需之处这一点。在费舍尔于1902年成为第一海务大臣之时，他就专门对此设计好了方案——集中舰队于北海海域及英吉利海峡一带，并给海军配备足以摧毁德国舰队的舰船。他甚至还草拟了先发制人的打击方案，就像 1801 年纳尔逊阻击丹麦人一样，不过出于某些外交原因，这一意图被悄然放弃。

与此同时，在两份海军法案出台后，德国上下掀起了一股造船热潮，造船厂开始马不停蹄地生产。[9] 1901 年，提尔皮茨批准了建造 5 艘"不伦瑞克级"战列舰的计划，该级战列舰将能够与英国的最新主力舰相匹敌。这些德国战列舰装备了 28 厘米口径的大炮，比英国的 12 英寸（305 毫米）口径大炮稍轻一些，但整体性能与它们不相上下。两年后，"不伦瑞克级"战列舰刚一下水，另一批 5 艘战列舰——"德意志级"——也将出现。自 1895 年以来，德意志帝国海军共授权建造了 19 艘战列舰，为始建于 1890 年的 4 艘较老的"勃兰登堡级"战舰补充新鲜血液。德国战列舰队迅速成为一支不容小觑的力量。

英国人好像对德国的新战列舰队存有非常大的戒心，这令德皇感到诧异。实际上，引起英国注意的不仅仅是战列舰。德国的商船队也在迅速壮大：现在最大的两家国际远洋客轮公司都属于德国，而非英国。德国的工业生产力亦在稳步提升，而英国的生产量却在不断缩减。而且，在钢产量方面，德国也即将超越英国。同时得益于克虏伯公司，其军工产业变得无比强大。然而，最令英国担忧的还是德国海军实力的增强。至 1902 年，第一海军大臣塞尔本勋爵就已经提醒英国内阁要警惕德国方面日益增长的威胁："对德国新舰队的构成考察得越多，越发现其意图之明显，它分明就是为了应对与英国舰队间可能爆发的冲突而设计的。"

德国的"无畏号"

费舍尔将军就是在这种疑心渐重的大环境下,推出了他的"无畏号"战列舰计划。就在德国舰队迅速成为世界第二大海军力量这一紧要关头,人们对整个海军世界开始重新思考。"无畏号"战列舰的建造工作所笼罩的神秘气氛令德国海军情报部门大感迷惑,但在1904年年末,德国海军武官科尔珀少将向柏林做了报告,称这艘新舰船将装备10或12门12英寸(305毫米)大炮。这一消息在数周后的1905年版《简氏战舰年鉴》(*Jane's Fighting Ships*)中得到了证实,该刊称这艘舰船将是一艘"全巨炮战列舰",并会采取涡轮驱动的动力方式。[10] 德皇深为折服,但他和提尔皮茨两人都意识到,他们暂时无法与之匹敌。

问题出在威廉皇帝运河。这条98千米长的运河于1895年开通时,足以让当时最大的战舰通航。不过10年后,它却成了不利因素,因为河道太浅,不足以让像无畏舰这样的大型船只通航。因此,德国要么被迫限制自己的战舰规格,要么就得斥巨资疏浚运河。毫无疑问,提尔皮茨知道如何走出这一两难境地。于是在1907年,拓宽运河的工作开始了。在此期间,德国大型战舰不得不绕道丹麦,从北海和波罗的海之间的海域穿行。这也反映出提尔皮茨未曾预料到英国会建造"无畏号"战列舰。无疑,他对于支持建造巨炮战列舰的论调早有耳闻。只是他不曾想到,这样的一艘舰船会建造得如此之快,竟在德国制订出自己的建造计划之前就建成了。

在"无畏号"战列舰仍处于在建状态之时,提尔皮茨正加紧推行自己的战列舰计划,即建立一支新的战列舰队,不过这些舰船很快就会沦为所谓的前无畏舰。有观点认为,"无畏号"战列舰的建造给舰船建造领域设置了新的公平起跑线,这种论点确实没错,但提尔皮茨仍留在旧场地乐此不疲。尽管他知道英国正在造一艘巨炮战列舰,但他依然继续完成最后3艘"不伦瑞克级"战列舰和"德意志级"的建造工作。他仿佛不知如何应对是好,只有继续打造自己的舰队,即便他知道这些舰船已经过时。然而,听罢科尔珀的报告,他立即密令其舰船设计师着手设计一艘他们自己的巨炮战列舰。

这就是日后的"拿骚号",也是同级4艘无畏舰的首舰。[11]然而,横在德国设计师面前的问题是,他们并不清楚"无畏号"战列舰的作战能力。他们知道它的规格——这一点干练的卡尔·冯·科尔珀已经告诉他们了——而且知道它将装备10门12英寸(305毫米)口径的大炮,并会采用涡轮推进系统。除此之外,设计师们茫然无知。

除了火力装备之外,他们建造的这艘船无甚可圈可点之处。"拿骚号"要比"无畏号"短,但其装甲将比"无畏号"略胜一筹,这使得两艘舰船的排水量相当。不像"无畏号"装备10门12英寸(305毫米)大炮,"拿骚号"起初的设计是安装8门28厘米口径的火炮(后来增至12门),这与装备在德国最新的前无畏舰上的武器一样。"拿骚号"将在舰首和舰尾各安装一座炮塔,另外两座分别装在前甲板上层结构的两侧,这意味着同时可向单侧发射6发炮弹，比"无畏号"少2发。不过，"拿骚号"还将安装一组强大的副炮，而费舍尔却断定"无畏号"不需要这种武器。这艘德国战舰仍将采用传统的推进系统，使得其最高航速只能达到19.5节——比采用涡轮驱动的英国对手稍慢了一些。"拿骚号"的设计工作进展很快，这一点很明显。然而，一切才刚刚开始。

提尔皮茨通过一番手腕巧妙而讲求实效的游说通过了一条《海军法案》的紧急修正案，赢得了建造这些新船的资金。他将不得不收缩建设装甲巡洋舰分舰队的计划，但在1906年5月，他收到充足的拨款用于建造德国第一批4艘无畏舰。开工建造"拿骚号"的命令于1906年7月下达，当时"无畏号"战列舰即将竣工。然而，提尔皮茨突然下令停工，如此便可根据所获得的关于"无畏号"的第一手确切情报对舰船的设计进行调整。调整的结果是，在上层结构的两侧再分别增加一座28厘米口径的双联装炮塔，这样它就拥有了和英国对手数量相同的舷侧炮。副炮组将包括12门15厘米口径大炮，安装在装甲炮郭之内，舰体两侧各6门。这一切都完成后，"拿骚号"的建造工作终于在1907年7月恢复了。

竞赛开始

耽误的那一年将令提尔皮茨付出巨大代价。"无畏号"战列舰只是故事的开始，费舍尔决心要造出比德国更多的舰船。眼下，尽管政府实际上已经削减了海军预算，他仍然深受自由党政府的青睐。于是，新建6艘无畏舰的资金拨了下来。为节省时间，费舍尔尽力保证第一批的3艘舰船——"柏勒罗丰级"战列舰——几乎直接翻版自"无畏号"。这带有些许赌博的意思，毕竟此时"无畏号"尚未入役，更不用说对其进行试航或装备测试了。对费舍尔来说，速度重于完美。

即便如此，3艘新无畏舰在竣工之前还是得到了些许改进。[12] 例如，"无畏号"战列舰的前桅安放于烟囱之后，弹着观测员发现冒出的烟经常挡住他们的视线。所以，"柏勒罗丰级"战列舰上的前桅被移到了前面。此外，还增加了一层防鱼雷舱壁，这是一种紧贴于舰体内部的第二层外壳，旨在保护舰船免遭鱼雷攻击的破坏。这些小小的改进正符合费舍尔的新格言：早建，快建，后舰优于前舰。他比多数人都更清楚地认识到，任何延误都将给予英国的海上竞争对手赶超自己的机会。它们都在跃跃欲试。忙于设计自己的"无畏号"战列舰的国家不只有德国，美国、日本、法国、俄国，甚至奥匈帝国都热衷于仿效英国。

就这样，英德两国间的海上军备竞赛开始了，同时其他海洋国家也奋起直追。在英国，费舍尔展开了大规模的公关活动，热情洋溢地赞美无畏舰的种种优点，并鼓吹英国维护制海权的必要性。自由党人明确表示要削减国防预算，但在1908年，费舍尔支持者喊出的口号"八艘新舰，不容拖延"——指的是8艘新无畏舰——已不可能有人充耳不闻。于是在1909年，财政大臣劳合·乔治不得已提高税收以便推行费舍尔的无畏舰建造计划。虽然费舍尔有了钱也有了船，但在议会中没有几个人支持他的活动。彼时，又有3艘"圣文森特级"战列舰下了水，而且还通过了另外3艘战列舰的预算——"尼普顿号"及两艘与之相似的"巨人级"战列舰。

在德国,《海军法案》第二条修正案于1908年通过,涌现出一批新的商业造船厂以解决日益增长的战舰需求。到那两艘"巨人级"战列舰开工时,德国人已经有4艘"拿骚级"无畏舰下水了,此外,3艘相似的"赫尔戈兰级"战列舰也已处于在建状态。然而与此前的舰船不同,这些战舰装备的是30.5厘米口径的大炮。两国新闻界谴责对手背信弃义的文章铺天盖地,并散布谣言称外国正在秘密建造无畏舰,酝酿侵略计划或策划先发打击。各大报纸还乐此不疲地报道本国潜在敌人的舰队扩充情况。这些做法增加了报纸销量,点燃了舆论,同时还形成了一种氛围,即让人相信海军军备竞赛的成败现已关乎国家荣辱。

其他无畏舰即将接踵而至。现在提尔皮茨有了新拨款的支持,他又下令建造装备30.5厘米口径大炮的新一代无畏舰。5艘"皇帝级"战列舰是德国目前体形最大、威力最强的战列舰,其5座炮塔安装在中轴线上,使得它们可向任意一侧开火。这5艘船于1909年12月至1911年1月间开始建造,并于1912年12月至1913年12月间相继开始服役。其中的"腓特烈大帝号"将成为日德兰海战中德军舰队的旗舰。像这样威力强大、建造精良的战舰随后又有了4艘。这新一批的4艘战舰——"国王级"战列舰——大体和"皇帝级"相似,但炮塔布局更为合理。德国的这两级无畏舰安装的是叠置炮塔——一座炮塔被升至甲板上方,从而可以越过前方炮塔进行射击。这9艘强大无畏舰中的8艘将构成日德兰海战中德国舰队的核心力量。

事实上,这些战舰属于第二代无畏舰,建造它们是为了回应英国造船厂里出现的新一批类似战舰。最初的"无畏号"及后续战列舰,其设计并非特别有效,因为它们的大炮不能全部同时瞄准同一个目标。而"尼普顿号"及两艘"巨人级"战列舰尝试弥补这一不足,通过优化炮塔的安装位置,使它们能够从上层结构的平台间进行射击。这一设计也不够有效,于是设计师又想出了一种新的布局,即将所有大炮都安装在舰船的中心线上。具体实现方式是将一座炮塔装在舰体中部,舰首和舰尾分别装有两座,并且一座叠置在另一座的后面。事实证明此种设计大获成功,并成为英国新一代无畏舰的标准布局。

首批采用这一设计的是 4 艘"俄里翁级"战列舰,它们于 1910 至 1911 年间先后下水,并于 1912 年开始服役。与之前所有的无畏舰都不同,它们装载的是 13.5 英寸(343 毫米)巨炮,这为它们赢得了"超级无畏舰"的头衔。这些战列舰气势恢宏,其设计也被大体复制到新一批舰船中——"英王乔治五世级"战列舰。这 4 艘"超级无畏舰"于 1911 年投产,并在 1912 至 1913 年间先后入役。[13] 最后一批 4 艘"超级无畏舰"被称为"铁公爵级",其中以该船级命名的那艘舰船将在日德兰一战中担当英国大舰队的旗舰。

简要看一看这些无畏舰何时开始服役,不难发现其中透露出的信息。我们可以清楚地发现,英国在一开始拥有多么大的优势,而德国又是如何一步步落后的。因此,至战争爆发前夕,与对手相比,英国具有 7 艘无畏舰的领先优势。之后在 1914 年和 1915

年年初,英国的造船总数又随着3艘无畏舰的加入而增加。这些战舰都是英国船厂为外国海军而造,但现在已被皇家海军强行购买。至日德兰海战爆发时,双方差距拉得更大,算上新加入舰队的"快速战列舰",英国拥有33:17的绝对优势,几乎是两艘舰船对阵一艘。[14]

	皇家海军		德意志帝国海军	
	当年进入服役的无畏舰数量	无畏舰总数	当年进入服役的无畏舰数量	无畏舰总数
1906	1	1	–	
1907	0	1	–	
1908	0	1	–	
1909	4	5	–	
1910	2	7	4	4
1911	3	10	3	7
1912	5	15	2	9
1913	3	18	4	13
1914[(1)]	2/4	20/21*	–/1	13/14
1915	4	25	3	17
1916[(2)]	5	30	–	17

(1)大战爆发(1914年8月)前/后
(2)日德兰海战(1916年5月)之前
*1914年11月损失了一艘无畏舰("大胆号")。

在这场只有两名选手的竞赛中,德国出发得太晚,而英国早在开赛之前就已悄然出发。提尔皮茨意识到,不断扩大的差距不只是数量问题。他的第一代无畏舰已经被英国超越了。到了第二代,当他们在1912年12月开始列装30.5厘米口径的大炮时,英国人早有5艘装配13.5英寸(343毫米)大炮的无畏舰进入服役了。这些德国无畏舰的真正优势在于它们的防护。它们拥有较厚的装甲带,打造这些装甲带的钢材质量比英国的稍高一些,除此之外,它们还有更好的内部防护措施,比如防鱼雷舱壁、防水舱室及受到严密保护的弹药库。然而,这些不足以抵清英国在数量上的绝对优势。至1912年,英国很明显已经赢得了这场海军军备竞赛,并且是以大比分获胜。

第三章

费舍尔的荒唐

无畏舰之竞赛仍在进行当中，此时，费舍尔又启动了另一项他所倾心的计划，正是这一计划，将在日德兰一战中带来灾难性的后果。虽然战列舰——如今体现为无畏舰——构成了战列舰队的核心力量，而海上航线却是由高速化和轻装化的巡洋舰保护。这些蒸汽动力战舰的前身是纳尔逊海军中的快速帆船（sailing frigate），它们的职责也各不相同。它们可以用来护航，巡逻海上航线，追击敌方巡洋舰或商船袭击舰，并可以在战列舰队前方为其提供侦察。在19世纪过去的几十年间，这些似乎无所不在的小型舰船在尺寸和火力方面都得到了稳步增长。于是，在19世纪90年代，人们发展出了一种称为装甲巡洋舰（armoured cruiser）的新型战舰，它们就是为追击巡洋舰而专门设计的。

与巡洋舰相比，这种新型舰船的武装和防护都更胜一筹。不可避免地，新一级的装甲巡洋舰总比上一级体积更大、火力更强。在皇家海军中，这种舰船于1905年建造"弥诺陶级"时达到了巅峰。该级装甲巡洋舰配有9.2英寸（234毫米）大炮，拥有一组强大的副炮，航速可达23节，可谓海上装备最为精良的巡洋舰。

不过，尽管名字叫作装甲巡洋舰，但它们的钢甲仅能防御6英寸（152毫米）炮弹的攻击。实际上，它们速度够快，装备精良，但防护欠佳。现在，费舍尔打算将这些舰船升级到全新的层次。他将类似于战列舰上的巨炮装到装甲巡洋舰上，通过这种设计，他希望把不久前为战列舰做的一切也搬到装甲巡洋舰上来。

战列巡洋舰的到来

费舍尔的新型装甲巡洋舰虽然只有6英寸厚的装甲带，却由蒸汽轮机驱动，所以它比海上任何巡洋舰或战列舰的速度都快。[1]最重要的是，它将搭载由8门12英寸（305毫米）巨炮组成的强大火力装备。由于动力系统和火炮占据了一定的空间，这些舰船比其他装甲巡洋舰更长、更重，但费舍尔的委员会最终通过了一项设计方案，使得它们拥有与"无畏号"战列舰尺寸相似的舷侧。海军订购了3艘这样的新型战舰，1906年春季开工建造。它们全部于一年后不久下水，并在1908至1909年间相继服役。设计这种巨炮装甲巡洋舰的目的在于，一旦战争爆发，它们就能将敌人的全部巡洋舰一举歼灭于海上。毕竟，它们的航速和火力仅够完成这项任务。不幸的是，这并非它们的唯一任务。

海上制空权这一理念兴起之前，在蒸汽动力战列舰队前方执行侦察任务一直是轻型巡洋舰的特权——有时也称其为防护巡洋舰（protected cruiser）。在执行侦察任务时，它们应负责击退敌军巡洋舰巡逻队，但要避免与大型战舰接触。装甲巡洋舰的设计理念是，

第三章 费舍尔的荒唐

不仅能够执行侦察任务，还具备所需火力驱散敌军的小型巡洋舰。这一理念奏效的前提是只有一方舰队拥有装甲巡洋舰。如果双方都有，它们就很可能会被卷入与敌方舰队的枪炮对决之中。鉴于它们载有相对较大的火炮，而其装甲较轻，这将是极为危险的事情。当然，这也是巨炮装甲巡洋舰设计理念中的最大缺陷，该类舰船很快将会被称为战列巡洋舰。

费舍尔最初的构想是打造一艘被他称为"天下无敌号"的假想战舰。这一战舰将不仅能打败任何装甲巡洋舰，同时还拥有足够快的速度摆脱其他重型战舰。这里存在两点缺陷。第一点如前所述，倘若敌人也有这样的战舰，那么它们就会被卷入一场无准备之仗。第二点在于，其火力装备赋予了它们太大的用武之地，以至于遇到大海战时无法置身战斗之外。相反，它们被安排蛰伏于战斗圈边缘，在利用速度优势与敌人保持距离的同时，伺机为己方无畏舰提供火力支援。然而，它们的装甲设计只是用来保护自身不受巡洋舰的伤害，并不能防范无畏舰甚至其他战列巡洋舰的攻击。在日德兰海战中，这种含混的思路直接导致超过3 000名英国士兵丧生。

最早的巨炮装甲巡洋舰是3艘"无敌级"战舰，它们于1907年3月到6月间相继下水。[2] 一如费舍尔所愿，它们载有12英寸（305毫米）口径大炮，其涡轮机可令它们最高达到25节的惊人航速。大众热衷于火力和速度的结合，创造出"战列巡洋舰"这一术语的恰恰是媒体而非费舍尔。1909至1910年间，又一批战列巡洋舰开始动工了，它们几乎是最早一批的复制品。两艘"不倦级"

战列巡洋舰比"无敌级"略长,但其他方面十分相似。顺便提一下,其中一艘"不倦级"——"新西兰号"——是由新西兰自治领斥资建造的,而第三艘同款舰船"澳大利亚号"则是为服役澳大利亚海军而建。

关于这些舰船建造最新进展的消息于1907年传到了德国。德国人早已开始建造装甲巡洋舰,而最新的一艘"布吕歇尔号"已经进展了相当长的时间,无法取消。[3] 于是,提尔皮茨令人设计了一艘新战舰,称为"冯·德·坦恩号"——这是德国对"无敌号"的回应。这艘舰船在设计上更胜一筹。尽管只载有28厘米口径的火炮,但由于采用了进口的帕森斯涡轮机,它在速度上可与英国的同类舰船相匹敌,而且它的体形更大,还装备了一组更为强大的副炮。更重要的是,"冯·德·坦恩号"的防护能力更佳:它250毫米厚的装甲带加装了一组令人叹服的防水舱壁网络。这意味着一发命中弹不太可能将其击穿,即便击穿,也不大可能致命。

战列巡洋舰的发展不可避免地引发了一场小规模的军备竞赛。"冯·德·坦恩号"尚未完工,"毛奇号"的建造工作就已经在汉堡开始了。翌年,其姊妹舰"戈本号"也动工了。当时是1909年,海军军备竞赛盛极一时。英国拒绝被对手超越,于是建造了"了不起的猫"* 作为回应。这些战列巡洋舰分别是"狮号""长公主号"和"玛丽王后号",它们全都比无畏舰长,并且搭载着由8门13.5英寸(343毫米)巨炮构成的强大火力装备。不久,另一艘相似的

---

* "了不起的猫"(Splendid Cats)是"狮级"战列巡洋舰的译号。——译者注

战列巡洋舰"虎号"也诞生了。它们每小时贪婪地吞噬掉近100吨煤,却不失为海上最快的战列巡洋舰。但建造这些优雅的巨舰不是为了海上巡航,恰是为了赢得这场小规模海军军备竞赛。这开创了极其危险的先例,因为这意味着,除了攻击敌方战列巡洋舰外,这些舰船没有任何其他实际功能,但这项工作对它们来说根本不合适,并且相当危险。

德国人必然会予以回应,这次是第二代战列巡洋舰。绝无仅有的"塞德利茨号"只是"毛奇级"战列巡洋舰的改良版,但贯穿1911年全年,舰船设计师都把精力放在了一艘大型德国战列巡洋舰的计划上,它将被设计成搭载30.5厘米口径的巨炮。他们得到的成果便是"德弗林格尔号"和"吕佐夫号",可谓是日德兰海战中最好的全能战列巡洋舰。[4] 日德兰之战前夕开始服役的两艘"德弗林格尔级"战列巡洋舰与费舍尔的"了不起的猫"在大小上相似,但设计却复杂得多。最明显的区别在于,不像英国最新的战列巡洋舰,这些德国舰船的4座双联装炮塔分别安装在舰首和舰尾,而且一座叠置于另一座之上。另一区别不甚明显,它们有300毫米厚的装甲带保护,防护程度堪比大多数同时代无畏舰。不过,这是以很高的造价换来的。

这些战舰的造价不断攀升。[5] 建造"冯·德·坦恩号"的花费是3 650万马克。4年后,"德弗林格尔号"耗费了德国纳税人5 600万马克。后一批比前一批舰船更大更好的趋势意味着花费将逐渐增加,使得德国海军预算难以为继。无畏舰的情况亦是如此。"拿骚号"耗资3 800万马克,而"赫尔戈兰号"则耗资4 500万。更糟的是,在 1909 至 1910 财政年度,提尔皮茨订购了 5 艘"皇帝级"无畏舰,并且在 1911 至 1912 年间又将订购 4 艘"国王级"战列舰。英国造船的速度更快,但他们比德国支付得要轻松些。德国已经承受着巨额军费预算,再加上拓宽威廉皇帝运河的开支,急速增长的海军预算几乎成了德国政府难以承受的负担。

1901 年,在"无畏号"战列舰问世前,德国 2.01 亿马克的海军预算对满足提尔皮茨充满雄心的造船计划绰绰有余。到了 1908 年,这一数字上升至 3.48 亿马克,占国家预算的四分之一。陆军已经占了一半,所剩无几的预算难敷分配。尽管德国经济在不断增长,但海军预算增长得更快。在 1908 年通过了最新的《海军法案》补充条款之后,提尔皮茨在帝国议会中无疑将遭到越来越多的反对。有人对他说,如果他试图继续进行军备竞赛,德国就会破产。然而,最新拨下的一批资金保证了他可以继续每年建造 3~4 艘主力舰,一直维持到 1911 年。在那之后,造船的步伐将不可避免地放缓。德国已经尽力了,但很快就可以看清,这是一场德国赢不了的比赛。

资金问题几乎没有影响英国对德国海军扩张的看法。"拿骚号"下水以及建造无畏舰和战列巡洋舰的计划,只会被视为对英国海上霸权的潜在威胁。而这一切导致英国舆论产生了戏剧性的巨变。1900 年以前,英国还是带着些许居高临下的态度看待德国的海军扩张,并且视德国人民为英国在欧洲大陆的亲戚。但到了 1907 年德国开始建造"拿骚号"后,由于新闻界和议会施加了越来越大的压力,一切都变了。英国开始带着很重的疑心看待德国的行动。在厄斯金·蔡尔德斯（Erskine Childers）的小说《沙滩之谜》（*The Riddle of the Sands*）中，故事情节围绕一次秘密的德国入侵计划展开，而对英国公众来说，真实事件好像正以相似的情节铺展开来。就算海军军备竞赛及其产生的猜疑不会直接导致这场战争的爆发，但也肯定为其奠定了基础，因为两国间长久以来的信任和友情已被打破。

费舍尔的遗产

费舍尔利用两国之间的关系裂痕发展了英国的舰队。对德国入侵的忧患成为无畏舰扩张计划和建设强大战列巡洋舰部队的正当理由。德国商船队的壮大也被当作建造巡洋舰的借口，据称它们设计出来后可用于摧毁公海上的那些商船。此时的德国客轮可谓是世界上最大最好的，其速度之快可摆脱英国舰队中的多数战舰。费舍尔认为，这些巨大的德国客轮可以转变为辅助巡洋舰，并借此理由为建造加速能力更强的战列巡洋舰提供依据。到1910年1月费舍尔退任第一海务大臣时，他已令英国海军发生了翻天覆地的变化，但论及他的所有功绩——创造出"无畏号"战列舰，发展了驱逐舰，改进了舰炮射击术及训练方式——其中最具争议的当属他关于战列巡洋舰的理念，虽然当时的争议点更多存于它们的开支而非它们不可靠的作战能力上。时至今日，战列巡洋舰仍是费舍尔巨大遗产中的致命缺陷。

问题在于，费舍尔的战列巡洋舰虽是令人叹服的舰船，但其存在的意义不明确。当然，它们在公海追击敌方巡洋舰的能力非常出色，这也是设计它们的初衷。然而，巨炮配轻装甲的组合却令它们在任何其他任务中成了昂贵的累赘。德国人意识到了这一点，因此给他们自己的战列巡洋舰配上了合理的装甲防护——几乎跟他们的无畏舰不相上下。而英国却没有这么做，届时他们将付出惨痛的代价。随着英国战列巡洋舰队逐渐壮大，这笔庞大资产免不了要参与到全面战争之中。当政者顺理成章地坚信它们能在战斗中增加火力。对任何质疑这一危险策略的人海军部都不予理睬，因为此时这些迅捷而优雅的战舰已成为英国舰队的公关门面。批判它们被视为不爱国的表现。

海军上将约翰·费舍尔爵士于 1911 年 1 月 25 日正式退休，这一天恰逢其七十大寿。[6] 他在 1904 年就任这一职务时，曾预想在 1906 年 1 月自己 65 岁生日时退休。而晋升为海军元帅后，这一头衔又为他在退休前增加了 5 年的任期。继他之后担任第一海务大臣的先是亚瑟·威尔逊（Arthur Wilson）爵士，然后是弗朗西斯·布里奇曼（Francis Bridgeman）爵士，此二人都只在位了一年。两人都没有费舍尔的魄力和热情，甚至某种程度上恰与之相反。威尔逊虽是费舍尔的拥护者，但因主张成立类似德国海军参谋部的常设机构而于一年后辞职。布里奇曼的工作同样不见成效，并且他在和海军大臣温斯顿·丘吉尔发生冲突后辞职。随后继任第一海务大臣的是巴滕贝格的路易斯亲王（Prince Louis of Battenberg），他是个性格温和但能力不足的名义上的统帅，事实证明他对抗不了丘吉尔，即便海军大臣只是个文职。1914 年 8 月宣布开战之时，

第三章 费舍尔的荒唐

担任第一海务大臣的仍是路易斯亲王。

有趣的是，这三位大体无所作为的第一海务大臣丝毫没有更改费舍尔的政策。费舍尔时期开始建造的战舰全部下了水并入役，包括1909至1910年间在他的游说下政府勉为其难批准的那8艘无畏舰。这些战舰确保了德国在海军军备竞赛中被完全甩在后面。1912年，德国意识到了这一点，于是放弃了其具有挑衅意味的造船计划。在太空竞赛出现前，这可能是史上最昂贵的竞赛，其间费舍尔一直令提尔皮茨望尘莫及。当然，费舍尔建造的舰船不止无畏舰和战列巡洋舰。他对巡洋舰队的扩充几乎同样富有野心，他任职期间建造了无数艘相当成功的"城镇级"轻型巡洋舰，这些战舰将充当战时大舰队的"千里眼和顺风耳"。

实际上，还是费舍尔真正发明了驱逐舰。当时存在的雷击舰（torpedo boat）体形较小，火力装备有限，而且作战范围也有一定的局限。费舍尔需要的是移动迅速、装备精良的"雷击舰驱逐舰"（torpedo boat destroyer），最高航速要能达到33节，并可以在海上持续作业一星期，这一特性反过来使它们能够在作战期间跟随战列舰队一起行动。[7] 第一批这种小型舰船于1906年下水，至海战爆发时，共计有100多艘已经服役。彼时，它们的名字已被缩短为"驱逐舰"（destroyer），而雷击舰则变得不再必要，因为这些新舰船也载有鱼雷。然而，跟费舍尔的所有创新一样，驱逐舰也被德国人抄袭过去，并以相似的数量大批建造。

虽然费舍尔也大力提倡使用鱼雷和潜艇，并且在他供职海军部期间也建造了适量的潜水艇，但在这一领域，德国人却技高一筹。无论从作战能力还是使用方式来看皆是如此。起初，费舍尔只是设想让它们担负防卫任务。直到1906年，他才批准设计一种真正的远洋潜艇。即便那时，它的战时用途仍被定位成一种侦察手段，而不是用来击沉敌方船只。而德国人较快地认识到了潜艇的攻击能力，到1902年，他们已经开始生产高效的远洋潜艇。它们的使用带来了关于道德问题的激烈争论，这导致了提尔皮茨将军——最先同意发展潜艇的人——的辞职，尽管如此，在海战期间，这些潜艇对英国的战备确实造成了极大的破坏。

在战争爆发前的数年间，费舍尔取得了许多伟大的成就，其中之一便是他对英国舰队重新进行了战略部署。他担任第一海务大臣时，战列舰队被一分为四，即本土舰队、海峡舰队、地中海舰队和中国舰队。费舍尔意识到，英国现在最可能的敌人就是德国，因此，他决定将战列舰集中在更靠近本土的地方。他把远东的战列舰全部召回，并缩减了地中海舰队的规模。然后，他重新塑造本土舰队，将其更名为海峡舰队，而此前的海峡舰队变成了大西洋舰队，部署在直布罗陀海峡。这意味着一旦战事爆发，便可派大西洋舰队前往增援海峡舰队或地中海舰队，且往两个方向派兵一样容易。这一灵活巧妙的对策可以应对德国日益增长的威胁，并且意味着战列舰队的主体现已靠近或集中到了本土水域。

费舍尔的远大战略

费舍尔还做了他的继任者没能做到的事，即构思出了英国如

第三章 费舍尔的荒唐

何对德展开海战的策略。[8] 他在解决德国海军威胁的"哥本哈根计划"上下足了功夫。这借鉴了 1801 年英国在哥本哈根对丹麦舰队发动的先发制人的攻击,而且费舍尔不止一次提议对德国也发起一场类似的进攻。不过据考证,这些只是停留在空谈层面,费舍尔并没有拟定任何相关方案,但他确实制定了一套策略,紧密结合了以下几个要素:地理、资源,以及从实用主义出发对中立地位的放弃。

费舍尔认识到,德国很容易受到海上封锁的影响。德国四分之一的粮食,将近半数的铜、硝酸盐,以及诸如石油、橡胶等重要的战争物资都依赖进口。限制德国人获取这些关键的进口商品以及通过出口赚取的现金,将会给德国经济造成严重影响。这样做还能破坏德国发动战争乃至养活国民的能力,将给德国带来无法承受的负担,也必会将其拖垮。

至 1908 年,费舍尔已经为实施此类封锁打好了海上基础。英国其实是《伦敦宣言》(*Declaration of London*,1909 年)的签署国,这是一项旨在限制使用封锁手段并保护中立国权益的协议,而英国的做法将违背协议精神。然而,费舍尔也清楚,如果战争来临,英国也将不得不阻止货物流入中立国,否则诸如安特卫普、鹿特丹或哥本哈根等港口就有成为德国后门的风险。解决办法就是重点限定货物的最终目的地而非将要运往的港口。这样做的话,英国可能会引起中立国的愤怒,却能保证封锁行动万无一失。

奇怪的是,费舍尔似乎从未太多思考过如何执行封锁这一问题。他肯定意识到了"近距离封锁"德国港口不切实际。这种做法在风帆时代倒是行之有效，但在这个依靠机械并拥有了潜艇、水雷和雷击舰的时代，这一招却变得不再可行。尽管费舍尔主张在赫尔戈兰湾（Helgoland Bight）内执行挑衅性的巡逻——该海湾处在德国威廉港海军基地的势力范围内——但他仍把封锁部署在远离敌军港口的地方。他明白，英国最大的有利条件就是地理优势。欧洲以外的船只要想抵达德国各口岸只有一条路径，那就是穿过北海。要想阻断德国的海上交通线，海军只需将这片几乎被陆地包围的海域封锁起来。

费舍尔计划使用巡洋舰封锁英吉利海峡，在这儿他们可以对所有通行船只进行拦截和搜查。但是，他和继任者亚瑟·威尔逊爵士都没有进行规划，在奥克尼群岛和挪威海岸间的北海北端布置相似的兵力。直到1914年，关于北部巡逻的计划才得以落实。尽管如此，费舍尔刚一形成"远程封锁"的想法就着手重新调整舰队以便执行该计划。这要求下辖英国战列舰队主体的海峡舰队有能力对德国公海舰队的任何突击行动做出反应。英国的传统海军基地，如朴次茅斯、普利茅斯甚至查塔姆，其地理位置都不理想。因此，费舍尔主张扩大位于福斯湾（Firth of Forth）内罗寨斯港（Rosyth）的小型海军基地，在克罗默蒂湾（Cromarty Firth）新建一个舰队基地，并在斯卡帕湾——位于奥克尼的天然大港湾——建立一处大型、安全的战时基地。

费舍尔计划的原则是利用轻装巡逻队和潜艇的组合来向舰队提供预警，防范德军任何形式的袭击。一支由较老的前无畏舰、巡洋舰和驱逐舰组成的舰队被用来守卫英吉利海峡入口，留下舰队中速度较快的部队构成战列舰队的主力。这样就做好了拦截德国人的准备,而英国人也有了由自己的巡洋舰和驱逐舰构成的掩护屏障。战列巡洋舰也会参加行动,而且,由于它们速度较高,还可以在舰队其他船只赶上之前与敌方先行接触。这类情况下,它们要么压制住德国人,要么在安全距离外尾随他们,直到无畏舰赶来与敌人交战。整个计划需要满足两个条件:确切的情报,以及对情报做出迅速反应。满足了这两点,费舍尔就对他的新无畏舰队充满了信心,相信它们能彻底摧毁较弱的德国舰队。

德国也已经得出了类似的结论。首先,德国几乎无力还击远程封锁,除非击沉外出执行任务的英国巡洋舰和辅助舰船。这一任务交给 U 型潜艇和布雷舰再合适不过。尽管公海舰队组建之初没有明确的任务,但提尔皮茨及其部下都明白,它最大的价值就是其存在本身。仅仅作为一支"存在舰队"*,它就足以迫使英国皇家海军将海军力量集中部署到本土海域,这便减少了其布置在其他地方的军舰,比如北大西洋上的海上交通线。这反过来令 U 型潜艇作战尤具吸引力。德国固然依赖进口,但英国比它的依赖性更大。这就意味着,哪怕只动用少量潜艇对英国商船发起攻击,也会给英国的战备工作造成严重影响。换句话说,尽管英国想通过封锁达到令德国屈服的目的,但德国人会更多地利用潜艇来实现同样的目的。

---

* 存在舰队(a fleet in being)是海军战略理论之一,通常由制海权上较为劣势的一方使用。指一支海军舰队拥有一定的力量对某一海域施加影响力,但不离开港口对敌全面交战,而是保存实力,通过存在本身来牵制和威慑敌人,影响其军事部署和战略决策。——编者注

同样重要的是，如果德国想在将来打赢海上战争，它就需要先削弱英国无畏舰队。有两种可行的方法：一是通过潜艇攻击和使用水雷令其受损，二是通过引诱英国舰队小股兵力与众多德国舰艇交战。不论采用哪种方式，只要取得几次成功，就能减少英国在无畏舰方面的数量优势。一旦达成这一点，德国人就可以在相对有利的条件下与英国交战。为助此实现，他们需要引诱英国战列舰队的主力离开其余舰只，继而对它们进行突袭。这种想要诱捕敌人的强烈渴望就是1914年德国对英国海岸实施闪电袭击计划背后的原因，为此德国不惜用自己的战列巡洋舰作为诱饵——英国人不可能对此视而不见。

既要给公海舰队留出调遣空间，又要令英国情报部门产生猜疑，德国人需要控制住他们自己海岸线沿线的水域，即从弗里西亚到丹麦—德国边境附近的日德兰半岛沿岸。而这一点是通过布设水雷实现的。最初布下的水雷带将保护赫尔戈兰湾的外缘，这片海域位于赫尔戈兰岛及亚德河与易北河的入海口之间。一旦完成此项工作，并且穿过雷区的航道得到定期海上巡逻的保护，那么，德国战列舰队就有了一片可供采取军事行动的安全海域，不会被敌人窥探，也可免遭鱼雷威胁。在整个战争期间，这条安全警戒线有所外延，尤其是在北部，甚至达到了叙尔特岛（Sylt）以外。这意味着，一旦离港出海，德国舰队就能穿过雷区间隙向西挺进，抑或继续北上出现在霍恩礁（Horns Reef）附近。这一防御线将在1916年5月的那场海上大战中发挥重要作用。

因此，随着战争的乌云日益密布，英德两国都努力为指挥海战提出了连贯的战略计划。毫无疑问，任何一场海军战役都可能在世界各边远角落打响，但随着德国分散的战舰遭到摧毁，真正的战场就只剩北海了。大战爆发后，人人都期待在头几周或几个月内出现一场决定胜负的海战。当这一期望落空后，随着堑壕里的死亡人数上升，公众要求一决胜负带来的压力日渐增大。归根结底，如果不使用无畏舰和战列巡洋舰，那么要这样一支昂贵的舰队其意义何在？但真到了巨舰之间短兵相接的那一刻，不仅会揭示现代海战的真正恐怖，还会暴露出设计像战列巡洋舰这样脆弱的舰船并将其推向海上混战的中心，该是怎样的荒唐愚蠢。

第四章

首轮交锋

德国战列舰队——现称为公海舰队（Hochseeflotte）——每年都会在挪威海岸进行演习。威廉皇帝也会乘着自己的皇家游艇，在挪威的众多峡湾间度过一段夏天。奥匈帝国皇位继承人弗朗茨·斐迪南大公于6月28日被暗杀一事刚刚传到德国海军时，全体船员都在忙着准备出海。德皇于7月7日起航前往挪威西海岸的松恩峡湾，3天后，海军演习将拉开帷幕。[1]在英国，类似的场景也在展开，因为本土舰队——在1909年重新命名为海峡舰队——也在为年度演习做准备。演习前在斯彼特海德海域有一场皇家阅兵。因此，7月20日那天，皇家海军主体舰队从英王乔治五世面前驶过，而国王在他皇家游艇的后甲板上进行观摩。所有战舰共花了6个小时才全部驶过。

随后，舰队驶入英吉利海峡开始演习。演习很顺利，舰队于7月23日星期四返回港口，靠岸后，船员们便涌进了朴次茅斯和韦茅斯的酒吧和妓院。就在同一天，奥地利向塞尔维亚发出了最后通牒，要求塞尔维亚为暗杀负责。塞尔维亚人在周五做出了积极回应，但为防范起见，他们还是调动了军队。这对奥地利人而言不可接受，于是在7月28日这一天向塞尔维亚宣战。那时德皇已回到柏林，公海舰队也返航回到了基尔港。它补充了燃料，然后沿着运河驶向威廉港，在此以战备状态待命。就英国本土舰队而言，舰船已经全部动员并向斯卡帕湾驶去，在那儿它们不会受到敌人先发攻击。就在公众祈祷和平的同时，各国舰队却在准备开战。

奥匈帝国与塞尔维亚之间的战争引起的连锁反应将横扫欧洲，继而波及整个世界。拜一系列联盟网络所赐，本可能是巴尔干地区无关紧要的一场战争，最终却演变成了全球冲突。俄国开始调集军队支持塞尔维亚人，此举促使德国与奥地利缔结条约，并于8月1日对俄宣战。由于法国与俄国有约在先，于是法德两国于8月2日开战。根据阿尔弗雷德·冯·施里芬（Alfred von Schlieffen）伯爵制订的战争计划，德国部队先进入卢森堡，然后开始行军穿过比利时，以期侧翼包抄当时集中在阿尔萨斯的法国军队。到此时为止，英国仍保持中立，但它与法国和比利时都缔结过条约。因此，在8月4日晚上11点——柏林时间的午夜——英德两国之间的战争也开始了。

战争的到来让两国大多数人都感到震惊，尤其是德国皇帝，他似乎感到很惊讶，没想到自己一直以来的外交博弈竟落得如此不堪的结局。据称他曾说过，如果他外祖母维多利亚女王还在世，绝不会允许这样的事情发生。他可能也用同样的话表达了自己对奥托·冯·俾斯麦的看法。人们指责是海军军备竞赛迫使英国和德国分道扬镳，促使英国与法国结成防御联盟，进而间接使其与俄国结盟。而这一切正是俾斯麦耗费毕生心血竭力避免的情形。如果威廉皇帝听从了这位铁血宰相的建议,那么这场完全不必要的战争可能永远不会发生,而数千万生命也可免遭牺牲。恰相反,鲁莽的外交策略再加上皇帝的一意孤行,最终将欧洲推到了恐怖深渊的边缘。

进军北海

8月1日,英国本土舰队进入战时指定锚地斯卡帕湾。[2] 这一巨大的天然锚地外缘是奥克尼群岛:梅恩兰岛在其北面,霍伊岛在其南面,而其东面是一群较小的岛屿。斯卡帕湾共有6个入口,其中四个水深过浅,大型战舰无法通航。剩下的两个,一个是东面的霍伊海峡(Hoy Sound),另一个是南面的霍克萨海峡(Hoxa Sound),它们可由岸基炮台、水雷区、反潜网和声音警报电缆等保护。问题是,当舰队抵达这里时,这些保护措施尚未到位。斯卡帕湾唯一的防御就是它远离德国海岸。不过,从战略角度看,它的位置确实理想。如果德国人想打破封锁,那么,他们将不得不出来一战。而英国只要有一支驻扎在斯卡帕湾的舰队便可将其拦截。

和平时期本土舰队由海军上将乔治·卡拉汉(George Callaghan)爵士统率。在他到斯卡帕湾抛锚后的第二天,海军中将约翰·杰利科爵士便受命前来解除了他的指挥权。这对卡拉汉而言无异于一次难以承受的打击,毕竟他为舰队的备战工作付出了大量辛苦的努力。然而,他的健康状况很差,海军部认为他缺乏率领这支伟大舰队作战所需的精力。杰利科到达时，舰队已经在准备出航。卡拉汉刚一离开，杰利科便在"铁公爵号"上扬起了自己的帅旗，然后带领他的舰船出港向彭特兰海峡（Pentland Firth）驶去。该舰队当时正在北海进行舰队机动，如此一来，宣布战争开始的时候，它就已经在航海途中了。也就在同一天，即8月4日，这支部队的名字改了。它将不再是本土舰队。从现在开始，这支伟大的舰队将被称为"大舰队"（Grand Fleet）。同时，杰利科晋升为上将，这头衔才能匹配这样一支威震四方的部队的指挥官。

这次出航遇到德国人的可能性极小。威廉港内，杰利科的对手、海军上将弗里德里希·冯·英格诺尔（Friedrich von Ingenohl）知道他的公海舰队数量不及英国，而且英国在建的新无畏舰也比德国的多。因此，他的计划是在这些英国增援战舰尚未入役之前，寻求一场速战速决的战斗，并且这场战斗会根据自己设定的条件进行。[4] 与其想法不同，德皇、提尔皮茨及海军总司令部更为谨慎，于是他被勒令将舰队控制在德国海岸附近，即使进入北海，也不许越过荷兰弗里西亚的泰尔斯海灵岛（Terschelling）至丹麦西海岸的霍恩礁一线。不过有一种情况除外，那就是突然出现有利机会，可一举摧毁部分英国舰队。然而，由于杰利科令其舰队守在斯卡帕湾，这样的机会暂时不太可能出现。

战争最初期的紧张日子过去了，德军也穿过了比利时和法国，而这两支无畏舰队仍停留在北海两端各自的港口——斯卡帕湾和威廉港。在那里，双方都在观望，并等待对手迈出第一步。因此，这场海军大戏的焦点转移到了世界其他地方，因为孤立的德国军舰正试图返回祖国,如果不能,就只有奋战至死。在远东地区,由于德国的东亚分舰队距德国太远,因此它极有可能回不到欧洲。与此同时,位于地中海的"戈本号"战列巡洋舰先前一直在亚得里亚海地区进行着亲善之旅。英国和法国的船只现在封锁了它的归路。在未来的几个月里,这些孤立的德国军队将登上世界各国新闻的头条。

无家可归的舰队

作为德皇谋求"太阳下的位置"这一政策的一部分,德国早已占据了中国的青岛港。这里正是海军中将马克西米利安·冯·施佩(Maximilian von Spee)东亚分舰队的大本营。他的部队由6艘军舰组成:装甲巡洋舰"沙恩霍斯特号"和"格奈森瑙号"以及4艘轻型巡洋舰,即"德累斯顿号""埃姆登号""莱比锡号"和"纽伦堡号"。冯·施佩意识到即将到来的战争将给自己和手下的船员招致灭顶之灾。他在跟一位德国文职人员谈话时总结了自己的处境:"我无家可归了。我无法回到德国。我们已经没有其他的安全港口了。我必须得在世界各大海洋里艰难跋涉,尽可能多地让敌人受损,直到弹药耗尽,或者被拥有绝对优势的敌人俘获。"[5] 当然,这正是他计划要做的。

留在青岛不是个好选择。日本随时都会参战,而英国和澳大利亚的军舰,包括新战列巡洋舰"澳大利亚号",将被派遣北上围困他。战争宣布开始时,"德累斯顿号"和"莱比锡号"分别位于墨西哥的东、西海岸,"埃姆登号"在青岛,"纽伦堡号"航行在太平洋中,正在前往接替"莱比锡号"的路上。"沙恩霍斯特号"和"格奈森瑙号"都在执行年度巡航任务,"纽伦堡号"到达檀香山后即被召回,并于8月6日在波纳佩岛与前二者会合。"埃姆登号"和几艘补给船受命从青岛出发加入它们的阵列,该舰队于8月12日在马里亚纳群岛的帕甘岛附近完成会师。"埃姆登号"充当袭击舰被派往东印度群岛,而舰队的其余船只则于次日驶入浩瀚的太平洋。

马绍尔群岛附近的"纽伦堡号"被派往中立的檀香山,将冯·施佩的计划转达柏林,同时确保那里的德国领事准备好可供舰队使用的煤炭。这艘巡洋舰两周后又重新加入了分舰队。9月15日,冯·施佩到达萨摩亚,这里是德国的殖民地,此时刚被协约国占领。由于未在此地发现敌舰,他继续向东航行,在海上逗留了一段时间,意在炮击法属塔希提。至10月中旬,这支德国分舰队已经到达复活节岛,在这里它们迎来了"莱比锡号"和"德累斯顿号"的加入,后者刚从加勒比海航行至此。冯·施佩的舰队在胡安·费尔南德斯群岛补充了燃煤库存,并于当月底到达智利海岸。有消息传来,称一支英国分舰队正在同一水域搜寻他们。11月1日刚过下午4点,两支舰队在智利港口科罗内尔发现彼此,于是战斗打响了。

海军少将克里斯托弗·克拉多克(Christopher Cradock)爵士坐镇旗舰"好望角号"装甲巡洋舰。他的舰队还包括另一艘装甲巡洋舰"蒙茅斯号"、轻型巡洋舰"格拉斯哥号"和武装商船"奥特朗托号"。4艘战舰对阵5艘,克拉多克在数量上就不及对手,况且"奥特朗托号"根本无法与任何德国舰船相抗衡。不过,他仍然决定进行战斗。[6] 行动迟缓的"奥特朗托号"奉命避战,而克拉多克则率领其余3艘舰船向北航行,缩短与敌人之间的距离。英国舰船背对夕阳的剪影使得施佩的旗舰"沙恩霍斯特号"很快找准了射击距离。它开始攻击"好望角号","格奈森瑙号"则对"蒙茅斯号"实施猛攻。

英国舰船没有一发炮弹命中冯·施佩的装甲巡洋舰,而"好望角号"和"蒙茅斯号"则遭到多次打击,直到它们几乎成了一堆废铁,漂浮在海面上。晚上7点50分,"好望角号"发生爆炸,随后开始下沉,它慢慢地驶向黑夜,最终孤独地消失,陪它一起沉入海底的还有克拉多克。不到一小时后,"蒙茅斯号"也覆没了,它被德国火炮击为碎片。而"格拉斯哥号"和"奥特朗托号"则在黑暗中设法逃脱了。

一名"格拉斯哥号"上的军官对该舰队的毁灭做了一番描述:"19点45分,当时天色已晚,'好望角号'和'蒙茅斯号'明显已经遇难。'蒙茅斯号'向右偏航,船上火势凶猛,船身略有倾斜。'好望角号'上只有几门大炮在开火,船上的火光把它们映衬得更加明亮。19点50分,在主桅和艉部烟囱之间发生了一起大爆炸,火焰蹿到200多英尺(60多米)的高空,之后,它便停在海面上不动了,黑色的船身闪着暗淡的光。"[7]

施佩的部队停靠瓦尔帕莱索港,在那里,他的船只再次装满了煤炭,船员也受到了当地人的盛情款待。也是在这里,冯·施佩收

第四章 首轮交锋

到了一份电报，命令他"突围回家"。于是，该舰队再次起航，在12月的前几天绕过了合恩角。至12月6日，他们已经进入南大西洋，之后冯·施佩决定向福克兰群岛*航行。两天后，他到达斯坦利港，竟发现另一支分舰队已经先于他抵达。那些舰船受海军中将多夫顿·斯特迪（Doveton Sturdee）指挥，英国专门派它们来追击并摧毁这支德国舰队。斯特迪麾下的舰船包括三艘装甲巡洋舰、两艘轻型巡洋舰、一艘武装商船以及两艘"无敌级"战列巡洋舰——"无敌号"和"不屈号"。如果说科罗内尔一役是冯·施佩占优势的不公平竞赛，那么，战列巡洋舰的存在则使接下来的战斗呈现出更加一边倒的态势。

冯·施佩避而不战，而英国船只乘势追击。速度较快的英国巡洋舰花了3个小时便进入与德国舰队的交战范围，此时，冯·施佩想要用他的两艘装甲巡洋舰与英军一战，为轻型战舰的撤离争取时间。一开始，英国舰船水平低下的射击令斯特迪失望，但最终战列巡洋舰找准了射程，开始命中敌舰。"沙恩霍斯特号"遭受重创后，这位德国将军调转自己的旗舰冲向敌人，试图为它姊妹舰的逃离做掩护。然而，这样做也于事无补。"沙恩霍斯特号"和"格奈森瑙号"先后遭到猛烈打击，分别于下午4点17分和6点02分沉没。斯特迪描述了对手旗舰的最后时刻："16点04分，'沙恩霍斯特号'——它的舰旗一直飘扬到最后——突然向左舷严重倾斜，很明显，它注定难逃死劫。倾斜度迅速增加，直到船身

---

* 我国称"马尔维纳斯群岛"。——编者注

完全侧立。16点17分,它消失不见了。"[8]这艘战舰连同全体船员都命丧大海,包括冯·施佩。

随后展开了一场全面追击,在夜幕降临之前,"纽伦堡号"和"莱比锡号"也被击沉。"莱比锡号"上有人记下了它的最后时刻:"许多人在火炮护板后面寻求庇护,但他们被从指挥塔弹过来的弹片射死,肢体堆成一片。其他人决定跳下船游向敌舰,但冰冷的海水冻得他们失去了知觉。夜幕降临,幸存者与舰长站在船头。"[9]德军最终下令弃船时,英国人派出船只救起了仅剩的几名幸存者。最后,只有"德累斯顿号"和一艘德国补给舰设法逃过此劫,这场灾难造成1 871名德国水手丧生。这场决定性的胜利属于斯特迪的战列巡洋舰,而它们完成的正是其设计之初所担负的使命。

奋勇直追

除了远东分舰队之外,大战开始时,德国本土水域以外只有另外一支由"戈本号"战列巡洋舰和它的小型僚舰——"布雷斯劳号"轻型巡洋舰——组成的舰队。这两艘舰船构成了德国海军的"地中海分队",这个名字对这样一支小股力量来说实在言过其实。在弗朗茨·约瑟夫大公遭暗杀的时候,这两艘船正位于奥匈帝国的普拉港。挂帅"戈本号"的海军少将威廉·苏雄(Wilhelm Souchon)意识到,一场危机迫在眉睫,他可不想被困在亚得里亚海的狭窄水域内。[10]8月2日,他到达地处西西里岛和意大利"靴尖"之间的墨西拿海峡。在那儿他得知意大利已宣布中立,但与

第四章 首轮交锋

法国的战争一触即发。苏雄决定到阿尔及利亚外海巡航，以期拦截法国护航部队。然而，8月3日晚上至4日凌晨，他收到了新的命令，要他冲破地中海的包围，前往伊斯坦布尔。

这真是个不小的挑战，因为要到达土耳其首都，苏雄必须从马耳他附近穿过，而此地正是英国地中海舰队繁忙的总部所在。当晚，这位德国海军将领轰炸了法属突尼斯的两个港口——波尼港（今阿尔及利亚安纳巴）和菲利普维尔港（今阿尔及利亚斯基克达），然后返航墨西拿补充煤炭。8月4日将近中午时分，这两艘德国舰船与英国战列巡洋舰"不倦号"和"不挠号"不期而遇。不过由于尚未宣战，英军不能开火。于是，苏雄的快速舰船渐行渐远，逐渐消失在天际。由于时任地中海舰队司令的海军上将伯克利·米尔恩（Berkeley Milne）爵士有令在先，要求部下尊重意大利的中立地位，所以他不能进入墨西拿追击苏雄。相反，他布置战舰守卫在墨西拿海峡出口之处，等候这位德国指挥官走下一步棋。

晚些时候的8月6日下午，苏雄离开墨西拿向南航行。他希望在夜色的掩护下，乘英军不备悄悄溜走。虽然"戈本号"未受阻拦便通过了，"布雷斯劳号"却不得不与英国轻型巡洋舰"格洛斯特号"周旋一番，杀开一条出路才得以到达地中海的开阔水域。英国巡洋舰尽了最大努力追踪德国船只，还用上了无线电请求支援。更麻烦的是，米尔恩还收到命令，要他保护法国的护航部队，所以他安排战列巡洋舰在西西里岛沿岸执勤，防止德国人向西折回。在亚得里亚海上，海军少将特鲁布里奇（Troubridge）已率4艘装甲巡洋舰把守着，以防苏雄试图从这里到达奥匈帝国的港口。

尽管如此，德国人仍在海上继续航行，米尔恩和特鲁布里奇则决心找到他们，然后与之一战。

那天晚上，特鲁布里奇试图追上德国人，但他的船速度太慢，到黎明时分不得不放弃追击。现在这个任务落在了米尔恩的肩上，他率领战列巡洋舰向东追去。到了8月9日，苏雄已经抵达爱琴海，在那里他补充了煤炭，准备向达达尼尔海峡驶去。虽然当时土耳其仍是中立国，但它感情上更倾向同盟国。苏雄和德国驻伊斯坦布尔大使都希望这两艘强大德国军舰的到来会鼓舞土耳其与他们联手。在被许可进入土耳其水域之前，苏雄不安地等待了数小时，当最终获得许可时，却晚得几乎来不及了。从"戈本号"的桅顶上已经能看到米尔恩战列巡洋舰从烟囱排出的浓烟。不过黄昏之前，两艘船安全停靠了伊斯坦布尔，米尔恩输掉了这场赛跑。

6天之后，由于某些疯狂的外交活动，"戈本号"和"布雷斯劳号"被移交土耳其海军，并改名为"亚武兹苏丹塞利姆号"（*Yavus Sultan Selim*）和"密提林号"（*Midilli*）。[11] 不过，苏雄和他的船员仍继续留在这两艘船上，改变的只是桅顶上方飘扬的旗帜。实际上，苏雄于9月23日成了土耳其海军总司令。10月下旬，这两艘舰船加入了一支土耳其分舰队，该舰队轰炸了俄国港口敖德萨和塞瓦斯托波尔，这场精心谋划的行动旨在逼迫俄国尽快出手。俄国不得不在11月2日对土耳其宣战。因此，可以说米尔恩和特鲁布里奇没能追上"戈本号"直接导致土耳其作为德国的盟友加入了战争。于德皇而言，那两艘德国军舰失去得很有价值。然而，"戈本号"若是待在本土水域，同样会发挥极大的作用。

角力赫尔戈兰岛

　　大战最初的这些行动意义重大，它们影响了日后海上战争的进程。对分散各地而又孤立无援的德国分舰队来说，再回到本土已没什么真正的希望，但它们的指挥官勇气可嘉，且有着极为精湛的专业技能。另一边，英国人的表现则逊色得多。在太平洋上，糟糕的表现导致一小支火力不及对手的舰队被歼灭在科罗内尔港，直到福克兰群岛（即马尔维纳斯群岛）附近才好歹找回了舰队应有的状态。在地中海上，海军部自相矛盾的命令和拙劣的决策导致两艘重要的德国舰船逃脱了追捕。这令米尔恩和特鲁布里奇两位英国海军将领蒙羞。而土耳其与德国结盟一事还导致了战争范围的急剧扩大。然而，不管这些战役如何扣人心弦，也不管全世界的媒体对它们如何争相报道，它们丝毫未能改变真实战场上的海上均势。

　　想当然的海军将领们预测，在战争头几周内北海就会上演决定性的战斗，但出奇的平静使他们大感困惑。与此同时，德国军队长驱直入进入比利时，在向法国边境挺进之前围攻下了固若金汤的列日要塞。布鲁塞尔则于8月20日陷落，4天后，那慕尔要塞也投降了。8月23日，英军加入了蒙斯附近的战斗，但第二天他们便和法国一道整体南撤了。换言之，到了8月的第四周，德国军队已在各条战线上取得了稳步进展。在这令人焦灼的几周里，杰利科将大舰队从斯卡帕湾调到了苏格兰西海岸的埃维湾，等待他在奥克尼群岛的锚泊地完成妥善防御。[12]而与此同时，英国报纸却要求他们采取行动。

他们的要求于 8 月 28 日得到了满足。自开战以来，海军准将雷金纳德·蒂里特（Reginald Tyrwhitt）麾下由轻型巡洋舰和驱逐舰组成的哈里奇分舰队（Harwich Forth）便一直忙于在北海南部巡逻，向东最远甚至到达赫尔戈兰岛。这一严加防守的小岛便是德国防御雷场的最外缘。按计划，在 8 月的最后一周会有一场特大行动，由海军中将戴维·贝蒂爵士率领的一列英国潜艇和一支战列巡洋舰分舰队前往支援。杰利科退至埃维湾后，贝蒂挥师南下，将他的战列巡洋舰调至爱丁堡附近的罗塞斯港，如果德国人发动突袭，他在此地可以更为有效地拦截他们。英军的计划是伏击在该海域执行日常巡逻任务的德国驱逐舰，用数量占绝对优势的英国驱逐舰配合轻型巡洋舰的支援，对它们予以打击。贝蒂的战列巡洋舰和另一支威廉·古迪纳夫（William Goodenough）准将麾下的轻型巡洋舰部队将占据赫尔戈兰岛以西的有利位置，以备不时之需。

8 月 28 日早上 7 点，巡洋舰"林仙号"发现了领航的德国驱逐舰，当即开火。[13] 在这艘英国巡洋舰身后，驱逐舰已经布好了阵势随时准备进攻。当时能见度很差——只有 3 海里——无论是蒂里特、贝蒂还是古迪纳夫，谁都不知道会发生什么情况。对德军情况也是如此，不管是驱逐舰指挥官莱布李希特·马斯（Leberecht Maass）少将还是他的顶头上司、德国战列巡洋舰队司令弗朗茨·希佩尔中将，他们同样不知道会遇上什么状况。英国驱逐舰迅速驶过蒂里特的旗舰"林仙号"，一场驱逐舰大混战随即开始。不过，德国人在数量上落于下风，只好选择向赫尔戈兰岛回撤。蒂里特的驱逐舰展开了追击，直到刚过8点，突然遇上一支德国轻型巡洋舰组成的支援部队。马斯报告自己遭遇攻击后，希佩尔立即派来了这些舰船。一时间，伏击者似乎成了被伏击的一方。

于是，英国驱逐舰被召回，由"林仙号"与领航的德国巡洋舰"女性之赞号"对攻，以此掩护它们的撤退。两艘战舰都受到了敌方炮火的打击，但在8点25分，"女性之赞号"终止交火并艰难地返回威廉港。其他两艘德国巡洋舰掩护它撤退，然后在11点又重新回到战斗中。就在这一阶段，蒂里特用无线电发出了求救信号。不过，贝蒂的战列巡洋舰需要一个多小时才能到达，而古迪纳夫离他稍近一些。由于德国巡洋舰在渐浓的海雾中时隐时现，蒂里特的两艘巡洋舰才得以支撑到援军赶来。半小时后，古迪纳夫的第一艘巡洋舰出现在了西北方向，趁其不备对德国巡洋舰"美因茨号"进行了突袭。几分钟内后者就化为一具漂浮的残骸，又过了一个小时后才沉没。

随后贝蒂赶到，他的船只在德国巡洋舰以北约3海里处快速前进冲出浓雾。德国人全速转向准备躲避，但在他们逃脱之前，其中两艘巡洋舰——"科隆号"和"阿里阿德涅号"——就已经成了一片火海。这两艘巡洋舰到下午便沉没了。与此同时，其余的德国船只逃入了大雾之中。下午2点钟，希佩尔的战列巡洋舰终于重整旗鼓再度出航，但此时英军早已撤离。这场激烈的战斗被称为"赫尔戈兰湾海战"（Battle of Helgoland），英国完胜。德国人损失了3艘轻型巡洋舰和 3 艘驱逐舰或称之为雷击舰 *，另有其他战舰受损。相比之下，英国唯一的重大伤亡就是蒂里特的"林仙号"，这艘舰船在与"女性之赞号"交火时严重受损。

"阿里阿德涅号"上的一名军官描述了这艘船的覆灭："'狮号'和另一艘英国战列巡洋舰在由 6 000 米拉近到 3 000 米的射程内持续朝我们开火约半小时之久，多发炮弹命中，引发多起大火，但由于消防管路被毁，无法将火熄灭。将近 13 点 30 分时，敌舰向西转向离开。我猜他们已无法透过浓烟辨认出'阿里阿德涅号'了。由于烟雾和高温，船上根本无法逗留，而且备射弹药也开始爆炸。所以，船员们聚集在艏楼，三呼'皇帝陛下'，然后唱起了《德意志高于一切》。之后，在 14 点前不久，'但泽号'靠近，并派船来接走伤员。剩下的船员跳下船，朝'但泽号'和'施特拉尔松德号'游去。"[14] 仅仅一个多小时后，这艘烈焰中的巡洋舰便开始倾覆并沉没，另有 59 名船员同它一起被卷入海底。

在英国，赫尔戈兰湾战役被视为一场伟大的胜利。事实上，尽管这场战役令德国人损失惨重，但它充其量也只能算是一起小规模冲突。这一役最重要的结果是令德皇本能地做出了反应，下令舰队应该避免任何可能会导致更多损失的行动。更糟的是，他还补充道，从现在起，舰队参与任何重大行动之前，都需要获得他的批准。这意味着，冯·英格诺尔上将每次想要航行出赫尔戈兰

---

* 第一次世界大战期间，德国并未启用"驱逐舰"或类似名称，仍沿用"雷击舰"（德文 torpedoboot）来指代该舰种。故下文涉及德国海军时，驱逐舰或雷击舰均指同一类舰船。——编者注

岛,都得首先征询海军参谋长雨果·冯·波尔(Hugo von Pohl)上将的意见,再由后者寻求皇帝的许可。

提尔皮茨向皇帝表示抗议,但威廉丝毫不为之所动。事实上,正如提尔皮茨所说的那样:"从那天起,我和皇帝之间开始产生隔阂,而且这种隔阂逐步加深。"[15] 一直追求一支大规模强大舰队的皇帝,现在仿佛不清楚该如何使用它了。于是,代替他制定一套连贯的海军策略之任务便落在了提尔皮茨上将、海军参谋长冯·波尔上将和公海舰队司令冯·英格诺尔上将等人的肩上。这是十分必要的。迄今为止,海军为数不多的小型U型潜艇所取得的成就就已超过了舰队其他力量的总和。现在,为公海舰队确定适当的角色就要看这些海军将领的了。他们还需要找出一种低风险的方式来打破僵局——一种德皇能够同意的方式。他们明白,若始终保持防御态势,敌我力量是不会发生转变的。

第五章

诱敌出港

由于皇帝的干预,赫尔戈兰一役后,海军上将冯·英格诺尔不得不在极大的束缚下进行海上作战。尽管如此,他没有打算将主动权拱手让给英国。海军竟让敌人在距离威廉港仅一小时航程的赫尔戈兰岛附近攻击了自己,这实在令他们颜面扫地。他需要恢复德国公众对舰队的信心。除了闪电袭击英国,难道还有更好的方法吗?于是,冯·英格诺尔和他的参谋在10月份花了一个月的时间制订了一个期待已久的计划,该计划风险相对较小,但足以羞辱英国人一番。这一计划得到了皇帝的充分许可,于是,在11月2日下午,海军中将希佩尔的侦察舰队又出航了。他的这支部队由3艘战列巡洋舰、1艘装甲巡洋舰和4艘轻型巡洋舰组成,其中一艘轻巡洋舰运载着100颗水雷。他们的目标是位于诺福克郡(Norfolk)的海滨小城大雅茅斯(Great Yarmouth)。

第二天黎明时分,他们抵达大雅茅斯港口。[1]"施特拉尔松德号"巡洋舰在近海处布下水雷,其余的德国部队——一艘扫雷艇和两艘旧驱逐舰——则在附近进行巡逻。英国船只释放烟幕后撤退,任由希佩尔对这座小城实施轰炸。事实上,大多数炮弹都落在了海滨区域，并未造成损害。仅仅几轮齐射后，希佩尔便率领他的舰船返航了，袭击也就告一段落。当时有3艘英国潜艇部署在雅茅斯，即使没有胜算追上德国人，在受袭期间它们还是离港出航了。其中一艘编号为D-5的潜艇直接撞上了"施特拉尔松德号"布下的一颗水雷没几分钟便沉没了，除了5名船员其余人全部随之罹难。这些潜艇人员是该次袭击中仅有的伤亡。不过，这件事本可能有另一种不同的结果：贝蒂的战列巡洋舰当时就在海上，但没能在希佩尔返航时拦住他。

实际上，德国人自己在第二天也蒙受了很大的损失。装甲巡洋舰"约克号"是希佩尔掩护部队的一部分，它和舰队的其他舰船一起返回威廉港。那天早上，它在浓雾中没能驶入通向港口的已扫航道，然后闯进了雷区。它几乎同时撞到了两颗水雷，随后迅速倾覆，损失了336名船员。对这次无所收获的行动来说，这真是个代价高昂的结局。这也是为什么希佩尔拒绝接受参加该行动获颁的奖章。与皇帝不同，他和他的水兵们都明白，这次袭击不配那份荣耀。尽管这次袭击没有取得丝毫成绩，它仍被德国各大报纸吹捧为一场伟大的胜利。德皇大悦，于是，冯·英格诺尔趁机建议再发动一次更具野心的突击。

哈特尔浦突袭

这一次，冯·英格诺尔决定攻击约克郡海岸，轰炸沿海城市哈特尔浦（Hartlepool）、惠特比（Whitby）和斯卡伯勒（Scarborough）。哈特尔浦有沿海炮台防御,海上还泊着一小支驱逐舰队,但除此之外,其他两个城市没有什么重要的军事或海军设施。然而,英国人知道突袭将要到来。8月下旬,德国轻型巡洋舰"马格德堡号"在爱沙尼亚海岸搁浅并被俘获。德国人将绝密的舰队密码簿扔进了海里,但他们并不知道,这些本子被找了回来,而且最终传到了英国海军部手里。一艘德国驱逐舰在特塞尔岛外的海上沉没后,另一本密码簿于次月被英国渔民发现,还有一本是从扣押在澳大利亚的德国商船上得到的。于是,海军部"40号房间"的破译员现在可以读懂德国海军发出的信号了。[2]

这意味着,从12月初开始,英军便能够解密德国的无线电通信。因此,他们知道德军即将发动另一场袭击,只是不知道目标地点。奇怪的是,直到战争结束,德国人才意识到他们的SKM战列舰队密码*早已被敌人破解。这意味着,英国一直能破译他们所有的舰船信号,直到1917年春他们引入了另一套新的代码系统FKK。这一成功几乎和第二次世界大战期间破译出德国恩尼格玛密码一样伟大。英国所具备的另一个优势便是方位测定。部署在英国北海沿岸的一连串无线接收电台截获德国无线电信号,通过比较无线电台网络中不同点位的信号强度,他们可以推算出发出信号的方向。也就是说,英国不但知道德国人何时会进攻,而且知道他们舰船的位置。德国人也有一套类似的系统,但是,他们海岸线的地形使其效力受限。

---

* SKM(Signalbuch der Kaiserlichen Marine)全称"德意志帝国海军通信手册"。——编者注

第五章 诱敌出港

对于这次新发起的袭击，冯·英格诺尔决定再次动用希佩尔的战列巡洋舰。希佩尔这次指挥两支侦察舰队。第1侦察舰队由4艘战列巡洋舰组成：他的旗舰"塞德利茨号"加上"毛奇号""德弗林格尔号"和"冯·德·坦恩号"。随航的是装甲巡洋舰"布吕歇尔号"。第2侦察舰队由4艘轻型巡洋舰组成，另有一支驱逐舰队随行。希佩尔于12月15日天色未明便起航，向北朝水雷防御带的最顶端驶去，这片水雷现在正保护着赫尔戈兰岛以西的海域。黄昏时分，他已穿过暮色向西朝英国海岸驶去。

这一次冯·英格诺尔行事较为谨慎，这是很明智的。在攻击雅茅斯期间，他派出了一小支部队徘徊在北海中间，为的是万一希佩尔遇到任何困难，它们便可以前往解救他。这一次，冯·英格诺尔好像有一种将要遇上麻烦的预感，于是，他率领公海舰队的主体作为掩护部队一同出海。它们将在多格尔沙洲附近待命，这一大片浸在水中的沙洲扼住了北海的中心地带。这是个明智的预防措施，因为哈特尔浦比雅茅斯更靠近贝蒂在罗塞斯港的基地——前者距离基地136海里而后者为200海里。这意味着，比起一个月前，眼下在这儿更有可能遇到贝蒂的战列巡洋舰。

多亏了英国海军部"40号房间"的破译员，英军才能充分了解到某些事情正在酝酿之中。因此，在12月15日上午，贝蒂率领4艘战列巡洋舰从罗塞斯港起航。海军中将乔治·沃伦德（George Warrender）爵士由6艘无畏舰组成的第2战列舰中队也向南挺进，两班人马乘风破浪，驶向一场冬季战斗风暴的中心。中午时分，两支中队会合，两小时后，第三支中队的4艘装甲巡洋舰也加入了它们。由于天气不好，许多随航的驱逐舰被迫返航，但有一些坚持留了下来，保护这支强大的力量快速南行。黄昏之前，贝蒂已经占据了多格尔沙洲稍偏南的位置，他在那里恭候希佩尔。就这样，在彼此互不知晓的情况下，两支无畏舰部队于12月15日晚上至16日凌晨在相距29.6海里的范围内潜伏着，横在它们之间的只有多格尔沙洲的一片片浅滩。

事实上，希佩尔早已到达多格尔沙洲以西的海域，正顶着狂风向英国海岸驶去。黎明前，他们穿过惠特比对面已知的雷区通道，然后，"冯·德·坦恩号"和"德弗林格尔号"外加一艘布雷舰向南航行至海滨度假胜地斯卡伯勒，而希佩尔其余的力量则向北朝哈特尔浦方向移动。早上8点，南部的舰队开了火，第一波炮弹落在了镇上的大酒店附近。[3] 由于爆炸令整座大楼摇晃起来，客人和员工都躲到了酒店的地下室里。轰炸持续了半个小时，摧毁了许多楼房和教堂，甚至还轰击了斯卡伯勒城堡的遗址。至轰炸结束，共有17人丧生，近百人受伤。正当布雷巡洋舰在弗兰伯勒角卸下它那致命的货物时，两艘德国巡洋舰向北朝着它们的下一个目标——小渔镇惠特比——加速前进。

惠特比因其与当地最著名的人士——詹姆斯·库克船长——的联系而广为人知，正是这位18世纪的伟大航海家将澳大利亚、新西兰和半个太平洋画到了地图上。这一次，惠特比港本身基本上没被轰炸，大多数炮弹都打在了坐落于悬崖顶上俯瞰这座城市的海岸警卫站附近。不过，它背后破败的修道院被毁，历时10分钟的轰炸也造成了两名市民丧生。任务完成后，"冯·德·坦恩号"

和"德弗林格尔号"以及那艘布雷巡洋舰航行北上与希佩尔再度会合，此时他正忙于给哈特尔浦制造更多的破坏。这个城市完全比上一个目标更有攻击价值。它拥有一片颇为广阔的港口、一家船厂、几座机器制造厂，以及许多工厂和铸造厂。它还有自己的防御系统——一排架设在灯塔旁海岬上的炮台，以及一小支由2艘老式巡洋舰、4艘驱逐舰和1艘潜艇组成的海军部队。

希佩尔于8点10分开始对目标进行轰炸。浓浓的海雾笼罩在蒂斯湾的近海面，使能见度降低至不足3海里。岸边的瞭望员看到有船从雾中出现了，但不知道它们是哪国船只。片刻后，突然从船上迸发出一圈火光，随后炮弹降落在了炮台附近，此时答案便揭晓了。哈特尔浦海上分遣队的3艘驱逐舰完成例行巡逻后正在返航，就在此时，上述那些舰船穿过浓雾出现在了它们面前。舰上的德国枪炮手都已蓄势待发，顷刻间副炮便开始朝驱逐舰射击。驱逐舰转向避开，但在此之前，他们的一名船员就被打死。而在哈特尔浦，老旧的巡洋舰"巡逻号"试图出海，但不出多远就被"布吕歇尔号"发射的两发炮弹制止住了。与此同时，战列巡洋舰仍在持续攻击这座城市。

射击倒并不全是单向的：哈特尔浦灯塔炮台的3架6英寸（152毫米）口径大炮向德军还击，甚至还命中了"布吕歇尔号"和"毛奇号"。希佩尔的3艘战舰已经缓慢向北转移，一边撤退一边射击。然后在8点40分，殿后的"布吕歇尔号"转向往公海驶去，而在追随它驶入浓雾之前，"塞德利茨号"和"毛奇号"掉转航线打出了最后一轮齐射。在打出第一轮齐射35分钟后，德国人便离开了,而他们身后,一股浓烟笼罩在饱受炮火重创的小镇上空。一家炼钢厂和镇上的煤气厂燃烧起来,另有百余栋建筑受损。炮弹刚一落下,恐惧而困惑的市民就开始逃往内陆,要么跑向火车站,要么沿着公路涌向城外。

浓烟散尽之后,确切的受损程度揭晓了。总共有92人丧生,另有数百人受伤,其中多数是平民。哈特尔浦的大街小巷堆满了废墟和尸体,看起来像是刚在街道上发生过一场恶战。德军在斯卡伯勒和惠特比造成了进一步的伤亡,但损失没有这么严重。然而,两个城市各有一处关键场所——构成英国测向网络一部分的无线电台和信号站——被完全摧毁。事后看来,这场袭击对德国而言是一场公关灾难。杀害无辜平民,尤其是妇女和儿童,在世界各国报纸上向来都不讨好,而英国人正充分利用了这一点。在英国,"记住斯卡伯勒"成了征兵办公室的一条宣传口号。也有评论说,这次袭击得以发生,可能是得到了负责保护英国海岸的海军的默许。

停止开火后,希佩尔的战列巡洋舰通过雷区中的"惠特比通道"往回撤退,留下布雷巡洋舰在它们身后继续布下新雷。整个上午舰队都在向东行驶,航行在最前面的是几艘负责护航的驱逐舰。尽管冬季的天气十分恶劣,但希佩尔仍能保持稳步前进。不过,他保持着小心翼翼,因为现在德军知道有一支相当规模的英国部队正等在某个地方,伺机将他拦截。刚过早上7点不久,冯·英格诺尔派来的一支驱逐舰队碰上了贝蒂派出的英国驱逐舰。之后,随着处于数量劣势的德国人向北撤离,英军在他们后面穷追猛赶,一场追击战就此展开。这支德国舰队的指挥官用无线电向旗舰送了信。希佩尔很快便收到了求救信息,当时他正准备开始他的轰炸行动。一支英国驱逐舰掩护部队的出现,意味着其主力战舰可能就在附近。虽然这是一种严重威胁,但好在至少冯·英格诺尔和希佩尔现在都知道了这一情况。

破晓时分,冯·英格诺尔做出一项决定。向西航行与希佩尔会合实在太冒险,他不能这么做。英军目前知道他正在海上航行,而常规命令要求他避免遭受任何重大损失,这迫使他不得不采取比预想中更为谨慎的策略。因此,希佩尔只能选择保全自己,寄希望于他的侦察舰队的速度足以摆脱麻烦。公海舰队其余的战舰就这样起程返航了。上午临近 11 点 30 分的时候,轻型巡洋舰"南安普敦号"发现了位于西边的一艘德国巡洋舰。那是"施特拉尔松德号",属于希佩尔的第 2 侦察舰队。"南安普敦号"属于古迪纳夫的中队,这位准将用无线电向贝蒂汇报了这一发现,并请求下达命令。贝蒂做出回复,让他脱离接触。贝蒂以为"南安普敦号"发现的仅是一艘离群的敌军巡洋舰,而他真正要攻击的目标是敌人的整个战列巡洋舰中队。尽快找到它们才是首要任务。因此,古迪纳夫离开了,殊不知那艘德国巡洋舰正是希佩尔整个部队的领航舰。

一小时后,"施特拉尔松德号"发现了沃伦德的无畏舰"俄里翁号",但再一次收到了不准开火的命令。所以,"施特拉尔松德号"脱离了敌舰视线,继续航行。两支侦察舰队的其余战舰紧随其后,利用海雾躲避英国船只。结果是,希佩尔成功逃脱,下午 3 点左右,他早已远离英军的射程范围,正朝威廉港返航。这对贝蒂而言，真是错过了一次大好机会。以他的无畏舰队和战列巡洋舰队，本可以全歼希佩尔的侦察舰队。恰恰相反，他竟让它们从自己的眼皮底下溜掉了。当然，冯·英格诺尔也错失了良机，那可能是公海舰队在战争期间击溃大舰队主力的最好机会。如果他利用了自己在无畏舰上的优势，胜利差不多就会成为他的囊中之物。

当德皇看到报告时，他竟因冯·英格诺尔的谨慎行为训斥了他，可谓相当虚伪。他的谨慎显然正是威廉皇帝不准置舰队于危险境地这一常规命令的结果。如此一来，德国方面的谨慎与贝蒂和下属之间的不良沟通，意味着双方已经错失了一次决战的机会。不过，这倒可能增加了两支舰队下一次相遇时发生冲突的可能性，因为德国人不愿再谨小慎微，而英国人也在试图改善他们报告所见目标的方式。圣诞将至，这是大战期间的第一个圣诞节，就在许多水手抓紧休几天假的时候，杰利科、冯·英格诺尔以及他们的参谋长们已经开始计划下一次行动。这一次，为了把敌人拖进战斗，他们不会再错过任何机会。

多格尔沙洲海战

哈特尔浦行动的惜败并未打消冯·英格诺尔新年后重新计划一次冒险的念头。德皇授权他们可以到北海执行短程搜索任务，这很大程度上是做给英国看的，以示德国海军不仅仅是躲在防守雷区之后。这一回，再次引诱贝蒂进圈套似乎已不是冯·英格诺尔心目中最主要的目标。相反，他的目标非常有限。有一段时间，德国海军总司令部怀疑英国的间谍渔船一直在多格尔沙洲的渔场作业。希佩尔得到命令，要求他将这些英国渔船连同通常保护它们的轻型舰队一起击沉或驱散。这将是一场快速突袭，完全符合皇帝的敕令。然而，几乎没有人会猜到，这最终将是一场灾难。

1915年1月24日下午5点45分，希佩尔的两支侦察舰队离开亚德河口，穿过雷场向赫尔戈兰岛以西的海域前进。[4] 第1侦察舰队还是一个月前参与哈特尔浦行动的同一支部队，不过有一点重要的例外：由于"冯·德·坦恩号"战列巡洋舰正在威廉港进行整修，所以，希佩尔的旗舰"塞德利茨号"则由"德弗林格尔号""毛奇号"和"布吕歇尔号"随航。希佩尔知道他可能会遇上贝蒂，但他觉得，一旦英军现身，他的两支侦察舰队在任何战斗中都能自行应对。不过，他忘记了自己的致命弱点——装甲巡洋舰"布吕歇尔号"缺乏大型僚舰那样的装甲和火力。

通过无线电侦听截获的消息，英军已经得知希佩尔将要出海，而且知道其目的地就是多格尔沙洲附近的渔场。杰利科行动迅速：休假的船员被紧急召回，船只整装待发。这一切正在进行的时候，杰利科提出了一个方案，即让战列巡洋舰队、哈里奇分舰队和大舰队全部参与行动。1月23日晚间，贝蒂离开罗塞斯港向多格尔沙洲进军。一个星期之前，他的战列巡洋舰部队被分成两个中队：第1中队由"狮号""虎号"和"长公主号"3只"了不起的猫"组成；第2中队受海军少将阿奇博尔德·摩尔（Archibald Moore）爵士指挥，下辖"新西兰号"和"不挠号"。贝蒂挂帅"狮号"战列巡洋舰，协同他的是古迪纳夫的第1轻型巡洋舰中队。同时，第二天早上7点，海军准将蒂里特的哈里奇分舰队扬帆北上，到多格尔沙洲与贝蒂会合。蒂里特的舰队由3支驱逐舰支队组成，各由一艘轻型巡洋舰领航。

杰利科也跟随大舰队主体出航，朝东南方向行驶。他将据守在渔场以北150海里的位置，以防贝蒂需要他的支援。最后，哈里奇部队派出4艘潜艇占据了德国雷区西部边缘的位置。他们驻守在那里，以防公海舰队离开港口，或希望能够拦截希佩尔返航的船只。因此，在杰利科、贝蒂和蒂里特全知道德国侦察舰队正驶向多格尔沙洲的时候，希佩尔和冯·英格诺尔却都不知道英国人正从两个不同的方向朝渔场赶去。希佩尔正驶向陷阱，而在没有无畏舰支援的情况下，他的战列巡洋舰将孤军奋战。

就在黎明前夕，希佩尔抵达多格尔沙洲的东北角，他命令他的4艘轻型巡洋舰对英国渔船队展开搜索。破晓时分，天气晴朗清爽，能见度近乎完美。上午7点15分，德国护航舰队发现英军轻型巡洋舰队正从西北方向靠近。这表明英国大部队就在这片区域。双方开火互射，在短暂的交火中，英国"曙光女神号"和德国"科尔贝格号"双双被炮弹击中。第2侦察舰队的司令是海军中将格奥尔格·黑宾豪斯（Georg Hebbinghaus），他坐镇旗舰"格鲁琼兹号"巡洋舰。他命令他的舰船转向东南，并用无线电向希佩尔发送情报。尽管英方巡洋舰在蒂里特麾下，希佩尔仍怀疑它们是贝蒂战列巡洋舰队的一部分。当然，他猜对了：贝蒂和蒂里特在敌方舰队取得联系前不久便联合起来了。

希佩尔肯定已经察觉到了他正陷入危险当中，他的命令也明

第五章 诱敌出港

确表示要避免不必要的风险。因此，在 8 点 30 分，他将战列巡洋舰掉转方向，几分钟后，第 1 侦察舰队便开始全速逃离贝蒂所设的陷阱。这之后，他往威廉港发送了一条无线电信息，向冯·英格诺尔报告他的目击所见，并转达了他的推断，即怀疑贝蒂正在追击他。[5] 得到命令后，公海舰队的无畏舰纷纷喷起蒸汽。到了上午 10 点 30 分，它们开始陆续驶出威廉港，因为冯·英格诺尔制订了自己的计划，他准备在希佩尔引诱贝蒂向东朝公海舰队驶来后，对其实施伏击。如此一来，双方战列巡洋舰部队和战列舰队主力便同时出现在了海上，这种情形很是有趣。这很可能演变成所有人都一直期待的大规模冲突。

此刻，贝蒂就在希佩尔西北方向十几海里处，很快这两支战列巡洋舰队便会发现彼此。双方人马同时都在往东南方向前进，德军位于英军前方。由于英军战舰的速度占优，几只"了不起的猫"正逐渐缩小射程。跟希佩尔一样，贝蒂的船只也按纵队队形前进，旗舰位于队列最前端。上午 8 点 52 分，尽管严格来说德军仍处于有效射程以外，"狮号"的前舰炮还是开了火。它的射击目标是处于德军纵队末尾的"布吕歇尔号"。在 17 分钟内，双方船只的间距降至 9.4 海里（约 17.4 千米），然而，即使在这种极远的射程内，"狮号"仍然命中了对方一次。这在舰炮射击领域具有里程碑的意义———一艘船成功命中另一艘船的最远距离。[6] 这预示着一场海战即告降临，也是费舍尔所强调的设计远程重炮之重要性的一个证明。

事实上，两队战列巡洋舰并没有彼此跟随对方，它们处于平行的航线上，德军在贝蒂以东，双方相距约 3.5 海里（6.4 千米）。这意味着，随着较快的英国船只开始赶上德军，两队舰船正逐渐进入对方的射程范围。英国战舰在前一艘船条件允许的情况下尽可能地将舰首炮向前瞄准，而德国人则以同样的方式将舰尾炮向后瞄准。不久，所有 5 艘英国舰船和 4 艘德国舰船开始连续射击，大炮射程几乎被提升到了最大。不过，双方距离正逐渐缩短，希佩尔的船只最多只能达到 24 节航速，而英国舰船则可达 29 节。贝蒂还有另一个优势：当时海上吹的是东北风，因而能够把烟囱的浓烟吹离他的船只。然而，希佩尔战列巡洋舰的情况则恰恰相反，滚滚浓烟令测距工作变得尤为困难。

航速较快的"了不起的猫"开始远离英国战列巡洋舰纵队末尾较慢的那两艘，但并不要紧——一切行动都是围绕追击敌人展开的。在"狮号"上，海军上尉菲尔森·扬（Filson Young）正往前桅上爬，此时"一声可怕的爆炸和剧烈的摇晃表明'狮号'被击中"。"布吕歇尔号"的一发炮弹打中了"狮号"的 A 炮塔，令其无法运转。这是大炮在确定射程后双方的第一发命中。为了避免混乱，贝蒂命令他的每艘船都朝着敌人纵队中自己对应的船只开火："狮号"对应"塞德利茨号"，"虎号"对"毛奇号"，"长公主号"打"德弗林格尔号"，然后是"新西兰号"和"不挠号"攻击"布吕歇尔号"。然而，"虎号"误解了信息，它不停地朝希佩尔的旗舰"塞德利茨号"开火。这意味着，谁都没有攻击"毛奇号"。

一名年轻的英国军官从轻型巡洋舰"曙光女神号"上目睹了这些场景一幕幕展开。"实在太精彩了！我看到我们的战列巡洋舰以最高航速行驶，每隔一两分钟就从船头和侧面喷出阵阵火焰和滚滚褐色浓烟——远方敌人的大炮也闪烁着炮火作为回应。一些落在水里的炮弹溅起高高的白色水柱。更不幸的是，由于有些炮弹直接命中，虽然没有溅起水柱，但导致受伤的舰船产生滚滚黑烟和一道道明亮的火光。"他还满怀年轻的热情写道，"这一切都太刺激了！"[8]

上午9点45分，一枚"狮号"发射的炮弹击穿了"塞德利茨号"的后炮塔，随后在弹药起卸机发生爆炸。这点燃了一个正从弹药库往上提升的发射火药，一场猛烈的突发火灾几乎使炮塔内的所有人葬身火海。[9]火光通过弹药起卸机向下蔓延至弹药库，船员们跳到隔壁舱室，试图逃脱旺盛的大火。但这并没起到什么作用。相反，火团扫过保护舱门，冲进了C炮塔的弹药转运间。结果造成另一起爆炸，第二团火球顺着通风井向上蹿进了C炮塔。一个明智的应急反应拯救了这艘船——不过是以牺牲更多的生命作为代价。海水被灌入船尾的弹药库中，也淹死了困在里面的船员。然而，这避免了一场更大的灾难。仅此一颗命中弹就夺去了159名船员的生命，他们不是在恐怖的数秒内遭烈火焚身，便是在冰冷的海水慢慢灌入密封的弹药舱时溺亡。

即使这样，"塞德利茨号"仍然能够漂浮，并且予敌回击。不过这件事促使希佩尔再次联系冯·英格诺尔，向他发出"急需援助"的信号。他的上级发回消息，说"主力舰队和分舰队将尽快赶到"。此时，在希佩尔看来，它们可能赶不及了。贝蒂已经将航速放缓至24节，如此一来，这两支舰队就保持了不变的射程范围。这使得射击更为轻松，但是德国人现在集中精力对付"狮号"，于是，它开始不断遭到命中。上午10点01分，"毛奇号"的一枚炮弹击穿了"狮号"吃水线以下的部位，随后它开始向左舷倾斜。炮弹不停地击中它，然后，在10点18分，"狮号"受到了一次真正的重击。处在前桅楼弹着观测塔上的菲尔森·扬上尉认为，他们一定是被鱼雷击中了。事实上，这艘战列巡洋舰的水线以下被命中两次，海水正迅速涌进船体。此外，它的一个锅炉也失去了蒸汽动力，电气系统也无法运作了。随着它的速度急剧下降，这艘英国旗舰退出了战斗。

现在是"虎号"领航，德国战列巡洋舰又开始将火力集中到它身上。"德弗林格尔号"射出的一发炮弹击中了"虎号"Q炮塔的顶盖，但没有穿透装甲。不过，该炮塔被挤压变形，而火炮因液压动力不足停止了射击。其他炮弹击中了烟囱下的救生艇甲板，随后熊熊大火燃烧起来。令人称奇的是，这场大火并没有造成真正的损失：点燃了救生艇之后，火势渐趋减弱，船上的损害管制组成功控制住了火势。就在这一刻，贝蒂犯了一个错误，这将导致希佩尔逃脱，也将决定"布吕歇尔号"的命运。他认为自己看到了右舷方向有潜望镜的踪迹，于是下令立即向左转舵，其余的英国部队也紧跟其上。这意味着，他现在正以垂直的角度驶离希佩尔撤逃的船只。其实并没有什么潜艇，但错误的观察最终让希佩尔得以溜掉。

随着德国舰队其余船只纷纷驶出射程范围，英军又把火力集中在了不幸的"布吕歇尔号"身上。这同样拜贝蒂所赐，他用信号旗发出"进攻敌方尾舰"的信号,但命令的另一半——"方向东北"却延误了——这一方向本将恢复对希佩尔战舰的追击。因此,在希佩尔侦察舰队的其余船只加速驶向安全地带的同时,5艘英国舰船开始对"布吕歇尔号"展开猛烈炮击。上午11点后不久,"长公主号"的一发炮弹命中这艘装甲巡洋舰,之后,它的速度降了下来。很快,随着其他战列巡洋舰确定了射程,"布吕歇尔号"遭到多次命中。一位德军幸存者回忆说,他们被击中次数之多仿佛发生的是一起连环爆炸。[10]一团团火球快速穿过"布吕歇尔号"的下甲板,蒸汽灼伤了机舱内的船员。煤炭在燃料仓内燃烧起来,这么多的炮弹击中如此狭小的封闭空间,一阵阵巨大的爆炸使得尸体像枯枝落叶一样被气浪冲击得散落一地。"布吕歇尔号"很快成了一间漂浮的停尸房。

上午11点45分,英军大炮停止了射击,战列巡洋舰迅速驶过这艘大火肆虐的战舰,它们的船员目睹了德国水手跳入海中,以免被活活烧死。12点07分,"布吕歇尔号"倾覆并沉没,随后,巡洋舰"林仙号"和几艘驱逐舰驶向前去搭救幸存者。该舰1 200名船员中,仅有234人有幸被救起,活了下来。

在北海约400米高空中的齐柏林飞艇L-5里,海军少校海因里希·马蒂(Heinrich Mathy)目睹了这场悲剧的发生。他后来写道:"那4艘英国战列巡洋舰一齐向它('布吕歇尔号')开火。只要一息尚存,它就一直反抗,直到它完全被烟雾笼罩,明显是着了火。12点07分,它开始倾斜并最终倾覆。"这位前驱逐舰舰长显然十分苦恼,因为他也爱莫能助。他补充说道:"你可以想象这是多么痛苦，目睹'布吕歇尔号'倾覆却无法为它做任何事，只能眼睁睁地观察并向上级报告。"[11]

此时，希佩尔的战列巡洋舰已经消失不见了。他看到了"布吕歇尔号"悲剧的发生，但什么也做不了。掉头将意味着他会失去舰队的其余战舰。"塞德利茨号"上的船员还在奋力保持自己的船继续漂浮，因此，希佩尔目前寡不敌众，很是无望。战斗就这样结束了。那天下午，希佩尔成功与冯·英格诺尔会合，而潜伏着的英国潜艇未能与他们接触。到了晚上，德国舰队安全返回港口。在北海的另一边，贝蒂先是转移到一艘驱逐舰上，然后又登上了"虎号"。他的当务之急是确保受损的"狮号"抵达港口而不沉没。鉴于它受损严重，船员如能成功将其拖回港口，绝不是一般的成就。下午 5 点 30 分，杰利科的大舰队抵达，护送这些战列巡洋舰到达罗塞斯港。"狮号"最终幸免于难——"塞德利茨号"也一样——这两艘船将在日德兰海战中再次交锋。

与此同时，指责声开始出现。杰利科遭受批评，理由是他没有及时调大舰队南下参加战斗，当然，贝蒂也受到英国媒体的无数控告，其中最严重的是谴责他没有利用好他的战列巡洋舰队。事实上，在他发现想象中的潜望镜以前，他的领导作用发挥得都还不错。那次转向和随后的信号问题给希佩尔提供了逃离的机会，而对"布吕歇尔号"的穷追不舍则挽救了"塞德利茨号"。希佩尔也受到了谴责，原因是他竟带上"布吕歇尔号"参加作战，并且还抛弃它任其自生自灭。不过这些指控都站不住脚，实际上，在那种情形下他已经做到了最好。

第五章 诱敌出港

最严厉的谴责是针对冯·英格诺尔的。提尔皮茨争论说,为什么在舰队本该去掩护希佩尔的时候,他却把舰队留在港内?正因为如此,他才错失了一次伏击贝蒂的大好时机。"塞德利茨号"舰长莫里茨·冯·埃吉蒂(Moritz von Egidy)表达了自己的意见:"作战计划没有考虑到英国战舰出现在北海的可能性。24日那天,在没有战列舰队支援的情况下,战列巡洋舰被派去参加战斗,这时它们才发现自己的处境竟是如此危险。如果我们提前知道己方的主力部队就在身后,希佩尔是不会被迫放弃'布吕歇尔号'的。我们会去挽救它,就像英军拯救'狮号'一样。"整个行动计划不周,而且任凭希佩尔的战列巡洋舰自生自灭。皇帝对此表示赞同,于是战斗结束一个星期之后,他免了舰队司令的职。

冯·英格诺尔被海军上将雨果·冯·波尔替换下来,上任之前,他担任的是海军参谋本部参谋长一职。这个决定是皇帝做的,但令提尔皮茨感到惊讶,他觉得冯·波尔胜任不了这份工作。事实上,威廉不想拿战列舰队冒险,这一任免决定和他的这一意愿正好相符。冯·波尔是位过于谨慎的指挥官,在他的监督下,就不会重蹈他前任的覆辙,出现那样轻率的出击。相反,他更加强调潜艇战,这一方针将会使这位新上任的舰队司令与提尔皮茨发生冲突。与此同时,两大舰队各自修理战舰,专心备战下一次交锋。然而,几乎没有人想到,还要等上一整年的时间双方舰队才会再次相遇。

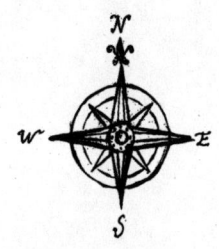

第二部分

泰坦交锋

第六章

春季出击

1916年新年刚过不久,雨果·冯·波尔上将就开始抱恙,并在一名海军随舰医生处就诊。1月8日,他被转移到一艘医院船上,那里的专家给他做了全面检查。他们证实了他的怀疑:他患有肝癌,而且病情已经发展到了晚期。那天下午,他乘火车前往柏林,最后做一次切除肿瘤的尝试。手术失败了,这位海军上将的病情继续恶化。在病倒6周后,他于2月23日去世。当时,冯·波尔的舰队副司令是第3战列舰中队的指挥官莱因哈德·舍尔(Reinhard Scheer)中将。他立即临时接管了舰队。其实在1月18日,冯·波尔上将很明显已经奄奄一息,德皇就将舍尔定为公海舰队的常设司令。

舍尔挂帅

这两位司令官几乎截然不同。冯·波尔专断独行,为人阴郁。战前一位英国海军武官将他描述成一个弄丢了半克朗而只找回6

便士的人*。他还充满了与德皇一样的谨慎感，宁愿发动潜艇战也不愿拿他的无畏舰做赌注，投入另一次轻率的突袭。相比之下，舍尔是中产阶级的撒克逊人而非普鲁士贵族，尽管他的纪律严明是出了名的，但他仍然受到船员们的欢迎。舍尔的职业生涯原本一直是缓慢而稳步地上升，但他在鱼雷战这一专业领域的能力最终吸引了提尔皮茨的目光，于是舍尔被选入海军部鱼雷处。这让他得到了晋升，并第一次有了指挥权——指挥"瞪羚号"巡洋舰。终于，舍尔这颗明星开始慢慢高悬天空。

1905年，他成为海军上校，两年后被授予"阿尔萨斯号"战列舰的指挥权。1909年，他又被任命为公海舰队司令冯·霍尔岑多夫上将的参谋长，并于次年晋升为将官。作为海军少将，舍尔很快又回到海军参谋本部，并在海军部参谋长一职上任职一年，直到1913年年初才作为战列舰中队指挥官再次返回舰队。同年晚些时候，他被擢升为海军中将。第一次世界大战开始后，他曾在冯·英格诺尔麾下任职，而他却批评这位指挥官过于谨慎。接下来冯·波尔接任舰队司令，相较之下，他又令他的前任看起来像是一个鲁莽的冒险家。现在，很明显舍尔已经大权在握，以前那些憋在港口内的日子就要结束了。他准备像冯·英格诺尔那样使用自己的舰队，只不过打算采取更为猛烈的攻势。因此，陆续发生了一系列事件，它们将引发自特拉法尔加海战以来最大规模的海上战役。

采取进攻的态度并不是一时冲动做出的决定。多格尔沙洲一

---

* "半克朗"为英国旧币制下一种面额的硬币，价值等同于2先令6便士。——编者注

役后，提尔皮茨写了一封内部便函，其中说道，他认为这一战是错过的最后一次机会。[1] 在他看来，由于新近服役的无畏舰加入大舰队的阵列，海上均势已经明显转移到了有利于英国的一边。时间过得飞快，公海舰队现在的战舰数量已经严重不及对手，在海战中几乎没有获胜的可能。这是冯·波尔乐见的，并促使他将精力集中于发动潜艇战上。在冯·波尔担任舰队司令的一年间，海上均势变得更加有利于杰利科。然而舍尔意识到，如果乖乖地将北海控制权交给英国，这将是对德国为组建战列舰队而投入的巨大资源的背叛。通过推行一项更为积极主动的策略，他希望证明战列舰队有其存在的价值。

掌管公海舰队以来，冯·波尔不断加强对赫尔戈兰湾的防御，并扩大了防御范围。布雷区域不断沿着中立国荷兰的海岸线向前推进，一直向外延伸170海里，形成了一个从荷兰泰尔斯海灵岛至丹麦日德兰半岛海岸的大圆弧。扫雷巡逻艇从这条防线后面出动，负责清除其出口处的英国鱼雷，而这些安全水道由雷击舰负责看守。舍尔继续实施这一策略，但并不是将其视为防御屏障，而是把它当作一个安全的避风港，他可以将舰队召集到这里，然后再派往北海。此外，舍尔还有其他利器：潜艇驻扎在哈里奇港、罗塞斯港和斯卡帕湾附近，可以为他提供一套报告英国海军动向的早期预警系统；现在，海军飞艇分队的齐柏林飞艇正在北海上空执行定期远距巡航，向西最远甚至可覆盖英国海岸。

事实上，齐柏林飞艇就跟在舍尔的第一波攻击之后。1月下旬，9架齐柏林飞艇飞越北海，轰炸了英格兰中部地区的城镇。尽管它们造成的损失和伤亡微乎其微,但英国海军部迫于压力仍然采取了行动。定期在德国雷区最西边巡逻的小型军舰得到增援,并被要求提供预警,以防未来发生任何突袭。舍尔对此采取了回应,在赫尔戈兰岛以西的海域组织了一次扫荡。2月10日晚上至11日凌晨,3支雷击舰分队驱离了英国巡逻艇,在此过程中击沉了一艘扫雷艇。虽然此次小规模冲突被视作第二次多格尔沙洲海战,但它根本算不上一场真正的战役。然而,杰利科为求万全,让整个大舰队全部出海,贝蒂的战列巡洋舰以及蒂里特的哈里奇分舰队也随之出行。不过这时候,德国雷击舰早已朝港口驶去。

引"狮"出洞

到了3月,舍尔准备用整个公海舰队随时发起突击。他计划派希佩尔的战列巡洋舰南下,进攻守卫英吉利海峡东端的前无畏舰。不过,与冯·英格诺尔不同的是,舍尔给希佩尔以适当的支援,他的无畏舰就在侦察舰队后方29.6海里处跟随着。这次出击于3月4日晚上至5日凌晨开始,到上午10点左右,希佩尔已经通过了荷兰一带的堰洲岛并转而向南朝多佛尔港驶去。[2] 两架齐柏林飞艇飞在前方去轰炸赫尔港,经过希佩尔侦察舰队上空时,它们报告说没有发现敌舰。事实证明确实如此。北海南部竟没有英国船只,这似乎有些异常。蒂里特仍然留在港内,而杰利科和贝蒂虽然出了海,但他们只在多格尔沙洲北部一带活动。3月6日,德国舰队返回港口,在这次被德军视为成功的清扫行动完成之后,水兵们个个情绪高涨。

这次出击对舍尔来说意义重大。长年闲无战事已令士气大挫。媒体和公众都批评海军的这种无作为状态,而与此同时,德国士兵却在佛兰德斯和波兰流血牺牲。现在公海舰队开始反击了。舍尔没能将贝蒂引向南边,感到很失望。毕竟这是一个明确的间接目标。很明显,贝蒂不想远离杰利科无畏舰的掩护。因此,对于下一次出击,舍尔打算打击更北边的区域。他对行动也很慎重,唯恐过于接近杰利科在斯卡帕湾的基地,但对航海图的观察和测算表明,只要他在正确的位置激起贝蒂的回应,那么在杰利科的援军赶到之前,他就有可能打败贝蒂。

4月24日,舍尔再次出海。早在1914年11月,希佩尔的战列巡洋舰就对大雅茅斯进行过一次轰炸,但显然毫无成效,数百吨的海滩泥沙被炸得到处都是,而城镇本身却安然无恙。现在,舍尔计划再次轰击这座城市。与更北面的英国沿海城镇相比,其优势在于它比斯卡帕湾和罗塞斯港都更靠近威廉港。如果那里的攻击可以将贝蒂引诱到南边,就有机会在杰利科插手之前彻底击败英军的战列巡洋舰。其实这个计划并非新想法,只是舍尔比他的前任更有兴趣执行。不过,舍尔这一次将会借助飞艇空袭东安格利亚,以配合整个突袭。即使贝蒂不干预,杰利科也可能被迫将舰队分散开来,从而覆盖英国整个北海沿岸。

德国战列巡洋舰于4月24日上午悄悄驶出威廉港。[3]仅这一次,希佩尔没有指挥舰队:他生病了,于是由海军少将弗里德里希·波迭克(Friedrich Bödicker)率领侦察舰队。由于"吕佐夫号"

开始下水服役，他现在有 5 艘战列巡洋舰在第 1 侦察舰队中。在这些主力舰前方是第 2 侦察舰队的 6 艘轻型巡洋舰，另有两支驱逐舰队环绕它们周围。舍尔也随公海舰队的其余船只出了海，他打算在泰尔斯海灵岛附近，即他的雷场西部外缘等希佩尔到来。不料下午 4 点时，波迭克的旗舰"塞德利茨号"在英军新近布设的雷场撞到了一颗水雷，其舰首被撕开一个洞。虽然进水得以控制，但"塞德利茨号"除了返航别无选择，于是该舰在两艘驱逐舰和一艘齐柏林飞艇的护送下返回港口。波迭克转为坐镇"吕佐夫号"，突击行动继续进行。

黎明前不久，剩下的 6 艘飞艇领先在前，开始了对东安格利亚多个城镇的空袭。虽然没有人在袭击中丧生，但激起了民愤，埋下了祸根。清晨 4 点，德军战列巡洋舰已经能够看到海岸线，它们排成一列，与洛斯托夫特海滨平行。"冯·德·坦恩号"上出生于波兰的汉斯·岑克尔（Hans Zenker）上校对这次轰炸做了如下描述："我们驶向洛斯托夫特时，海雾和从前方船只飘来的烟雾导致我们很难看清目标。但在我们转向后，帝国酒店为我们提供了一个足够明显的有效轰炸目标。"这座酒店最初于 1900 年开始营业，能够俯瞰整个海岸区，从科克利悬崖顶部到港口南部一览无余。如今，这座 5 层楼高的酒店的原址上建有一所小学。

岑克尔继续说道："上午 5 点 11 分（英国时间上午 4 点 11 分），我们用大中口径火炮对港口厂房与平旋桥开了火。几发'近失弹'过后，射击效果有所好转。从后舰桥传出报告，称一发炮弹打进了城内，而另一有利的观察位置报告说（港口）入口处发生了大爆炸。"⁴轰炸只持续了 9 分钟。随后，战列巡洋舰沿着海岸线向北行驶了 7.9 海里，直到抵达大雅茅斯。在这里，轰炸持续的时间更短：早晨 4 点 42 分开始，3 分钟后便结束了。之所以缩短轰炸时间，是因为蒂里特准将的哈里奇分舰队出其不意地赶来了。舰队从南面驶来，边行驶边开火，但蒂里特刚一发现战列巡洋舰，就下令让自己的船只转向。然而在逃走之前，全新的轻型巡洋舰"征服号"就被"德弗林格尔号"或"吕佐夫号"的一发 30.5 厘米口径炮弹命中，但它仍挣扎着驶到安全地带。轰炸结束后，波迭克开始返航。

穿过北海的一路上平安无事，战列巡洋舰重新加入了泰尔斯海灵岛以西其余的公海舰队。舍尔想尽量长时间地停留在那一带，但发现英国潜艇后，他决定结束这次出击并返航回港。与此同时，杰利科和贝蒂都还在海上。一周前，大舰队其实也出击了一次，最远到达了霍恩礁，但却徒劳无功，并没有接触到敌人。日德兰半岛西海岸为浓雾所笼罩，在黑暗中，战列巡洋舰"澳大利亚号"和"新西兰号"相撞了。回来的时候，"澳大利亚号"受损严重，需要去罗塞斯港的干船坞进行修理。杰利科于 6 月 24 日回到斯卡帕湾，其旗舰"铁公爵号"还未停稳，他便得知德国人又出海了。

匆忙补充了煤炭和燃油之后，他的船仅 24 小时内便第二次穿过霍克萨海峡，在通过彭特兰海峡之后，它们驶向泰尔斯海灵岛附近拦截希佩尔。4 月 25 日中午之前，大舰队的主力已经到了贝里克以东 100 海里处，它们正以 20 节的速度朝东南方向航行。杰利科前方是其他 3 队军舰。在他前方 6.9 海里是第 5 战列舰中队——由4艘新的"伊丽莎白女王级"快速战列舰组成。在他们之间是一支前无畏舰中队,当收到命令跟随快速战列舰的时候,这些前无畏舰已经在向南航行的途中。前面更远处是两支战列巡洋舰中队,周围伴随着一小支负责掩护的巡洋舰和驱逐舰队。贝蒂以全速前进,因此逐渐与英军其他舰队拉开了距离。这意味着大舰队严重分散,容易受到舍尔梦寐以求的那种攻击。

不幸的是,舍尔的船只燃料不足,不能在泰尔斯海灵岛附近停留足够长的时间进行战斗。如果它们燃料充足并与贝蒂发生了接触,那么毫无疑问,贝蒂在撤离以前将遭受重创。即使有其他两支先遣的快速战列舰和前无畏舰中队的支援,他获胜的可能性也极小。不过这种情况并未发生。在4月25日舍尔率领舰队返港的时候,贝蒂还在200海里以外,这段距离需要快速航行整整8个小时。当潜艇将舍尔撤退的消息传给杰利科后,他命令自己的船只也返回基地。最后,洛斯托夫特和雅茅斯行动以收效甚微而告终。无疑,这次行动中并没有出现舍尔一直想要的条件于己有利的对抗。

虽然这次袭击中只有4个平民丧生,比"征服号"上牺牲的船员少21人,但英国公众却极其愤怒,迫于政治压力杰利科不得不做出反应。他的解决方案是把第2战列舰中队的前无畏舰派往希尔内斯港,它们在那里可以拦截德国进一步的攻击。该中队由8艘"英王爱德华七世级"战列舰组成,它们在舰队中一起被称为"八不稳"(the wobbly eight),因为它们除了在最平静的海面上,其他情况下都会剧烈摇晃。为支援这些脆弱的船只,杰利科还派

第六章　春季出击

出"无畏号"战列舰作为旗舰随它们一同前去。不过，它首先得被送去急修。因此，这艘身为始作俑者的战舰将会错过近一个月后在日德兰半岛附近展开的那场无畏舰大战。

5月26日，杰利科致信贝蒂，解释他在最近提交海军部的报告中对贝蒂表现的批评："我希望你不要因为我批评并希望讨论那些问题，就觉得我对你不守信义……在别人想方设法攻击我们而我们无法回击的情况下……坐在那儿什么也不说，这绝不是爱国的表现。"[5] 就贝蒂轻率地将无畏舰抛在后面这一问题，杰利科评价道："江山易改，本性难移。"谈及对舍尔的出击做出反应一事，他又说道："改变基地并不会有用。从哈里奇出发的（蒂里特）准将没有及时赶到。我们从这里出发也没能及时到达，但我们两个方向的兵力本来是可以及时抵达的。"他取消了离开斯卡帕湾的决定，因为北海上没有比它更合适的基地了，然后还鼓励贝蒂坦率地与他沟通。贝蒂因为受到批评甚为恼火，什么也没做。数日后，他拒绝与杰利科沟通这一点将产生严重后果。

当时，4艘新"伊丽莎白女王级"快速战列舰已经加入大舰队，第五艘也将于5月列入舰队。事实上，与"无畏号"战列舰一样，这第五艘快速战列舰——"伊丽莎白女王号"——在其姊妹舰驶向日德兰半岛时也将接受一次整修。"快速战列舰"（fast battleship）一词被用来指第三代无畏舰，因为其最高时速可达23节，比它们的前辈略快一些，因此被编入自己专属的舰队。[6] 更重要的是，它们各自载有8门15英寸（381毫米）口径的巨炮，为杰利科和舍尔的舰队中口径最大的火炮。

"君权级"有着与"伊丽莎白女王级"相似的航速和火力装备，不过它们的装甲稍逊一筹。该级战列舰的首舰——"复仇号"——于3月加入大舰队，杰利科期待它的两艘姊妹舰在5月也能加入进来。如此一来，杰利科便可以让"无畏号"缺席大舰队而驻扎在希尔内斯港，同时又平息政界领导的不满。

齐柏林飞艇空袭东安格利亚激起了公众的强烈抗议，对该地区两座海滨城镇的轰炸也引起了几乎同样多的怨愤。这带来了更多的政治压力，所以，一个星期以后，杰利科带着复仇的使命，再次率领他的舰队出海了。他的目标是位于石勒苏益格地区东登市（德文为Tondern，即现在的丹麦小城Tønder）的飞艇基地。该基地于1915年春天投入使用，由3个大型机库组成，另外还有一个较小的机库，停放着用于基地防御的战斗机。此外，在基地边缘还有一座相当大的煤气厂，一小片营房和一座无线电塔。1916年5月初，基地里只有4艘飞艇，但不像库克斯港附近比它大得多的诺德霍尔茨基地，东登基地正好位于德国防护雷场的边缘。因此，杰利科决定利用搭载炮弹的水上飞机对其进行袭击，它们将分别从两艘水上飞机母舰"恩格」号"和"维迪克斯号"上起飞。

整个大舰队于5月2日下午从斯卡帕湾陆续起航，而战列巡洋舰则于次日清晨出发。两组人马在当天晚些时候会合，然后朝日德兰半岛海岸航行，并有驱逐舰和巡洋舰在它们周围形成一道掩护屏障。到5月4日黎明时分，舰队停在了霍恩礁附近，但当时海面波涛汹涌，而且海上状况持续恶化。这令发射水上飞机变得几乎不可能。[7]"恩格丁号"和"维迪克斯号"运载着11架索普威思"婴儿式"浮筒飞机,但只有其中3架被成功弹射出去。这几架飞机当中,有一架撞到一艘护航驱逐舰的桅杆侧面受损,另一架则发生了机械故障。这两架飞机不得不降落下来,并被吊回船上,但第三架飞机继续完成它的使命。

飞艇基地位于发射位置东南方向约87.8千米处,这段距离是飞机半个小时的航程。飞抵基地后,它将一颗单重约30千克的炸弹扔在了一个机库外,但并未造成真正的损失。由于齐柏林飞艇在外执行空袭任务,所以这座基地里没有什么更好的目标。脆弱的小飞机返回海上,费了些周折才将其吊回"恩格丁号"。然而,这架飞机并不是空中行动中的唯一主角。当天早上,大舰队向霍恩礁靠近时,被东登基地的L-7号飞艇发现。它向大舰队靠得太近,超过了应保持的距离,随后便遭轻巡洋舰"伽拉忒亚号"和"法厄同号"的火力重创。它着了火,不断下降,最终坠毁在丹麦海岸附近的海上。一艘英国潜艇浮出水面,从失事飞艇上救出了7名幸存者。虽然对东登基地的空袭本身失败了,但现在杰利科至少可以说他降低了飞艇的威胁。杰利科和贝蒂分别返回斯卡帕湾和罗塞斯港,他们在那等待舍尔做出下一步行动。

这些春季行动向人们显示,舍尔无疑比他的前辈们更激进,而且他愿意利用公海舰队的无畏舰为其侦察舰队的探查活动提供全方位的支援。他似乎还渴求引发一场战斗——事实上,这正是袭击洛斯托夫特和雅茅斯的主要目标。当时没有爆发海上冲突只因时间和距离所限。斯卡帕湾距东安格利亚海岸或荷兰泰尔斯海灵岛的堰洲岛近 400 海里。这意味着,大舰队需要 20 个小时才能到达这些地方,而希佩尔的战列巡洋舰可以在 6 小时之内穿越北海抵达东安格利亚。位于罗塞斯港的贝蒂要花费近 12 个小时才能到那儿。然而,舍尔的"机会之窗"只不过是一扇小窗而已。由于燃料的消耗,尤其是驱逐舰要消耗大量燃料,他不能等待太长时间,况且他停留得越久,受到英国潜艇攻击的威胁就越大。

在舍尔看来,杰利科似乎也不愿意进一步向南越过多格尔沙洲。因此,即使两支舰队相遇,也是发生在更北边海域的可能性较大,即北纬 55° 以北,该纬线同时穿过纽卡斯尔、多格尔沙洲及德国石勒苏益格海岸附近的叙尔特岛。杰利科似乎乐于从这条线以北穿越北海并向东远至霍恩礁,从这儿可以望见日德兰半岛的海滨。舍尔意识到了这一点,所以他决定再次向北实施突击,从而有更大的机会将杰利科卷入战斗。不过,他首先得处理好情报问题。与英国人一样,德国人也使用一系列定向无线电台获取一些关于英国动向的信息。为更好决策,他确实需要知道杰利科和贝蒂是何时出海的。这样他才可以算出两支舰队可能会在什么地方相遇。幸运的是,他早已有办法来实现这一目标。

愿者上钩

舍尔上将的前任雨果·冯·波尔一直大力倡导使用潜艇,并对英国施加于德国的封锁做出反击,也用封锁行动反治其人之身。然而这种封锁在海底进行,可谓战争史上之首例。他的潜艇队将成为封锁行动的主力,在不列颠群岛周围的水域潜行,寻找猎物。更具争议的是,冯·波尔还计划取消对其潜艇指挥官的人道主义限制。此前,U 型潜艇一直遵守国际法规中就"商路袭击"(commerce raiding)的规定,即实施攻击之前必须警告非武装商船,并给船员弃船的机会。然而冯·波尔宣称,不可能总有机会对船上的乘客和船员进行危机预警。这便是"无限制潜艇战"(unrestricted U-Boat warfare)之开端,从此潜艇可以在没有任何警告的前提下击沉敌方船只。

海军大将提尔皮茨反对这一战争规则的巨大变化。德皇威廉二世也持同样的态度,尤其是在美国总统伍德罗·威尔逊提出抗议称这是海战中史无前例的行为之后。因此,德皇命令冯·波尔不准攻击中立国船只,特别是美籍船只。如此一来,算是暂时避免了一场外交灾难,随后,执行水下封锁任务的潜艇指挥官也将攻击对象限定为协约国船只。不过这种战法已经成绩斐然:在 1915 年 5 月至 9 月之间,这些潜艇击沉的船舶总吨数超过 78 万吨。当然,它们自身也遭受了损失:15 艘潜艇被毁,其中包括 U-29 号,它在战争初期击沉过 3 艘英国巡洋舰。1915 年 3 月,它被"无畏号"撞沉,这也是费舍尔的这艘巨舰唯一一次与其德国对手进行较量。这次潜艇战的另一位受害者便是提尔皮茨,在德皇拒绝停止无限制潜艇攻击之时,他递交了辞呈。

然而到了 1915 年秋天,无限制潜艇战明显难以为继。冠达公司旗下巨型邮轮"卢西塔尼亚号"于 5 月被击沉——此事件被丘吉尔定性为大战期间最残酷的暴行——导致德国和美国的关系出现大裂痕。在罹难的 1 198 人当中,有 128 人是美国公民。美国国内舆论立刻转向德国对立面,美国的政客们也越来越倒向英国一边。这一结果在威廉皇帝看来无法接受,于是在 9 月,他命令冯·波尔结束这一行动。当舍尔接手指挥公海舰队后,他只利用潜艇攻击英国军舰,进行侦察巡逻或掩护其水面舰艇的活动。现在,他打算将前两个用途合二为一。他的潜艇将会报告杰利科和贝蒂何时出海,然后它们便前往攻击。如此一来,在两大无畏舰队狭路相逢之前,它们有可能消除双方之间的实力差别。

5 月的大多数时间,公海舰队的大部分舰船都在波罗的海忙于演习。舍尔却在筹划另一场突袭,这次的目标是纽卡斯尔正南方向的桑德兰港。他已经派出 10 艘潜艇,在彭特兰海峡和福斯湾的入口处待命。其他 3 艘潜艇将到奥克尼群岛、福斯湾和马里湾附近布设水雷,而另外 5 艘潜艇将密切注视哈里奇分舰队的动向,并为舍尔南翼的行动提供掩护。[8] 由于"塞德利茨号"尚未做好准备,攻击桑德兰的行动在最后一刻被取消了。然而,U 型潜艇已经出海,而且它们需要在 6 月 1 日之前返回基地。现在是 5 月 23 日,所以如果舍尔打算出击并仍要使用他的潜艇提供帮助,那么他还有不到一个星期的时间可以采取行动。因此,当他被告知"塞德利茨号"能够在 5 月 29 日加入舰队时,他决定继续行动。

这一次却遇到了天气问题。当他抵达英国海岸时,呼啸的东北风使他不可能将齐柏林飞艇送到自己前方,并向他预警杰利科的靠近。在等待风向改变的同时,舍尔起草了另一份计划,以防风向不会改变。这份计划需要把舰队向北朝斯卡格拉克海峡移动,这是一片挪威和丹麦之间约 59.2 海里宽的海上通道。鉴于英国商船经常穿梭于此，这次行动将会迫使杰利科和贝蒂出海，从而落入潜艇的埋伏。舍尔要等到 5 月 30 日才会做出决定到底采取哪个方案，但与此同时，他的舰队也在做着出海的准备。5 月 28 日，两场行动的命令都下达出去，第二天，"塞德利茨号"重新回到希佩尔的战列巡洋舰中队。最终，由于天气没有发生变化，舍尔放弃了袭击桑德兰的计划。相反，公海舰队将向斯卡格拉克进发。

5 月 30 日傍晚时分，公海舰队聚集在亚德河口，此时，舍尔的旗舰"腓特烈大帝号"发出无线电信号"5 月 31 日 GG2490"。这是安全信号：斯卡格拉克行动即将于次日清晨开始。所以，在 5 月 31 日凌晨 1 点，希佩尔的侦察舰队就开始出动了。这位中将坐镇旗舰"吕佐夫号"，率领第 1 侦察舰队出海，其后是战列巡洋舰"德弗林格尔号""塞德利茨号""毛奇号"和"冯·德·坦恩号"。第 2 侦察舰队的 4 艘轻型巡洋舰随后跟来，周边有 3 支驱逐舰队伴行，领队的是轻型巡洋舰"雷根斯堡号"。希佩尔的工作是在舰队的最前端侦察敌舰，待到接近斯卡格拉克海峡时，舍尔就会任凭他快速横穿海峡，击沉任何所能找到的英国船只。

凌晨 2 点 30 分——此时距黎明还早——舍尔命令公海舰队其余船只全部出海，由第 1 和第 3 战列舰中队的 16 艘无畏舰领航。第 4 侦察舰队的 5 艘轻巡洋舰紧随其后，后面还有 3 支驱逐舰分队围绕着它们的旗舰"罗斯托克号"轻型巡洋舰。东北方向 29.6 海里处，第 2 战列舰中队的 6 艘前无畏舰已经从易北河口离港出海，现在正经过库克斯港。这两股兵力将于凌晨 4 点在赫尔戈兰岛附近会合。

最后，舍尔发出信号，提醒己方潜艇公海舰队已经出海。这意味着他们做好了最充分的准备，迎接英国惯常的回应。然而他不知道的是，英军早已出海，他的潜艇伏击完全失败了。此时此刻，两支庞大的舰队都在奔赴日德兰半岛以西的同一片海域。

第七章

发现敌舰！

在英国海军部"40号房间"里，"5月31日GG2490"这一信号引起了一片骚动。译电员知道GG代表"绝密"（Grösst Geheim），而"31"表示"2490"这一行动即将开始的日期。除此之外，他们一片茫然。他们还截获了一份由潜艇发出的高级别无线电通信内容，其中也暗示德军即将开展另一场大规模行动。在海军部作战室的桌面上摆放着一幅巨大的北海地图，过去24小时内，英国的巡逻潜艇报告称在德国防御雷场北出口附近的海域出现了大量扫雷活动。他们还了解到，公海舰队已经离开威廉港，正前往亚德河口集合。这表明，如果舍尔准备出击的话，他可能会北上向丹麦海岸进军。所以，在5月30日傍晚时分，第一海务大臣、海军上将亨利·杰克逊（Henry Jackson）爵士命令杰利科离港出海。

杰利科出动

奇怪的是，杰利科一直在筹划自己的一次出击，该行动预计

6月1日早晨开始。他打算前往霍恩礁再做一次尝试,企图把舍尔引出来。现在,那位德国海军上将似乎正配合着他做这项工作。于是,晚上9点30分,英国舰队开始起锚。一小时之后,霍克萨海峡内的防御网栅被降了下来,随后,大舰队的船只陆陆续续驶出斯卡帕湾。又过了一小时,他们经过彭特兰礁,到达彭特兰海峡,目前正向东驶入北海。奥克尼群岛已进入漫长的夏季,所以现在仍是黄昏。舰队中的一名水手还记得仰望天空时内心的那种敬畏感:"我永远都会记得日德兰海战的前夕——风暴云把天空染成了炽红和橘黄——极其壮观,极其美丽。"他又补充道:"那天空似乎在预示着将有可怕的事情发生。"[1]对舰队中的许多水兵而言,他说的完全正确。

杰利科的部队并不都在斯卡帕湾。贝蒂中将的战列巡洋舰队在罗塞斯港,其主力舰分别编在3支中队:其中两支都是战列巡洋舰,另一支——休·埃文-托马斯(Hugh Evan-Thomas)少将的第5战列舰中队——由4艘快速战列舰组成。这些大型战舰由3支轻型巡洋舰中队和3支驱逐舰队伴随。东安格利亚轰炸行动之后,杰利科将杰拉姆(Jerram)中将的第2战列舰中队转移到克罗默蒂湾,这里距英国东海岸又近了4个小时的航程。杰拉姆的8艘无畏舰与杰利科同时出海,并由一支轻型巡洋舰中队和一支驱逐舰队伴行。在杰拉姆的无畏舰"征服者号"上,少年水兵阿瑟·斯尼思比(Arthur Sneesby)担心这次出动又将无功而返:"但是,一场场虚惊过后,5月底这一次我们没有回头,而是径直驶向日德兰半岛海岸,每个人都绷紧了神经。"[2]

如此一来，杰利科自己还剩下两支无畏舰中队、一支战列巡洋舰中队、两支巡洋舰中队（一支轻型巡洋舰队，另一支是装甲巡洋舰队）及两支驱逐舰队，它们构成了整个舰队的核心。这些舰船将从斯卡帕湾向东挺进，而杰拉姆的中队将于第二天午后不久加入它们的行列。这样，大舰队的24艘无畏舰将会形成一个舰群，然后再继续前往丹麦海岸。在罗塞斯港，贝蒂的战列巡洋舰队将在第二天下午与舰队的其他船只会合，它在那儿可以在杰利科的战列舰队前方执行侦察活动。多亏了"40号房间"，英国151艘战舰组成的大舰队得以在公海舰队起锚前两个多小时来到海上。

理论上，大舰队本来会直接遭遇待命的德国U型潜艇。应该有两艘潜艇待在彭特兰海峡东部，一艘在马里湾，另外最少还应有7艘在福斯湾附近。然而最近接二连三的坏天气迫使许多潜艇离开了自己的指定位置。更糟的是，只有两艘潜艇收到了舍尔于5月30日发出的信号，警告它们他即将出海，因此要预想到英国也会采取同样的行动。其中一艘是U-32号潜艇，当时它正在福斯湾附近。该海域的两艘潜艇都分配有各自的巡逻区域，从福斯河口开始向四周延伸。凌晨3点30分，U-32号潜艇发现两艘英国巡洋舰，并朝它们发射了两颗鱼雷。随后潜望镜发生了故障，巡洋舰转而撞向这艘潜艇，于是它下潜到了安全水域。U-32号潜艇再次浮出水面时，又看到两艘战列巡洋舰，但它们离得太远，无法进行拦截。

U-66号潜艇也遇到了同样的情况：它发现一整列无畏舰正在逼近，但负责护航的驱逐舰迫使它潜入水下。等它浮出水面时，无畏舰已经离去。这些战舰是杰拉姆的第 2 战列舰中队，它们正在与杰利科会师的途中——这是多么完美的目标，可惜错失了机会。更糟糕的还在后面。攻击英国舰船只是它们工作的一部分，德国潜艇的主要任务是向舍尔预警，通知他杰利科或贝蒂是否已经出海。一等到机会，U-32 号便浮出水面发送无线电报告，称有两艘战舰、两艘巡洋舰和几艘驱逐舰出现在海上，现位于福斯湾以东 59.2 海里的海域，并朝东南方向行进。U-66 号也做了同样的事，报告称在彼得黑德以东 59.2 海里，有 8 艘战列舰外加数艘巡洋舰和驱逐舰正朝东北方向航行。事实上，报道的这些航向没有多大意义，因为英国舰船都在曲折航行，鉴于他们已经收到报告，称有潜艇潜伏在该海域。舍尔还需弄明白这些信息的真实含义是什么。

由于奥克尼附近的潜艇没有发来报告，舍尔便断定杰利科还在斯卡帕湾。这不仅是一个错误的假定，还很危险。他猜测彼得黑德附近的无畏舰系贾维斯的中队，而福斯湾的战列巡洋舰属于贝蒂。这意味着，他很确定贝蒂就在海上，可能杰拉姆也一样，又因为他们朝着不同方向前进，这可能只是一次由两组独立舰船执行的例行巡弋。舍尔很有信心，认为如果双方在海上相遇，自己可以战胜他们当中的任何一个，甚至两个都能打败。不过，即便这种相遇也不太可能发生，因为英国船只出海时间比他早得多，这表明英方的出击与舍尔舰队的行动毫无关联。舍尔不知道"40号房间"的存在，也不知道英国截获他信号的能力有多强。

杰利科同样遇到了情报问题。当他离开斯卡帕湾时，公海舰

第七章 发现敌舰!

队已集结在亚德河口,但尚未出海。随后,在 5 月 31 日中午,海军部传来信号,告知舍尔和他的旗舰"腓特烈大帝号"仍在港内。问题出在"令人难以忍受的"海军部作战局局长托马斯·杰克逊(Thomas Jackson)上校身上。那天早上他去了趟"40 号房间",要求译码员告诉他德国电台呼号 DK 是从哪里发出的。这一信号发自舍尔的旗舰,至少是它还在港内时发出的。当舰队离港出海后,呼号变为 RA,之前的呼号则被港口的港务局所采用。译码员们知道此事,但杰克逊没给他们机会告诉他。相反,他离开了那间办公室,并把他的误导性信号传给了杰利科。结果,杰利科并不知道德军的指挥官就在自己东南方向 250 海里开外,而且两支舰队之间的距离正迅速缩短。

到了中午,杰拉姆的第 2 战列舰中队已经可以看见大舰队的其余船只,一个小时之内,这两支编队就会整合起来。杰利科的舰船沿东南航线行驶,这是去斯卡格拉克海峡的方向。在无畏舰上,任何兴奋都渐渐地为日常的例行公事所取代。南方大约 90 海里处,贝蒂的战列巡洋舰队正向西航行,也是前往同一个地方。贝蒂下令保持航向直到下午 2 点,若彼时未发现德军船只,他将北上与杰利科会合。

收到海军部信号后,杰利科认为即使希佩尔的侦察舰队可能已到海上,舍尔的无畏舰也还没有。他希望在德国战列巡洋舰向南逃至安全地带之前对希佩尔进行拦截。在另一边的舍尔看来,贝蒂已经出海,但杰利科仍在斯卡帕湾。奇怪之处就在于此,双方当时都在寻求一场遭遇战,趁敌方战列巡洋舰远离舰队支援之时,利用压倒性优势将其一举歼灭。

在德国战列巡洋舰"德弗林格尔号"上,担任第一枪炮官的格奥尔格·冯·哈泽(Georg von Hase)中校正享受着平静的一天。在海上,除非所在战舰进入战斗位置,否则他并无特定任务:"因此对我来说,每一次这样的巡航都是彻底的放松。当然,如果出现任何敌情或者发现异常情况,又或者天气特别好的时候,我就会待在舰桥上。而其余时间我只管在起居室内睡觉、看书或下棋,每隔两小时左右才会去巡视一遍所有炮位。"[3] 在英国快速战列舰"厌战号"上,鱼雷兵哈里·海勒(Harry Hayler)清楚地记得那一天的情形:"早晨天气晴朗,万里无云,两支舰队开始了演习。船员中没有人会想到,这一模拟战斗很快将变成残酷的现实……所以,他们仍沉浸在无知的快乐当中,而实际上,德国舰队当时已经出发,准备挑起战争。直到现在,阳光依旧明媚,海上也风平浪静——一切看起来都如此祥和。"[4] 然而,这一切即将被打破。

首次接触

到了5月31日中午,贝蒂的战列巡洋舰队和希佩尔的侦察舰队相距仅有100余海里。在互不知晓的情况下,双方部队都朝着同样的一小片海域航行——日德兰半岛最北端以西约64海里处——英军从西面赶来,而德军则从南边靠近。如果双方一直沿着当前的方向行驶,这两个舰群将于下午3时许发现彼此。此时,杰利科在贝蒂以北约79海里,而舍尔在希佩尔南方约49海里。

第七章 发现敌舰！

所以，现在棋盘已经摆好，只等棋子互相朝对方靠近。

上午7点钟，希佩尔穿过了德军防御雷场的安全航道。到了11点，侦察舰队已经到达霍恩礁以西约35海里处。由于公海舰队主力位于希佩尔身后约49海里，在战列巡洋舰经过此地约3小时后，他们才从这一点驶过。这也意味着，一旦希佩尔陷入麻烦，除非其战列巡洋舰选择向南逃却，否则舍尔可能得用2~3个小时才能赶来搭救他。当然，如果希佩尔遇到贝蒂，他也会希望这样做——将贝蒂向南引到在那里守株待兔的德国无畏舰炮火之下。于舍尔而言，他面临的最大的问题是缺乏有关敌人的情报。他们到底出没出海？如果出海了，他们究竟在哪儿？为了回答这个问题，他命令4架陆基齐柏林飞艇分散到北海上空，对敌人展开搜索。但上午11点之前，它们一直被大风困在陆地上不能起飞，因此，到飞艇开始进行侦察的时候，两支舰队已经快要接触并将发生冲突。

正如格奥尔格·冯·哈泽所说："整个英国舰队全已在海上，正朝我们直奔而来，德国舰队中没有一个水手有所察觉，甚至连总司令也没有感觉到异常。从所有已公布的报告来看，英国舰队中同样没有人知道德国舰队已经出海。没有任何理由怀疑这一事实，但在我国内部，总是有人提出这样的疑问：英国人怎么知道我们在斯卡格拉克海峡附近？"[5]这个问题确实言之成理，在战斗结束后，冯·哈泽及其同僚们仍沉浸在喜悦之中，而没有意识到英国海军部"40号房间"里的技术专家不仅破解了他们的通信密码，而且还知道当时公海舰队至少有一部分已经来到海上。

那天下午发生的一切，在很大程度上要归因于贝蒂和希佩尔所采用的编队模式。希佩尔的5艘轻型巡洋舰被部署成一个跨度7.9海里的凸形圆弧,而每艘巡洋舰附近都围绕着一小群驱逐舰。希佩尔的5艘战列巡洋舰如同这张弯弓的箭,以旗舰"吕佐夫号"领队,按纵队队形部署在它们背后。而更多的驱逐舰围绕在战列巡洋舰四周,形成了一个反潜屏障。贝蒂的兵力更多,编队也更为复杂。3支轻型巡洋舰中队——共计12艘战舰——正以6路纵队前进,每路纵队含2艘巡洋舰,全部船只都向西航行,但形成一个西南—东北走向的梯队,海上跨度达到近46千米。第2轻型巡洋舰中队在最右侧,第3中队在中间,最左边的是第1中队。梯队东北端的纵队里有该纵队所属中队的旗舰"伽拉忒亚号",紧随其后的是"法厄同号"。这意味着,这两艘巡洋舰距离尚未现身的敌人最近。

在这支巡洋舰队中心后方约7.9海里处,贝蒂第1战列巡洋舰中队的4艘"了不起的猫"款款而来。它们由旗舰"狮号"领航,与希佩尔的战列巡洋舰一样,也呈纵队行进,周围是一个随航的驱逐舰队。前方3~5海里处稍微偏向贝蒂左舷方向的是另外两队战舰:贝蒂左舷船尾后面是第5战列舰中队的4艘快速战列舰,由一艘轻型巡洋舰和几艘驱逐舰掩护前进;而在"狮号"左舷正侧面的是第2战列巡洋舰中队的2艘战舰,采用相同的掩护方式。这意味着,贝蒂的主力舰呈三角形部署,前方是战线很长且呈一条斜线的轻型巡洋舰们。迄今为止,此番巡弋平淡无奇,贝蒂的战舰只是穿过了一片空茫茫的大海。于是,在下午2点,贝蒂下令在15分钟内转变航线向北行驶。然而,没有人意识到,下午的

第七章 发现敌舰!

平静即将被打破。

下午 2 点 15 分,贝蒂转变了航向。现在他正向北行驶,由 3 支主力舰中队领航。舰队仍然呈三角形部署,唯一改变的只有航向。轻型巡洋舰仍以同样的方式斜向前进,但现在是第 1 轻型巡洋舰中队位于队列最右边,"伽拉忒亚号"和"法厄同号"则处于长长的巡洋舰掩护屏障的最东端。贝蒂若是保持原来的航向继续行驶,他将会横插在希佩尔和公海舰队其余船只中间,只不过没人知道这一点。更重要的是,英国巡洋舰掩护屏障的最东边和德国掩护部队的最西边现在只有约 15.8 海里的距离。只不过海雾阻隔了它们的视线,使得这些巡洋舰彼此看不见。贝蒂和希佩尔现在都朝北行进,其航线也大致平行。如果不是命运化作一艘中立的不定期货船出来加以干预,那么这两大群军舰本可能无缘接触。

下午 2 点钟,轻型巡洋舰"埃尔宾号"上的瞭望员在左舷正横方向发现一艘商船。这艘巡洋舰当时处于希佩尔掩护屏障的最西端,它向旗舰"法兰克福号"发出信号请求指示。站在"埃尔宾号"舰桥上的是海军上尉海因里希·巴桑日(Heinrich Bassenge),当时轮到他站岗值下午班。当舰长鲁道夫·马德伦(Rudolph Madlung)中校走上舰桥时,他让出了位置,以便让舰长透过望远镜观察那艘陌生的船。那名上尉记录道:"马德伦刚刚派遣了 B-110 号前去一探究竟。我们激动地透过望远镜观察着,看到我们的雷击舰包围了那艘货轮,跟着它一边行进一边检查其证件。"[6] 在"法兰克福号"上,海军少将波迭克已经命令"埃尔宾号"和它的两艘随行驱逐舰离开编队前去调查。就在同一时刻,英军在"伽拉忒亚号"的右舷正侧面也发现了该货轮,于是,第 1 轻型巡洋舰中队也收到命令,要求它们前往查看。

因此,"伽拉忒亚号"及其僚舰"法厄同号"向东朝那艘轮船驶去,"无常号"和"考狄利娅号"紧跟在它们右舷船尾之后。B-109 号和 B-110 号超过了"埃尔宾号",于是,在下午 2 点 20 分,这两艘德国驱逐舰和英国最前方的两艘巡洋舰发现了彼此,当时双方之间的距离只有 5 海里左右。因此,这艘中立的丹麦商船"N. J. 菲约德号"(*N. J. Fjord*)上的船员目睹了有生之年最大规模海战的开端。在"埃尔宾号"上,海因里希·巴桑日对当时的情景做了如下描述:"不久后,从 B-110 号传来信号——我们以为他们肯定有了重大发现。我亲自看了那条消息,但上面只说'西边烟雾弥漫,好像有一艘敌舰'。"他又十分轻描淡写地补充道:"这个消息有点儿意外。"确实是出人意料。直到此刻,仍没有人知道下午的平静即将被打破,而且他们马上就要投入殊死鏖战之中。

"N. J. 菲约德号"货轮更靠近德军而非英军,在驱逐舰发现西方的烟雾时,它们已经在它旁边停靠并放下小船进行检查。于是,它们召回了登船搜查人员并出发前去查看,边行驶边向"埃尔宾号"发送信号,报告它们所发现的情况。几分钟后,它们发现了"伽拉忒亚号"和"法厄同号"并掉头离开。在"伽拉忒亚号"上,海军准将埃德温·亚历山大-辛克莱(Edwyn Alexander - Sinclair)下令升起表示"发现敌人"的信号旗。该消息一个中队接一个中队地往下传,一直传到贝蒂所在的旗舰。随后"伽拉忒亚号"开了火。数秒后,当那两艘德国驱逐舰加速朝"埃尔宾号"

第七章 发现敌舰！

撤退时，英国的 6 英寸（152 毫米）炮弹已经开始落在它们周围，而"埃尔宾号"当时位于近 3 海里外的那艘货轮旁边。"埃尔宾号"的瞭望员紧接着也发现"伽拉忒亚号"和"法厄同号"，并把这一发现报告给了波迭克和希佩尔。此刻，英国巡洋舰已经掉转炮口对准"埃尔宾号"，后者在下午 2 点 32 分开始予敌还击。现在，双方都在打出这场战役中各自的第一轮齐射。

第一个命中目标的是"埃尔宾号"。开火 3 分钟后，该舰的 15 厘米炮弹击中了"伽拉忒亚号"的舰桥下方。这场战役的第一发命中竟是个哑弹：那颗炮弹并没有爆炸。"埃尔宾号"上，巴桑日目睹了齐射攻击："我们成功击中了'伽拉忒亚号'，这是这场战役的第一发命中弹。炮弹击中舰桥，穿透了两三层甲板。"他还说道："那两艘英军巡洋舰对我们进行还击，但没有命中。"在"伽拉忒亚号"上，炮弹命中该舰的时候，司炉兵托马斯·法夸尔正好不值班："他们用一颗炮弹击穿了我们船的一侧——炮弹穿过我们的医务室，又穿过另一个舱壁，最终把船的对侧砸出一个浅坑，但好在并没有爆炸，因为它恰好停在了 4 英寸（102 毫米）火炮的弹药室上方。"[7] 那颗炮弹如若爆炸，"伽拉忒亚号"可能已经成为这场 12 小时战役的第一个牺牲品。

这时，亚历山大-辛克莱发现东边还有更多的德国巡洋舰，其后还喷吐着更多的烟。他命令自己的中队转向西北，希望引诱德军向贝蒂的战列巡洋舰靠近。在"伽拉忒亚号"西边，贝蒂收到消息后，起初并没有做出反应。直到亚历山大-辛克莱报告称发现几艘德国巡洋舰后，他才命令自己的战列巡洋舰前去干预。

下午 2 点 32 分，也就是"埃尔宾号"和"伽拉忒亚号"交火的那一刻，贝蒂命令他的主力舰掉转方向朝西南行进。他的计划是绕到敌人巡洋舰背后，切断它们的退路。

与此同时，"埃尔宾号"紧紧尾随"伽拉忒亚号"和它的 3 艘僚舰，而波迭克则率领"法兰克福号"和"皮劳号"前往支援，之后，第 2 侦察舰队的其余兵力也追了过来。当希佩尔听到"埃尔宾号"传来的发现敌舰的报告时，他命令战列巡洋舰改变航向朝西南进军，以便为巡洋舰掩护部队提供更好的支援。这意味着，双方的战列巡洋舰即将于"N. J. 菲约德号"所在海域的正南方碰面，而现在这艘货轮已经关闭主机，正在汹涌的波涛中左摇右晃。混乱的消息意味着希佩尔并不十分确定是哪一类英国战舰在向他的巡洋舰开火。有些信号说是装甲巡洋舰，另一些则说是整支无畏舰队。看见无畏舰不太可能，但任何级别的英国巡洋舰的出现都可能意味着战列巡洋舰也在附近海域。他决定前往支援他的巡洋舰，倘若它们陷入麻烦，他的船只已经做好了干预的准备。

随着战场开始向北转移，希佩尔让其船只先向西行，然后再转战西北。"伽拉忒亚号"发来一份报告，内称看到东方有浓密的黑烟从烟囱冒出，基于此，贝蒂也相应地改变了航线。下午 3 点，他的战列巡洋舰掉转方向朝西北行驶。这说明，双方的战列巡洋舰队正以垂直相交的航线互相逼近。不过，希佩尔和贝蒂都不知道他们将真正面临什么。到目前为止，为数不多的轻型巡洋舰和几艘驱逐舰已经接触并交火，然后又停止交战。现在这些轻型武装正以平行的航线朝西北方向行驶。事实上,贝蒂和希佩尔相隔仅24.7海里,而且距离正迅速缩短。贝蒂位于"伽拉忒亚号"西面,而希佩尔在其东南方向。由于双方都在以24节的航速快速行进,用不了几分钟他们就会相遇。

战列巡洋舰的冲突

理论上,希佩尔应该是寡不敌众。他只有5艘战列巡洋舰,而贝蒂有6艘,此外还有4艘强大的快速战列舰作为支援。然而,有利条件暂时发生了变化,因为贝蒂与休·埃文-托马斯少将及其4艘快速战列舰失去了联系。问题出在,当贝蒂于2点32分改变航线的时候,由于当时埃文-托马斯的旗舰"巴勒姆号"距离贝蒂的左舷舰首近5海里远,而贝蒂旗舰的烟囱喷出的浓烟导致在"巴勒姆号"舰桥上看不到他的旗语。所以,在战列巡洋舰转而向东南航行之时,快速战列舰仍保持原来的航线继续行驶。几分钟后这个错误才被发觉,但那时"狮号"和"巴勒姆号"已经相距近10海里,随着贝蒂提高航速,二者之间的距离也越拉越大。

由于贝蒂没能通知到他,埃文-托马斯对此怒不可遏。战斗结束后他写道:"转向之前,'狮号'一直用探照灯向'巴勒姆号'发送信号,改变航线都是通过这种方式实现的。贝蒂没有理由不向'巴勒姆号'发送信号,通知它跟'狮号'一齐转向。"[8] 埃文-托马斯甚至更不客气地反问道:"退一万步讲,在其舰队被烟幕遮蔽而又要冲向战场时,一位海军将领要确保他的命令被远处

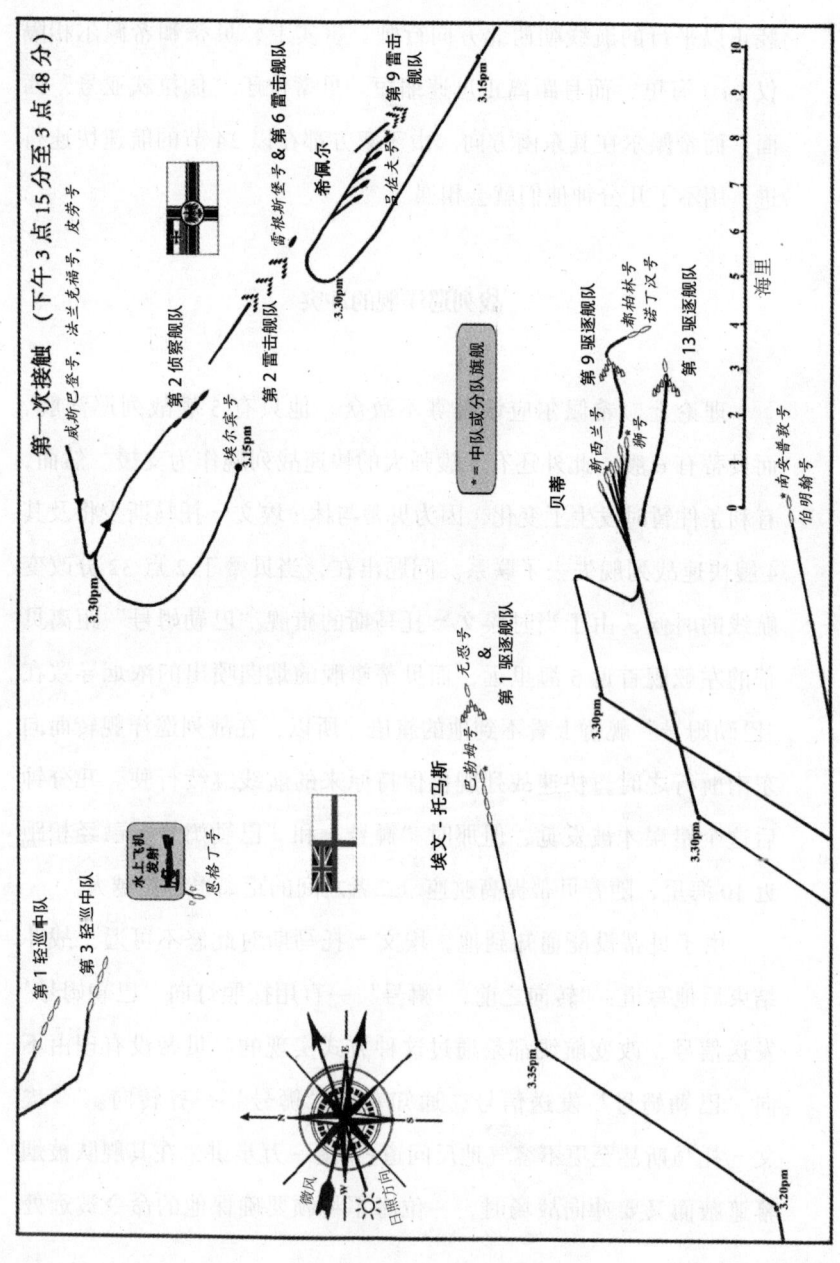

的舰队所理解,这难道不是海军战术的一项基本原则吗?"埃文－托马斯一边咒骂着,一边发出信号命令下辖船只随他出发去追随贝蒂,但在这关键时刻,战列巡洋舰队仍在孤身前进。这次的沟通失误仅仅是一系列信号错误的开始,在这漫长的战斗中,贝蒂还会犯下更多的错误。

随着"了不起的猫"朝东南方向加速驶去,下午 2 点 45 分,"长公主号"上也响起了各就各位的警报。在此刻之前,船员们还预计这次出动又将是竹篮打水一场空,而水兵们也在享受着"半休日",在这期间,不值班的人员便可以放松一番。有些水兵躺在甲板上睡觉,而其他人则在打牌或闲聊。然而,"伽拉忒亚号"发出的信号改变了这一切。英国战列巡洋舰进入了战位,即使当时所发现的敌人只有第 2 侦察舰队的轻型巡洋舰和驱逐舰。这些德国船只已经在战位就绪,但直到真正发现敌人之前,希佩尔都觉得没有必要让他的战列巡洋舰船员也准备战斗。毕竟,他的战舰已经做好了充分的准备,把水兵派至战位只消几分钟足矣。因此,在他们的船只驶向轻型巡洋舰掩护部队时,第 1 侦察舰队的水兵还都在享受着最后几分钟的休闲时光。

贝蒂的舰队力量包括水上飞机母舰"恩格丁号"。此前有两艘新水上飞机母舰参加了对东登基地的轰炸行动,这便是其中的一艘。贝蒂命令它出动一架飞机,于是,在下午 3 点 08 分,一架单薄的双座"肖特 184 型"水上飞机艰难地飞上天空,朝着"埃尔宾号"的大致方向飞去。10 分钟后,机上侦察员发现了德国巡洋舰,于是逐渐靠近以便更好地观察。德国人朝他们开了火,弹片在飞行员周围横飞,于是他转向飞出了射程。他继续跟踪了那些巡洋舰25分钟,直到燃油管破裂,迫使他不得不返回"恩格丁号"。奇怪的是,飞行员和侦察员都没看见德国战列巡洋舰朝这里逼近,而它们当时仅在右舷方向数海里之外。不过,当水上飞机还在空中的时候,桅顶上的瞭望员却观察到了这一幕。

飞行员弗雷德里克·拉特兰(Frederick Rutland)上尉描述了他发现敌人后的情形:"云层有1 000到1 200英尺(300~366千米)高,还有几块在900英尺(约2.4千米)高度。这需要飞得特别低才行。发现敌人的时候,很难判断出它们是什么舰型,所以,在1 000英尺的高度,我不得不把距离缩短在一英里半(约2.4千米)之内。然后他们就用高射炮和其他火炮向我开火,而我的高度使得他们可以用上反鱼雷武器……我从几道燃烧的弹片产生的烟柱中穿过。"[9] 在"埃尔宾号"上,巴桑日记录道:"敌人的一架小型水上飞机从西南方向飞来……那架飞机前后来回地监视我们……然后又消失在了雾中。"[10] 这次英勇的行动之后,那架水上飞机飞行员的名字便在船员间传开了,大伙儿称之为"日德兰的拉特兰"。

下午3点18分,德国战列巡洋舰上的瞭望员发现西南方向有浓浓的黑烟从烟囱里冒出。两分钟后,4艘现代巡洋舰被"埃尔宾号"发现,然后,在它们身后又发现两艘。该消息被传到"吕佐夫号"上,但希佩尔仍然无动于衷。毕竟,它们只不过是几艘巡洋舰而已。"法兰克福号"位于"埃尔宾号"之后,它对这些新发现的目标开了火。直到下午3点28分这些英国"轻型巡洋舰"距

第七章 发现敌舰！

离"吕佐夫号"足够近时，其瞭望员才意识到它们根本不是轻型巡洋舰。朝他们驶来的是一支由 6 艘英国战列巡洋舰组成的部队。"德弗林格尔号"上，枪炮官格奥尔格·冯·哈泽少校正在这艘战列巡洋舰的军官起居室内，躺在皮沙发里啜饮着"一杯可口的咖啡"。突然，"在下午 4 点 28 分（对英国船只而言是 3 点 28 分），警报铃响彻全舰，鼓声雷动，负责警戒的帆缆兵也一边鸣笛一边大喊着'准备战斗！'"[11]战斗即将打响。

冯·哈泽冲到舰桥上，得知"西方发现孤立的敌军"。他下令将火炮瞄准敌人靠近的方向，该方向是从它们烟囱喷出的浓烟判断出来的。现在他仍然无法看到英军，所以他把测定射击方向用的潜望镜的清晰度调到了最高。"突然，我的潜望镜中出现了一些大型船只。它们像是黑色的怪物——6 艘船幅宽阔的巨舰呈两列纵队行进。它们离得还很远，但清晰地冒出了地平线，而且哪怕在这么远的距离，它们看起来也十分强大，威风凛凛。"一分钟后，"新西兰号"上的英国瞭望员发现德国战列巡洋舰正垂直于他们的航线驶来，位置在东北方向约 17.8 海里处。双方都将巨炮瞄准目标，射向测定队开始有条不紊地计算射程、目标方位和射击仰角。

英军方面，第 2 战列巡洋舰中队的"新西兰号"和"不倦号"仍位于第 1 战列巡洋舰中队的 4 艘"了不起的猫"右舷前方约 3 海里处。第 5 战列舰中队的 4 艘快速战列舰本应该在它们左边，但现在却位于 9.9 海里之外，正拼命地迎头追赶。因此，贝蒂向"新西兰号"发送信号，命令海军少将威廉·帕克汉姆将他的两艘轻型战舰藏在较强大的"了不起的猫"——"狮号""长公主号""玛丽王后号"及"虎号"——身后。在"新西兰号"上，准少尉乔治·伊迪（George Eady）位于该舰底部核心位置的测绘室里。由于这是他平生第一次出海作战，他怀疑自己是不是真的位于最安全的地方："由于我们两边各有一个盛放12英寸（305毫米）炮弹的弹药库，下面还有一个4英寸（102毫米）炮弹的弹药库，而且最靠前的锅炉离我们也很近，所以，我们可能全都被炸进天堂。"[12]

东北方向数海里外，德国战列巡洋舰已经呈战斗队形，旗舰"吕佐夫号"后面紧随着"德弗林格尔号""塞德利茨号"和"冯·德·坦恩号"。双方旗舰用无线电台分别向舍尔和杰利科汇报后，两支战列巡洋舰队继续互相靠近，英军几乎是直奔希佩尔的舰队而去。"塞德利茨号"上，舰长莫里茨·冯·埃吉迪还记得英国战列巡洋舰出现时的情形："英国巡洋舰进入了视线，它们身后喷吐着滚滚的浓烟。然后，三脚桅杆和巨大的船体赫然耸现在了地平线上。它们又现身了——我们多格尔沙洲来的朋友。"[13]冯·埃吉迪要算旧账了：他的战舰在多格尔沙洲遭到了猛烈的炮击，许多水兵都在那儿丧了命。现在，为他们报仇的机会来了。

第八章

该死的船

任何一艘战列巡洋舰携带的火炮口径最大是13.5英寸（343毫米），贝蒂的几只"了不起的猫"装载的就是这样的武器。理论上，这些大口径火炮的有效射程为将近7海里，最大射程为将近12海里。然而，击中目标的概率取决于其他多种因素，而所有因素都依赖于精确的射击方向。这需要各方位的观测人员先将信息传达给甲板下方的一组人员，再由他们对不断变化的距离、方位、航线、航速、目标方向等细节进行处理，最后得出一个射击方案。"厌战号"上的一等水兵哈里·海勒描述了测绘室内的现场情况："想象一下，当时……一间18英尺（约5.5米）见方的小屋里，正中央摆着一张桌子。桌子的一侧是一卷纸，被拉长延伸至对侧的另一卷纸筒上，该纸筒在电动机的带动下旋转，纸张也随之不断移动。纸张上面是输出的所有信息，而这正是负责射击的水兵想知道的。"[1]

这一测绘室是战舰的神经中枢——它是引导火炮精确瞄准目标整个过程中最为关键的一环。射击方案正是从这里传到炮塔，然后炮塔以所需的仰角进行瞄准，并把火炮提升到正确的位置。不过，首先要命令炮塔里的人员给火炮装填弹药，然后将炮塔对准敌人的大致方向。"厌战号"一炮塔内的炮手约翰·黑兹尔伍德（John Hazelwood）回忆道："当火炮一切就绪后，你只用等着（命令）开火就行……我们有些迫不及待——为这一天我们等了很久。"然后，只待枪炮官一声令下，已经对准敌舰的所有炮塔便会协调一致地打出一轮齐射。在理想状态下，炮弹将打在它们的目标上，或者至少落在目标周围。但这在第一轮齐射中很少出现。

双方舰队火炮的精准度都依赖于甲板下方的模拟计算机录入的信息。而其中最为关键的一条信息就是射击距离，两支舰队都使用了特种光学体视放大测距仪，凭此仪器他们便可以尽可能精确地判断距离。然而仍不乏困难，因为这不是一个简单的操作，特别是在难以看到目标船只的情况下。英国舰队的船只映衬在午后的阳光里，在德国的测距仪下清晰可辨。而另一方面，德国的船只掩映在一层淡淡的烟雾中，令英军很难得出一个准确的读数。对英军来说，这一问题变得更为严峻，因为驱逐舰正冲在战列巡洋舰前方为其形成掩护屏障，而在它们前进的同时，滚滚浓烟一直从烟囱里喷涌而出。更为重要的是，德军测距仪上的光学装置比英军的质量高得多，这给德国人增添了明显的优势。

首轮齐射

下午3点20分，双方的战列巡洋舰仍相距17海里，远远超出了大炮的射程。不过双方距离正迅速缩小，随着时间一分分过去，射击距离也在稳步缩短。10 分钟内，射程已经降至不足 13 海里，双方战列巡洋舰上的炮手都已做好准备，只等一声令下，发射出他们的首轮致命齐射。与此同时，其他较小的船只要么形成掩护屏障，要么给战列巡洋舰让开道路。希佩尔命令第 2 侦察舰队的巡洋舰和驱逐舰掉转方向朝东南行驶，并在战列巡洋舰右舷约 1 海里处整队。贝蒂的船只更为分散，但随着两支战列巡洋舰中队合成一队，两支驱逐舰队也在它们前面形成一队，而另一支轻型巡洋舰中队则在后面勉力跟随。北边大约 12 海里处，第 1 和第 3 轻型巡洋舰中队正受命追踪德国轻型巡洋舰。

即将开战的消息已经用无线电发送至杰利科和舍尔，此时他们的战列舰队分别位于东北方向约 70 海里和南方约 50 海里处。自"伽拉忒亚号"和"埃尔宾号"首次发现对方后，两名指挥官一直紧盯态势的发展，而且提升了航速，以便集中无畏舰的威力为巡洋舰提供支援。杰利科很高兴德国人正朝着他的大致方向驶来，这将使阻击工作变得更为轻松。但到了下午 3 点 33 分，希佩尔突然向右转舵，其余战列巡洋舰也随它转向，直至整个中队变为完全相反航向。他还将速度降至 18 节，以便让巡洋舰有机会赶上他。目前，德军朝东南方向行驶，而英军正以垂直的角度从右舷正侧面向它逼近。

如此一来，杰利科很可能无法在希佩尔脱离战斗前赶上他。所以，令其无畏舰开足马力的同时，杰利科还派海军少将贺拉斯·胡德（Horace Hood）爵士的第 3 战列巡洋舰中队前往支援贝蒂。如果这 3 艘小型战列巡洋舰对抗德军战列巡洋舰时都招架不住，倘若遭遇了无畏舰，就更没有胜利的希望了。奇怪的是，无论是杰利科还是舍尔，都没有想到敌人的无畏舰已经来到海上。两位舰队司令都以为他们所面对的只是敌人的战列巡洋舰和轻型船只，故而打算用无畏舰伏击它们。希佩尔当下正朝东南方向奔去，这将使他离杰利科更远，而距离舍尔越来越近。眼下的问题是，贝蒂会不会上钩去追击希佩尔，抑或他将避而不战而与杰利科联手？

贝蒂心中早有答案。一年前不久，他的战列巡洋舰曾于多格尔沙洲和德国对手精锐力量交战。尽管双方都有所损失，但若不是由于英军出现信号错误，"塞德利茨号"几乎难以脱险。现在，如果算上掉队的几艘快速战列舰，贝蒂麾下共有10艘主力舰对阵敌人的5艘，而他与希佩尔之间还有着未了的恩怨。因此，英国战列巡洋舰继续火速朝德军进击，双方距离也在持续缩短。下午3点29分，贝蒂向右转舵，于是双方仍为相向而行，但他全部6艘战列巡洋舰上的火炮现在都可以瞄准敌人了。"新西兰号"和"不倦号"原本比4艘较大的战列巡洋舰更加靠近德军，但经过巧妙地右转舵后，帕克南少将把它们藏到了第1战列巡洋舰中队背后。现在一切就绪，只等开火的命令。

贝蒂中将的旗舰"狮号"舰桥上还有些慌乱，因为滚滚煤烟遮蔽了船员的视线，导致他们看不清德国战列巡洋舰，而此时它们大约位于左舷方向8海里处。贝蒂更喜欢待在旗舰指挥塔装甲边缘的露天罗经平台处，他就是从这里观察敌方战舰的，此时敌船的航线几乎与贝蒂旗舰的左舷正侧面平行。空气中弥漫着一层

第八章 该死的船

淡淡的白雾,由于湿度太大,午后的阳光也无法将其驱散。这层薄雾将敌人隐藏其中,直到他们几乎进入了射程内才能看清。德国人首先发现了对手:贝蒂的船只由于阳光的照射而暴露出来,而它们的漆面颜色也比对手深上几分。不过现在,双方都做好了战斗的准备。

几分钟以前,贝蒂刚把他的几只"大猫"转为一列纵队,由"狮号"领衔,其后跟着其他 5 艘战列巡洋舰——"长公主号""玛丽王后号""虎号""新西兰号"和"不倦号"——它们之间两两间隔 500 码整(457.2 米)。在炮手等待开火命令的同时,每艘船的舰桥上都有一名准少尉手持一件小型仪器,当距离前方船只正好接近 500 码时,它能够显示出那艘船的高度。稍有变化,就会有命令传达至机舱,以便对航速做出相应调整。即使进入战斗状态,对舰船再有信心也要完美地保持船只在编队中的位置。在德国旗舰"吕佐夫号"上,海军中将弗朗茨·冯·希佩尔也密切关注着他的舰船和敌舰的相对位置。之后,他转向旗舰舰长,下令开火。

下午 3 点 48 分,一阵阵炮火从 5 艘德军战列巡洋舰的炮口喷吐而出。在这一距离内,炮弹不到半分钟便可触及目标——20 颗大炮弹,每颗重达 300~400 千克,相当于一个体积非常大而且塞得满满的电冰箱。不同的是,这些穿甲弹里装的是烈性炸药,当它们攻击一艘船时,这些炮弹会以将近每秒 460 米的速度飞行。穿甲弹在击中目标的瞬间不会爆炸。相反,它们被设计用来钻透船上的装甲,然后在船体内部爆炸。希佩尔旗舰上的枪炮官冈瑟·帕邢(Günther Paschen)中校在其炮术日志中记录了那一刻:

"估算速度：26 节，航向 110°。这使得距离下降率达到每分钟 4hm（百米）。在我方计算得出距离为 167hm 时，A 炮塔和 B 炮塔于下午 4 点 48 分（英国时间下午 3 点 48 分）打出了第一轮齐射。飞行时间——22 秒。"[2]

贝蒂仍没有下令开火，但仅过了几秒钟，几艘英国战舰的舰长做出决断，它们便执行了舰长的命令，对敌人开了火。事实上，正是贝蒂自己的旗舰舰长阿尔弗雷德·查特菲尔德（Alfred Chatfield）率先开的火："距离 16 000 码（约 14.6 千米）。我不能再等下去了，于是通知朗赫斯特中校开火。就在同时，敌人也开了火。西摩少校升起了'5 旗'（表示与敌交战），接着两轮齐射便打了出去。"[3] 在"狮号"的前桅楼上，准少尉安东尼·库姆（Anthony Combe）听到了命令的下达："敌人开火后，船长几乎立即向前桅楼下达了'开火'命令……你在测绘室里就能听到发射铃响的声音，还能听出瞄准手（炮手）按下了触发器，因为炮弹发射时伴随着巨大的轰鸣。"[4] 两列战列巡洋舰之间的决斗拉开帷幕。

英军阵列中有 6 艘战列巡洋舰，而德军只有 5 艘，位于英军左舷约 14.6 千米处。在理想情况下，每艘舰船应找准敌军阵列中的一艘开火。射击的精确度取决于弹着点，所以，如果两艘战舰同时攻击同一目标，可能会扰乱那两艘船上的弹着观察组。德军的首轮齐射落在英国船只前方约 183 米处，但德国炮手几乎已经做好了再次开火的准备。第一轮德国炮弹落下时，"虎号"上的一等水兵维克多·海沃德（Victor Hayward）正在这艘战列巡洋舰最前端炮塔里的战位上："透过炮门我们看到一道眩目的闪光，紧接着听见冰雹般的弹片落在舷侧噼啪作响，这表明杰瑞*已经对我们形成了跨射，险些就命中我们。我们的火炮也发飙了，这是巨大的13.5英寸（343毫米）重器第一次亮剑。"[5]

双方的测距员、绘图员和火炮瞄准手协同作战，如此一来，下一轮齐射的落点将更接近目标。至少理论上是这样。"德弗林格尔号"——德军阵列中的第二艘战列巡洋舰——攻击目标为贝蒂旗舰"狮号"正后方的"长公主号"。格奥尔格·冯·哈泽站在"德弗林格尔号"前桅楼的方向平台上，他注意到"长公主号"并没有向他开火，反倒和"狮号"一齐攻击他正前方的德军旗舰"吕佐夫号"。"出于某种错误，我们被遗漏了。我冷笑了一声，现在我可以心平气和地与敌人交火了，就像在进行炮术训练一样，准度也会不断提高。"[6]

这一疏漏要归咎于贝蒂。他想集中火力攻击德军旗舰，所以"狮号"和"长公主号"都朝它射击。他在"狮号"的前桅上升起一串信号旗，命令最后面的4艘战列巡洋舰对德军船只中的后4艘开火，但旗帜被烟囱冒出的浓烟遮住，信号未能被接收。实际操作中，英国的第三、第四艘舰船"玛丽王后号"和"虎号"瞄准了德军的第三和第四艘战舰"塞德利茨号"和"毛奇号"。在它们背后，根据现行指令，"新西兰号"瞄准的也是"毛奇号"，而英军的最后一艘舰船"不倦号"将大炮对准了德军最后方的"冯·德·坦恩号"。在德军一方，他们的前4艘军舰瞄准的就是英

---

* 杰瑞（Jerry）为"一战"时英国士兵指代德国士兵的俚语，后于"二战"中得到更为广泛的应用。——编者注

军的前4艘舰船,而"冯·德·坦恩号"的火力集中在"不倦号"上。这意味着,眼下谁都没有攻击"新西兰号"和"德弗林格尔号"。在不受反击的情况下,瞄准和射击就会容易得多。

双方都是四五门炮为一组进行射击,待距离修正之后,再打出下一次部分齐射。一旦他们找准距离,所有的火炮都会朝目标开火。有些船员在这方面比其他人做得更好。其他人只是令炮弹激起一道道60米高的水柱,好像悬停在空中几秒后才哗啦啦回落海中。"毛奇号"的第二轮齐射便对"虎号"形成了跨射,而且4发炮弹中有两发命中。而在"德弗林格尔号"上,由于一位年轻军官将测距修正搞得一团糟,冯·哈泽看到他前5轮的部分齐射都未中目标,心里感到很沮丧。这个问题一经处理,"德弗林格尔号"的射击效果便得到了显著提升。

"第六次齐射于下午4点52分(英国时间下午3点52分)打出,并对敌舰构成跨射——3发越过目标落在水中,另一发为近失弹!"[7]不过,此时战斗已打响4分钟,前几分钟的宝贵时机已经错失。对冯·哈泽及其同船船员而言,幸运的是,他们的目标"长公主号"仍在攻击"德弗林格尔号"前方366米外的德军旗舰。如果说在"德弗林格尔号"上,观察、测绘、计算、校准和发射这一整套流程看似是抽象的练习,那么在其他战列巡洋舰上,船员们则心怀敬畏地认识到了火炮射击的残酷现实。

抢占先机

战斗开始 4 分钟后,冯·哈泽的大炮方才确定了射击距离,而此时,"虎号"和贝蒂的旗舰"狮号"分别被"毛奇号"和"吕佐夫号"的炮弹命中了 4 次。这样的命中大多不算很严重——或者说至少它们并没有降低这两艘船的战斗力。对于任何个人而言,身陷这样的爆炸之中,这些巨大的克虏伯炮弹所释放的破坏力无疑令人毛骨悚然。"虎号"上的罗马天主教随军神父托马斯·布拉德利(Thomas Bradley)是个向来活力四射的年轻人,他在船上的前部救护站内直接看到了那些炮弹爆炸的效果:"炸伤和烧伤的水兵其哭号声听起来十分可怕……他们被送进来时,有些人的手脚耷拉着都快掉了。"[8] 医护人员尽其所能,把状况最糟的送至病员舱外科医生处,而已经牺牲的人员则被安放在附近的住舱甲板上,然而还有更多的伤亡人员被送来。

"狮号"是第一艘遭到命中的战舰,下午 3 点 50 分,"吕佐夫号"的一发炮弹不偏不倚正好穿过它的艏楼,但没有造成任何严重破坏。然而,德军旗舰就此确定了射击距离,于是一分钟后,"狮号"再遭命中,之后又被快速连续击中两次。幸运的是,"吕佐夫号"的大多数半穿甲弹都出了故障,没有爆炸。所以,贝蒂的旗舰暂时幸免于严重损伤。旗舰后面是"虎号",此时它正遭受"毛奇号"的狂轰滥炸。3 分钟后,这艘德国战列巡洋舰已经确定了"虎号"的距离,一颗炮弹扎进其艏楼,并在病员舱爆炸。所幸病员舱里没有人,但整个舱室完全被毁。在接下来的几分钟内,

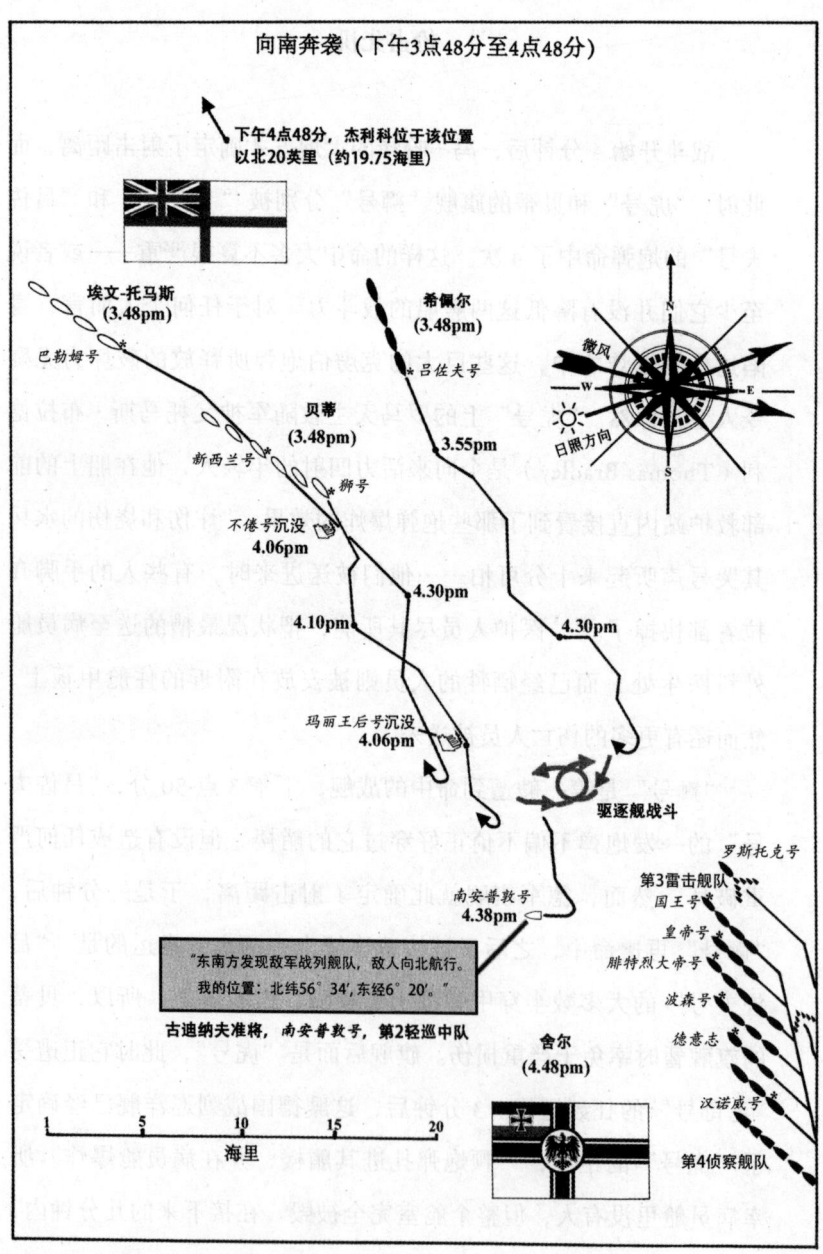

第八章 该死的船

它又被击中两次。而待到 3 点 54 分,"毛奇号"再次以全舰火力打出了一轮全齐射。这一次,德国炮弹打出了几近致命的一击。

齐射炮弹干脆利落地包围了"虎号",其中两颗甚至直接命中了炮塔。一颗击中了 Q 炮塔的顶盖——该炮塔位于舰体中央——尽管顶盖板被洞穿,但炮塔内的钢质舱壁保护了里面的多数水兵,仅导致 3 人死亡。不过,这一击成功破坏了炮塔的战斗力,因为它所有的瞄准和通信设备一概被毁。第二颗炮弹击中了 X 炮塔的固定炮座,这是贯穿旋转炮塔和位于数层甲板下方弹药库之间的一圈装甲柱环。炮弹刚好击中炮座从上甲板伸出的地方,并穿透上甲板装甲进入下方的炮室。炮手可谓异常幸运:炮弹并没有爆炸,只是不怀好意地躺在了炮室的地板上。7 分钟后,该炮塔又恢复了战斗力,但是炮瞄设备的损坏意味着接下来的战斗中它都在胡乱射击。

布拉德利神父和一名医生冲向舰尾,去救助 Q 炮塔以及下方炮弹转运室内的伤员。伤员中有个年轻的小伙子,是一名海军准少尉。"这个可怜的家伙身上多处受伤。我脱下他的靴子,发现一块弹片穿透了他的脚。他的一只胳膊和腹侧也受了伤。他的左眼下方是一团淤青的血肉,填满了眼眶。"⁹ 神父把男孩带到他的起居舱,夜里他就死在了那儿。与此同时,德国炮弹仍在不断降临。在所有德国战列巡洋舰中,"毛奇号"是那天下午射击最精准的。它的第一轮齐射落点稍有些近,但已经得到修正,到第三轮齐射时就对"虎号"形成了跨射。它继续猛击目标,在两队战列巡洋舰继续激烈的决斗时,它反复地攻击"虎号"。

相比之下，除"玛丽王后号"的射击可圈可点外，其余所有英国战列巡洋舰第一轮齐射的炮弹都越过目标一海里甚至更多。事实上，一些炮弹的落点倒是离轻型巡洋舰"雷根斯堡号"和德国驱逐舰很近，构成了一定的威胁，它们当时正行驶在己方战列巡洋舰前方约两海里之外。尽管随着战斗的继续英国齐射的准度有所提高，但德国的炮火较之更为精准而有效。"玛丽王后号"被公认为战列舰队中的翘楚，所以它是第一个击中目标的英国战船也不足为奇。下午3点55分，"玛丽王后号"对"塞德利茨号"形成跨射，其中一颗炮弹在它的炮塔甲板上撕开一个直径约3米的大洞，导致数名操作6英寸火炮的炮手丧命。不可思议的是，船上的随军神父竟然毫发未损，尽管炮弹就在他身旁爆炸。

两分钟后，即3点57分，"玛丽王后号"的另一发炮弹也击中了"塞德利茨号"，这一次正中位于上甲板上方的"恺撒"*炮塔的炮架。实际上，这一击与3分钟前"毛奇号"命中"虎号"一模一样。爆炸引燃了火药桶，由此引发的火光横扫整座炮塔，杀死了炮塔内几乎所有的船员。舰桥上的海军上校冯·埃吉迪记得当时的后果："舰体下方深处的火控中心（相当于英国船只上的测绘室）报告称'C炮塔没有回应'。"[10] 烟雾和气体从C炮塔的话音输送管道涌出。很明显，该炮塔已经完全丧失战斗力。随后，舰上枪炮官理查德·福斯特（Richard Foerster）少校的机智可能挽救

---

* 德国战舰主炮塔按字母表顺序由舰首至舰尾依次命名（A、B、C、D、E），通常使用截头表音来指代，如：安东（Anton）、贝莎（Bertha）/布鲁诺（Bruno）、恺撒（Caesar）、多拉（Dora）、埃米尔（Emil）。故此处"恺撒"炮塔即为C炮塔。——编者注

第八章 该死的船

了许多人的生命。当烟雾开始从"恺撒"炮塔的传话管外泄时,他便知道发生了什么事,于是当机立断,命令往炮塔内的弹药库里灌水。

几分钟前,"塞德利茨号"的指挥官冯·埃吉迪上校还一心想着报仇。现在,他只感慨自己竟有幸脱难。在去年年初的多格尔沙洲一役中,"恺撒"炮塔也是被击中了同一部位,爆炸引燃了炮塔弹药转运间里的大部分无烟装药。那一天,190名水兵被烧死,两座炮塔失去了战斗力。冯·埃吉迪和福斯特当时都在场,他们知道炮塔被击中后可能造成多么严重的灾难。这一次,多亏了福斯特,爆炸才没有波及弹药库,只有20人被活活烧死或严重烧伤。炮塔虽然被毁,但如果没有采取及时措施,这一毁灭性的炮击可能会造成更为严重的人员损失。想知道后果有多严重,3分钟后"吕佐夫号"30.5厘米炮弹的齐射对贝蒂旗舰"狮号"形成的跨射就会揭示一切。其中一颗炮弹炸开了中央炮塔的顶部,随后一连串戏剧性事件便开始了,而这险些给贝蒂和他的旗舰带来灭顶之灾。

实际上,整座炮塔内的船员都被杀死或受重伤,只是一位垂死的海军陆战队军官急中生智,才让这艘旗舰幸免于难。他生前最后一道命令是将弹药库密封并往里面灌水,正因为此,"狮号"才免于被波及弹药库的爆燃炸成两半的厄运。差不多半小时之后,损害管制组正设法清理现场的时候,一个破损的无烟装药被点燃,产生的火球杀死了更多水兵,还顺着炮塔通风井向下蔓延至已失效的弹药库门口。如果不是那位陆战队员,贝蒂中将可能就会成为这场战役中的第一批受害者之一。所以,现在贝蒂和严重受损的"狮号"得以幸存下来,并继续战斗。

轻型巡洋舰"伯明翰号"上的舰务官艾伦·麦肯齐-格里夫(Alan Mackenzie-Grieve)中校目睹了整个战斗过程。他距离"狮号"大约一海里远,在自己船上的后指挥塔观察着"狮号":"敌人对'狮号'的射击越来越准,我看到它急速朝右舷偏转了一些……它刚一恢复原来的方向,就又遭受一记重击,我还看见一大块钢板——我判断是炮塔顶盖——被炸到半空中。它似乎上升得非常缓慢,不停地打转,看上去很像一架飞机。我判断它升到了400或500英尺(约为122米或152米)高,透过望远镜可以清楚地看到上面的螺栓孔。它的第二支烟囱喷出一片火光,火焰蹿升至约60英尺(约为18米)高,这把我的注意力吸引了过去。火势很快就弱了下去,但没有立即消失。"[11]麦肯齐-格里夫斯刚刚看到的这一击几乎杀死了这艘旗舰中央炮塔内的所有船员。

祸不单行

自双方交火以来,两队军舰之间的距离不断拉近,但在下午3点57分,贝蒂命令他的旗舰向右舷偏转2个罗经点(22.5°),从而将距离稍微拉大了一些。贝蒂其余的战列巡洋舰与"狮号"保持步调,在到达其转向点时,它们也陆续依次转弯。两分钟后,即下午3点59分,希佩尔也稍微调整了航向,下令向左偏转1个罗经点(11.25°)。现在虽然两队战列巡洋舰正逐渐远离对方,但这并不预示着战斗激烈程度的下降。实际情况恰恰相反。双方现

第八章 该死的船

在都找准了对手的距离,随后战斗将达到戏剧化的最高潮。

在英军阵列中,"长公主号"3分钟内被3颗炮弹击中,其中最后一发命中是在下午4点,穿透了B炮塔的炮座,导致8人丧生,38人受伤。随后燃起一场大火,但并没有重演"狮号""虎号"和"塞德利茨号"上的屠杀式惨剧。就在希佩尔旗舰"吕佐夫号"的炮弹砸进"狮号"Q炮塔的同时,它自身也在下午4点被击中两次。"狮号"的两发13.5英寸(343毫米)炮弹穿透了它的艏楼,其中一颗从"安东"和"布鲁诺"炮塔之间穿过后扎进甲板,杀死了前部急救站医疗队的大部分成员。两分钟后,不知是"虎号"还是"新西兰号"发射的一颗炮弹在"毛奇号"下方水中爆炸,造成船体钢板变形,沿双层船底排布的铆钉也被撬起。海水开始大肆涌入,但"毛奇号"上训练有素的损管组很快止住了海水,这艘巡洋战列舰得以继续战斗。

几乎是在"吕佐夫号"炸毁"狮号"Q炮塔的同一时间,"冯·德·坦恩号"的一轮齐射对英军阵列中最后面的"不倦号"形成了跨射。这艘德国战列巡洋舰刚刚确定射击距离,开始对英国最后面的舰船打出全齐射。这些炮弹大多数落在英国船只附近的海中,并没有造成什么损害,但其中一颗击中了它——具体命中哪个部位不能明确。有可能这发炮弹是往船尾发射的,打在了最后面的炮塔附近。"不倦号"予以反击,但它的齐射仍然没有找准"冯·德·坦恩号"的射击距离。接着在下午4点02分,这艘德军战列巡洋舰又一次命中了它。这一次有两发炮弹击中"不倦号",都落在了主桅和X炮塔之间的烟囱后面。浓烟开始从主桅下方的上层结构翻腾而出，离它最近的"新西兰号"上的观察员还以为是"不倦号"着火了。

他们还注意到，"不倦号"已经不在编队位置中了。几分钟前，贝蒂命令战列巡洋舰略向右转，巨舰随即一艘接一艘地跟着旗舰转向。然而，阵列最后方的"不倦号"根本没有转向，而是保持原来的航向继续前进，这令它非但没有远离德军，反而距他们越来越近。浓烟消散些许之后，他们还看到"不倦号"的船尾向下倾斜，好像在往船里灌水，或者正在下沉。可能是那两发命中弹在它底部撕开了一个大洞，抑或它故意往后部弹药库里灌水，我们可能永远也无法确定。总之，这艘战列巡洋舰很明显正面临严峻的考验。

随着德军的新一轮齐射到来，至少有两发炮弹又击中了"不倦号"，而这次落在了A炮塔附近。下午4点03分，它开始明显向左舷倾斜，几秒钟后，发生了一起极为猛烈的爆炸。赤红和橙黄的火焰蹿得比前桅还高，很快就变成了滚滚黑烟。如果某一击打在船尾上，"不倦号"将提前遭受灭顶之灾，但现在，很可能是最后的两发命中弹或此前的一团火球引燃了某个弹药库。双方数百名目击者震惊地看到，这艘战列巡洋舰由中心炸开，整艘船快速向左舷倾覆，最终沉入海中。"冯·德·坦恩号"上的德军最初的欢呼逐渐消退，因为他们造成的这致命一击意味着什么已明确无疑。刹那间，跟自己一样的一千多名船员就这样被杀死，或者即将被大海吞噬。只有两人幸存了下来——他们都是桅顶上的瞭望员，在舰船侧翻沉没的时候被远远地抛进海水之中。

第八章 该死的船

亲眼看到这场灾难的人将永远不会忘记那一幕。其他人则没有注意到这场灾难，因为他们都全身心投入在自己的决斗之中。在"狮号"上，助理领航员威廉·查默斯（William Chalmers）副官向船尾沿着英军阵线瞥了一眼，看到它们后方笼罩着一层巨大的烟幕："我吃惊地注视着这一切，同时突然发现我们阵列中只有5艘战列巡洋舰。"不过，战列巡洋舰都在快速航行，不可能停下来，而且它们的大炮仍在朝彼此打着致命的齐射。形势已然发生了转移：目前双方各有5艘战列巡洋舰，英国数量上的优势已经不在。不过，随着另一支中队的介入，这种情形又将改变。埃文-托马斯一直在努力追赶贝蒂，他的第5战列舰中队的4艘快速战列舰已经进入射程之内，在下午4点06分，它们的第一波15英寸（381毫米）炮弹开始落在德军最后方的"冯·德·坦恩号"和"毛奇号"周围。

这令希佩尔措手不及。直到这时，他一直站在"吕佐夫号"的舰桥上，嘴里叼着雪茄，冷静地观察着战斗的进展。这种镇定在埃文-托马斯的炮弹开始在他周围落下时被打破了。首先，他丝毫没有料到它们的出现。其次，他把巡洋舰藏在尚未交战的战列巡洋舰身后的同时，也失去了巡洋舰掩护屏障，而它们本可以向他预警敌军快速战列舰正在逼近。刚被德国巡洋舰"法兰克福号"上的瞭望员发现之后片刻，埃文-托马斯就开了火。当时，快速战列舰已经向南南东方向转变了航线，所以，当它们的大炮向左舷船首瞄准时，它们可以全部朝德国战列巡洋舰开火。双方距离约17.4千米，刚好在快速战列舰最大射程之内。"巴勒姆号"和"刚勇号"瞄准的是"毛奇号",而"厌战号"和"马来亚号"的靶子是"冯·德·坦恩号"。

约 3.7 千米之外,海军上尉巴桑日在"埃尔宾号"的舰桥上看到了快速战列舰的到来:"凭空接二连三地冒出了重炮轰击……我们突然被高高喷涌的水柱包围住了。远方浩浩荡荡出现了 4 艘巨舰……它们是第 5 战列舰中队最新式的战列舰——'伊丽莎白女王级'快速战列舰。此时的距离约为 17 千米——我们刚好能看到敌人出现在地平线上。我们的火炮都是 15 厘米口径的……我们没有装备对付此类巨舰的武器。于是,我们快速转向,很高兴摆脱了它。"[12] 没过多久,快速战列舰将炮口对准了德国战列巡洋舰,在为巨大的 15 英寸(381 毫米)口径火炮计算出射击方案后,他们开火了。

它们第一轮齐射的炮弹就对目标形成了跨射,下午 4 点 09 分,"冯·德·坦恩号"舰尾附近吃水线以下部位被敌舰击中。爆炸使整条船震动得像一把音叉,并有数百吨海水涌入该舰。舵机舱被水淹没,但舰上损管组的机敏反应避免了任何进一步的灾难。这艘战列巡洋舰仍能够前进,但也仅仅是避免了被抛弃的无助命运,之后,它又成为埃文-托马斯中队炮口下的牺牲品。7 分钟后,灾难降临到了"毛奇号"头上。这一次,一发炮弹命中了煤舱,点燃了一间小型副炮弹药库,并摧毁了一个 15 厘米口径火炮的炮郭,里面的船员全部遇难。这时,"毛奇号"和"冯·德·坦恩号"都在大幅度地做"之"字形机动,试图摆脱英军炮手的瞄准。眼下看来,它们成功了。

第八章 该死的船

快速战列舰的介入或许改变了战场态势,但并未改变战斗节奏。双方的战列巡洋舰——两军现在各5艘——仍不懈地互相攻击着。在"冯·德·坦恩号"把炮口对准"新西兰号""吕佐夫号"和"毛奇号"分别继续攻击"狮号"和"虎号"的同时,"德弗林格尔号"及"塞德利茨号"则把火力集中在了"玛丽王后号"上,剩下"长公主号"无人问津。而另一边,每一艘英国船只都在朝德军阵列中相应的对手开火:"狮号"对"吕佐夫号","长公主号"对"德弗林格尔号","玛丽王后号"对"塞德利茨号","虎号"对"毛奇号","新西兰号"对"冯·德·坦恩号"。不过开火频率有所放缓,主要因为不断拉大的距离以及腾起的烟雾和水花使得精确射击难度增加,所以射击变得愈来愈谨慎。在这种情况下,在下午4点12分,贝蒂令其舰船向敌人偏转2个罗经点,朝敌舰靠近。于是,双方战列巡洋舰再次慢慢相互接近。当它们之间的距离降到约14.6千米时,贝蒂再次转向,以保持距离稳定。

那天下午,在所有的英国战列巡洋舰中,"玛丽王后号"的射击效果被证明是最好的。它一直被认为是贝蒂麾下最优秀的炮舰,而那天下午它恰恰证明了自己的价值所在。它是第一个确定敌人射击距离的,而且它的火炮4次命中了"塞德利茨号",包括下午3点57分的那一击,这令"塞德利茨号"的后炮塔失去了战斗力,并迫使其水淹弹药库。"玛丽王后号"的另一颗炮弹在4点17分命中这艘德国战列巡洋舰,摧毁了一座副炮,其中一间轮机室由于充满烟火,里面的船员不得不全部撤出。然而,尽管失去了一座火炮,"塞德利茨号"仍然找准了"玛丽王后号"的射击距离，于是开始毫不留情地对它进行猛攻。"德弗林格尔号"也对它发起攻击。下午4点17分，这艘英国战列巡洋舰至少被3发炮弹击中，其中一发落在X炮塔外，而另一发则破坏了它后部的4英寸（102毫米）口径炮组。"塞德利茨号"内的炮手注意到那艘战列巡洋舰船尾附近起了火。

下午4点21分，"玛丽王后号"再遭命中，这一次是被"德弗林格尔号"的一颗30.5厘米炮弹击中了Q炮塔。这发炮弹似乎并没有穿透炮塔本身，但右手边的火炮及其升降装置和瞄准装置都被炸毁，所以它也失去了战斗力。不过左手边的火炮仍在继续射击，至少又坚持了几分钟。自这场战斗开始以来，"玛丽王后号"至少被击中5次，但除了最后一次Q炮塔遭到的命中外，其他命中都没有造成严重损坏。不过，情况马上就会改变。下午4点26分，Q炮塔内的准少尉乔斯林·斯托里（Jocelyn Storey）听到船上前方某个地方传来一声剧烈的爆炸。[13]他认为可能是一间弹药库爆炸了。爆炸席卷了他所在的炮塔，左手边火炮的炮筒都被削掉了。右手边的火炮从炮架上脱落，一桶无烟装药被点燃，导致炮塔内多人丧生。不过斯托里逃了出来，爬到了炮塔顶盖上。他从那里目睹了自己所在舰船的毁灭。

那场景简直令人难以置信。"玛丽王后号"从前桅下方断裂成两半，船尾部分——当时他仍然站在那上面——正从水面上升起。不久，从他身后又传来震耳欲聋的爆炸声，然后他就被抛到了水里。第一次爆炸是"塞德利茨号"的两发28厘米炮弹击中这艘战列巡洋舰导致的结果，其中一颗炮弹可能击中了船体中部，并削断了斯托里剩下火炮的炮筒。另一颗炮弹落点更为靠前，打中了这艘战舰的 A 炮塔或 B 炮塔，或者它们的炮座附近。正是这发炮弹彻底摧毁了这艘船。该炮弹极可能洞穿了炮塔装甲并在炮塔里或者下方的弹药提升装置内爆炸。由此引发的火球到达一间弹药库，然后它们几乎在瞬间同时爆炸。这场爆炸从前桅前方将舰船撕成两半，船只前部的大多数东西都被爆炸彻底摧毁，包括舰桥和前部炮塔。

爆炸冲击波横扫过甲板后，船尾部分迅速翘到空中。冲击力彻底破坏了 X 炮塔，并引起一场大火。一分钟后，大火造成 X 炮塔内再次发生爆炸。正是这起爆炸将斯托里准少尉甩进大海，从而救了他一命。整艘战列巡洋舰 1 275 名船员中，只有他和另外 18 人幸存。枪炮军士长欧内斯特·弗朗西斯（Ernest Francis）当时正在 X 炮塔内，他还记得自己感受到了 4 点 17 分炮塔外的那起爆炸带来的冲击，而 4 分钟后，他再次感觉到炮弹的重击，那是 Q 炮塔遭到命中。然后发生了大爆炸。"随后立即发生了被我称为大毁灭的灾难，当时我还在半空中的张帆索上悬着，正是这条救命绳索让我没被甩到炮塔附近的地板上。"[14] 冲击力消退后，他察觉到一切都变得那么安静。他从炮塔的顶盖舱门探出脑袋，看到外面一片惨状。很明显，船在下沉。

弗朗西斯爬了回去，并报告炮塔指挥官发生了什么。上级下令炮塔内人员全部撤出，但现在船尾正从水面翘起，顺着梯子爬出变得愈来愈困难。最终，弗朗西斯爬到了露天甲板上，然后从那儿起半爬半游，因为他不时就跌入船侧水中。准少尉约翰·劳埃德-欧文（John Lloyd-Owen）也是那座炮塔里的一名船员，他爬到了炮塔后面的后甲板上。他从那儿往前望去，看到这艘船——准确地说是这艘船的残余部分——侧躺在海面上："它从中央断裂了——舰首翘在空中，舰尾也翘出水面，与水面呈 45°夹角。"[15]船内的大火及下方发生的爆炸将甲板烧得通红。"几分钟后，一起惊人的爆炸发生在舰首部分，这场爆炸绝对将船头炸成了碎片。船尾突然剧烈倾斜，把我甩进了水里。"

其他大大小小的爆炸席卷了这艘船的残骸，对于很多仍挤在船后部或在下方水里的水兵而言，X 炮塔的弹药库是最后一击。前部弹药库爆炸时，可以看到一片通红的火光直蹿天空，紧随其后腾起一大团黑烟。那两座前部炮塔至少被抛到 30 米高的空中，桅杆向内坍塌，随后船头似乎彻底消失了。一朵巨大的蘑菇云悬在支离破碎的船尾残余上方，而此时的船尾翘出水面，其螺旋桨仍在缓慢转动，尽管它们已经失去了动力。"玛丽王后号"爆炸时，"虎号"就在它身后 457 米的地方，正以 24 节的航速行驶。海军上校亨利·佩利（Henry Pelly）下令将舵轮向左舷满舵，"虎号"遂迅速穿过这片残骸，其间仍有燃烧的碎片倾落到它甲板上。

"新西兰号"跟在"虎号"后面，其舰桥上的船员能够认出被击沉的战列巡洋舰的名字，船尾左舷处的红色字母写得清清楚楚。那两艘战列巡洋舰一定撞到了落水的船员，而其他许多人则被下沉的船骸卷到了海底。"新西兰号"急速路过后不久，破碎的船尾部分便开始向油污覆盖的水面下滑，这艘重达 2.6 万吨、长约 213

第八章 该死的船

米的战列巡洋舰如今只剩下一圈残骸、无数的尸体及零星的幸存者。它们上方的那团黑色烟云久久没有散去,格奥尔格·冯·哈泽形容它就像一棵巨大的黑色松树。那19位幸存者大多被英国驱逐舰"月桂号"和"攻城雷号"救起,但有两名是后来被德军G-89号雷击舰发现的。欧内斯特·弗朗西斯就是被"月桂号"搭救的船员之一,他也是从水里被救起的幸存者中唯一没有受伤的,真令人感到惊讶。

尽管大多数人都不了解这场伟大战列巡洋舰之战的细节,但在大众脑海中,他们仍记得英国军舰发生了爆炸,大部分船员都随之牺牲了。这种印象深入人心的原因要归功于海军中将戴维·贝蒂爵士那句简练的名言,当时他看到了整个战斗过程。这样失去一艘战列巡洋舰可谓不幸。而失去两艘——他兵力的三分之一——则无异于一场灾难。不过,贝蒂是个不向外流露感情的人,尽管"不倦号"和"玛丽王后号"的沉没对他来说定是一次真正的打击。所以,他没有做出恐惧的反应,反而说出了一句在历史教科书中流传已久的话,完美总结了那一阶段的战斗。这句话是贝蒂对旗舰舰长阿尔弗雷德·查特菲尔德(Alfred Chatfield)说的,后者仍记得那一刻:"贝蒂转身对我说,'**我们这些该死的船今天似乎出了什么毛病!**'"[16]

当然,还有其他版本。当时在场的两名信号兵印象中听到的是另一版本:"我们该死的船今天到底是怎么了?"[17] 还有一些人称,他最后还叫了查特菲尔德的名字。后来,英国历史书编写者觉得这句话威严不够,又在后面加上"向敌人靠近两个罗经点"

一句，这一修饰虽没有必要但可以理解，影射了当年纳尔逊"更近一些与敌交火"的信号。不过，一份对航海日志的研究揭示，贝蒂根本没有说那句话。尽管如此，这种近乎荒唐的轻描淡写仍旧深入英国人的内心，而那句话——或者说是查特菲尔德的版本——成了贝蒂对那两起灾难的官方回应。只不过有一点是明确的。在贝蒂的那句话之后，查特菲尔德接下去写道："这句话既无须评论也无须回答。当时确实出了些问题。"

第九章

向北撤退

尽管希佩尔现在以5艘战列巡洋舰对阵贝蒂的4艘,但随着埃文-托马斯快速战列舰的出现,整个战场态势已然改变。理论上,德军战列巡洋舰都能够达到25节甚至更高的航速,但不断遭到命中令它们损失惨重,而它们身后7.9海里处的快速战列舰正逐渐拉近距离。短短10分钟内,"毛奇号"就遭3发15英寸(381毫米)炮弹命中,以至于到4点26分"玛丽王后号"爆炸的那一刻,它已经向左舷倾斜了3°,不得不往左舷泵入1 000吨海水以恢复平衡。"冯·德·坦恩号"稍微幸运一些,只有"巴勒姆号"的一发炮弹击中了它,但它已被不断落下的炮弹包围,正做"之"字形机动穿梭于喷涌的水柱间。很明显,若长时间处于这样的轰击下,希佩尔的舰队难保不遭受严重损失。因此,他于下午4点30分命令其船只同时向左转向。这是他打破战场不均态势的唯一机会。

疯狂的一幕

要想实现这一点,唯一的途径就是在希佩尔的战列巡洋舰逃离时将贝蒂的注意力分散到其他地方去。幸运的是，希佩尔手上有理想的工具可供利用。他的 3 支驱逐舰队中有两支在东边较远处无法前来干预，但海因里希准将的第 9 雷击舰分队近在身边，全都聚集在该分队旗舰"雷根斯堡号"轻型巡洋舰周围。希佩尔命令海因里希掩护战列巡洋舰进行撤退。两军的战列巡洋舰彼时相隔约 5.9 海里（11 千米）远。这片空间将成为海因里希拼杀的舞台。他的巡洋舰和 9 艘小型驱逐舰快速穿过己方战列巡洋舰队末尾而进入这片海域，随即分散开来，准备向贝蒂的船只发动一次鱼雷攻击。不料贝蒂也会这一套。他命令第 13 驱逐舰队采取行动，由轻型巡洋舰"冠军号"上的约翰·法里（John Farie）上校带队。这些造型优美的小型军舰现在有了一次与战列巡洋舰单独展开搏斗的机会。

与德军驱逐舰一样，这 12 艘英国驱逐舰也一直跟在己方战列巡洋舰的非战斗舷侧。现在它们加速超到了贝蒂旗舰的前面，并以 34 节的最高航速朝德军驶去。两支驱逐舰队最终发生了冲突，很快整个海面到处都是它们的身影，堪比战斗机在堑壕上空的盘旋混战。海军史学家朱利安·科比特（Julian Corbett）生动地记录下了这一奇观："一群排成长队的低矮战舰吐出一股股浓烟，它们以 30 节甚至更高的速度在令人窒息的浓烟和飞溅的水柱之间横冲直撞，所有舰船都冒着来自德军战列巡洋舰副炮以及'雷根斯堡号'和驱逐舰的瓢泼弹雨，同时，两军战列巡洋舰队的重炮也在头顶轰鸣。渐渐地，火炮和烟囱冒出的浓烟几乎将饱受轰炸的海面笼罩起来，除了德军的鱼雷攻击被粉碎这一事实外，几乎判断

第九章 向北撤退

不出发生了什么事。"[1]

英国驱逐舰的干预来得恰逢其时。海因里希的船只不得不在它们到来之前发射出自己的鱼雷,这比理想的射距远了很多。这些德国鱼雷无一命中贝蒂的战列巡洋舰。然后就发生了那场大混战,最终结束时,两艘德国舰船——V27号和V29号雷击舰——已被击沉,其余船只由德国战列巡洋舰的炮火掩护撤退。战斗仅持续了几分钟,但英方驱逐舰较大的体积和更强的火力装备证明了其价值所在。现在,轮到它们对敌人的大型舰船进行骚扰了。此时,德国战列巡洋舰正以横队队形朝东南方向驶去,法里上校在"冠军号"上命令他未受损伤的驱逐舰对这些德军战舰发起鱼雷攻击。德军战舰则用副炮组对追赶它们的驱逐舰予以猛烈回击,后者在炮弹的肆虐中仍坚持执行它们的攻击任务。

这12艘M级驱逐舰各携带4发12英寸(305毫米)口径的鱼雷,但只成功发射了20发,而且是在近5.5千米的距离上发射的,这一距离对它们来说相当远。而这些成功发射的鱼雷中,只有一枚——由驱逐舰"攻城雷号"发射——真正命中了目标。下午4点57分,这枚鱼雷击中了"塞德利茨号"前部炮塔下方的右舷一侧。它在这艘舰船上打出了一个洞,但外层船体下方还有一层内部防御,即防鱼雷舱壁。这层舱壁虽然鼓了起来,但挺住了打击,所以损失也得以控制。然而外部船体的几间舱室都被水淹了,现在水线以下部位漏水严重。不过眼下"塞德利茨号"仍在战斗。英方驱逐舰也为此付出了代价:其中几艘受损,还有两艘——"涅斯托耳号"和"游牧民号"——在遭到战列巡洋舰15厘米口径大炮的猛烈打击后完全瘫痪。

"游牧民号"的指挥官保罗·惠特菲尔德（Paul Whitfield）少校对他的船只被击中的那一刻做了如下描述："我们不幸被他们的一艘轻型巡洋舰命中，一颗炮弹直接炸断了主蒸汽管，瞬间杀死了轮机官，我认为一位上等司炉兵也被杀死……虽然蒸汽继续从轮机舱往外喷，但这艘船最终还是停了下来。"[2] 尽管自己的船已失去动力，惠特菲尔德仍想继续战斗："我们的船停了，而且运气不好，唯一一座可以瞄准的火炮还是后部火炮，但由于轮机舱的蒸汽模糊了一切，这座火炮无法战斗……接着我发现我们已经开始明显向左舷倾斜，那么与其让鱼雷随船一起沉入海底……不如再做最后一搏。"他将 4 枚鱼雷全部朝德军战列巡洋舰发射出去，但没有一发命中。于是，他便无能为力地在海上颠簸着，任凭战斗的浪潮从他瘫痪的驱逐舰旁汹涌而过。

古迪纳夫防不胜防

当双方驱逐舰正在较量的同时，希佩尔的 5 艘战列巡洋舰已经变道东南，然后又转而向东，但在 4 点 38 分，它们又折向东偏南的航线。在它们左舷一侧，其余的驱逐舰和第 2 侦察舰队的巡洋舰正向它们靠近，以备不时之需。贝蒂一方的船只现在也在朝正南方行驶，但它们并不是想和希佩尔变到同一方向。如此一来，双方同时南下，希佩尔位于贝蒂的东北方向，两个阵列的战列巡洋舰很快就相距近 10 海里。贝蒂后方约 10 海里是埃文 - 托马斯的 4 艘快速战列舰，它们正几乎循着贝蒂的航线行驶——甚至在下午4点40分左右也经过了"玛丽王后号"的失事海域。

双方的驱逐舰均已撤回，现在正于各自战列巡洋舰阵列的非战斗舷侧重整编队。贝蒂前方约两海里处，威廉·"巴奇"·古迪纳夫准将下辖第2轻型巡洋舰中队的4艘轻型巡洋舰正在为舰队执行侦察任务，它们没有理会身后激烈的战斗。古迪纳夫的旗舰"南安普敦号"在前领队，"伯明翰号""诺丁汉号"和"都柏林号"紧随其后，呈一路纵队。下午4点30分，在"玛丽王后号"正往下沉以及驱逐舰展开战斗之时，"南安普敦号"上的瞭望员观察到东南方向有黑烟出现。后来表明那是德国的轻型巡洋舰"罗斯托克号"。之后，瞭望员又看到那艘船身后出现大量黑烟——相当多。古迪纳夫将他的望远镜对准"罗斯托克号"，然后又望向它的后方。远方的地平线上先是出现了像是紧密部署的一群无畏舰的顶桅，然后又看见了它们的干舷船体。这是公海舰队。

这些长长的舰队似乎没有尽头，但事实上这些无畏舰分成数个独立的分队向前挺进，每队各有4艘战舰，只是从古迪纳夫的角度看去像一大群纵队。驱逐舰掩护着舰队侧翼，整个强大的战列舰队现在正径直向"南安普敦号"驶来。古迪纳夫的直觉告诉自己要赶紧变向逃离，但眼下他仍保持航向，在无畏舰向他靠近的同时数着它们的数量。他能看到的有16艘，不过显然后面还有更多战舰。到目前为止，德军仍没有开火，但这持续不了多久。英军已经可以看到领头的几支分队将火炮瞄准了自己。这场面既可怕又壮观。不得不向贝蒂报告这一消息了，但古迪纳夫想确保报告尽可能准确。最终,一名舰桥上的军官按捺不住内心的紧张,对古迪纳夫说道:"长官,您如果要发信号最好现在就发。您也许再没有机会发下一个信号了。"³古迪纳夫终于下了命令。

因此,在下午4点38分,"南安普敦号"向杰利科和贝蒂发去信号,该信号彻底改变了这场战斗的性质。信号中说道:"东南方向发现敌军战列舰队,敌人正向北航行。"然后,又添加了自己所在的巡洋舰的大致位置:北纬56° 34',东经6° 20'。紧接着,古迪纳夫命令他麾下的舰船同时转向右舷,开始撤离。在公海舰队中,海军少将保罗·贝恩克(Paul Behncke)的"国王号"和"皇帝级"无畏舰处于阵线前列,紧跟在"罗斯托克号"之后。它们的炮手跟踪这几艘英国巡洋舰已经好几分钟了,但由于巡洋舰的船头朝前,炮手无法确认它们是友舰还是敌舰。直到古迪纳夫转向时,他们才看见这些巡洋舰全都有4座烟囱,这是英国"城镇级"轻型巡洋舰的典型标志。现在双方相距仅6海里。贝恩克下达了开火的命令。

不到一分钟,随着第一轮齐射的炮弹落在4艘巡洋舰附近,它们周围溅起了巨大的水柱。德军的射击水平固然不错,但快速移动的轻型巡洋舰并不容易被命中。更何况这4艘巡洋舰全都以最高速度做"之"字形机动以便摆脱敌人的瞄准。为了幸免于难,它们使出了浑身解数——例如驶向最后一轮齐射炮弹的落点海域,寄希望于德军炮手再次射击前会降低射程。在"南安普敦号"上,海军上尉斯蒂芬·金-霍尔(Stephen King-Hall)位于主桅下方辅助射击控制的战位上,他痛苦地意识到,保护自己的钢板只有2.5毫米厚度。为保持镇定他努力一口一口地啃着一块腌牛肉。"不过

第九章 向北撤退

我的喉咙很干,咽不下太多,而且我们一点儿水也弄不到。"[4]

他又说道:"大约每分钟一次或者每两分钟三次就会收到震耳欲聋的报告:又一轮齐射炮弹在我们的舰船周围爆炸了。"他觉得有必要看看炮弹着落情况:"尽管并不情愿但又忍不住趴到了船帮,然后我看到水面上有6个……像泡沫一样的混浊圆圈,上方笼罩着一团黑烟。那种水圈有时出现在这一侧,有时又在另一侧。"他和同伴都被劈头盖脸的海水弄得浑身湿透。金-霍尔完美地总结了当时的情形:"要我说(而且这一说法是经过认真推理和考虑后的估算)一小时内共有40颗巨型炮弹落在我们方圆75码(约69米)的范围内,还有其他许多炮弹落在了或近或远的别处。我们似乎冥冥中有神灵保佑,但很明显这样的好景不可能永远持续下去。"令人难以置信的是,古迪纳夫的4艘巡洋舰遭受的唯一损失就是"南安普敦号"船尾被一发炮弹擦边击中,但没有造成严重损坏。

渐渐地,英国巡洋舰开始驶出德军的射程范围:理论上,德军这些12英寸(305毫米)火炮的射程最大可达16 200米,但射击快速移动的较小目标时效果会打折扣。一脱离射程,古迪纳夫就开始暗地跟踪德国战列舰队,同时保持在安全距离以外,并定时向杰利科和贝蒂发送报告。就贝蒂本人而言,他起初不肯相信古迪纳夫的信息。毕竟,海军部的作战部门已经向他确保过舍尔的战列舰队仍停泊在威廉港内。又过了5分钟,贝蒂才意识到原来古迪纳夫完全正确。在他前方,威风凛凛的公海舰队赫然现身并径直朝他驶来,双方之间距他约4.6千米远的地方,第3轻型巡洋舰中队的4艘战舰正向他拼命撤回,它们周围到处都是炮弹爆炸溅起的水柱。

猎人反成猎物

于是，在下午 4 点 40 分左右，贝蒂掉转"狮号"向右舷驶去，其余 3 艘战列巡洋舰随后。不久，他的船只向西北方向快速驶去，结束了上述的"向南奔袭"阶段。实际上，战役的第一阶段到此结束。几分钟以前，尽管贝蒂遭受了损失，但他仍相当自信可以最终打败希佩尔的战列巡洋舰。现在，猎人已然变成猎物。正如埃文-托马斯救了贝蒂一样，此刻舍尔的到来拯救了希佩尔。后来——应该说许久之后——当舰队回到港口后，对刚刚发生之事的详细分析将使英国海军部高层面色铁青。几乎毫无疑问，德国人赢了第一回合。在持续一个小时的战斗中，英军命中对手 17 次，德军则为 54 次。而英军的命中次数中有 6 次都是快速战列舰的功劳。这意味着，希佩尔战列巡洋舰的命中数大约比贝蒂多 4 倍。

不过现在，游戏主题已经改变。贝蒂接下来的任务是解救他的战舰，然后向北朝杰利科逃去。这是他的底牌。虽然贝蒂知道杰利科的大致方位，但舍尔和希佩尔并未意识到大舰队已经出海。现在，轮到贝蒂将德军引入陷阱了。杰利科位于西北方向大约 45 海里处，这意味着如果他和贝蒂以接近全速相向而行，那么再过一个小时左右他们就会接触。贝蒂需要做的就是不惹是生非，并把希佩尔和舍尔向北引到杰利科无畏舰严阵以待的火炮之下。由于贝蒂联系不上杰利科，情况变得略复杂了些。"狮号"的无线发报机被炸坏了，备用机的作用距离非常有限。这使得无线电信号

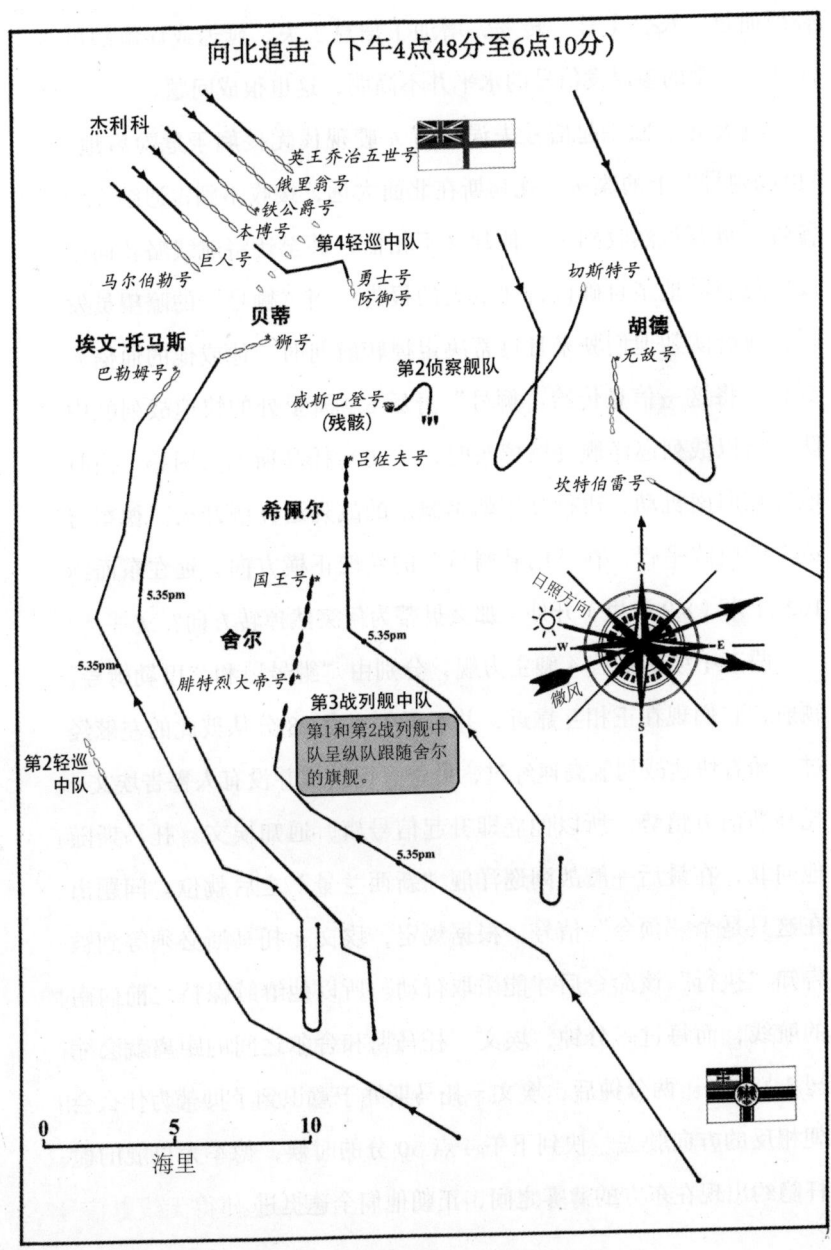

必须通过"长公主号"转发,增加了信息丢失、延迟或误解的可能性。贝蒂的参谋发信号的水平并不高明,这也很成问题。

当天下午另一起信号失误将置4艘现代无畏舰于危险境地。"巴勒姆号"上的埃文-托马斯在北面太远,接收不到古迪纳夫的警告。贝蒂虽然收到了,他却又不相信,甚至还将航线略转向东以便更容易地亲自确认古迪纳夫的报告。当"狮号"的瞭望员发现公海舰队朝他们驶来且贝蒂决定掉转航向时,他或他的通信人员忘了将这一信息传给"狮号"身后6.9海里处的快速战列舰中队。所以战列巡洋舰突然掉头时,埃文-托马斯大为困惑。当时他还在向南机动,边行驶边朝希佩尔的战列巡洋舰开火。德军与英军的航线平行,在"巴勒姆号"的左舷正横方向,远在东面约16.5千米(8.9海里)开外。那么贝蒂为何突然掉转方向?

两支小纵队各有4艘主力舰,分别由"狮号"和"巴勒姆号"领航,它们现在正相互靠近,并于下午4点48分从彼此的左舷经过。随着快速战列舰高速经过,贝蒂意识到了并没有人警告埃文-托马斯前方情势。所以他立即升起信号旗,通知埃文-托马斯随他向北,在最后一艘战列巡洋舰"新西兰号"之后就位。问题出在这只是个"预令"信号,根据规定,埃文-托马斯必须等到被告知"执行"该命令后才能采取行动。所以他继续保持之前向南的航线,而每过一分钟,埃文-托马斯和舍尔之间的距离就会缩短1 280米。两分钟后,埃文-托马斯终于意识到了贝蒂为什么会朝相反的方向驶去。快到下午4点50分的时候,德军无畏舰的桅杆隐约出现在东方的薄雾之间,正朝他们全速挺进。

第九章 向北撤退

在贝蒂掉头向北驶去的时候,最近的德国无畏舰大约距离英军 18.3 千米(9.9 海里)。如果他当时告诉了埃文－托马斯,那么快速战列舰本可保持在德军的射程以外。相反,它们现在与敌人的距离却不断缩短,随即便受到德军炮火的攻击。虽然这分担了贝蒂及其战列巡洋舰的压力,但对 4 艘快速战列舰上的全体船员而言形势严峻。第一轮炮弹已经开始落在"巴勒姆号"四周。德军的射击精准且火力密集,有 12 艘无畏舰同时朝埃文－托马斯的旗舰开火。当贝蒂的命令最终下达后,反给它增添了危险。依照命令,它们需依次右转掉头。由于德国无畏舰已经瞄准英国的领队战舰,如此一来便会有风险,即它们将全都朝转向点处开火,那么每艘快速战列舰通过"巴勒姆号"初始位置时都将遭受一番炮击。

下午 4 点 58 分,即"巴勒姆号"刚转过弯的时候,它被"王储号"和"皇后号"两艘无畏舰的 3 发 12 英寸(305 毫米)炮弹命中。第一发摧毁了无线电通信室,第二发点燃了 6 英寸(152 毫米)副炮的备射药。另一发炮弹击穿了"巴勒姆号"上甲板的右舷一侧,穿过舰体在船对侧水线位置炸出一个锯齿状的洞。不过说来也怪,埃文－托马斯最担心的事情最终没有发生——尽管德军的炮火很凶猛,但其余船只在转弯时并未被击中。在阵列中处于第三位的"厌战号"上,舰务官(或副舰长)汉弗莱·沃尔温(Humphrey Walwyn)中校看着敌军整个舰队部署在他们面前:"转过弯后不久,我在右舷船尾处看到了整个公海舰队——至少我看到了他们阵列线的桅杆、烟囱和无数圈橙色火光。"[5]

4艘快速战列舰极其缓慢地转过弯并列队向北，以"马来亚号"在队尾殿后，开始追赶贝蒂的战列巡洋舰。鉴于贝蒂的战列巡洋舰队正向北驶向杰利科，而身后是整个公海舰队在追击，所以它们现在构成了贝蒂的后卫部队。在埃文-托马斯抵达之前，舍尔的无畏舰已经朝贝蒂的战列巡洋舰开火，但由于射击距离不够没能命中目标。现在，快速战列舰正主动不断地靠近。它们也遭到希佩尔战列巡洋舰的炮击，然后希佩尔再次改变航向，现在也向北航行，以便和贝蒂及埃文-托马斯保持接触。目前他正带领德国舰队北上。东边的地平线像是挤满了大型敌舰，全都朝正在撤逃的英军开炮。

顽强抵抗的后卫

希佩尔位于埃文-托马斯以东约16千米处，而舍尔的先头无畏舰部队则在东南方向17.4千米处，其余战舰在南边以梯队队形编队随行。下午4点58分，"德弗林格尔号"的一颗30.5厘米炮弹击中"巴勒姆号"，这是前后仅20分钟内冯·哈泽4发命中弹的第一发。这一轮较量中希佩尔先下一城。这一击也是破坏力最大的，它穿透了上甲板的右舷一侧，并在主甲板以下爆炸，将一门6英寸（152毫米）火炮炸毁。引发的大火也杀死了电机舱内的所有水兵。当时，海军少校斯蒂芬·蒂勒德（Stephen Tillard）正在"巴勒姆号"的指挥塔上："有4发炮弹命中'巴勒姆号'，它们飞在半空的时候我全都看见了。其中一发击穿了我脚下6英尺（约

1.8米）处的甲板。它在下方爆炸，所幸没有造成多大破坏。"⁶接下来的几分钟里，"巴勒姆号"又被击中3次，每一次命中似乎都比前一次后果更为严重。

蒂勒德同样目击了"德弗林格尔号"的这几轮命中。其中最后一击险些致命："又一发炮弹击中水线以下部位，在船的另一侧炸出一个洞，造成的不平坦边缘可能减慢了我们的速度。它还消灭了一支鱼雷分遣队。"他没能看见的是这些命中弹对甲板以下造成的破坏。下午4点58分的第一发炮弹点燃了6英寸（152毫米）火炮的装药，爆炸扯下了电机舱的舱口盖，导致舱内所有人丧生。另一颗炮弹在装甲甲板上冲出一个窟窿，就在一个6英寸炮弹弹药库的正上方。不过埃文-托马斯还算幸运：炮弹碎片虽然穿透了弹药库，但没有引起爆炸。其他3艘快速战列舰尚未遭到任何破坏——仅就目前而言。为避免被炮弹击中，这几艘英国战舰的舰长拼命地做"之"字形机动，由于运气好再加上良好的驾船技术，他们没让敌人实现更多的命中。

到下午4点57分，贝蒂的4艘战列巡洋舰已经通过"玛丽王后号"沉没之处，位于希佩尔以西约8.9海里。它们又开始朝老对手开火，希佩尔则迅速地切换了目标。战列巡洋舰的决斗重新开始，只不过这一次舰船是向北航行。目前形势仍然有利于德军，但渐渐地发生了改变。随着太阳西沉，德军的测距队员越来越难以得到准确的读数。即便如此，在短短4分钟内"吕佐夫号"就有一发炮弹击中了"狮号"，贝蒂旋即左转以便拉开距离。他还把速度提升到26节。在战列巡洋舰拉开距离的同时，决斗仍在继续。"塞德利茨号"击中了"虎号",希佩尔的旗舰则又命中"狮号"两次。虽然这些命中都不严重,但这表明,尽管光线不好,希佩尔的射击精度还是高于贝蒂。此番短暂交火中,英军一发未中。

到下午5点10分,贝蒂已经驶出了射程范围。他开始从战术的角度考虑问题,这可能是开战以来的第一次。他、埃文-托马斯和古迪纳夫正向东北撤离,舍尔的战列舰队仍在后面紧追不舍。不过,现在只有第5战列舰中队还在德军的射程范围内,这给贝蒂留出了停下来思考的机会。杰利科正从东北方向赶来,贝蒂估算他大约在30海里之外。这意味着他们将在下午6点之后才会接触。他希望舍尔收到的关于杰利科正在逼近的预警越少越好。理想情况下,德军即使发现大舰队逼近也将为时已晚,根本没有时间逃避。因此,贝蒂计划利用他座舰上的烟囱冒出的浓烟掩护杰利科接近希佩尔,从而为前者部署阵列争取时间。这意味着要将希佩尔驱离杰利科的航线。

就希佩尔来说,他不愿领先公海舰队其他舰船太多。他的5艘战列巡洋舰全都不同程度受损,作战能力也不如90分钟以前了。他对英军第5战列舰中队的快速战列舰也相当警惕,因为事实证明它们的炮火恼人地高效,远胜于战列巡洋舰。不过,不管它们威力有多强大,这支英国战列舰中队仍在希佩尔战列巡洋舰和贝恩克第3战列舰中队的射程范围内,当时希佩尔在其东北、贝恩克在其东南。英国船只在数量上处于1:3的劣势。因此,希佩尔的战列巡洋舰掉转炮口对准了英军孤立的后卫舰,而它当时已经遭到了舍尔战列舰队的先锋——紧追不舍的贝恩克无畏舰中队的

第九章　向北撤退

攻击。埃文-托马斯及其船员实际上已经被贝蒂抛弃，他们只得与公海舰队的精锐部队周旋，直至杰利科前来。

埃文-托马斯的4艘战舰正跟随贝蒂向西北航行，一小时内第二次经过了"玛丽王后号"沉没的地方。古迪纳夫的轻型巡洋舰跟随其后，同时几小股英国驱逐舰也尽力为其让出道路。不过，现在的光线开始逐渐对英军有利，"伊丽莎白女王级"快速战列舰的射击方向系统也得益于目前的光线。随着"巴勒姆号"和"刚勇号"开始与希佩尔的战列巡洋舰交战，而"厌战号"和"马来亚号"在后面拖住德军无畏舰，这一次，轮到希佩尔处于交火劣势了。在接下来的30分钟内，双方的命中都卓有成效，但遭受损失最多的还要数希佩尔的战列巡洋舰，它们的装甲无法抵挡埃文-托马斯的15英寸（381毫米）火炮。在8.9海里的远距离尤为如此，因为一些老式战列巡洋舰的火炮射程达不到快速战列舰的位置。换句话说，它们只能被射击，但不能回击。

在这场决斗中，"塞德利茨号""吕佐夫号"和"德弗林格尔号"分别被击中6次、4次和3次，而它们共命中敌舰10次，其中2发命中"厌战号"，"巴勒姆号"和"马来亚号"则分别被击中4次。德军无畏舰也参与了交火，亦数次命中"马来亚号"。反过来，"厌战号"和"马来亚号"的炮弹却只给德军3艘无畏舰造成了轻微破坏，它们分别是"国王号""大选帝侯号"和"边境总督号"。在双方所有舰船中，"塞德利茨号"和"马来亚号"损失最为惨重。这艘德国战列巡洋舰在下午5点06分被击中，炮弹在其舰首水线附近炸出一个洞。另外两发15英寸口径的炮弹落进舱楼,加重了这一损坏。在此战斗阶段中,"塞德利茨号"总共被命中6次。

理查德·福斯特描述了该舰遭受的破坏:"一颗38厘米炮弹击中左舷第4(15厘米口径火炮)炮郭并在内部爆炸。船在甲板下方颤动起来,而船的两侧摇晃得像金属薄板一样。在后方烟囱的尾部,C炮塔的一组人员正奋力扑救一场大火,这一火灾正威胁着施密特准少尉和科林特下士的生命,还有一些水手听到了里面的呜咽声、呻吟声和求救声,于是他们跑过甲板来到炮郭跟前,试图从上方运煤孔下到炮郭里面。虽然爆燃压力掀掉了顶盖,但金属碎片堵住了入口,他们无法进入。受伤同伴的诉苦声敦促这些水兵们一刻不歇地努力着。"[7]

危难之中有人注意到一条通道:"他们从舷侧可以看到炮弹穿透了船体,或许他们可以通过弹孔钻进炮塔里去。施密特准少尉和水兵诺伊曼戴上防毒面具、拿着手提灯进入船体下方,在里面摸索着前进。在手提灯微弱的光照下,阴森的场面出现在他们眼前:被彻底摧毁的火炮周围,躺着许多严重残缺的尸体,好像舱内的所有船员都已被爆炸的炮弹杀死。然而,从火炮后面再次传来一声悲惨的呻吟,那里躺着4个一动不动、身受重伤的船员,皆是被炮弹碎片所伤。他们摸黑迅速而小心地将这些船员抬进检修孔,孔内的金属薄板已向下弯曲变形。在甲板上其他船员的协助下,伤员被抬了上来,随即被送往急救站。"

"塞德利茨号"受到了极为惨烈的攻击,尽管其损管人员竭尽所能,仍没有阻止海水持续涌入。夜色降临的时候,"塞德利茨

第九章 向北撤退

号"的舰首逐渐下沉，直到艉楼几乎被淹没。"冯·德·坦恩号"上也是类似遭遇。液压问题一直没能解决，几个炮塔还不断地出故障。最后一座可以运转的炮塔也动弹不得，于是在得到修复之前，它的主炮只能保持沉默。现在，它待在希佩尔阵列的末尾，仰赖其他仍能反击的舰船之火力。在"德弗林格尔号"上，冯·哈泽将这一阶段的行动描述为"令人沮丧、伤透脑筋、让人恼火"[8]。毕竟，这一仗他们是以众敌寡，但偏偏敌人的火炮威力更大、射程更远。

然而德舰仍在回击，下午5点30分命中"马来亚号"的一颗炮弹打哑了右舷大多数的副炮，并且险些点燃了一间弹药库。如果这颗炮弹再向前多攻破一层舱壁，那么这艘船很可能就到了末日。"巴勒姆号"和"厌战号"也遭受了一些损失，但没有造成重大伤亡。助理办事员吉尔伯特·比克莫尔（Gilbert Bickmore）记述了所在舰船遭到的一记命中："一颗11英寸（28厘米）炮弹命中'厌战号'，结结实实地打在了船尾。即使在船另一端的A炮塔里，我们也感受到了冲击，这一击令船扭动了一番，很像鱼线上吊着的一条鳟鱼。"[9]在这一战斗阶段，命中"厌战号"的是两发28厘米口径的炮弹。不过，良好的装甲保护和足够的运气使得埃文-托马斯的中队也对敌人造成了同样的破坏。渐渐地，他们愈来愈靠近杰利科。

我们暂时把注意力从那4艘快速战列舰身上转移开来，先说一件小事。40分钟前，德军第11驱逐舰支队不温不火地对贝蒂正在撤退的战列巡洋舰实施了攻击，此时埃文-托马斯的快速战列舰正向南航行经过贝蒂的船只。尽管有如此多可供选择的目标，但这些驱逐舰的鱼雷没有一发击中敌舰，虽然在"刚勇号"上可以看见鱼雷从舰首和舰尾附近擦身而过。与此同时，英国驱逐舰"莫逊号"和"尼加多号"决定对逐渐逼近的德军无畏舰实施攻击。"莫逊号"上的海军中尉希拉里·欧文（Hilary Owen）仍记得那一关键时刻："我记得看到'尼加多号'实施了攻击，但没发现'涅斯托耳号'和'游牧民号'有什么动静。然后，公海舰队开了火，我们的炮手（康登先生）将他看见的11英寸炮弹齐射比作'像野鸭在飞'，这轮齐射落在了离船大约仅100码（91.44米）的地方，后来在甲板上发现的巨大的炮弹碎片证实了他的话。"[10]

英军的这一行动几乎等于自杀，但双方正以将近每分钟一海里的速率互相接近，所以没有时间重新考虑问题。欧文继续说道："然后，在相距大约6 000码（5 486.4米）的时候我们向左舷偏转，并发射了两颗鱼雷——两条发射管各发射一颗——随后，为了自己阵列的安全，我们快速逃离了。""莫逊号"被击中但成功逃脱，可另外两艘受损的驱逐舰——"涅斯托耳号"和"游牧民号"——就没那么幸运了。这两艘船当天下午早些时候即遭钳制，战斗的浪潮曾从它们身边席卷而过。现在，这一情形报复式地再现了。在"涅斯托耳号"上，海军中校巴里·宾厄姆（Barry Bingham）看到德军战列舰队正将炮口瞄准他："按照目前的航线，它们必定首先经过'游牧民号'，10分钟后大屠杀就开始了。"[11]毫不夸张地说，它们的齐射完全吞没了这艘驱逐舰。舰上的海军少校保罗·怀特菲尔德（Paul Whitefield）回忆道："这艘船正快速沉没。我下令弃船并全员撤离。大约3分钟后，它便从船尾处垂直下沉了。"[12]

第九章 向北撤退

然后轮到了"涅斯托耳号"。宾厄姆中校备好了卡利救生筏，处理掉通信手册，然后等待着最后一刻。"我们很快就被笼罩在了肆虐的炮火之中。我们自己的火炮是绝对不可能做出任何回击了……就算反击……也好比拿一把玩具枪打一堵铜墙铁壁。"[13] 然而，宾厄姆还有最后一手。在过去一小时内，他的水兵已经重新装填了一支鱼雷发射管："差不多就在这时，我们朝公海舰队发射了最后一发鱼雷，而且看起来发射得不错。"做完这一最后的反抗姿势，这艘驱逐舰开始从舰尾下沉，然后向右舷倾斜。宾厄姆下令弃船。下午5点30分，驱逐舰最终沉没，剩下的船员在夜间被一艘德国驱逐舰救起。宾厄姆中校幸存下来，后来还因为顽强的最后一搏被授予一枚维多利亚十字勋章。

那天下午轻率的驱逐舰袭击发生了不止这一次。另外两艘英国驱逐舰原本在后方为水上飞机母舰"恩格丁号"护航，现在却重返战场以北，决意对希佩尔的战列巡洋舰发动攻击。于是，小型驱逐舰"昂斯洛号"和"莫尔斯比号"火速前进，从射程范围内的所有德国舰船吸引了大量火力。最终，由于火力过猛，两艘驱逐舰都转向逃离了，但在此之前，"莫尔斯比号"成功施放了一颗鱼雷。尽管这颗鱼雷没有命中目标，但此次鲁莽、蛮横而又英勇的攻击迫使希佩尔略向东偏转了航线。到了下午5点15分，这一切暂告结束，那两艘驱逐舰顺利脱身后，公海舰队继续大举推进，尽管此时埃文-托马斯的战舰已经大体驶出了射程范围。随后是战斗间的短暂平静，这几乎是两小时前交火以来的首次停歇。

这份平静即将被打破。首先，贝蒂现在已经赶在了德国战列巡洋舰的最前方，他向右舷稍微偏转了航向，让他的 4 艘舰船朝东北方向行驶，并保持在希佩尔的射程范围内。贝蒂于下午 5 点 41 分开了火，当时敌舰距他约 7.9 海里远。埃文－托马斯也跟着开火。此时，希佩尔正率领他的 5 艘战舰按梯队队形向前推进，但他很快重组队形，把船只编成一支纵队，与贝蒂的航线平行。4 分钟后，"长公主号"命中"吕佐夫号"，炮弹打在它的指挥塔正下方，但没有造成严重损害。然而，希佩尔的战列巡洋舰变得一片混乱，在如此不利的条件下，他不太愿意重新投入战斗，况且西方的能见度已经变得很低。因此，希佩尔断然停止了战斗，率领他受创的船只折向东边。这正是贝蒂一直期待的。而到现在为止，杰利科的接近完全没有被德军发现。

下午 5 点 47 分希佩尔转向远离贝蒂的时候，他的战列巡洋舰部队已经超出德军战列舰队前方将近 6.9 海里，现在后者正排成一列纵队朝北方驶去。战列舰队最近的舰船不复此前良好的操纵，而是乱了阵脚，领航的无畏舰现在遥遥领先于阵列线后方速度较慢的老旧无畏舰和前无畏舰。希佩尔自己的巡洋舰和驱逐舰在他前方朝东北方向前进，而贝蒂的轻型巡洋舰和驱逐舰要么在他前面，要么在他身后，抑或在他左舷很远的地方。过去两小时内，希佩尔和舍尔一直在跟贝蒂战列巡洋舰队中的不同单位进行作战，后者始终位于他们二人的西边。现在，在没有任何警告的情况下，一位新对手将出其不意地出现在他们的东边。对希佩尔及其船员而言，战斗将发生意想不到的转折。

第十章

杰利科介入战斗

希佩尔停止追踪贝蒂之后,东北方向的昏暗海面上又出现了新的威胁。下午5点30分过后不久,波迭克少将的第2侦察舰队发现一艘船正从这一始料未及的方向朝他们靠近。那是英国的"切斯特号"轻型巡洋舰——它和另一艘轻型巡洋舰构成的掩护屏障隶属一支全新的部队:海军少将贺拉斯·胡德爵士的第3战列巡洋舰中队。当天下午早些时候,杰利科令胡德脱离大舰队,寻找贝蒂的下落并给予其所需的任何支援。根据贝蒂两小时前提供的推算航位,胡德原本预计大约40分钟前就能与贝蒂接触。不幸的是,贝蒂没再报告他的位置、航向或速度,所以无论是杰利科还是胡德,谁都不知道在哪能找到他。胡德用无线电要求贝蒂提供最新情报,但贝蒂没有给出任何回应。

胡德迎战波迭克

鉴于此,胡德又向东行驶了一段超乎预想的距离,但没有发现贝蒂的踪迹,此后,他改变航线转向西南。他的核心兵力由3

艘"无敌级"战列巡洋舰组成——旗舰"无敌号",其后是"不屈号"和"不挠号"。这些战列巡洋舰有 4 艘驱逐舰为它们提供掩护,而在旗舰左右两舷舰首前方约 9.1 千米处,各有一艘轻型巡洋舰。"切斯特号"位于右舷舰首,距离希佩尔最近。当其舰长听到炮声从西南方向传来后,他便动身前往查明情况。雾气较重,看不真切,但"切斯特号"上的瞭望员突然发现右舷一侧有巡洋舰和驱逐舰各一艘,正在昏暗中快速航行。其后又看到另外 3 艘巡洋舰朦胧的轮廓。起初,劳森(Lawson)上校以为它们可能是贝蒂巡洋舰掩护部队的一部分,但一分钟后的下午 5 点 38 分,这些神秘的巡洋舰开了火。

在这一射程范围(6 400 米)内,德军几乎不会打不中,尤其目前"切斯特号"已然清晰可见。劳森上校立即提高速度并向右偏转,但这一做法只会令事态恶化,因为转弯使他的座舰成了更易瞄准的目标。短短几分钟内,巡洋舰"法兰克福号""埃尔宾号""皮劳号"和"威斯巴登号"先后 17 次命中他的旗舰。"切斯特号"的 10 座 5.5 英寸(140 毫米)火炮被炸毁 4 座,另有 78 名船员牺牲或受伤。在"切斯特号"舰桥上,信号兵查尔斯·拉达尔(Charles Radall)在一场爆炸中生还,这起爆炸导致 12 名信号人员死伤,仅有两名瞭望员未负伤。"暴露在外的无烟火药被引爆,火焰蹿到 200 英尺(约 61 米)高。枪炮手们沿着舷侧走动,或失明或受伤。"他又补充道,"在这次行动中,我看见一名水兵的头发都竖了起来,我从没想过竟有这种事。"[1]

军医布卢姆菲尔德(Bloomfield)上尉带领一支急救小组前往

第十章 杰利科介入战斗

甲板竭力营救。他的助手中有一位是军官起居室管理员,名叫雷吉·格利弗(Reg Gulliver),他回忆起当时的场景表示"永生难忘"。他继续说道:"一名军官死了,躺在那里,两条切断的腿残留在军靴里。我跨过一具开膛破肚的尸体。我不得不握紧一名水手的脚以便让医生切除,因为它已然摇摇欲坠。"其他尸体布满了整个上甲板。伤员被送到下面治疗,急救小组也在极尽所能救助他们。万幸的是"切斯特号"的主机没有遭到破坏,它发动所有主机全速向北撤退,投奔胡德的战列巡洋舰而去。在"法兰克福号"上,波迭克命其巡洋舰和驱逐舰奋力追赶。

在东北方向约 9.1 千米外,胡德听到了炮响,并看到微弱的火光将黑暗划破。他意识到"切斯特号"遇上了麻烦。于是当这艘巡洋舰在昏暗中向西南逃跑时,他将 3 艘战列巡洋舰转向西北,如此一来,无论谁在追赶四面楚歌的劳森上校,它们都可以对其实施舷炮射击。在胡德下辖的另一艘轻型巡洋舰"坎特伯雷号"上,一名军官记得当时看到了身受重创的僚舰再次出现在眼前:"'切斯特号'靠近了,由东到西驶过我们的舰首,它的主甲板上是一个个大洞,路过我们时,可以透过洞口看见船员们在欢呼。"[3]

随后,在下午 5 点 55 分,追击的德军巡洋舰出现在 9.1 千米之外的昏暗中。"不屈号"上的枪炮官首先发现了"切斯特号",然后便是它身后的追兵:"我们先看见了炮火,一分钟后,被炮弹溅起的水柱包围的'切斯特号'从薄雾中驶出,出现在我们左舷方向,正从左向右穿过我们中队的舰首位置,一分钟之后,3 艘德国轻型巡洋舰便追了过来。"[4] 胡德随即下令开火。几分钟前,波迭克伏击了"切斯特号"。现在轮到他吃苦头了。他看到3艘战列巡洋舰后便立刻掉头,但为时已晚:他周围已经满是降落的炮弹。"不挠号"和"无敌号"的12英寸(305毫米)炮弹对"威斯巴登号"形成跨射,并且第二轮齐射就命中了它。其中一颗炮弹在它机舱内爆炸,这艘巡洋舰就此失去机动能力,只能瘫痪在水上。

"不挠号"的一颗炮弹还击中了"皮劳号"的锅炉舱,10个锅炉被摧毁了6个,但眼下这艘巡洋舰尚能运转。它踉跄着逃脱了,同时还疯狂地释放浓烟以隐藏自己。为掩护撤退,波迭克命令负责支援的驱逐舰立即发动鱼雷攻击。6艘驱逐舰发射了12颗鱼雷,尽管没有一发命中目标,但英军战列巡洋舰发现它们的轨迹后,全都做了变向进行躲避。因此,在剩下的3艘巡洋舰尽可能快地排出浓烟为他掩护的情况下,波迭克成功逃到了南方。希佩尔最早得知这一切是在下午6点,他收到波迭克发来的信号称"我正遭敌方战列舰打击"[5]。两分钟后,"法兰克福号"重复发送了这一信号。希佩尔完全不明白发生了什么。虽然怀疑报告的准确性,但他猜想这意味着贝蒂的部分船只已经到了他前面,并且和他的航线有所交叉。

于是,快到下午6点的时候,希佩尔命令自己的战列巡洋舰转向朝战列舰队靠近,当时后者正行驶在他身后。他不希望与它们断了联系,尤其在目前情况下,雾气朦胧加之夕阳西斜使得西方能见度很差。当"国王号"映入眼帘,看到海军少将贝恩克的舰旗飘扬在前桅之上,希佩尔便再次偏转他的战列巡洋舰,相当于成了战列舰队新的先锋。与此同时,波迭克其余的3艘轻型巡洋舰被迫放弃失灵的"威斯巴登号",冲向希佩尔较大的战舰寻求掩护。在第 2 侦察舰队的部分驱逐舰也向南逃跑的同时,第 9 雷击舰分队的指挥官正前来查探,试图帮助"威斯巴登号"。他们发现的却是英方战列巡洋舰,于是赫伯特·戈勒(Herbert Goehle)少校率领他的 11 艘雷击舰投入了进攻。

与此同时,负责护卫那些战列巡洋舰的 4 艘英方驱逐舰也出现了,并由"鲨鱼号"上的洛夫特斯·琼斯(Loftus Jones)中校带领前去予以反击。两队驱逐舰都保持着近 30 节的航速,数秒之内即发生接触搏斗。在此之前,戈勒发射了 6 枚鱼雷,但没有一发命中。随后两支舰队纵横交叉,一边行驶一边射击。戈勒有分舰队旗舰"雷根斯堡号"轻型巡洋舰的支援,它在战斗中射击的目标是英国轻型巡洋舰"坎特伯雷号",后者在薄雾中短暂出现过一会儿。英军的驱逐舰虽然体形更大,但在数量上占下风,尤其在"雷根斯堡号"的布鲁诺·休博尔(Bruno Heuberer)中校又派出两支分舰队前来增援之后。一阵 10.5 厘米和 8.8 厘米炮弹狂轰滥炸之后,"鲨鱼号"浮在水面上不再移动,浑身上下被德军的火炮打得千疮百孔。

舵手比尔·格里芬(Bill Griffin)当时正在掌舵:"我报告说'长官,转向装置被毁!'听到报告后,舰长下令将人手布置到后舵轮处。就在那时,我的头部受伤了,就在右眼上方。然后我们向右转舵,使用左舷一侧的火炮。"[6]令人惊讶的是,"鲨鱼号"还在进行反击。不过只持续了片刻,正如格里芬所说:"之后舺楼的炮手被全部炸飞,火炮和其他一切都没了。"英国驱逐舰无疑在这场战斗中遭受重创。在离"鲨鱼号"几百米的"奥菲莉娅号"上，一等水兵比尔·克莱门特-福特（Bill Clement-Ford）看到己方舰首炮被击中："枪炮手们横尸四周，只有一名弹药装填炮手是站着的，他的一只胳膊卡在了半自动火炮的后膛里……从我们小小的舰桥往下看去，那场景真揪心。"[7]

驱逐舰"阿卡斯塔号"的指挥官约翰·巴伦（John Barron）少校觉得形势相当严峻。他写道："（德国）驱逐舰有巡洋舰的支援，形势很快变得不利。德军的射击无疑很准，他们齐射炮弹的落点全都很近，可以说近得过分。但起初我们没怎么被命中，只是一块弹片削掉了我们舰桥上一名信号兵的头皮，还有许多炮弹碎片在战舰周围到处乱飞。后来，我们从悬挂在舰桥上的金属网上捡了30~40片。还是在舰桥上，我们都被炮弹溅起的水花淋透了，以至于一名中尉说'手头有把伞就好了'。"片刻之后，"阿卡斯塔号"被炮弹击中舰首水线附近，巴伦对此印象深刻："这一击让我们感觉整艘船都被推得横了过去。"[8]

看到"鲨鱼号"身陷险境，"阿卡斯塔号"发射了一枚鱼雷，随后来到那艘饱受摧残的驱逐舰旁。巴伦主动提出把它拖到安全海域，但"鲨鱼号"的指挥官洛夫特斯·琼斯中校挥手示意他们离开，并喊道："别因为我们被击沉了。"他说得没错："阿卡斯塔号"自身业已受损，做此尝试无异于自杀。届时损失的将会是两艘驱逐舰而不是一艘。在驱逐舰"奥菲莉娅号"上，刘易斯·克拉布（Lewis Crabbe）中校看到了"鲨鱼号"被击中，但他既帮不了它也帮不了"阿卡斯塔号"，因为他的驱逐舰及同行的"克里斯多

第十章 杰利科介入战斗

夫号"都已受创,而且头顶炮弹横飞。于是他转向离开,在撤向安全地带的同时为"阿卡斯塔号"提供掩护。正如琼斯所料,"阿卡斯塔号"在横靠"鲨鱼号"时已两度遭到命中,炮弹炸毁了它的转向装置,还导致机舱内满是蒸汽,烫伤了舱内大多数船员。巴伦节约地利用他仅剩的蒸汽动力,巧妙地将战舰驶向英军战列巡洋舰附近的安全地带。

就在这时,"鲨鱼号"被德军的一枚鱼雷击中后开始下沉。琼斯被爆炸削掉了一条腿,他和超过半数的船员都随船葬身大海。两周以后,洛夫特斯·琼斯的尸体被冲到瑞典哥德堡附近的海滩上。人们以全套军事礼仪将他安葬于当地,后来,他还因英勇的行为被追授了一枚维多利亚十字勋章。

另一位被追授此殊荣的是"切斯特号"上16岁的(一等)童子水兵约翰·康韦尔(John Cornwell)。这位来自伦敦东区的小伙子当时正在操作舰上5.5英寸(140毫米)火炮的瞄准具,而波迭克的一艘巡洋舰发射的15厘米炮弹恰巧击中了他的火炮。炮组全体成员或死或受重伤,许多人被炮弹碎片削掉下肢,暴露在不大的舰炮防护装置下面。年轻的康韦尔尽管胸部严重负伤,但仍坚守战位,直到那艘巡洋舰蹒跚地驶到安全水域,一支救护队才在那里发现了他,而他也是所有炮组中唯一的幸存者。虽然战役结束两天后他便去世了,但其尽忠职守的模范精神为他赢得了荣誉勋章,由他的母亲作为代表从国王手中领取。"切斯特号"一去不返——它于1921年作为一堆金属被报废——但"童子水兵康韦尔"当年操作的那门大炮却得以保存,如今陈列于伦敦的帝国战争博物馆内。

重估形势

这场小规模行动也许只是一时令希佩尔感到不安,但它还是改变了整场战役的大方向。希佩尔不大相信第2侦察舰队发来的关于"战列舰"的报告,但他确实认为它们可能已与胡德的第3战列巡洋舰中队接触过了,他知道一般情况下这支中队都在贝蒂麾下,抑或是作为杰拉姆第2战列舰中队的一支力量被派去支援贝蒂。他从未想过那支神秘部队竟会是杰利科大舰队的一分子。另一个经常为人所忽略的因果联系在于,如果没有胡德的突然出现,希佩尔可能足以反制贝蒂向东推进。毕竟第2侦察舰队的驱逐舰可不好对付,一次坚决的打击便可能将贝蒂逼回西边。

这就意味着,在英军战列舰队有机会将其巡航队形部署成作战队形之前,希佩尔或许就已发现了杰利科。如此一来,希佩尔乃至德军战列舰队的先锋无畏舰可能早已严阵以待,在英军无畏舰部队努力从机动队形变换为作战队形的时候,抢先对其形成"T字横头"。如果一支舰队对敌形成"T字横头",那么它所有的舷侧炮可以朝着逼近的敌人发射,而敌方却只有领航舰可以做出反击。这正是9年前对马海战(Battle of Tsushima)中日军精心策划的战场情景,利用此战术,日军一举获胜,全歼俄国舰队。这也是每一位海军将领梦寐以求的战术,而希佩尔和舍尔本可能在不知不觉中迎来这样的良机。现在,多亏了胡德,这种情况最终才没有发生。

然而在过去的一小时里,即"向北撤退"这一阶段,战场态势变得稍微有利于皇家海军。从舍尔的伏击中解救出战列巡洋舰后，贝蒂的战舰已经向北朝杰利科驶去，或者说朝贝蒂的导航员认为的杰利科所在位置驶去。按理说，贝蒂完全可以与敌脱离接触并向西逃遁，除非遇上不可预见的灾难，否则他足以躲开追兵。然而他并没有这样做，反倒意图通过北上诱使希佩尔和舍尔进入自己的埋伏圈。在整个"向北撤退"阶段，希佩尔的战列巡洋舰和埃文－托马斯的快速战列舰一直在互相射击，但贝蒂一度并未与敌接触。尔后他逐渐向东移动，到下午5点41分，他与希佩尔战舰的距离近到足以再次向其开火。这一切足以令希佩尔怀疑贝蒂是在引诱他向东行驶，他心里本应打个问号："为什么？"

鉴于贝蒂剩下的战列巡洋舰比希佩尔的战舰要快一些，他极有可能是在尽力绕到希佩尔的北边，以求对他形成"T字横头"。不过这似乎并不可行，因为舍尔此时正跟在希佩尔身后。如果贝蒂真这样做了，那么他就会身陷被德军拦腰截断于罗塞斯港或斯卡帕湾的危险。报告所称的那些"战列舰"的出现或多或少给出了答案。想必贝蒂只是在努力跟自己舰队中失联的分队恢复联系，并没有在背后藏匿其他阴谋。然而希佩尔和舍尔二人心里仍隐隐不安。舍尔对这种不确定感做了完美的总结，在他透过雾气观察过北方之后，舍尔转过身对他的旗舰舰长西奥多·富克斯（Theodor Fuchs）轻描淡写地说："朦胧之中暗藏着什么。"[9] 但他从未想过那竟会是整支英国战列舰队。

目前战况是英军略占上风，这全仰仗于埃文－托马斯第5战列舰中队的15英寸（381毫米）口径巨炮。在"向南奔袭"这一阶段，英军战列巡洋舰饱受希佩尔的重击，并且其中两艘被炸成碎片。而快速战列舰的介入扭转了战局，因为它们的射击精度远远高于贝蒂的战列巡洋舰。现在，即"向北撤退"期间，它们继续快速精确射击，其15英寸口径炮弹不但射程超过德军的大炮，而且破坏力也比它们强。"巴勒姆号"和"刚勇号"的齐射共有13发炮弹命中希佩尔的战列巡洋舰，而"厌战号"和"马来亚号"则击中舍尔的无畏舰5次。另一边，主要受制于过远的射距以及越来越暗的光线，希佩尔的战舰只有5发炮弹命中了英国对手。终于有一次轮到希佩尔在射击对决中失利了，他的战舰此刻正遭受着猛烈的火力打击。

无论如何，贝恩克无畏舰的30.5厘米口径火炮将双方命中数的差距稍稍缩小了一些，有7发炮弹成功命中"马来亚号"，它成为英军4艘快速战列舰中遭受打击最严重的一艘。但总体而言，埃文-托马斯的强大中队对付敌军的两支中队还是绰绰有余。贝蒂战列巡洋舰的表现则逊色得多。在"向北撤退"期间，希佩尔先后6次命中贝蒂麾下的战舰，这其中只有"长公主号"做出了有效反击，但仅有一发炮弹命中了"吕佐夫号"。不过这些并不重要，因为在损失了2艘战列巡洋舰后，贝蒂麾下仍有4艘战舰可用。诚然，"狮号"在此前与希佩尔的较量中损失了Q炮塔，而"虎号"和"长公主号"也各损失一座炮塔——皆源于自身故障而非敌舰炮火打击。除却这些，此3艘战舰仍状况良好，而"新西兰号"大体上没有受损，在整个下午的战斗中只被命中过一次，并无大碍。

相比之下，希佩尔所剩的5艘战列巡洋舰全都遭到严重破坏。

在"向北撤退"阶段，旗舰"吕佐夫号"已遭15英寸（381毫米）口径的巨炮命中4次，外加下午5点45分被"长公主号"击中一次。由于海水涌入过多且船体严重漏水，它的舰首开始下沉。在"向南奔袭"过程中，"德弗林格尔号"和"毛奇号"也都大量进水，现在它们舰体内都有数百吨水，导致舰身略有倾斜。"塞德利茨号"状况更糟。至下午5点55分，它已被15英寸炮弹命中6次，其前部舱室尽数被淹。该舰前甲板几乎与水面平齐，尽管进水问题暂时得到控制，损管组仍需竭尽全力才能保证它浮在水面上。虽然"冯·德·坦恩号"相对而言没怎么受损，但其火炮因故障无法工作。换句话说，第1侦察舰队整体损失惨重，而且几乎无法继续战斗。

即便其侦察舰队遭受这般损失，舍尔仍颇有信心，相信贝蒂正在躲避他。毕竟当天下午早些时候，希佩尔刚击沉了两艘英军战列巡洋舰，而且贝蒂麾下的其他一些战舰——不论快速战列舰还是战列巡洋舰——肯定也遭受了相当程度的损失。他亲眼看到贝蒂的旗舰"狮号"船身中部为黑烟所笼罩，这一迹象表明它遭到了一记重击。他于下午5点15分令其无畏舰追击贝蒂撤逃的舰船。尽管"了不起的猫"和"伊丽莎白女王级"战列舰比他20节航速的无畏舰快得多，但鉴于其中一两艘很可能损坏过重、航速放缓，这将是个好机会。就算贝蒂战列巡洋舰队的剩余舰船得以逃脱，舍尔和希佩尔仍可以再消灭一两艘主力舰。如此一来，德军便足以在这场追击战中大获全胜。

全舰队作战迫在眉睫

舍尔和希佩尔二人都不知道他们正驶向英军战列舰队中的无畏舰,与此同时杰利科自己也在努力查明东南方向数十海里外到底在上演着什么。出动伊始,他以为舍尔率领整支舰队出了海。后来海军部传来消息,通知他德军的舰队司令仍在港内。杰利科也怀疑过希佩尔可能已经出海,但他充分相信贝蒂麾下的战舰足以对付德军的侦察舰队。再加上第5战列舰中队,战列巡洋舰队在数量上对希佩尔形成2∶1的优势。一旦双方相遇,这一优势足以确保英军取胜。对于无畏舰队而言,这一次出击似乎又将是无功而返。但就在下午2点28分,英军接收到了德军战舰发出的无线电信号。这意味着海上有情况。

杰利科命令其舰队准备加速,然后司炉兵一阵挥汗,将成吨煤铲进锅炉炉膛内,很快就把速度提了上去。不久,"伽拉忒亚号"便传来报告称发现敌舰。随后又发来消息,警告说敌舰当中有战列巡洋舰。如此可见,希佩尔确已出海。下午3点,他命令这支大舰队"做好一切战斗准备"。"阿金库尔号"战列舰与众不同,拥有7座炮塔,最初它是为巴西人建造的,后易主土耳其,最终划归皇家海军。该舰枪炮官安格斯·卡宁厄姆·格雷厄姆(Angus Cunninghame Graham)上尉还记得当时准备行动的细节:"准备工作包括清除护栏,收紧绳索,装备船具,放置弹盾,在上甲板上备好水管作为防火装置以便保持甲板潮湿。"最后,"在桅杆或帆桁上再升起三四面舰旗"。[10]

下午 3 点 55 分，贝蒂向杰利科发送了一条无线电讯息，告诉他"我正与敌交火"。至此，杰利科知道了贝蒂和希佩尔都在向东南航行，正逐渐远离大舰队。这意味着战列舰队可能根本没机会参与战斗。不过他仍将航速提高至 20 节，并令胡德"立即前往支援战列巡洋舰部队"。按理说，胡德少将本应该和贝蒂在一起。他的 3 艘战舰组成的中队——最早服役也是体形最小的战列巡洋舰——于一周之前从罗塞斯港被派往斯卡帕湾，在那里进行炮术练习。在大舰队于 5 月 30 日起航出海时，胡德的第 3 战列巡洋舰中队隶属于战列舰队。那天下午，派它们火速前去支援贝蒂，也许是杰利科所能想到的对即将到来的战斗施加影响的唯一举措。

然后，杰利科静候消息。数月以来，实际上自从多格尔沙洲一役以来，杰利科一直试图让贝蒂明白及时、定期地向他汇报所发现的情况以及敌军动态的必要性，诸如敌军的规模、位置、航向和速度等。然而，关键时刻贝蒂却忽略了自己作为大舰队"耳目"的关键角色。相反，他全心投入到了自己与希佩尔的决斗中，一场在埃文-托马斯赶来救急前节节败退的决斗。然后在下午 4 点 48 分，海军准将古迪纳夫传来的信息让一切都改变了。"东南方向发现敌军战列舰队。敌人正向北航行。"这是杰利科第一次隐约感觉舍尔中将的无畏舰已经出海。古迪纳夫不断传来报告——未来一小时内发来 3 次——但这些消息全都模糊到令人沮丧。不过，它们证实了舍尔的无畏舰部队仍在向北行驶。在这关键的整整一小时内，贝蒂连一条消息也没有传来。

杰利科收到"南安普敦号"传来的发现敌舰的报告后，他向海军部发送了一条消息，告知他们"全舰队作战迫在眉睫"。当然，海军部能做的也只有警告各船厂和医院，以及增加煤炭和燃油储备。接下来将会发生什么，这一重大责任落在了杰利科的肩上，温斯顿·丘吉尔曾评价他是"唯一一个可以在短短一下午之内令英国输掉整场战争的人"。[11] 现在，那个下午已经到来，但杰利科从没想过失败：他集中全部精力要将强大的无畏舰队之火炮瞄准敌人。他要在有限的几分钟内做一项重大决定。他的无畏舰队目前正以巡航队形前进，即6路纵队并排航行，每路纵队由首尾相连的4艘无畏舰组成。问题在于，这不是作战队形。

巡航队形可以保证舰群紧密控制在舰队旗舰之下：杰利科的"铁公爵号"处于编队的前方正中。周边有一层驱逐舰掩护屏障以防范潜艇袭击，外围另有巡洋舰掩护屏障为杰利科提供危机预警。显然，问题在于，要想部署成作战队形即以纵队队形排列的一长队无畏舰，杰利科需要知道敌军的位置。这样他才能够直接穿过敌人的航线，在理想情况下对敌施以"T字横头"战术。一旦弄错敌舰位置，敌人便可能摆脱掉他，更糟的情况是，还可能反过来对杰利科形成"T字横头"。杰利科如何以及何时下令将舰队编成作战队形全依赖于他所掌握的敌军动向。然而除了一些极为模糊的只言片语，他现在几乎没有收到任何相关消息。杰利科需要信息，来自贝蒂的信息。

之后在下午5点55分，杰利科及其船员听到了炮声。令他感到奇怪的是，炮声竟从两个方向传来——东南方和南方。东南方向约9.9海里处是胡德在对波迭克开火，而南方约6.9海里外是贝蒂在朝希佩尔开炮。逐渐向北移动的战火即将烧到大舰队跟前。杰利科向海军中将塞西尔·伯尼（Cecil Burney）爵士发送了信号，当时伯尼的旗舰"马尔伯勒号"处于战列舰队右手边纵队的领航位置。杰利科问道："你能看见什么？"几分钟后，他等来了期待已久的回复："我方战列巡洋舰队，方向南南东，航向东，'狮号'领航。"那正是贝蒂。至此，英军的两位司令官终于取得了联系。杰利科思忖道，只要贝蒂在附近并在开火，说明离希佩尔也不远了。而在他身后某处肯定是公海舰队的其余力量。

双方战舰上的船员都意识到了此刻的重要性。无畏舰"本博号"上的海军上尉托马斯·诺曼（Thomas Norman）记录道："我必须承认，当时的场面特别壮观，我看见'狮号'前部稍微起火，率领其他战舰，打出一轮接一轮的齐射，远处透过薄雾可以看到敌军的炮火，但看不到舰船本身。"[12] 在那艘无畏舰的舰桥上，诺曼的朋友帕特里克·劳德（Patrick Lawder）上尉正努力与"本博号"附近纵队的旗舰保持阵位。不过，他还是注意到了"狮号"，并记得"不用望远镜无法通过雾气看到敌人，但可以看见几柱浓烟"。他还说："敌我双方的炮火清晰可辨，呈深橙色，而且还能看见敌军炮弹溅起的水柱，我方炮弹炸起的水柱也能看见一些。"[13]

下午6点06分，杰利科能够看到"狮号"本身了，它中部上空弥漫着的浓浓黑烟令他大吃一惊。他还注意到，"狮号"在开火的同时升起一面信号旗。如果说这两支英军部队的会合让杰利科长舒了一口气，那么对英军战列巡洋舰上的船员而言更是如此。尽管许多船员已经牺牲，并在"向南奔袭"期间遭遇了数场灾难，不过这一切都值了,他们成功把德军引到了杰利科的航线中。正如"长公主号"上的沃尔特·考恩(Walter Cowan)上校所言:"看到大舰队出现在眼前,而且处于有效射程内,我们真想把帽子扔向空中。看起来我们胜券在握。"[14]

当然,双方的战列舰队仍互不可见。杰利科现已听到贝蒂前方东南方向的炮声,几分钟后他甚至能看到橙色的炮火,那是仍隐于海雾之中的敌军在朝同样不见身影的英军开炮。事实上,那是舍尔在射击快速战列舰。此时,杰利科恼怒地转过身,对其参谋喊道:"我希望有人告诉我那是谁在射击,在向谁开火。"这自然是贝蒂的工作。然而,当杰利科向贝蒂发去信号询问"敌军战列舰队在哪儿"的时候,贝蒂却答不上来。一个小时以前,在刚开始"向北撤退"后不久,他就与舍尔脱离了接触。然而,贝蒂却向杰利科模棱两可地回复"敌军战列巡洋舰方位东南"。这并不是杰利科想要的信息。于是,这位英国舰队总司令不得不凭自己的判断力做出影响其一生的决断,不过并不是基于可靠的情报,而是全凭猜测和直觉。下午6点10分,做出这一关键决断的时刻最终到来。

第十一章

无畏舰上阵

要将24艘快速航行的无畏舰部署成作战队形,没有经验的人是办不到的。这一动作在舰队以往的演习中已经练习了无数次,现在,每一位无畏舰舰长和将领都清楚马上要做什么。最重要的是,杰利科完全熟悉这一套复杂的动作,熟悉到他深信立刻就能实施这一行动。他现在只关心实施这一动作的时机,以及最终的舰船队列将朝哪个方向行驶。他最大的担心是,在舰船仍处于6路纵队的巡航队形时就被迫率领它们开始作战。一旦此种情况发生,只有6艘领航舰——可能还有最右边一路纵队的舰船——的前端火炮可以向敌军射击。杰利科估计,从"展开作战队形"信号旗升起开始,大约需要20分钟来完成这一机动动作。他的脑海里满是各类计算和种种可能发生之事。

展开战斗队形

杰利科有两种选择。他的6路纵队目前正朝东南方向行驶,航速18节。各纵队间隔宽阔,足以让每一路纵队做90°转弯而不致发生碰撞。整体思路是，开始执行"展开作战队形"命令后，各纵队领航舰首先同时转弯，其后的无畏舰在到达同一转向点时再依次转弯。如此一来，整个舰队将变成一路 24 艘无畏舰组成的长纵队，航线与当前方向垂直。一旦转向完成，这一长长的舰船队列便可调整至杰利科选定的航向。于是，杰利科实际上需要做出两大艰难决定。首先是向左（东北方向）转还是向右（西南方向）转的问题。其次是转弯后的航线问题。如果他把战列舰队送上了错误的航向，就有可能置整个舰队于危险境地。

向右转更有吸引力，因为这将使其无畏舰快速进入战斗。这样对贝蒂也有帮助。不过此选择的缺点是，它们可能会距离敌舰过近，如此一来，舍尔就能够朝他的舰船发动鱼雷攻击。这样就会有损失几艘无畏舰的风险。倘若向左转，那么他的战舰将离敌军又远了 1.9 海里左右——也就是他的第一和第六纵队之间的距离——但这会极大地降低遭遇鱼雷突袭的危险。同样重要的是，他的旗舰舰长弗雷德里克·德雷尔（Frederic Dreyer），同时也是舰队中的顶级炮术专家，也建议向左转。德雷尔的理由是，在这样雾气弥漫的条件下，英国舰船很难做出清楚的观察，而德军战舰可能位于杰利科西南方向，在傍晚的日光中可以清楚地看见它们的轮廓。杰利科对所有这些估计思考了一分钟。最终，他做出了决定，于下午 6 点 15 分下达了这一不可避免的命令——大舰队向左转弯。

一分钟以前，贝蒂发来信号称"敌战列舰队在南方"，这一迟来的信息让杰利科的决定下得稍微轻松了一些。鉴于能见度不稳定，舍尔可能位于"狮号"以南大约 6~8 海里处，而杰利科可以

第十一章 无畏舰上阵

看见贝蒂的旗舰正在东南方向两英里处横穿他的航线。"铁公爵号"上的德雷尔上校还记得杰利科下达命令的那一刻:"我听到总司令走来时那尖锐、独特的脚步声——他的鞋跟钉有钢条。他快速走到罗盘附近的平台上,默默地盯着磁罗经方位盘看了将近20秒。我饶有兴致地望着他棱角分明、饱经风霜的黝黑面孔,想知道他要做什么。他沉着果敢地率领24艘重约2.5万吨的巨舰穿过海雾,直到最后一刻进入有效射程,然后进行一次完美的战术机动……"[1]

这确实需要有相当的魄力。然而,德雷尔继续说道:"当我盯着他看时才意识到,他跟往常一样冷静而坚定。他抬头看了看天空,接着用他那干脆清晰的嗓音下达了命令,这才打破了此前的沉默。"命令是下给舰队通信官亚历山大·伍兹(Alexander Woods)中校的。据德雷尔称,命令的内容是"速度相同,方向垂直东南"。伍兹想了想,建议道:"长官,您要不要表明是向左舷?这样他们就会明白是从左翼纵队开始。"杰利科立即回答道:"很好。速度相同,方向垂直东南偏东。"其实,这一变化并不必要,因为"铁公爵号"总归要向左转,其他舰长也会随它而动。不过,命令改变之后消除了一切混淆的可能。数秒之后,3面信号旗就被升到了旗舰主桅的升降索上。

接下来,杰利科命令德雷尔开始旗舰的左转弯行动。左右两侧分别是"俄里翁号"和"本博号",它们的舰长都在等待这一刻,于是他们命令自己的战舰也向左转。其他3艘领航舰亦随之转向,整个舰队的大规模机动就此开始了。转向后,之前最左边一路纵队的领航舰即海军中将杰拉姆的旗舰"英王乔治五世号"成了整个阵列的首舰。在这支快速就位的24艘无畏舰组成的巨大钢铁康茄舞*队中,"铁公爵号"处于第九位。转向动作一旦完成,这支舰船阵列将在海上横跨6海里。就算不是整个大战的决定性一刻,这也是这场战斗乃至整个海上作战中胜负攸关的时刻。德雷尔疑惑地注意到转向开始时"我们并未发现德军战舰"。然而,风云即将突变。杰利科如果估算正确的话,那么德国舰队将会突然从海雾中冒出,发现整个英军战列舰队横亘于它们的航线上。

阿巴思诺特的荒唐之举

正当大舰队的无畏舰实施这一壮观而从容的大转向之时,东南方向数千码之外正在上演着一场小规模打斗,由于一团团海雾和浓烟遮挡,杰利科无法看到。在杰利科命令战列舰队改变队形之前,负责掩护它的驱逐舰首先剥离了舰队,在无畏舰后方重新编队。3支分舰队一经形成,它们便跟在战列舰队后方,与其左舷正横保持将近一海里的距离。巡洋舰掩护部队也驶出了队列。第4轻型巡洋舰中队的5艘轻型巡洋舰在确定了新的航向即杰利科决定的东南偏东方向后,它们立即加速航行至舰船阵列前方就位。第2巡洋舰中队的4艘装甲巡洋舰朝正北方向驶去,在那里重新编队后待命。如此一来,还剩下海军少将罗伯特·阿巴思诺特

---

* 康茄舞是一种源自非洲的拉美舞蹈,由舞蹈者排成一个长队一起跳。——译者注

（Robert Arbuthnot）爵士第 1 巡洋舰中队的 4 艘装甲巡洋舰。

52 岁的罗伯特爵士是一位热忱的运动员，也是富于开拓精神的汽车拉力赛选手，但作为海军指挥官，他既有忠于命令的美名，也有鲁莽蛮干的恶名。在日德兰一役中，他轻率地决定向敌人发起急速进攻。这一行动将让他连同他的战舰和全舰官兵付出生命的代价。在战列舰队重新部署之前，他的中队一直保护着舰队的右舷一侧，而他现在应该在舰队后方重新编队。然而在下午 6 点 20 分，他透过海雾在东边约 12.8 千米（6.9 海里）处发现了敌军轻型巡洋舰。这些舰船属于波迭克的第 2 侦察舰队，该舰队在遭遇胡德的战列舰后刚转变了方向。阿巴思诺特令其舰船将舷侧炮对准敌舰，并下令开火。

两轮齐射刚过，他看见德军巡洋舰再次变向驶进了海雾之中。他不愿失去大展身手的机会，命令自己的中队前去追击。跟在他旗舰"防御号"之后的是"勇士号"，这两艘舰船加速向东边飞驰而去。他的另外两艘巡洋舰中的"爱丁堡公爵号"最终也跟在它们之后出发了，但"黑王子号"根本没有看见信号，仍坚守原先的命令，到战列舰队后方整队。阿巴思诺特的航线正好横穿贝蒂战列巡洋舰的路线，"狮号"不得不转向以避免那两艘老化的装甲巡洋舰经过时发生碰撞。几分钟后，它们在南方 4 572 米处发现了伤舰"威斯巴登号"。"防御号"和"勇士号"都朝它开了火，几轮齐射接连命中，导致它剧烈地燃烧起来。正当这两艘装甲巡洋舰持续狂轰滥炸之时，几艘更大的舰船从燃烧着的巡洋舰身后的海雾中隐现。舍尔来了。

面对仅 7.3 千米的射击距离,阿巴思诺特的两艘巡洋舰根本没有逃命的希望。贝恩克少将第 3 战列舰中队的 4 艘"国王级"无畏舰开了火。每一艘无畏舰都动用了 10 门 12 英寸(305 毫米)口径火炮,在如此近的距离内几乎每发必中。"马来亚号"上的海军上尉帕特里克·布林德(Patrick Brinde)看到了整个过程。"我第一眼看到它们就觉得完了。它们在两条阵列中间以最高时速狂奔,努力想绕过我们,也就是绕到大舰队后方。船上浓烟四起,而且还不断遭到跨射和命中。很快船上好几处都着了火,尤其是'防御号',但它们仍反击到最后一刻。"[2] 几分钟后,那两艘巡洋舰只剩下熊熊燃烧的舰体,主机被毁,密布的弹孔使得船身在燃烧中分崩离析。

下午 6 点 20 分,"吕佐夫号"和"德弗林格尔号"发现那两艘装甲巡洋舰,然后希佩尔的旗舰朝它们开了火。"吕佐夫号"上的枪炮官冈瑟·帕邢中校一声令下打出了致命的齐射:"我一眼就认出那是一艘英军的老式装甲巡洋舰,然后下达了那道不可避免的命令。突然有人抓住我的胳膊——'别开火,那是"罗斯托克号"!'但是,我确实看到从船头到船尾都是(大口径)炮塔。'准备开炮!装甲巡洋舰。4 座烟囱。舰首炮向左。左舷 30°。距离 7 600 米。齐射!'……随后又是 5 轮齐射,其中 3 次形成跨射,然后就出现了熟悉的舰船爆炸场景。"[3] 据布林德所描述:"'防御号'突然就消失在了巨大的烟柱和数百英尺(几十米)高的火焰之中。那场景看起来完全是瞬间毁灭——那艘船似乎当即就被肢解了。"[4] 转瞬之间,一切终结,浓烟散尽,阿巴思诺特的旗

第十一章 无畏舰上阵

舰已化为乌有。

在"德弗林格尔号"上,在冯·哈泽的射击队意识到那是敌军的装甲巡洋舰之前,他们也错把那艘船看作了"罗斯托克号"。冯·哈泽记得目标爆炸的瞬间:"副炮对准了目标……然后,就在我们刚要下达'开炮!'的命令时,可怕的事情发生了。那艘英国战舰,我刚认出是老式装甲巡洋舰,突然被一场惊人的爆炸炸成两半。黑烟和碎屑蹿入空中,大火吞噬了整艘船,然后它便在我们眼前沉没了。"[5] "马来亚号"上的目击者布林德对此补充道:"爆炸过后,残骸不断落入水中,持续了好长一段时间,但浓烟消散后,仅仅一分钟前'防御号'所在的海面上,完全看不见任何东西。"船员无一幸存。

"勇士号"险些落入同样的命运,因为它正包裹在一股浓浓的黑烟之中。在命中它的 15 发 12 英寸(305 毫米)口径的炮弹中,有几发击穿了水线,导致机舱和弹药库完全被水淹没,另外,甲板上也到处是火,巨大的一团黑烟从后甲板跃然升起。这艘巡洋舰变成了一间停尸房:据舰上的军医回忆,一发炮弹击中了后部急救站,仅一次爆炸就杀死了 40 人。水兵们试图扑灭大火并控制海水进船,但由于机舱内蒸汽四溢、火势凶猛、浓烟滚滚,人根本无法进入。几名司炉兵从甲板上被炸开的大洞中爬了上来,如此才得以生还。其他人则没有这么幸运。

这艘巡洋舰绝对承受不了再一轮齐射,因为德军的射击十分高效。"勇士号"的船员比较幸运,因为此刻另一更具价值的目标现身了。距离饱受摧残的"勇士号"仅数千米处,"厌战号"突然隐现在海雾中。贝恩克的无畏舰立即转移炮火朝它射击，给了"勇士号"短暂的喘息之机。待战斗的浪潮向前推进之后，"恩格丁号"将"勇士号"拖走。但它最终仍没能到家：由于受损过于严重，"勇士号"巡洋舰于次日上午在阿伯丁以东158海里处沉没，在此之前，"恩格丁号"已将其幸存的船员接走。前来追击的装甲巡洋舰中还有一艘"爱丁堡公爵号"。它位于那两艘僚舰身后某个地方，在看到德军无畏舰后，该舰舰长随即下令将舵轮转至满舵。敌军的炮弹一路跟着它，但它仍成功地躲进了海雾之中。它将成为所属中队唯一一艘回到斯卡帕湾的战舰。

"厌战号"

"厌战号"吸引德军无畏舰火力并非出于无私或献身精神，而是因为它的机械可靠性出了问题。杰利科开始部署战列舰队之后，埃文-托马斯意识到自己所处的位置不对。战列巡洋舰已经前往英军无畏舰阵列线前端附近并占据了指定阵位，而快速战列舰也应该出现在那儿。然而，它们离贝蒂南边太远，在杰利科的无畏舰列成一队之前无法到达指定位置。埃文-托马斯不希望挡住杰利科的弹道，于是决定在战列舰队后方而非前端重新整队。至下午6点15分，他的4艘快速战列舰离杰利科转弯处的东边已经很近，于是，他在"巴勒姆号"的领航下向左转向，从而将自己插到战列舰长队最末端的"阿金库尔号"之后。就在此时，"厌战号"的转向装置失灵了。

在其他3艘姊妹舰向北驶去的同时，"厌战号"开始向右舷转弯，缓慢地画着一个大圆圈。第 5 战列舰中队的舰船距"防御号"和"勇士号"足够近，看到了它们向死神奔去，而随着它们逐渐转变方向，甚至可以看清敌舰阴森的身影从东南方向冲破海雾逐渐逼近。"厌战号"现在正转向敌军，舰上的船员可以清楚地看见敌人。同样，敌人也可以看见它。德军战舰大约在 9.1 千米外就朝它开了火。此时，舍尔正调整航向略微向右，而"厌战号"位于它们的左舷正横。德军无畏舰经过时，一艘接一艘地朝它开炮，然后继续向东北航行，驶入茫茫海雾。"厌战号"在公海舰队密集的火炮前整整转了两大圈，与此同时，其船员在焦急而忙乱地修复卡住的方向舵。难怪后来人们将此战称为"厌战号"的"死亡之行"。

海军中校汉弗莱·沃尔温（Humphrey Walwyn）当时是"厌战号"上的舰务官。他记录道："转向装置失灵那件事相当诡异。左舷一侧的机舱遭命中后，导致中部机舱的后舱壁发生变形，而舵机就固定在那层后舱壁上。这导致轴承过热且运转吃力。"[6] 当"厌战号"为避免撞上正前方的"刚勇号"而向左转时，问题显得更为突出。沃尔温描述道："舵手变得有点儿慌乱，操作舵轮过快，造成主机轴承过热，从而导致油压操舵装置超负荷。"这艘船转向后，其舰长试图变回直行，但转舵系统根本不听使唤。正如沃尔温所说："这艘船就这样保持向左偏转 10°，并绕了整整两圈，向敌方舰队偏了 32 个罗经点。"

在接下来的 15 分钟内，"厌战号"先后被 13 发 30.5 厘米口径炮弹命中，此外还有几颗小口径炮弹。海军上校爱德华·菲尔波茨（Edward Phillpotts）试图借助主机抵消那个卡住的方向舵所产生的力量，但收效甚微。他最佳的防御形式便是继续行进，但他的舰船被周围近失弹溅起的水柱所包围，而且 30.5 厘米炮弹仍在不断猛烈地击中它。其中一颗炮弹命中"厌战号"右舷一侧 6 号火炮的炮郭。准少尉约翰·博斯托克（John Bostock）就在附近，正带领一支损害管理组工作。最大的危险莫过于弹药爆炸，于是，博斯托克下令将消防水带对准受损的炮郭。他后来写道："我们知道枪炮手肯定被烧得很惨，但往炮郭内喷灌海水也实在不是件让人开心的工作。但这工作必须得做，因为一旦剩下的火药着了火，还指不定会发生什么事。"[7] 直到这时，他们才注意到伤员。

到目前为止，"厌战号"已遭受严重轰击。沃尔温中校回忆道："上甲板和上层结构看起来糟透了，到处是洞。我认为这时火势已经减弱，但响声仍震耳欲聋——炮弹爆炸往船上溅入数吨海水。"[8] "厌战号"无疑情势危急。其上层结构因遭到连续轰击而破碎不堪，甲板下方的医务室被摧毁，几组副炮失去了战斗力，而且水线附近也遭到炮击。Y 炮塔上的一支炮筒被炸掉，船里进了一些水。不过令人惊讶的是，这艘船没再遭受更多损失，最后竟幸免于难。舰上厚厚的装甲挽救了它，当然也有一些运气成分。最终，尽管船上仍浓烟四起，后面还有"东弗里斯兰号"及舍尔旗舰"腓特烈大帝号"的炮弹在追击，但菲尔波茨仍成功地保护这艘船驶向西北。

"无敌号"

消灭阿巴思诺特后，希佩尔在舍尔的战列舰队前方重整了自己的战列巡洋舰,到下午6点20分,他已经开始沿东北方向航行。那片海域烟雾依然没有散去,而西边低垂的落日以及雾气笼罩的海面意味着海上能见度很不稳定,每分钟都在变化。它们经过身受重创的"威斯巴登号"时,该舰仍在着火,被浓烟遮住几乎看不见,但其舰尾火炮依然在朝一艘看不见的敌舰射击,可能是"勇士号"。在"德弗林格尔号"上,冯·哈泽仍震惊于"防御号"爆炸的场景,但随着雾气短暂地消散,他突然看到其他体形更大的战舰出现在左舷一侧。随着他的火炮迅速重新进入战斗,他有足够的时间推敲船身漆色的问题。那些舰船都是深灰色,对此冯·哈泽解释道:"在我看来,我们的浅灰色要比英军战舰的深灰色更为有利。在目前这种薄雾环境下,我方舰船可以更加迅速地被雾气隐藏起来,而这层层的雾气正在海面上由东向西移动。"[9]然后,他的大炮开了火。

他发现的是胡德中队下属的3艘战列巡洋舰。在严重破坏了"威斯巴登号"并驱离了第2侦察舰队的剩余战舰之后,胡德转而向西行驶,试图找到贝蒂。下午6点15分,他发现了"英王乔治五世号",该舰正带领杰利科的无畏舰队朝他的右舷舰首靠近。17岁的哈罗德·韦伯(Harold Webber)是"不挠号"桅杆上的一名信号兵,他记得第一次看见杰利科麾下舰船时的情景:"远方出现两股浓烟——大舰队来了。我的战位上仅有的武装就是一套手旗和莫尔斯信号旗,在我和敌人之间甚至连一层帆布屏障都没有,对我而言,大舰队的出现简直就是一幅赏心悦目的景象。"[10]片刻之后,贝蒂出现在了左舷舰首一侧,正与杰利科的舰船队列几乎成直角行驶。很快就能看出，贝蒂打算到无畏舰最前端就位。

胡德思考了片刻。他正确的位置应该在贝蒂后方，但那样的话，他就会处于无畏舰的弹道之中。于是在下午 6 点 21 分，他命令其中队掉转航向，将自己置于贝蒂的前端。几分钟后，萦绕的雾气消散，敌军一队 5 艘战列巡洋舰在它们右舷正横 8 230 米处显露出来，几乎位于它们正南方。此时，贝蒂早已发现希佩尔的战列巡洋舰，他的旗舰现位于胡德的"无敌号"之后 3 258 米。英军等的就是这一刻，几秒钟后，贝蒂的 4 艘战列巡洋舰就开始对敌射击，集中火力于德军最后面的 3 艘战舰——"塞德利茨号""毛奇号"和"冯·德·坦恩号"。胡德看到后，也令自己的 3 艘战列巡洋舰开炮射击，瞄准的是德军阵列最前端的"吕佐夫号"和"德弗林格尔号"。

片刻后，德军开始反击，分散火力对付英军的两队战列巡洋舰。在"德弗林格尔号"上，格奥尔格·冯·哈泽记录道："在晚上 8 点 24 分（英国时间晚上 6 点 24 分），我开始与东北方向敌军的大型战列舰（实为战列巡洋舰）交火。尽管双方战舰相距不远，只有 6 000~7 000 米，但随着雾气缓慢向前推进，再加上火炮和烟囱排出的黑烟，舰船经常忽隐忽现。几乎无法观测溅起的水柱。"[11] 他注意到，英军现在已经找准了希佩尔阵列线的射击距离，开始有炮弹命中。"晚上 8 点 25 分（英国时间晚上 6 点 25 分），后部火控室的海军上尉冯·德·德肯（von der Decken）报告称'吕佐夫号'前部遭到重创。舰上起火——产生大量浓烟。"随后更不祥的是，"'德弗林格尔号'遭三次命中，受损严重"。正如冯·哈泽所说:"我们同时遭受几艘战舰攻击,火力密集、精准且迅猛。很明显,相比之下,敌人可以更为清楚地看见我们。"

"吕佐夫号"遭到了严重炮击。该舰的第一枪炮官帕邢中校如此形容:"跟这一阶段相比,此前发生的一切堪比儿戏。我们自己战舰冒出的浓烟完全遮挡了目标,于是我不得不转到后部火控室,与此同时,一阵弹雨从左舷舰尾到舰首全线向我们袭来。"[12] 换句话说,贝蒂和胡德都在朝希佩尔的旗舰射击,破坏力巨大。帕邢、冯·哈泽及其他一些人仍在反击,其中一些舰船集中火力攻击贝蒂的战列巡洋舰,其他战舰则对准胡德的中队进行射击。年轻的哈罗德·韦伯在"不挠号"上看到了这一切,他对当时的整个战场形势进行了轻描淡写的总结。"德军舰队被炸得所有东西都朝我们右舷舰首飞来,连牙刷也不例外,"他回忆道,"而战列巡洋舰部队以进一步打击作为回应。"他不禁又补充了一句:"你可以想象一下,周围到处都是浓烟和大火。"[13]

然而,对希佩尔来说,这一阵地难以防守。他发现自己又一次陷入敌众我寡的局面,而且其战舰状态难以再次承受持久的对决。由于两组对手与他航线平行,于是他开始朝东南方向转移。不过,完成变向需要一定的时间,其间希佩尔的旗舰反复遭到命中:单单一艘"无敌号"就在数分钟内命中它8次。胡德在"无敌号"的舰桥上,用通话管向该舰的枪炮官休伯特·丹罗伊特(Hubert Dannreuther)中校表示祝贺,后者的战位是前桅内的火控指挥仪。"你的射击很准!"将军大声喊道,"尽快继续射击!每发弹都很有效!"[14] 丹罗伊特照做不误。时年35岁的他是一名德裔钢琴手之子。丹罗伊特注意到："这是我从将军或是上校口中听到的最后一道命令，最后时刻他们都在舰桥上。"

"德弗林格尔号"上的冯·哈泽仍记得当时炮火之凶猛。"几枚重炮以惊人的冲击力穿透我们的战舰，爆炸时发出巨大的轰响，每一条焊缝和每一根铆钉都为之震颤。"为摆脱英军炮手的瞄准，哈托格上校不得不将战舰暂时驶离阵列。不过，"无敌号"也不断遭到命中。"吕佐夫号"和"德弗林格尔号"将火力集中到"无敌号"上——其僚舰"不屈号"和"不挠号"却无人问津——它虽被命中数次，但破坏效果不明显。下午 6 点 30 分前不久，一轮齐射对其舰尾形成了跨射。丹罗伊特从他前桅里的位置上看不出任何受损迹象，但"德弗林格尔号"的观察员却发现了两发命中弹。随后，冯·哈泽再次开炮。这一次，丹罗伊特俯瞰着齐射的炮弹飞来，眼见其中一枚击中了他正后方 Q 炮塔的顶盖。数秒后，"无敌号"爆炸。

那枚 30.5 厘米炮弹于下午 6 点 30 分命中这艘战列巡洋舰。它掀掉了炮塔顶盖并在其内部爆炸，除一名人员之外，炮塔内其他人全被杀死。爆炸引燃了发射火药，火势顺着弹药起卸机蔓延至下方的炮弹转运室和弹药库。弹药库爆炸了，刹那之后，又一起爆炸发生在相邻的 P 炮塔。整个战舰中部迸射出巨大的绯红火焰。在"德弗林格尔号"里，冯·哈泽及其战友出神地看着这艘船被一连串的爆炸炸成两段。包括炮塔和锅炉在内的残骸被抛进空中，先是一团庞然大火，随后冒出更大的一股黑烟，而令人惊讶的是，煤屑竟向四面八方喷去。这艘船被炸成了两半，两座三角桅杆坍塌着倒向彼此。由于被一分为二,这艘战列巡洋舰的首尾部分都从水面上高高翘起。随着浓烟稍微消散一些,数百名惊魂未定的旁观者看到一个巨型 V 字赫然矗立水中。

胡德舰队阵列的末尾是"不挠号"。舰上有一名准少尉叫作约翰·克鲁姆(John Croome),他爬上一座炮塔的顶盖拍下一张照片。他看到"'无敌号'闪出一团可怕的火光……随后它发生爆炸,产生的烟柱有数百英尺(几十米)高,烟柱边缘满是被炸碎的船骸,而就在一秒钟之前,它还是一艘完整的战列巡洋舰,是我们中队的旗舰"。[15]那位少年举起相机,拍了张照片——照片里显示的是那股巨大的烟柱以及达到最高点时的船骸碎片。几秒钟后,他不得不躲起来,因为残骸碎片开始在他身边降落。冯·哈泽拿起电话,告诉其炮塔内的人员"咱们的敌人爆炸了!"雷鸣般的欢呼声响彻整艘战舰。冯·哈泽先让自己的水兵快意片刻,然后冷静地命令他们将射击目标转向左边的"不屈号"。

"德弗林格尔号"的那枚 30.5 厘米炮弹击中"无敌号"时,一名海军陆战队士兵布莱恩·加森(Bryan Gasson)正在 Q 炮塔的顶盖之下操作一台测距仪,炮弹正中该炮塔,打在了双联装炮筒之间。炮塔的顶盖似乎被掀翻,随后另一发炮弹击中了同一个地方。他对随即发生之事做了如下描述:"火势向下蔓延到舰船中部的弹药库,这两间弹药库里共存有 50 吨火药。爆炸将这艘船炸成两半。"[16]加森当时几乎正处于爆炸的中心位置,但千难万险中他得以幸存下来。他补充道:"我之所以幸存下来,可能因为我处在炮塔后部一个独立的舱室内,头部可以伸过上方炸出的洞……测距仪和我只有一层轻装甲保护。我认为这层装甲脱落了，于是在船下沉的时候我浮上了水面。"虽然被严重烧伤，但这名水兵异常幸运，成为寥寥几位生还者之一。

这艘战列巡洋舰在编的 1 032 人中只有 6 人生还，丹罗伊特中校也是其中之一。"随着一声巨响，舰船开始下沉，我被甩了出去，"他回忆道，"我有点儿喘不过气，正好看到一块标板漂过，于是我游向它并爬了上去，发现上面还有两名战友。"[17] 他估计，除了舰首和舰尾部分，"无敌号"仅在 15 秒内就沉入海底。由于那片海域只有大约 55 米深，所以舰首和舰尾断裂处已然触底。第二天上午它们仍伫立在那里，成为标记罹难地的临时墓碑。令人惊讶的是，"不屈号"和"不挠号"疾驰而过的时候，几名浮在水中或者抓着舰首和舰尾的幸存者竟朝它们招手欢呼。"狮号"经过时也是如此，尽管有些人被这艘战列巡洋舰的尾流扫到了一边。他们表现出的这种精神感动了贝蒂，于是他派出"獾号"驱逐舰前往搭救所有能找到的幸存者。

几分钟后，大舰队领航的几艘舰船来到了失事船只近旁。起初，许多水手以为那些残骸属于德军战舰。随后，他们看见了舰尾处写着"无敌号"。在英军阵列中第六位的无畏舰"君主号"上，船员们看见许多水兵死在他们面前："那艘船的舰尾挤满了水兵，"一等水兵约翰·迈尔斯（John Myers）回忆说，"但许多可怜的家伙掉进了水里，很快，附近海面到处都是游泳者上下浮动的脑袋……虽然一艘驱逐舰正努力搭救幸存者，但仍有许多人淹死在我们眼前。"[18] 当丹罗伊特爬上"獾号"后，他低调地描述了自己的死里逃生。他告诉救援人员,自己只是在前桅楼倒塌的时候掉进了水里。"铁公爵号"快速驶过的时候,人们正在拉他上船。杰利科向"獾号"发信问道:"失事舰船是我们自己的吗?""獾号"上阿尔伯特·弗里曼特尔(Albert Frimantle)中校回复:"是的。'无敌号'。"

作战队形就绪

摧毁"无敌号"的那轮齐射是希佩尔战列巡洋舰部队在交火中打出的最后一轮。他的舰船已经转向离开,一分钟后便遁入雾气之中不见了踪影。希佩尔停下来,开始重整思绪。他所在的旗舰"吕佐夫号"严重受损,勉强浮于海面。"塞德利茨号"的遭遇类似,二者目前只能低速航行,稍一加速海水就会从舰首的多处弹洞涌入。"德弗林格尔号"也伤得不轻,但至少还能灵活地机动。相对而言,"毛奇号"和"冯·德·坦恩号"状况较好,尽管后者的炮塔仍存在故障,只有一座能够开火。现在,有一个非常现实的危险摆在眼前,即如果"吕佐夫号"的船员无法阻止海水继续涌入,它将面临沉没,然而在全速行驶的情况下,进水几乎遏制不了。如果希佩尔没有脱离与贝蒂的战斗,他的旗舰可能早已在他脚下沉没。

战列巡洋舰此番变向离开,令舍尔失去了最后一次机会去挫败守在海雾背后的伏兵。事实上,低能见度现在于杰利科有利,借此他能够在不被发现的情况下完成部署。在其他所有纵队

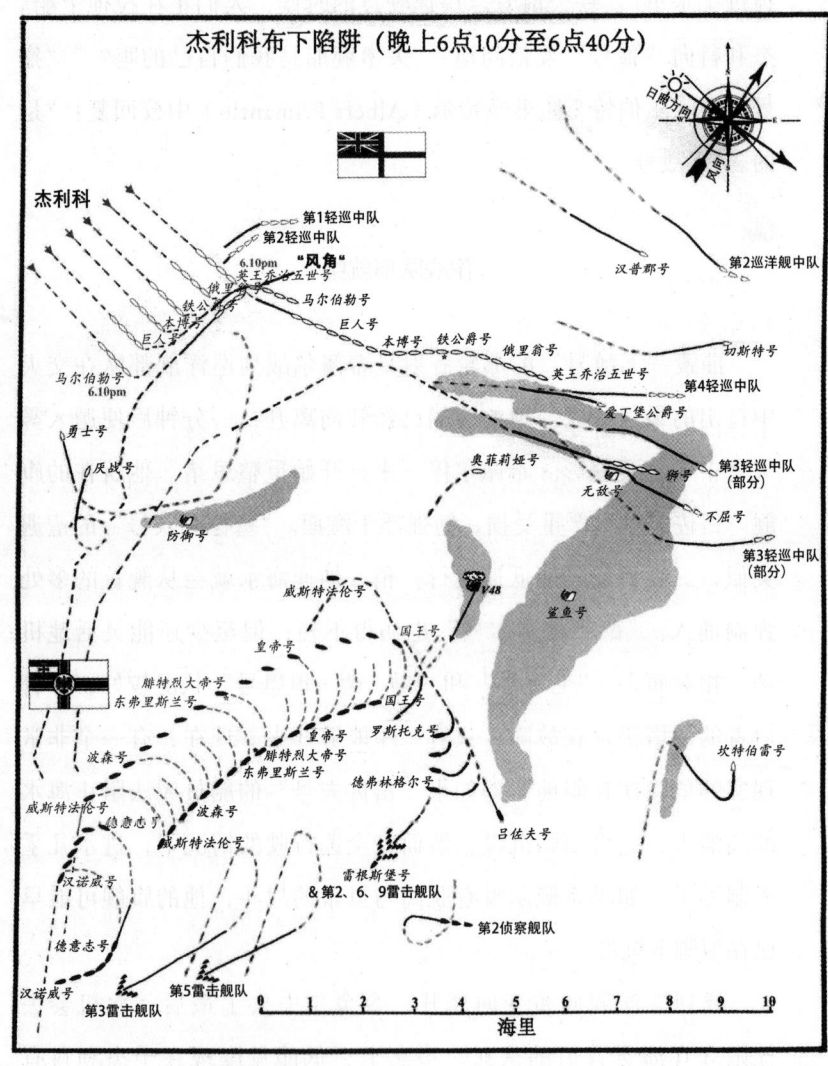

第十一章 无畏舰上阵

都向左转时,左手边由"英王乔治五世号"的杰拉姆中将率领的纵队仍保持着原来的东南航向不变。各路纵队旗舰——"俄里翁号""铁公爵号""本博号""巨人号"和"马尔伯勒号"——依次抵达"英王乔治五世号"驶过的地点,随后纷纷向右大幅转弯以便跟随它。所以,无畏舰的长蛇阵列相当于陆续做直角拐弯,直到它们呈一路纵队跟在旗舰后面。至下午6点20分,"铁公爵号"在后来被称为"风角"(Windy Corner)的地点转了弯,此时的杰利科专心地望着南边昏暗的海面,等候着敌人的第一次出现。

然后,大约在6点25分,杰利科发现第一批舰船的身影穿过南边的海雾。舍尔的无畏舰仍以单列纵队阵形前进,舰队由坐镇"国王号"的贝恩克少将率领。他的第3战列舰中队由两支分队组成:4艘"国王级"战列舰和之后的4艘"皇帝级"战列舰。这些战舰是公海舰队最为先进的无畏舰,其中包括处于德军阵列第8位的"腓特烈大帝号",它也是舍尔坐镇的舰队旗舰。旗舰身后是第1战列舰中队的8艘老式无畏舰,它们由坐镇"东弗里斯兰号"的埃哈德·施密特(Erhard Schmidt)中将指挥,而紧随其后的是第2战列舰中队6艘过时的前无畏舰,它们的指挥官是坐镇旗舰"德意志号"的弗朗茨·毛弗(Franz Mauve)少将。直到这时,舍尔和他的指挥官们仍以为他们是在与贝蒂的战列巡洋舰队交战。他们将全体迎来此生难忘的震撼。

下午6点28分,"国王号"上的贝恩克在距离左舷舰首大约11.9千米的地方开始看见一列模糊的灰色轮廓。虽然能见度很差,但足以清楚看到一串橙色的闪光在那列模糊的轮廓中上下起伏。没什么好怀疑的，在他眼前呈战斗队形展开的正是大舰队的无畏舰。两分钟以前，在他身后 7 艘舰开外，站在"腓特烈大帝号"舰桥上的舍尔接过一条无线电文。这是第 5 驱逐舰队指挥官奥斯卡·海内克（Oskar Heinecke）少校发来的信息，他的旗舰 G-11 号救起了在"向北撤退"阶段中沉没的英国驱逐舰上的一些幸存者。他传来的是一条令人极不愉快的消息。信息中说道："根据'游牧民号'驱逐舰俘虏的供述，附近有 60 艘大型战舰，包括 20 艘现代战列舰和 6 艘战列巡洋舰。"[19] 这是舍尔第一次觉得杰利科已经出海。

片刻后，他发现了敌人。第一轮齐射的大口径炮弹开始落在贝恩克的旗舰周围。对杰利科而言，此刻迎来的是安静的胜利。他猜得没错，而他对战列舰队的部署已使己方舰船排列成一列长长的作战队形，直接横穿舍尔无畏舰队的航线，并且射击距离比较理想。他赢得了对敌形成"T 字横头"这一海战中的大奖。现在，他战列舰队中的每一门火炮都能集中火力射击德军阵列的首舰，而贝恩克可用以还击的却只有舰首的几门火炮。英军的无畏舰陆续开始射击。它们之所以没有集体开火是因为当时的能见度较低，并不是所有的船只都能看到目标或者被遮挡的炮弧。这也是杰利科在此战斗阶段所犯错误的一个附带结果。

正当"铁公爵号"在"风角"转向的时候，杰利科决定将其战列线从东南变为南东南。他发出了信号，半分钟后又取消了，因为他意识到这将把舰队首舰带进贝蒂的航线之中。这在舰队中造成了短暂的困惑，而且本应在同一点转向的无畏舰由于反应速度不同产生了偏差,阵列因而变得略显参差。所以,在发现敌人的时候,"雷神号"的弹道暂时为其临近的无畏舰"征服者号"所遮挡。而这时,无畏舰最后面的一支分队却在驶离舍尔,因为它们还在"风角"整理阵列以便向右转向。因此,虽然"征服者号"在6点25分就开了火,但阵列中的其他战舰一直到几分钟后才开始射击。不过,到下午6点30分,至少已有10艘无畏舰在朝德军纵队中的首舰进行齐射。

已经开火的战舰大部分属于先前第二、第三和第六纵队。"英王乔治五世号"及其所在中队的其他4艘战舰都在等着贝蒂的战列巡洋舰让开道路,而原先第四和第五纵队的大多数无畏舰仍在"风角"进行转向。即便如此,这两支纵队的首舰"本博号"和"巨人号"也于下午6点30分同时开了火。《德国官方历史》(*German Official History*)清楚地概括了当时贝恩克的处境:"德军的先锋战舰前方突然出现大量喷射的火炮,一望无边的巨舰阵列从西北绵延至东北,齐射的炮弹一轮接着一轮,其间几乎没有中断。然而由于浓烟和雾气太重,英军的无畏舰一艘也看不清,德军完全无法还击,这令当时的场面显得更具威慑力。"

关于无法看到英国战舰这一点,需要好好解释一番。下午6点30分,舍尔在"腓特烈大帝号"的舰桥上可能还不足以看清英军舰船,但他肯定看见了它们大炮的火光。如果说他的驱逐舰指挥官传来的讯息已经令其不安,那么看到英国无畏舰的巨大阵列一定将他的心提到了嗓子眼。站在他身边的是阿道夫·冯·特罗萨(Adolf von Trotha)上校。他记得战斗中的这一关键时刻。"舍尔上将一直在露天的指挥舰桥上随意地站着。而现在，敌人的炮弹开始落在'腓特烈大帝号'周边，随后一股海水倾泻在船上，迫使我们躲进（装甲）指挥塔……这里是一片隐蔽而狭窄的空间，只有几米见方，前部有近半米厚的装甲保护。"[20] 正是在这里，舍尔仔细考虑了任何取胜的可能性。

战斗结束后，舍尔写道："很明显，我们现在面对的是英国舰队的大部，而几分钟后，大口径火炮一轮接一轮的射击表明，它们就在我们正前方的地平线上。从北向东的整个弧形海面俨然成了一片火海。透过远处海面上的雾气和烟雾，可以清楚地看见炮口的火光，而舰船本身却辨认不清。"[21] 事后他又补充道："这只是战斗主要阶段的开始。"对他来说，这一处境很糟糕，但后来他努力装作满不在乎："我们的阵列要想转向避免遭遇敌人，根本没有任何问题。但向敌人开战的决心从一开始就很坚定，于是，我们战列舰队的前导即第 5 分队立刻在大约 13 千米的距离上展开了一场追击战。"

这正是杰利科一直期待的局面。旗舰舰长德雷尔——杰利科的炮术专家和德雷尔火控系统的发明者——建议舰船向左转向，随后转向东南，因为这将使英国舰船难以被发现，而德军则在低垂的夕阳下一览无遗。在所有批评者面前，杰利科无畏舰上装配的德雷尔火控系统证明了它的价值。尽管当时雾气滚滚，但仅"铁公爵号"一艘战舰就在不到 5 分钟的时间里打出了 9 轮齐射，火控队员很高兴他们的目标——贝恩克的旗舰"国王号"——被炮火映得清晰可辨。它的一发 13.5 英寸（343 毫米）炮弹擦过那艘旗舰的指挥塔顶飞向舰尾并爆炸。贝恩克少将和几名军官当时正站在舰桥上，飞来的弹片打伤了他。于是，"皇帝号"上的海军少将赫尔曼·诺德曼（Hermann Nordmann）将暂时指挥这支德军前锋力量。

"国王号"在5分钟内又被命中7次，大多数炮弹都来自"铁公爵号"这艘德雷尔舰长指导下的一流炮舰。这轮齐射结束后，那艘德国无畏舰的吃水线上出现了大洞，许多舱室被淹，整艘船向左舷倾斜了将近4°。在副炮炮郭内的备射弹药被点燃后，德军引入海水淹了几间副炮弹药库，一场大火肆虐到前部舱室，导致数十名船员死亡或受伤。鉴于瞄向它的大口径火炮多达228门，在第一轮齐射中它只遭受了这么点儿损失，也算是十分幸运了。位于阵列中间的舍尔刚从这始料未及的遭遇所带来的冲击中回过神来，正忙于思考应对之策。显然，继续沿当前的航向行驶无异于自杀。他需要解救自己的战列舰队，而且得在尚有舰队可供指挥时立即行动。

第十二章

战术大转向

温斯顿·丘吉尔所言不然,杰利科并不是唯一能在一下午就输掉整场战争的人。德国上下对舍尔中将也寄予厚望,他肩负的使命与杰利科一样沉重,只不过赌注没那么高。德国主要还是陆上强国。海上惨败固然意味着德国会因海上封锁而逐渐衰亡,但至少它不会因此而失去海外帝国,任凭外部势力入侵。不过舍尔仍意识到,他在接下来几分钟内要做的决定将成就或毁灭德意志帝国海军。押对了注,公海舰队可能还有机会卷土重来。押错了,它将面临被全歼的命运,就像对马海战中的俄国海军,或是特拉法尔加战役中的法国和西班牙海军。他专注地盯着那刺穿北方昏暗的一连串火光,思绪狂奔,构想着能够拯救他的舰队、他的名誉,乃至他生命的行动方案。

舍尔的王牌

炮弹溅起的高耸水柱几乎将德军舰队前端隐藏其中,但舍尔能看到队列开始略向右弯曲,仿佛因英军炮火的压制而屈服。如

第十二章 战术大转向

果从空中俯瞰，德军纵队看起来就像一只巨大的鱼钩。这也可以理解，如果舰队继续这样转弯，无畏舰很快便可以把舷侧炮对准敌人。"国王级"无畏舰的中轴线上排列着5座双联装炮塔，而略逊一筹的"皇帝级"有4座，不过若是动用右舷的"梯次"炮塔穿过甲板进行射击，则也可算作5座。如此一来德军舰船至少能够还击了，即便它们仍无法看清攻击者。然而，如果整条战列线都在"国王号"转向点右转，那么英军只需瞄准那一个点，就能对在此转向的德舰依次进行射击。

这时，舰队驱逐舰指挥官安德烈斯·米歇尔森（Andres Michelsen）准将决定发起一场袭击以助舍尔一臂之力。于是，他在几支雷击舰队的母船"罗斯托克号"轻型巡洋舰上挂起了三角信号旗。下午6点32分，这艘轻型巡洋舰位于"国王号"正后方。米歇尔森命令海军少校威廉·霍尔曼（Wilhelm Holmann）的第3雷击舰队发起进攻，尽管他当时仍然看不见英国舰船。当霍尔曼问起进攻方向时，他被告知朝左舷舰首方向行进，这也意味着他将驶入茫茫海雾，驶向敌军的炮火。数分钟后，第3分队的7艘驱逐舰呼啸向前，穿过"国王号"和战列巡洋舰，后者此时在东边近915米外，已于几分钟前远离了贝蒂。这几艘驱逐舰发现贝蒂的战列巡洋舰正在它们前方，但当敌舰驶入鱼雷射程范围时，米歇尔森却下令回撤。他决定节省鱼雷，以便用到杰利科的无畏舰上。

然而，其中3艘驱逐舰没有及时看见召回信号，或者更可能的是它们不想浪费这个机会。这3艘驱逐舰（V-48号、V-73号和 G-88 号）全部驶到距敌不足 5.5 千米处，各自发射了一枚鱼雷。3 枚鱼雷均从"新西兰号"——贝蒂 4 艘战列巡洋舰中的最后一艘——的舰尾后方滑过。鱼雷还差点儿击中了装甲巡洋舰"爱丁堡公爵号"，虽然驱逐舰并看不到它。该装甲巡洋舰前桅楼上的一名军官记录了那惊险一刻："下午 6 点 47 分，发现一枚鱼雷航迹，从右舷方向径直朝我们袭来。我们朝左舷转向，它从距船尾很近的地方擦过。"[1] 当时，杰利科阵列的领航无畏舰"英王乔治五世号"就在那艘巡洋舰后方不足 550 米处。如果米歇尔森知道是这样并拿出勇气，或者派出其余的驱逐舰，那他真有可能会打出有力的一击。

这次不上心的攻击终归取得了一点儿实际效果。那些驱逐舰离开的同时施放了大量烟雾来掩护撤退。旗舰舰桥上的杰利科此前已被烟雾造成的昏暗干扰了好几分钟。他写道："受浓烟和海雾的影响，此时尤难区分敌我舰船，而由于'铁公爵号'几乎处于阵列线的中心，在这艘船上不太可能判断出敌人舰队的阵形。"[2] 等到烟雾消散，杰利科的战舰才得以开火。然而几分钟后的现在，敌人船只再次被隐没。海上的雾气、数百艘战舰的烟囱排出的浓烟，以及瘫痪在两支战列舰队之间的"威斯巴登号"冒出的滚滚烟火，这一切都为德国驱逐舰释放的油黑色烟幕增强了掩护效果。这对隐蔽下一步的行动大有助益。

回到"腓特烈大帝号"的舰桥上，舍尔将一切尽收眼底，同时继续迅速权衡有限的选择方案。他的战列舰队正驶入陷阱，他必须做出干预，而且要快。他想到了转向与杰利科保持平行航线，但最终放弃了这一选择，理由如上文所述：他的舰船在到达转向点时，将会一个接一个地遭到众多敌军火炮的轰击。左转向被排除也是出于同样的原因，况且那样做还意味着他的战列舰队将与希佩尔伤亡惨重的侦察舰队脱离接触，而此时它们正位于他右舷正侧面之外的某个地方。另外，在英军西侧对杰利科展开追击，将意味着他的舰船会被夕阳勾勒得一清二楚。所以，他既不能左转，也不能右转。而继续向前航行则会被逐个摧毁。但无论如何他必须找出逃跑路径，而且是在接下来的几分钟内。

显然，在对抗整个英国战列舰队的战斗中他赢不了。而这从来也不是他的打算：他的目标一直都只是将部分敌舰引诱至公海舰队的火炮之下。现在，反倒是他的舰队落入了虎口，而这虎口即将咬合。因此他必须脱离战斗。但这绝非易事。他距离威廉港约有 148 海里，这意味着，即便他最快的无畏舰也需要将近 8 小时才能返港。他不能就这样逃跑，因为毛弗少将的第 2 战列舰中队也在他麾下。这支舰队中 6 艘火力较弱的前无畏舰没给他增加什么战斗潜力，而速度却慢得可怜。转向逃跑将意味着把它们，外加 4 500 名德国水兵的性命，拱手送给速度更快的英国舰队。所以，在保证自己的舰队不受损失的同时，他还必须想办法保护这些脆弱的船只。

此时仍是傍晚时分，离入夜还有几个小时。如果他能牵制住英军直到夜幕降临，便还有一线生机在夜色的掩护下逃掉。舍尔在瞬间对这一切进行了计算。战斗结束后，有人指责他对杰利科的出现表现得过于惊慌失措。现在看来，情况诚非如此。正如舍尔后来所写："在战斗仍在进行的时候，作为领导无法得知清晰的全貌，尤其在远距离内。他完全凭感觉来行动和思考。"[3] 于是舍尔行动了，做出了唯一能够拯救这支舰队的决定。下午6点33分，他叫来通信官，令他立即向全体传达一道命令。内容如下："同时向右舷偏转16个罗经点。"德国战列舰队即将实施"战术大转向"（Gefechtskehrtwendung）。

这种机动绝非胆小之辈敢为。它要求阵列当中的每一艘舰船同时向右舷偏转。这样做风险很大，一些船只可能会发生碰撞，尤其当战列舰队由机动能力、速度和特性各不相同的舰船组成。这种机动德军曾演习过：事实上，这是专门为了逃脱舍尔目前的处境而设计的。不过演习时的海上条件近乎完美。而现在，舍尔计划在一场激烈的海战期间实施这样的机动，此时能见度不佳，敌人的炮弹还不停地落在前端舰船周围。整个操作的成败取决于各舰舰长的应变力和对时机的完美把握。一次错误便可造成船只相撞或偏离航线，随着阵列失序，整个机动动作将面临灾难性的后果。

然而，在德国官方历史资料中，这一切听起来是如此简单："德军舰队卓有成效的训练……令舍尔充分相信，尽管阵列线出现了弯曲，敌军亦极力阻挠，他仍有可能完成计划的机动动作并且不会遇到严重困难，哪怕冒着最为猛烈的炮火。"[4] 扶手椅上的将军这样写难免有事后诸葛亮之嫌。对舍尔来说，站在旗舰舰桥上，整个机动过程看上去肯定更像是一场鲁莽的赌博。他只能寄希望于他的舰长们在如此激烈的战斗中可以担此重任。

为了降低战舰相撞的风险，处于阵列末尾的舰船将首先开始机动，着手向右舷转向。一旦末舰前方的船只看见它变了向，也会随之转舵，然后，前方的舰船便会一个接一个重复这一转向动作，直到阵列最前端的领航舰。理论上，毛弗少将第2战列舰中队的前无畏舰位于阵列的末尾，因此它们应该率先转向，由"汉诺威号"开始，因为它处于这支跨度近16.5千米的阵列最末端。然而，这些速度较慢的前无畏舰远远落后于前方战舰，以至于毛弗的旗舰"德意志号"和舍尔阵列末端的无畏舰"威斯特法伦号"竟拉开了2 743米的距离。于是，约翰内斯·雷德利希（Johannes Redlich）上校率先采取行动，让"威斯特法伦号"开始向右舷转向。片刻后，"波森号"舰长理查德·朗格（Richard Lange）上校也照做了，随后，整个德国无畏舰队都依序重复了这一机动动作。

最终，整支德军舰队的转向就像是阅兵场上的一队训练有素的士兵那样整齐划一。舍尔最担心的是领航的几艘舰船——它们很快就会成为后卫部队。它们一直遭受着敌军的炮火，而在阵列最北端的弯曲处，舰长们不仅更难转向，而且也难以找到他们指定的阵位。然而，当那一刻最终到来时，他们竟以娴熟的技巧完成了这一机动动作。唯一真正出现问题的是"边境总督号"，这艘战舰是贝恩克少将的旗舰"国王号"之后的第三艘舰船。由于该舰的左舷主机过热，它不得不只使用另外两个螺旋桨完成机动。不过，舰长卡尔·塞夫林（Karl Seiferling）上校仍成功做到了。上文那位扶手椅上的将军写道，作为对舍尔那道命令的回应，"他麾下每艘战舰的指挥官和舰长都充分证明了他们值得这份信赖"。这样说实在有点儿轻描淡写了。

官方历史有一种相当自大的说法，称"战术大转向"是"为了应对各种不测情况而练习的众多战术运动的一种"，此外还宣称，这只是一项紧急措施，正如公海舰队的战术原则规定："遭遇敌军时，要把大跨度的战斗准备队形（即纵队）部署成作战队形，从而使所有火炮都能够同时瞄准敌人。"[5]这种说法弱化了"战术大转向"的有效性，只把它当作了一次寻常的机动。但它不寻常。这种机动动作英军从未练习过，甚至都没听说过。舍尔仅把它当作最后的救命稻草，即便在这种情况下实施仍是充满了危险。但是，这场赌局他赢了。最晚下午 6 点 40 分，整个德军舰队已经呈纵队队形向东南方向驶去，"威斯特法伦号"一舰当先，"皇帝号"殿后。

脱离接触

英军得过一阵才会明白发生了什么。此前笼罩英军的那层海雾，现在遮挡了南方正在发生的一切。与此同时，霍尔曼第 3 雷击舰队释放的浓烟像旋转的黑色幕布一样把"皇帝号"隐藏了起来。由于看不见目标，英军无畏舰的射击逐渐趋弱。"铁公爵号"于下午 6 点 36 分停止开火，不过仍有几艘无畏舰继续射击，即使一个目标也看不见。例如目前藏于舰队后方的"巴勒姆号"，它在下午 6 点 50 分抵达"国王号"转向点前一直坚持对敌齐射。不过这些舰船只是在浪费弹药。后来杰利科说道："我在海图室顶端看不到他的转向行动，身旁其他人也看不见。起初我以为敌人消失不见是雾气渐浓的缘故,但几分钟后我便意识到,这其中必有其他原因。"一切变得那么扑朔迷离:前一秒德军战舰还在,下一秒就消失无踪。

东面约 9.1 千米处,贝蒂的战巡部队也跟丢了希佩尔。由此再往前约 1.8 千米开外,特里维廉·纳皮尔(Trevylyan Napier)少将在轻型巡洋舰"法尔茅斯号"上仍能看到西南方向约 9.1 千米外希佩尔的舰船,见证了它们击沉"无敌号"后脱离战斗。不过,他并未通知贝蒂,而料定在"狮号"上也可以看见敌人。直到下午 6 点 40 分贝蒂向纳皮尔发去信号时,他才发现希佩尔正渐行渐远。4 分钟后,贝蒂命令他麾下的 3 支战列巡洋舰中队向东南方向变道。他还把速度降至 28 节,以免离杰利科的无畏舰过远。贝蒂本有可能与希佩尔恢复接触,但几分钟后,"狮号"的回转罗盘失效,导致这艘旗舰在海上绕起了圈子。其他战列巡洋舰忠实地跟在它身后,等到"狮号"纠正好方向时,德舰已不见踪影。

在浓烟和海雾的远端,希佩尔遇上了大麻烦。他的旗舰"吕佐夫号"勉强支撑着还没沉没,其艏楼下沉得厉害,几乎低到水面以下。在前桅楼里,海军中校帕邢目睹了这番状况:"'吕佐夫号'转向脱离了阵列,以便降低速度——海水从舰首处涌入太快。我们的 4 艘驱逐舰喷出一幅巨大的黑色烟幕,挡在我们和敌人之间,这次总算摆脱了猛烈的炮火。"[6] 停止与英国战列巡洋舰决斗后,希佩尔先向东南驶去,然后又折向西南。因此,在战列舰队做 180° 转弯时,希佩尔大约位于"国王号"以东 5.5 千米处,于是,他决定待在西边的航线上,以便与舍尔保持接触。当然,这也就意味着他完全看不到贝蒂。不过他可以借此重新整理思路。

旗舰并不是唯一遇到严重困难的战舰。"塞德利茨号"的舰首同样严重下沉，"德弗林格尔号"舰首亦有一个大洞。更严重的是，它的左舷螺旋桨面临着被防鱼雷钢丝网残骸缠上并卡住的危险，现在该网就挂在船侧。显然，必须采取一些措施，而且要迅速。冯·哈泽对当时发生之事做了一番描述："舰长下令'关停所有主机'。我透过潜望镜视察了一下海面。此时看不到敌人的任何踪迹……我们被迫这样停在敌人附近，这是件很严重的事情，但是防鱼雷网一旦缠住螺旋桨，一切就都完了。"[7]

这些钢丝网每当船只停泊时便会从船侧帆桁处垂下，目的是保护船只不受鱼雷的破坏。不过它们实际作用不大，于是英国人在战斗之前已将其弃用。现在正是它们置"德弗林格尔号"于危难之中。不过船员们动作麻利，快速地固定好钢丝网，与此同时，冯·哈泽检查了上方受损情况："桅杆和索具已经被无数的炮弹严重损坏，无线电天线垂下来缠作一团，以至于我们的无线电只能用于接收，无法发送消息。"再往下看，情况更糟："一记重弹炸掉了舰首处的两块装甲板，在水线正上方留下一片五六米见方的巨大豁口。"随后，船尾处的关键工作结束，螺旋桨又得以正常运转。"德弗林格尔号"抓紧启动，重新加入侦察舰队之中。

"吕佐夫号"现在不得不返港，而且谁也不敢保证它能成功回到家。这艘船当然不能再作为旗舰：它的无线电报室已被摧毁，而且只能低速航行避免更多进水。因此，希佩尔的参谋长埃里希·雷德尔（Erich Raeder）少校劝这位侦察舰队指挥官将舰旗从"吕佐夫号"撤下，转移到另一艘船上。希佩尔不情愿地同意了，但离开之前，他找到舰长维克托·哈德尔（Viktor Harder）上校，和他握了握手并祝他好运。哈德尔确实需要好运。与此同时，雷德尔已召来了 G-39 号驱逐舰，然后希佩尔上了船。他回头看着他的旧旗舰缓缓驶离，残破不堪且几乎沉没的艏楼上仍冒着滚滚黑烟。米歇尔森的驱逐舰已经在它周边围成了一个保护圈，并开始施放烟幕掩护它退出战斗。希佩尔将再也不会见到他的旗舰。

杰利科的追击

对于德国战列舰队的消失杰利科反应有点儿慢。他最后一次看到德国战列舰队还是在交火状态下，当时其阵列前部开始向右舷偏转。起初，杰利科以为舍尔把他的战列舰队部署为航线与他平行，所以当驱逐舰喷出的浓烟散尽后，他以为将看到德国无畏舰行驶在东边新的航线上。杰利科过了几分钟才意识到，舍尔根本不在那儿。他自己战列舰队的尾端目前仍在通过"风角"，而下令再次改变航线必须等到第一个机动动作完成。最后，杰利科于下午 6 点 55 分下令以各中队为单位，转到新的南南东航向上。这意味着，每个分队的旗舰将同时转向，剩下的 3 艘舰船在它身后跟进。杰利科终于开始追击了。

只不过杰利科目前仍不知道敌人身处何方。他在下达命令的同时，给位于阵列后方伯尼中将的旗舰"马尔伯勒号"发了无线电信号。杰利科问道："你能看到任何敌舰吗？"伯尼的回复只有一个词——"不能"。杰利科要是知道"国王号"——现在位于德军战线的末尾——目前几乎在"铁公爵号"9.9海里之外，正全速朝西南方向行驶，那么他就会意识到这次追击将是徒劳。舍尔成功的战术大转向让他最终逃脱。事实上，唯一能看到的德国军舰，只有重伤且燃烧着的"威斯巴登号"。英军无畏舰从它身边经过时，炮手向它发泄了不满，用副炮组对这艘巡洋舰猛烈轰击了好几分钟。

"威斯巴登号"遭直接命中数次，驱逐舰"昂斯洛号"甚至还在1 829米的距离向它发射了一枚鱼雷。即便此刻，"威斯巴登号"仍奋起反击。它的艉炮——唯一尚能射击的火炮——命中那艘驱逐舰一次，破坏了它的机舱，迫使它离开。海军少校约翰·托维（John Tovey）——25年后击沉"俾斯麦号"的策划者——描述了他座下驱逐舰的那次鱼雷攻击。他发射的鱼雷只有一枚成功击中目标，他"看到鱼雷命中那艘轻型巡洋舰，打在了指挥塔下方并发生爆炸"[8]。几乎难以相信"威斯巴登号"能承受这一切，但它确实做到了，至少坚持了一段时间。最后，这艘英勇的小巡洋舰终于翻倒在海面上，并在夜晚沉没，大部分此前幸存的船员也随之葬身。第二天晚些时候，一艘挪威籍货船发现救生筏上载有几名幸存者，但上面只有一人活着。

"威斯巴登号"可能确实要对一次命中伯尼中将旗舰的攻击负主要责任，这一袭击在船侧留下了一个大洞。下午6点54分，也就是杰利科改变航线的前一分钟，"马尔伯勒号"——英军阵列线中的第17艘无畏舰——正朝东南方向行驶。"马尔伯勒号"位于

第十二章 战术大转向

"威斯巴登号"以北,两船相距约9 144米,而后者当时正被烟雾笼罩。在"马尔伯勒号"正后方,"复仇号"的右舷突然传来一声哐当巨响。这艘崭新的无畏舰很可能是被之前未曾引爆的鱼雷击中了。毫无疑问,那片水域中还会有第二颗哑弹。片刻之后,另一颗鱼雷撞上了"马尔伯勒号"的右舷一侧。它在船体水线以下撕开了一个直径约9米的大洞,击穿了后方的防鱼雷舱壁,导致海水大量涌入锅炉舱。

在"马尔伯勒号"的B炮塔内,准少尉安格斯·尼科尔(Angus Nichol)道:"突然感到一股巨大的冲击力。我差点儿没跌倒,而弹药装填机里装到一半的炮弹被倒扣过来,卡在了装填机的顶部。"这种剧烈的摇动很容易导致炮弹掉落并爆炸,在炮塔内部造成不可估量的损失。不过尼科尔和他的水兵们比较幸运,什么都没爆炸。正如那位准少尉所记述的:"紧张的寂静持续了片刻,然后传来(炮手)吉米·格林的声音'该死的弹要爆啦!'大家一阵哄笑,随后我们便着手将炮弹扶正,让火炮准备战斗。"[9]

"马尔伯勒号"上有一位名叫乔治·福克斯(George Fox)的医疗勤务兵,他记录下了当时爆炸的情景:"船简直像球一样被掀起来上下弹跳……我们感觉船越歪越厉害。"[10] 实际上,"马尔伯勒号"向右舷倾斜了18°。福克斯和同船的水手感觉最糟的事情将要发生,他们即将被倾覆的船困在甲板下。海军上校珀西·格兰特(Percy Grant)的应变力拯救了大家:他下令往左舷的存水舱里注水,最终这艘无畏舰向左舷恢复了10°左右。锅炉舱及旁边一个舱室的进水问题得到了控制,随后,这艘无畏舰降速行驶,不过眼下仍能保持自己在阵列中的位置。在杰利科下令变向的时候,"马尔伯勒号"甚至还成功向右转了向。这艘舰船与众不同地成为这场战役中唯一被鱼雷击中的英军无畏舰。

下午 6 点 55 分杰利科变向之后,整个战列舰队分为 6 个中队,每队下辖 4 艘舰船,正向南方驶去。杰利科祈祷此刻海雾和浓烟尽快消散,好令他看见敌人的踪影。彼时杰利科两侧和身后都有巡洋舰和驱逐舰保护,贝蒂的战列巡洋舰队也位于"铁公爵号"左舷正侧面 9 144 米外,只是正因"狮号"回转罗盘的故障在海上画着圆圈。在所有 60 艘舰船(无畏舰、战列巡洋舰和巡洋舰)上,瞭望员都在仔细察看南方的海面,以求发现德军的踪迹。但他们只看到了灰色的大海、白色的海雾及弥漫的黑烟。除了身受重创的"厌战号"仍在努力重返所在中队,埃文-托马斯其余的快速战列舰都位于伯尼受损的旗舰身后。当"厌战号"最终回到第 5 战列舰中队时,埃文-托马斯令它返回罗塞斯港,因为以它的受损情况已无法继续参战。不过奇怪的是,当时它却是距离德军舰队最近的英国战舰。

巨大的无畏舰队向南行驶的过程中经过了一只救生筏,上面是"鲨鱼号"驱逐舰的幸存船员。这场战役中最心酸的一封信便出自这只救生筏里的一等水兵约瑟夫·豪厄尔(Joseph Howell)之手。这封给"猛攻号"海军少校阿瑟·翁斯洛(Arthur Onslow)的信中写道:"我经常在想,自己发出的简单信号是否有人看到……长官,当您从我们身边经过时,我尽最大努力用双臂挥出那条简单的信息'我们是英国人'……您能否问问您的信号士官,他有没有看到我的信号？那时候救生筏里还有好多人活着，但在暴露环境下他们正快速死去。我的膝盖受了重伤……所以，亲爱的长官，假如我的要求不算过分，假如您收到了我那卑微的信号'我们是英国人'，请回复这条信息好吗？"[11] 不幸的是，像大舰队其他战舰的指挥官一样，翁斯洛有令在身，不得不追击舍尔。等到这些幸存者最终被救起时，救生筏上只有豪厄尔和其他 5 名船员还活着。

杰利科继续向南挺进。不知何故，他与舍尔脱离了接触，后者现在正位于西面某处。这意味着，大舰队目前正处于舍尔和威廉港之间。杰利科现在最害怕的不是遭遇舍尔的无畏舰队，这恰恰正是他所期待的。他担心的是驱逐舰突然从雾中冲出，攻其不备。因此，大舰队仍保持着作战队形，而这位司令也时刻警惕着。他甚至清楚地知道当天日落是在晚上 8 点 17 分。到了一年中的这个时候，在如此靠北的地区，夜晚总是来得很慢，所以杰利科预期在大约晚上 9 点 30 分前，他还能有充足的光线进行战斗。现在离那一刻还有两个半小时。他还有很长一段时间可以作战并夺取胜利。不过现在看来，重新恢复战斗不太可能，最起码在第二天黎明前是不可能了。然而，杰利科如何也想不到，舍尔将再送给他一次取胜的机会。

第十三章

再逢良机

杰利科和舍尔相互脱离接触后,他们对彼此的位置只有粗略的推测。两大舰队在迷雾中玩儿起了大规模的捉迷藏游戏。杰利科知道德军已经设法掉转了航向,并且正向西驶去。当他最终意识到这一点时,他的反应是调整无畏舰队的航向,每4艘战舰为一支纵队或中队向南行进。实际上,大舰队恢复了杰利科把它们部署成作战队形之前的巡航队形。如此一来,在向南航行的过程中,舰队便可以覆盖更广阔的海域,这样布阵也有利于应对来自舰船后方出其不意的威胁。杰利科还把舰队的航速将至17节,以便受损的"马尔伯勒号"跟上其他船只的步调。

"英王乔治五世号"是无畏舰第一路纵队的领航舰,而贝蒂和他的战列巡洋舰就在这艘舰船前方1.5海里。其他5路纵队平行于第一路纵队,只不过其后的每路纵队都跟在前一路右舷舰尾后方不远处。实际上,整个战列舰队是在以梯队行进。舰队旗舰"铁公爵号"现在是第三路纵队的首舰。整个舰队目前在海面上横跨4.9海里(9 144米)。在它们身后,第5战列舰中队的其余3艘快速战列舰构成了第七路纵队,跟在无畏舰队后方。在伯尼和贝蒂前方,两支轻型巡洋舰中队正在战列线前方探寻敌军舰队,但一无所获,似乎它们已经被茫茫的海雾吞噬。

舍尔的赌局

那天下午,杰利科和舍尔都对各自的巡洋舰指挥官无比失望。他们所有人都未能履行好自己的主要职责——充当"舰队的眼睛",找出敌军战列舰队身在何处。当然,如果双方无畏舰开始向对方射击,轻型巡洋舰不得不给战列舰让道,但现在双方舰队的轻型巡洋舰确实都没有阻挡路线。德国巡洋舰在战列舰队的东边,而英军巡洋舰则位于己方战列舰队的南方。不幸的是,这些分舰队的指挥官几乎没有表现出任何主动性,自然也从未试图给各自的将领提供"敌人在哪儿?"这一重大问题的答案。不过有一个例外。在英国舰队后方,古迪纳夫的轻型巡洋舰中队于晚上7点钟部署成并列队形,并开始向南行进,朝着最后一次看见德军战列舰队的地方驶去。

下午6点45分,"毛奇号"舰长约翰内斯·冯·卡普夫(Johannes von Karpf)上校向舍尔发送了信号。信号中称:"敌人的前卫舰位于东偏南方向。"[1] 当时,德国战列巡洋舰队处于舍尔旗舰的视野之内,距其正东方向大约3海里。北边和东边弥漫着大片的浓烟,大部分是为了掩护德国战列巡洋舰和无畏舰撤退而施放的。不过透过烟雾,冯·卡普夫的瞭望员仍短暂地看到了杰利科战列舰队的前端舰船,当时它们正位于东北方向6.9海里处。

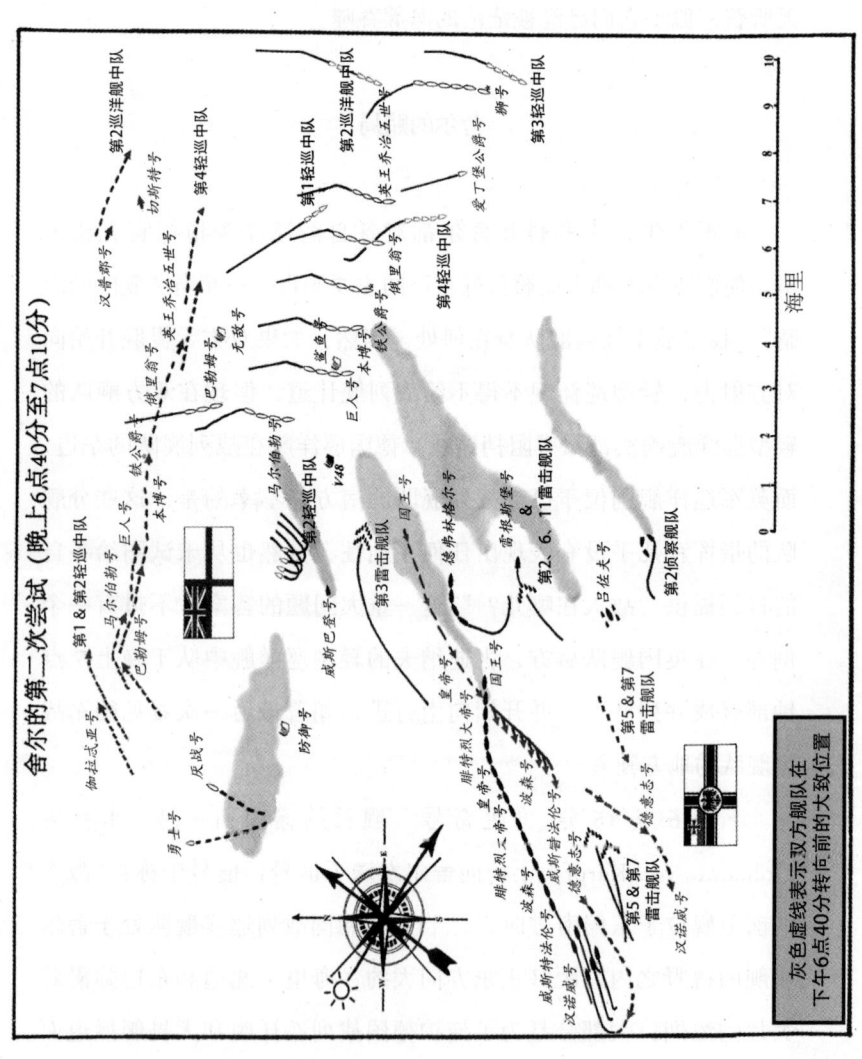

冯·卡普夫看见英国船只的时候，它们正朝东南方向行驶。几秒钟后，海雾和浓烟又把英国无畏舰掩藏起来。这一关键的信号解释了舍尔接下来看似奇怪之举。

现在舍尔要采取行动了。他知道，在实施战术大转向之前，杰利科的无畏舰一直在以 20 节的航速行进。公海舰队目前正以 18 节的速度朝西南方向航行。随着杰利科驶向东南，这两支舰队正渐行渐远。稍微看一眼战术图就会知道，如果杰利科继续沿当前航线行驶，那么在 20 分钟内，英军阵列的前端就将来到舍尔当前位置的正东方向。这些信息，即对杰利科航线和航速的推断，都是基于冯·卡普夫看到的短暂情景。先前实施的战术大转向助舍尔逃过一劫，但现在，这位德军舰队总司令将朝着错误的方向行进。英军此时正位于公海舰队和其基地之间。如果两支舰队继续向南行驶，那么不是在夜间就是在第二天黎明，德军将不得不从杰利科的舰队中杀出一条路。这样的遭遇并不是舍尔希望看到的。

所以，另一个选择就是设法掉头，跟在英国舰队背后。这样，德军就会到达英军的东面，而且更加接近霍恩礁。从那里，他们可以向南朝德国在丹麦海岸线附近布置的雷场入口驶去。天很快就要黑了，只剩不到两小时。德军将驶入熟悉的水域，而英军将驶向敌人的雷区。不过，舍尔首先得悄悄驶过杰利科的战列舰队。在权衡形势之后，舍尔拿定了主意。下午 6 点 55 分，也就是冯·卡普夫发现敌舰 10 分钟后，他终于向全体下达了命令："同时向右舷转 16 个罗经点。"[2] 这又是一次战术大转向。几分钟前，舍尔已经命令他的战列舰队向右舷偏转了两个罗经点。这意味着，新一轮战术大转向将把德军战列舰队带到东北偏东的航道上。据舍尔推算，这将置他的无畏舰于英国舰队背后。然而，出于某些不为舍尔所知的因素，杰利科的战列舰队将横亘在他的正前方。

在冯·卡普夫上校发现敌舰和舍尔改变航线之间的这 10 分钟里，整个战况已然改变。杰利科刚刚变道向南。现在，他的战列舰队散开为 6 路纵队，鉴于"马尔伯勒号"遭到鱼雷破坏，整支舰队的速度降至 17 节。因此，在晚上 7 点钟，舍尔认为杰利科的旗舰位于东北方向大约 11.8 海里以外。杰利科那会儿确实位于此，只是他将不再远离舍尔。现在，双方旗舰再次开始互相接近，率领着各自周围的无畏舰。尽管双方指挥官都蒙在鼓里，但 20 分钟之后，"腓特烈大帝号"和"铁公爵号"便会发现彼此。舍尔的变向意味着他的战列舰队正径直朝着杰利科的无畏舰驶去。重要的是，杰利科将有第二次机会对舍尔构成"T 字横头"。

第二次战术大转向把贝恩克的旗舰"国王号"再一次置于德国战列线的最前端。而第 2 战列舰中队行动迟缓的前无畏舰则远在后方。实际上，它们根本没在阵列之中：它们早先被甩在后面，这会儿刚准备到战列舰队前方就位，舍尔又下令掉头。因此，这 6 艘前无畏舰再一次落后于快速航行的阵列。贝恩克前方是第 1 侦察舰队。该舰队剩余的 4 艘战列巡洋舰目前仍由"德弗林格尔号"舰长冯·哈托格上校指挥。希佩尔待在驱逐舰内，焦急地等待时机登上新的旗舰。前任旗舰"吕佐夫号"现在南面 3 海里外，以此前一半的速度艰难地驶向安全地带。在舍尔向后转时，"德弗林格尔号"位于贝恩克的旗舰以东两海里。这意味着，当双方舰队相遇时，战列巡洋舰将再一次成为先锋。

战役结束后，针对舍尔的批评大部分聚焦于他一再置舰队于险境之中的能力。一次置舰队于"T字横头"的处境已是不幸，而一小时内两次简直就是自杀。在舍尔给德皇递交的官方报告中，他解释了自己的决定，辩解称："敌人本可能迫使我们在天黑之前进行战斗——他可能会阻止我们实施自己的计划，并最终挡住我们撤回德国海湾的去路。"[3]这些都是实情，但舍尔随后说的话就不尽然了："当时只有一个办法可以避免这种情况：对敌实施二次打击，不惜一切代价对敌人进行猛攻，并把所有的雷击舰都用上，全力以赴。"原本就不存在第一次打击。相反，舍尔的战列舰队撞上了部署在它航道上的英国无畏舰。现在，舍尔正要再来一遍。

关于密集的雷击舰攻击的说法纯属事后诸葛亮。旗舰的信号记录显示，那一命令是后来才下达的——下得相当晚。在他第二次遭遇杰利科之前，舍尔对其驱逐舰下达的唯一命令就是派遣一支驱逐舰队，给"威斯巴登号"以最大限度的支援。但在给皇帝的报告中，舍尔却声称他的驱逐舰将会做得更多："这将令敌人猝不及防，搅乱他接下来的计划，而且，如果打击程度足够大，我们将更容易与敌方脱离接触，进入夜晚。我们甚至还有可能最终一试，给困境中的'威斯巴登号'提供援助，或者至少救出其船员。"同样的虚构之事也出现在了《德国官方历史》对这场战役的叙述之中，书中说道："舍尔现在正向前挺进……心里谋划着再一次对敌实施有力打击。"[4]恰恰相反，舍尔现在正奔向灾难之中。

事实上，那本《官方历史》还声称，舍尔"知道这次行动将很快使他再次遭遇敌人的'T字横头'"。然后它又引用了海军中将纳尔逊的话，他在特拉法尔加战役之前说过："我认为这将使敌人惊慌并感到迷惑。他们根本不知道我要做什么。"援引纳尔逊的话固然很好，但这已不再是风帆时代的海战了。在特拉法尔加战役中，纳尔逊故意向敌人驶去，让敌舰对己构成"T字横头"，这一行动在几个月前就已经提前算好，为的是打破敌人的阵列线，与敌展开一对一的决斗。在1805年，这些战术极具革命性，相当危险，同时也是决定性的。但在1916年，使用这样的战术便无异于自杀。官方历史学家如此解释舍尔的行动——称这是提前预谋好的——简直是对舍尔及其船员智商的侮辱。相反，这位德国海军将领进行了一场大胆的赌博，只是没能赢得赌局。

十足的死亡陷阱

几分钟后，杰利科首次隐约地感觉到舍尔将驶向他的"T字横头"。晚上7点05分，古迪纳夫的中队正从北方朝落难的"威斯巴登号"靠近。这艘舰船距离古迪纳夫有1.5海里（约2.7千米），现在仍在着火，浓浓的黑烟遮挡了东方的海面。然后，在西南方向——在这艘燃烧着的巡洋舰后方——古迪纳夫发现了一支德军驱逐舰编队正高速驶来。那是第3雷击舰队，舍尔派它们到北边"搭救'威斯巴登号'船员"。指挥这支舰队的霍尔曼少校也发现了古迪纳夫的4艘巡洋舰，以为它们准备攻击"威斯巴登号"。不过，他尚存的6艘驱逐舰火力不及对手，于是他向东改道，以便隐藏在那艘燃烧着的巡洋舰喷出的浓烟之后。至此古迪纳夫才发现那些驱逐舰身后是什么。

在南方大约4.4海里开外,可以看到一长列德国无畏舰,它们的阵列线略微弯曲,正向东挺进。他还发现了德军战列巡洋舰,它们离他更近,但也在向东行驶。场面看起来一定像是整个南面海平线都挤满了大型敌舰。古迪纳夫正看着的时候,这些舰船开火了,很快大口径炮弹便落在了"南安普敦号"周围,这是那天下午的第二次。古迪纳夫掉转中队北撤,祈祷海雾能够掩护他的撤退。与此同时,他在晚上7点08分向杰利科发送了无线电信息,报告了他的发现。英军舰队总司令现在知道了舍尔的无畏舰正朝他驶来,而且几分钟后就会从西边的海雾中出现。几秒后,第二份发现敌情的报告从贝蒂的"狮号"传来,他刚刚看到西北方向8.9海里处有德国战列巡洋舰在向英军逼近。

这意味着,随着时间一分分过去,杰利科已预知了接下来将要发生之事,而处于德国领航无畏舰之后第七位的舍尔,眼下却对即将到来的冲突浑然不觉。几分钟前,杰利科下令向右偏转两个罗经点,但在晚上7点09分,他又取消了这一命令,于是,英军无畏舰又恢复到原来偏南的航线上。在"马尔伯勒号"上,船员们可以看到"威斯巴登号"及其南方的德军驱逐舰。他们把这些敌舰的出现报给了杰利科,但奇怪的是,霍尔曼却没有把他发现英国舰队的情况上报舍尔。相反,霍尔曼掉头离开,但在此之前,他的两艘驱逐舰朝距离最近的英国无畏舰发射了4枚鱼雷。这些鱼雷无一命中,但有3枚十分贴近"尼普顿号",迫使它紧急闪避。

以下是舍尔对此次行动所做的描述:"'威斯巴登号'和那几艘前往支援它的驱逐舰面对的炮火实在太猛烈,先导驱逐舰认为没有必要做无谓的牺牲。在转向返回时,V-73号和G-88号一齐朝'伊丽莎白女王号'发射了4枚鱼雷。"[5]事实上,受攻击的是伯尼中将的第1战列舰中队,它们是离这两艘德国驱逐舰最近的英军主力舰。"尼普顿号"前桅楼上的一名准少尉描述了这一袭击:"我们的副炮开了火,有一两发炮弹命中敌人,但他们的攻击很成功,发射出许多鱼雷,让我们担惊受怕了几分钟。一枚鱼雷从'尼普顿号'舰尾正下方瞬间划过,随后又见两条平行的航迹似乎径直朝我们奔来。我们最大限度转动舵轮让舰尾朝着鱼雷的航迹,它们仅差几英寸(1英寸= 2.54厘米)就击中我们。"[6]

就在这时,德军阵列线前端从海雾中阴森森地出现了。首先现身的是战列巡洋舰部队,领衔的是"德弗林格尔号"。站在该舰舰桥上的是格奥尔格·冯·哈泽,他的头戴式送受话器耳机让他与观察员、火控小组及炮手保持着联系。他的15厘米口径轻型火炮已经在朝西北方向约6.4千米外古迪纳夫的巡洋舰开火,不过北方又发现了更多的巡洋舰。尽管这些新发现的舰船看起来很不值得攻击,但冯·哈泽仍命令其主炮与之交火。他后来回忆当时的情景:"敌舰又一次出现在目力极限之处。现在它们正猛烈地射击,我看见那艘被我定为靶标的船正用4座双联装炮塔进行齐射。敌人炮口上的光圈暂歇了片刻,我看到那分明是最重量级的无畏舰,各个载有38厘米口径的巨炮!正是它们在喷射着炮火。"[7]他发现的"轻型巡洋舰"实际上是崭新的"复仇号"无畏舰。

德军战列巡洋舰之后是无畏舰队,它们出现在海雾之中,即将面对熊熊炮火构成的一道圆弧。时间是晚上7点10分,距离舍尔上一次发现自己陷入同样的困境仅过去了40分钟。杰利科的无畏舰仍是六路纵队,虽说几分钟前它们被部署为俨然有序的梯队,但最近的一次变向以及鱼雷攻击迫使部分舰船偏离了航向。因此,并非所有舰船都能对敌射击。例如,"爱尔兰号"的弹道就被"俄里翁号"挡住了。然而,舰队中的其余舰船都有自己完美的靶标。德军出现时,机舱技术兵哈罗德·赖特(Harold Wright)正位于甲板上,他回忆道:"我们正朝着偏南的航向行驶,整支战列舰队在我们身后依次排开。德军舰队在我们西边,显然呈一列纵队,它们映衬在夕阳下,堪称完美的射击目标,每艘船黑色的剪影轮廓分明。"

部分英国船只始终未见到德军舰船:例如,"征服者号"A炮塔内的一位军官回忆称,在晚上7点和7点14分之间,即在他们经过"威斯巴登号"和"看到德军驱逐舰攻击战列舰队……"[8]这段时间内,他什么也没有看见。他说,在此期间,"战斗停息了一刻钟,什么都看不到,炮塔内的人员得到批准可以到炮塔顶部去看沉船,听说是艘德军舰船,当时我们正经过它,船的两端都从水面翘起来了。"事实上,那艘沉船是"无敌号"。在"波森号"上,上等水兵阿尔伯特·布莱斯曼(Albert Blessman)对所见情景感到惊慌:"突然之间,我们实实在在地被包围了。四面八方都有敌人朝我们射击。整支英国舰队突然出现。我们陷入困境,我对自己说,'你

要是能脱险，绝对是个幸运儿'。"⁹

当英军看到德军后，他们便开了火。由于事先没有射击计划，也没有收到任何命令，所以英国无畏舰只是在德军领航舰现身时对其开火。这意味着有好几艘船同时射击一个目标，导致在众多的齐射中，英军的弹着观测员几乎不可能分辨出哪些是自己所在舰船发射的炮弹。第一批船是在7点10分后不久开的火，然后两分钟内，舰队大体上都开始射击，至少有十几艘无畏舰瞄准了敌人。领先的德国船只被炮弹激起的水柱包围。那么多炮弹朝它们落去，英军必定会有大量命中。在接下来的几分钟内，贝恩克的旗舰"国王号"被命中1次，而它身后的"大选帝侯号"则被击中7次。这表明，英军对领航舰的齐射多为远失弹，打在了后方的舰船上。

由于前部舱室进水，"大选帝侯号"向左舷倾斜了4°。它刚刚赶上"边境总督号"，后者有一只主机遭到破坏。海军上尉贝赛尔·冯·居姆尼希（Beissel von Gymnich）说道："英国舰队发现了这一点，于是集中火力猛烈攻击我们。仅仅几分钟的时间，我们就被他们的38厘米炮弹击中了8次。我们有19人死亡，其中两名是军官。由于水线附近被击中，海水灌进了船内。"他补充道："有太多炮弹没能直接命中，却在我们周围溅起了一道水墙，阻挡了敌人视线，这对我们而言是个意料之外的有利条件。"¹⁰ 但被英军如林的炮弹水柱包围可真不算什么好事儿。这时，英军只是在对阵列线的首舰进行射击，"国王号"成为许多英军火炮的主瞄准点，而"大选帝侯号"恰恰位列其后。

再往后,"边境总督号"被"阿金库尔号"的一颗12英寸(305毫米)炮弹命中,这艘七炮塔无畏舰还两度击中"边境总督号"身后的"皇帝号"。奇怪的是,德军阵列线的第11艘无畏舰"赫尔戈兰号"也被命中,一枚15英寸(381毫米)炮弹击中了它的炮郭,发射这枚炮弹的可能是"巴勒姆号"或"刚勇号"。"英王乔治五世号"上的技术兵赖特看着炮弹陆续击中目标,他说道:"大家能够区别出德军大炮的火光以及德舰被击中时引起的爆炸。"[11] 倘若德军连无畏舰都在遭受炮火攻击之苦,那么其战列巡洋舰理应更甚。后者位于贝恩克的旗舰东北3.7千米,因而更加靠近英军。以"马尔伯勒号"为例,它距离英军只有3.7千米远。有几艘英军无畏舰朝它们射击,但令人惊讶的是竟没有一艘战列巡洋舰被击中。不过,这只是暂时的。

德军舰船中为数不多可以瞄准的火炮已经开始反击,但由于东方的能见度过低,加之遭受的火力过猛,它们的齐射效果大打折扣。在这忙乱的短短几分钟内,战列巡洋舰和为首的无畏舰都设法打出了几轮齐射,但没有一发击中敌舰。而与此同时,每过一分钟就意味着公海舰队距离英军的火炮又近了686米。在"腓特烈大帝号"的舰桥上,舍尔现在已经可以看到英国战舰,并意识到他必须立即采取果断行动。冯·哈泽极为贴切地总结了当时的情况:"总司令意识到了我方舰队面临的危险。舰队的先导舰被关进了敌人半圆形的包围圈。我们掉入了十足的死亡陷阱。"[12] 舍尔的解决方案——也是他唯一的解决办法——是牺牲冯·哈泽和他的船员,从而拯救舰队的其余舰船。

第十四章

哈托格的死亡之行

舍尔中将目前处境尴尬。那天下午，他的战列舰队第二次陷入致命的危险，因此，如果他还心存希望要解救这支舰队，就必须立即行动。摆在眼前的解决方案便是令舰队再进行一次战术大转向。不过，这次不会像先前那么容易了。他无畏舰阵列的先锋部队比 40 分钟前更加靠近英军。"铁公爵号"就在领航德舰"国王号"前方 7.4 海里，在它身后不到 9 海里便是英方舰队旗舰。其他英军纵队则更为靠近，而且已经开始用大口径炮弹进行全舰炮齐射。从本质上讲，此情此景与他之前的遭遇并无二致，只不过更短的射程令他的舰船更容易受到英军炮火的攻击。如果他下令进行"战术大转向"，他必须找到分散英军注意力的办法，以便掩护这一行动并保护领航舰船。

最明显的方法就是命令驱逐舰对英军阵列发动密集的袭击。现在他有 3 支驱逐舰队可用，另有轻型巡洋舰"罗斯托克号"和"雷根斯堡号"护航。这些舰船位于"国王号"右舷舰首东南 1.5 海里（约 2.7 千米）的地方。要把这些驱逐舰编成队发起进攻需要几分钟的时间，然而每过一分钟，就意味着他的战列舰队面临的风

第十四章 哈托格的死亡之行

险又增加一分。其他可供利用的便是战列巡洋舰,它们目前位于"国王号"左舷舰首东北方向两海里,正以一路纵队向东行驶。战列巡洋舰已经严重受损,而英军炮弹也开始落在它们周围。舍尔只有几秒钟的时间来做决定,但坦率地讲,他也没有选择的余地。因此,在晚上7点13分,舍尔发出了信号:"战列巡洋舰——转向敌人。进攻!"[1] 这位德军指挥官打算牺牲战列巡洋舰以拯救舰队的其余力量。

血战到底!

保罗·哈托格(Paul Hatog)上校现在仍临时指挥着遭受重创的第1侦察舰队。他收到命令后毫不迟疑。哈托格以"德弗林格尔号"为前导,令舰船向右舷偏转,横穿德军战列舰队航道。这项任务几乎注定将以所有4艘战列巡洋舰的牺牲而告终。在"德弗林格尔号"的舰桥上,冯·哈泽就站在哈托格的身边,因而可以还原当时的场景:"大约在晚上9点12分(英国时间晚上7点12分),总司令给舰队发来信号,命令大家掉转方向,而且几乎就在同时,他还通过无线电给战列巡洋舰和驱逐舰下达了那个历史性的命令。'近敌攻击!'我们舰桥上的信号兵大声读出了这条消息,还加上了信号手册中的命令:'装弹药!血战到底!'舰长眼都没眨一下,下令道:'全速前进——方向东南。'"[2] 哈托格的"死亡之行"开始了。

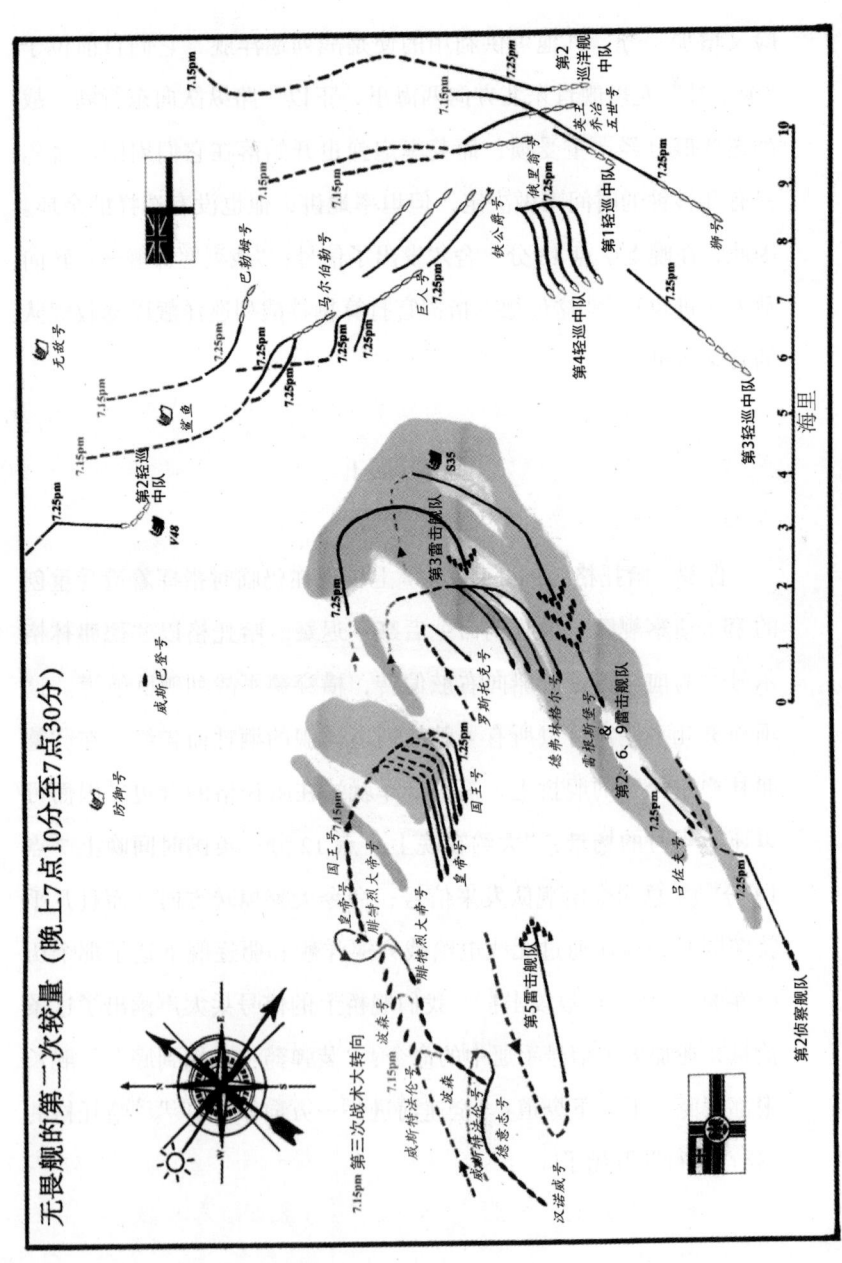

与英军不同,德意志帝国海军一直将战列巡洋舰扮演的角色放在现代战争背景下考量,所以他们的视角有所不同。德军设想将它们用于北海,充当舰队侦察部队的核心力量。这使得它们很可能对上英国战列巡洋舰,因此它们配备了足够的装甲来胜任此类决斗。然而,它们还有另一个任务。无畏舰被视为公海舰队的核心力量,于是保护它们成了重中之重。因此舰队的战术原则规定,如果需要,战列巡洋舰应时刻准备掩护战列舰队撤退。换句话说,在一场全面交火中,当德军无畏舰撤离时,战列巡洋舰要能做到拖住敌军的战列舰队。这种自我牺牲的角色被明确写入德军的战术原则中,充分说明了德军思虑之周全。

当这一重大命令传到哈托格舰长那里时,他正率领他的4艘战列巡洋舰向西挺进。他当即下令向右舷偏转4个罗经点(45°),变到东南航向。这一变向使得他横穿德军无畏舰的航道。但并不存在与无畏舰发生碰撞的风险。战列巡洋舰遥遥领先于德军阵列线的前端舰船,而且哈托格已经提高了航速,更何况,舍尔打算在这一命令之后再下第二道命令——再一次战术大转向。哈托格并没有遵照命令直奔敌人驶去。相反,他在做一些更有用的事——掩护舍尔撤退。正如该中队的一名军官汉斯·夏培尔(Hans Scheibe)中校后来所写:"在希佩尔将军换乘舰船期间,战列巡洋舰暂由'德弗林格尔号'的舰长指挥,现在它们正不顾一切地冲向敌军阵列,其后跟着驱逐舰。一路上密集的炮火朝它们席卷而来。"[3]

确实如此。之前,大多数英军重炮都在朝德军战列的领航舰射击,而现在它们大都把目标转向了这4艘冲过来的战列巡洋舰。

"德弗林格尔号"冲在最前面,因而吸引了大部分的英军火力。至少有3种不同口径的重型炮弹开始落在这艘战列巡洋舰四周,它似乎消失在了炮弹激起的大量泡沫之中。冯·哈泽冷峻地叙述道:"我们在晚上9点15分(英国时间晚上7点15分)向南变道,径直向敌人的前锋舰驶去,'塞德利茨号''毛奇号'和'冯·德·坦恩号'跟在我们身后。作为领航舰的'德弗林格尔号'现在正遭受尤为致命的炮火打击。好几艘敌舰同时朝我们开火。"[4]尽管在余晖中很难看见英军战舰,他还是尽力予以还击。"我选定一个目标,然后以最快速度开火。起初记录的射程是12 000(米),然后逐渐缩短至8 000米。我们保持最高航速驶向这一地狱,成了敌人绝佳的靶子,然而,我们仍然看不清敌人。"

"德弗林格尔号"之后是"塞德利茨号",其后是"毛奇号","冯·德·坦恩号"在队尾殿后。它们所有尚能使用的火炮都在坚定地向英军开火,哪怕敌人只是一串闪烁的橘色火光。在"塞德利茨号"上,冯·埃吉迪记录道:"能见度不断下降,前方似乎是一列没有尽头的船队。但我们只能看到不断闪烁的火光,大多源自英军特有的四炮连环齐射。我们的战舰连遭命中,但我们的火炮仍未做出回应,因为看不见任何靶标。这令我们倍感压力,不过,我们对舰船的熟练操纵、不断变换的队形以及"之"字形机动,在一定程度上减轻了这种压力。"[5]一如那天下午早些时候古迪纳夫准将的轻型巡洋舰,德军战列巡洋舰正使出浑身解数躲避四周密集降落的弹雨。不过,一些英军炮弹还是不可避免地击中了目标。

第十四章 哈托格的死亡之行

在"德弗林格尔号"上,冯·哈泽在舰桥后面有装甲保护的火控战位上指挥着本舰的火炮射击,更多的是盼望而非预期能有一发命中弹。他详细描述了迎面袭来的炮火之猛:"齐射一轮接着一轮落在我们周围,一发又一发炮弹命中我方舰船。那几分钟可真谓惊心动魄。"⁶冯·哈泽与前桅楼里的观测组断了联系,于是他不得不亲自指挥射击。接着在晚上7点15分,即"死亡之行"开始仅两分钟后,"复仇号"射来的一发15英寸(381毫米)炮弹击中了"德弗林格尔号"的后炮塔。"一枚38厘米口径的炮弹击穿'恺撒'炮塔,并在其内部爆炸。勇敢的炮塔指挥官冯·波尔滕斯特恩(von Boltenstern)上尉双腿皆被炸断,他和几乎全体枪炮手都牺牲了。"

然而,炮击只是个开始。冯·哈泽继续说道:"那枚炮弹引燃了炮塔内的两个弹药筒。火焰从燃烧的弹药筒蔓延至转运舱室,点燃了里面的另外4个弹药筒,火势进而蔓延到弹药筒舱室,其中又有4个弹药筒被点着。"每个弹药筒都装有不超过126千克的炸药,分为较大的绸布弹药包和较小的黄铜弹药筒两类。一旦其中一个被点燃,就可能给炮塔或者狭窄的工作舱和转运舱带来毁灭。冯·哈泽还说道:"燃烧的弹药筒喷出巨大的火舌,火焰蹿出炮塔,升得有一座房子那么高。"

"德弗林格尔号"是幸运的。这样的一击可能会轻易毁灭一艘英军战列巡洋舰,但由于良好的舰船操作及严格的安全规程,爆炸由上方排出,而没有顺着弹药提升装置蔓延到下方弹药库。正如冯·哈泽所说:"它们只是着了火——没有像敌舰那样发生爆炸。

这拯救了这艘船,但大火仍造成了灾难性的后果。无孔不入的熊熊烈火杀死了所到之处的每一个人。炮塔内的78名船员中,只有5人逃了出来,他们从炮塔上用来抛掷空弹药筒的洞里爬出,但多人身受重伤。其他73名船员全部丧生,像是在激烈战火中牺牲的英雄。"事实上,他们大都可能是瞬间丧生,不是死于爆炸,便是死于随之而来的火球。冯·哈泽错了:其实只有两人逃了出来,而非他所称的5人,并且这两人都被严重烧伤。其中一人几小时后便死去了,只剩下唯一一位伤残的幸存者给后人讲述这段经历。

接下来的一击也来自"复仇号"的15英寸(381毫米)炮弹,这艘战舰真可谓名副其实。才过了一分钟,"德弗林格尔号"就又被命中了。冯·哈泽再次讲述了当时情景:"一颗38厘米炮弹击穿'多拉'炮塔的顶盖,也在炮塔内发生了爆炸。同样恐怖的场景随之而来。除一人被甩出炮塔入口外,其余所有80名船员,包括弹药库内的所有水兵全部当场死亡。'多拉'炮塔内的船员在他们勇敢的炮塔指挥官(二级准尉)阿恩特的带领下,英勇地战斗到最后一刻。"这意味着,在仅仅两分钟的时间内,"德弗林格尔号"就已失去了它的两座尾部炮塔——相当于主炮火力的一半。冯·哈泽继续说道:"这里,火焰同样蔓延到弹药舱,并点燃了所有的弹药筒,而此前船员已经除去了它们的保护包装。"结果,"现在,熊熊的火焰正从两座尾部炮塔喷射而出,夹杂着黄色的滚滚烟云——简直是两座恐怖的火刑柱"。

黄色的浓烟是苦味酸产生的,英德双方使用的立德炸药炮弹中含此成分。浓烟和刺激性气体通过通风管道向外渗透。冯·哈泽记述道:"晚上9点15分(英国时间晚上7点15分),我收到一则测绘室发来的消息,'重炮测绘室内有毒气危险——必须撤离'。这着实令我震惊。如果有毒气体已经渗入了严密防护的测绘室,船内的情况必定相当危急。"测绘室深处舰船的装甲区,在敌人炮火的攻击下相当安全。显然,船舶设计师从未考虑过苦味酸毒气的影响。测绘室是火控链中的关键一环。要是没有它和前桅楼上的弹着观测员,冯·哈泽不得不在没有机械计算机或高倍测距仪的帮助下指挥火炮射击,而正是这些设备在先前与贝蒂的决斗中保障了超高的射击精准度。

目前英军火力十分凶猛。冯·哈泽形容道:"现在,炮弹接二连三地撼动这艘船。敌人精准地确定了我们的距离。我一想到舰船内部的情况就一阵揪心……突然间,我们仿佛听到了世界末日的声音。震耳欲聋的轰响,巨大的爆炸,然后在无边的黑暗中我们感到一记极其猛烈的撞击。整个指挥塔就像被某个庞大的巨人抛向天空,然后摇晃着、颤抖着落到原位。一枚重炮击中了我面前约50厘米处的前部火控室。那颗炮弹爆炸了,但没能穿透厚厚的装甲,因为它击中的角度不够理想,不过仍有几块巨大的装甲被扯了下来。"指挥塔的门——之前为了通风半开着——也被猛地拉开,而且无法再关闭。"德弗林格尔号"的装甲指挥塔有30厘米厚的克虏伯钢板保护。这抵挡住了"柏勒罗丰号"发射的那颗12英寸(305毫米)炮弹。如果那枚炮弹口径再大点,那么,冯·哈泽可能就不会生还了。

被这发险些致命的炮弹撞击之后,由于黄色有毒气体迟迟不能散去,冯·哈泽及其火控组戴上了防毒面具,但他发现,戴着这个橡胶面具几乎不可能通过头戴式耳机喊出命令。他小心翼翼地摘下面具,发现竟可以顺畅地呼吸。他注意到,那枚炮弹造成的后果之一就是火控室那道重装甲防护门被炸开了。这扇门变得无法移动,但几分钟后,"巨人号"射来的另一发12英寸(305毫米)炮弹击中了舰桥下面的甲板,并在下方的病员舱内爆炸。爆炸掀掉了这艘战列巡洋舰右舷一侧的一大块甲板,剧烈的震荡又把冯·哈泽沉重的铁门关上了。冯·哈泽说道:"英国人可真是个讲礼貌的民族!他们刚才给我们开了门,现在又把它关上了。"在他们躲避装甲区外疯狂的炮火和肆虐的弹片时,这一黑色幽默让他们开心了一阵子。

然而,冯·哈泽仍在试图反击,需要给他仅剩的火炮找一个目标:"我透过潜望镜观察敌人。齐射的炮弹仍在我们周围爆炸,但我们几乎看不见任何敌人的踪迹。他们部署成一个巨大的半圆包围着我们,我们能看到的只有大片金红色的火焰从炮口喷射而出。舰船的船身我们只能偶尔看见。"冯·哈泽向来专业,尽管没有合适的目标,他仍让火炮保持着战斗状态。"我测量了火焰的距离。这是唯一可能确定敌人距离的方法。我命令两座前炮塔不间断地齐射,但没有对破坏敌舰抱太大希望。我能感觉到,我们的炮火让全体官兵的神经平静了下来……副炮也加入了射击的行列,但左舷的6门火炮中只有2门可供使用。"

"德弗林格尔号"并不是唯一遭受痛苦的战舰。"塞德利茨号"在"死亡之行"期间被命中4次,在撤逃时再一次被击中。前4

次命中来自"大力神号"和"圣文森特号"发射的12英寸（305毫米）炮弹，这些炮弹击中了这艘战列巡洋舰的上层结构、舰体和已报废的"恺撒"炮塔。撞击摧毁了该舰的电气照明系统，各舱室陷入一片黑暗。即便如此，正如冯·埃吉迪解释的那样，德军船员训练过在黑暗中工作："我们的人称这种训练为'盲人技能'，因为训练时他们被蒙上眼睛，通过触摸的方式学习操作阀门等器械。司炉兵和煤炭平舱工配得上最高的褒奖，因为他们大多时间都得在黑暗中挥舞铁锹，没于齐膝的水中，却不知水从哪儿来，会涨多高。"[7] 那天下午早些时候舰船遭鱼雷击中，导致前部严重漏水，这里的海水是就是从前部向后渗过来的。

不过，"塞德利茨号"仍算得上比较幸运：这几次命中没有一次可以跟3小时前"向南奔袭"期间摧毁"恺撒"炮塔的那次相比。然而，接下来"皇家橡树号"射来的一发15英寸（381毫米）炮弹差点儿毁掉了另一座炮塔，甚至险些摧毁整艘舰船。晚上7点27分，这颗炮弹击中"贝莎"炮塔（右舷的"侧翼炮塔"）右侧火炮，炸毁了炮筒。如果炮弹落点再向后一两米就会穿透炮塔本身。大家一度以为炮塔将要爆炸，冯·埃吉迪解释说："从'贝莎'炮塔里传来一阵可怕的轰隆声——到处都是浓烟、灰尘，还有一片混乱。听到'撤离炮塔'的命令后，炮塔内的船员冲了出来，甚至还用上了扔空弹药筒用的活板门，然后他们来到炮塔后面集合。"浓烟散尽之后，船员们回到炮塔内，却发现火炮瞄准手已经死在自己的战位上。

这艘舰船的第一枪炮官理查德·福斯特对此也有一番描述：

"'贝莎'炮塔传来一声巨响,船员们都被震得左摇右晃,同时,一股浓浓的黄色有毒气体渗入炮塔内部……'B炮塔有毒气危险,撤离炮塔',炮塔指挥官基尼茨中尉下了命令。就像在战斗训练中一样,全体人员通过所有可用的出口撤离了炮塔,包括扔空弹药筒用的活板门,几秒钟后,炮塔内的人员便都站到了甲板上。压缩空气在下面嘶嘶作响,被注入整座炮塔……炮塔内的所有有毒物质很快就被清除,空气又恢复了纯净。右边炮塔的火炮手死了,一片装甲碎片刺入了他的胸膛。然而,好在其他损害都微不足道,炮弹击中了炮塔的边缘,冲击力被大大削弱,留在了炮塔外面。"[8]火炮瞄准手的尸体被移走,幸免于难的火炮很快又投入战斗。

晚上7点14分,"战列巡洋舰对敌先锋舰反向机动"的信号出现在"腓特烈大帝号"的信号索上。这是个暂时的解脱,是哈托格舰长麾下舰船生存的一线希望。信号传到了"德弗林格尔号"和其他战列巡洋舰上,晚上7点17分,"德弗林格尔号"稍微向南偏转了航向。命令传来时,该舰距离最近的英国无畏舰"巨人号"只有3.7海里(6 858米)。这算得上直射距离,甚至12英寸(305毫米)炮弹就可以轻易穿透德军战列巡洋舰的装甲带和炮塔装甲。至少理论上如此。实际上,英军的炮弹令他们大失所望。许多穿甲弹爆炸得太早——刚一接触就爆炸了,而不是等几秒钟钻进敌舰中心部位后再爆炸。这些问题炮弹救了哈托格和他的战列巡洋舰——除了炮弹还有德国牢靠的造船工艺。

在战列巡洋舰转向的过程中,"冯·德·坦恩号"被"复仇号"的一枚炮弹命中。炮弹击中了该舰后指挥塔的正后方,弹片飞进

第十四章 哈托格的死亡之行

观察孔，里面的人非死即伤。弹片还穿过通风管射入机舱，当时那里充斥着令人窒息的黑烟。水兵卡尔·梅尔姆斯（Carl Melms）是损害管理组的一员，他回忆道："那天晚上我们的船身陷险境。它的情况实在太糟糕，我以为我们大限将至，不久就会沉没。我们遭到一记稳准狠的命中，炮弹直接打在了中校（位于后指挥塔内的舰务官）的正后方。我后来听说，那里几乎所有的人都被杀死了。"[9]那一击令整艘舰船都摇晃起来，之后许多近失弹的爆炸冲击也使船晃动不停，还导致甲板上水倾如注。该舰船员面临的最困难的事情是所有的火炮都失去了作战能力，无法做出反击。

"死亡之行"期间，战列巡洋舰唯一命中敌人的炮弹来自"塞德利茨号"打出的一轮齐射。晚上7点16分，两枚28厘米口径炮弹命中"巨人号"：一发打在信号甲板的左舷上，另一发击中前部烟囱的正后方。舰上开始着火，一门4英寸（102毫米）火炮受损，另有5人受伤。助理军需官哈罗德·富特（Harold Foot）救了其中一人："舰桥上站在我旁边的测距员右臂被炸得粉碎，前桅楼上的另一名水兵也严重受伤。"[10]富特先帮助了那名受伤的水兵，随即跑去帮忙灭火。与此同时，在德军战列巡洋舰向南变道的时候，"巨人号"继续对其射击。有意思的是，在战役的这一关键阶段，这5名伤兵是所有英国无畏舰上仅有的伤亡人员。

德军战列巡洋舰的情况却大不相同。虽然"毛奇号"没有被击中，但它的僚舰各个都遭到重创。在被西南方向约17千米外的"君主号"和"俄里翁号"发现后，甚至连状况本已很糟糕的"吕佐夫号"也被命中。3分钟内它被击中5次，爆炸导致后炮塔火力中断,损毁了"安东"炮塔并使"贝莎"炮塔暂时无法运转。护航驱逐舰施放出更多的浓烟,现在这艘受到致命伤的战列巡洋舰蹒跚着离开了。晚上7点20分,在驱逐舰烟幕的掩护下,德军战列巡洋舰也开始驶离英军无畏舰。哈托格舰长麾下的舰船此时正与贝蒂的4艘战列巡洋舰决斗,但由于烟幕的遮挡,彼此都没有命中对方。随着目标变得模糊不清,英军无畏舰也逐渐停止了射击。然而此时它们的舰长又有了其他担忧,因为那几艘德军驱逐舰发起了攻击。

总体而言,"死亡之行"仍算得上一次成功。在4艘战列巡洋舰充当诱饵的同时,舍尔战列舰队的其他舰船设法全身而退,而且很快就返回到此前的航线。诚然,4艘舰船有3艘遭到严重炮击,特别是"德弗林格尔号",但所幸全部4艘都从枪林弹雨中逃脱出来,并在遭受又一次严重打击或者更糟情况之前,成功脱离了战斗。不过,人员损失惨重:日德兰一役,"德弗林格尔号"共有157名船员战死,其中大多数都死于这危急的几分钟。这是战役的高潮,也是舍尔的危机,而他只能通过牺牲自己的战列巡洋舰来化解。如果它们在舍尔进行战术大转向时未能分散杰利科战列舰队的注意力,那么,大舰队很可能已经摧毁了它们的德国对手。多亏了哈托格的行动,舍尔暂时解脱了。

第三次战术大转向

德军战列舰队遭遇杰利科的无畏舰射击仅仅两分钟后,舍尔

第十四章 哈托格的死亡之行

就决定命令舰队再一次进行战术大转向。一分钟后，即7点13分，他命令升起"全体同时向右偏转16个罗经点"[11]的信号旗。这是一个预备信号：这一信号旗降下来后，队形变换才会开始。同时，"腓特烈大帝号"前桅上的信号旗也升了起来，指示哈托格舰长"进攻！"。"死亡之行"开始的时候，战术大转向的信号旗还飘在空中，因为舍尔需要完全准确地判断此刻的形势。他需要分散英军的注意力，并希望战列巡洋舰的烟雾可以掩护他的机动。晚上7点18分，信号旗突然被降下，战术大转向开始了。

这次机动不可能会像此前那次战术大转向一样干净利落。几艘先导舰现在已经受损，因而主机性能参差不齐。另外，在它们7点10分遭遇炮火袭击后，先导舰大都稍微放缓了速度，有的向阵列外偏移了一些，为的是躲避前方猛烈的炮火。所以，这将不会是一次合乎规范的机动。不过，这却是一次至关重要的机动，因为战列舰队的生死存亡取决于它成功与否。上一次为了减少战舰相撞的风险，命令要求队列末端的船只率先转向。而这一次，没时间讲究细节。信号旗刚一降下，"东弗里斯兰号"的施密特中将便立即开始转向。他所在的舰船位于阵列第九位——在舍尔旗舰的正后方——在它身后顺次排开的是第1战列舰中队的其余船只。它的举动定下了转向的基调，几秒钟内，在它前后的其他船只也开始跟着变向。

在"腓特烈大帝号"上，舍尔担心他前方的舰船会在敌人火力的压迫下拥挤作一团，因此，为了给它们腾出更多的空间，他下令让自己的旗舰向左偏转。后面的其他舰船没有一艘盲目跟随旗舰行动，充分证明了德军指挥官的专业素养。正当贝恩克的旗舰"国王号"于晚上 7 点 18 分开始转向时，它被"铁公爵号"发射的一枚 13.5 英寸（343 毫米）炮弹击中主桅附近。这对桅杆附近的上甲板造成了大面积破坏，但并不深入。随着这艘动作迟缓的无畏舰转向，下一轮齐射炮弹落在了一片空海里，如果它保持航向径直朝前驶去，就会进入那片水域。"大选帝侯号"在转向期间也被命中 4 次，均来自东北方向 6 海里外的第 5 战列舰中队发射的 15 英寸（381 毫米）炮弹。这艘德军无畏舰似乎被这些重击打得摇晃不稳，但仍持续驶离折磨它的敌人。

"边境总督号"的舰长卡尔·塞夫林上校开始变向的时间有点儿早，但他迂回行进，为的是避开落在前面的齐射炮弹。他的座舰行驶起来也有些吃力，因为一个主机已经被炸毁。有一刻，它眼看要与正前方的"王储号"相撞，但双方舵手的及时应变避免了灾难的发生。在这关键时刻如果发生事故，极可能带来致命的后果。尽管周围到处都是敌军的炮弹，但这 4 艘领航无畏舰全部圆满完成了转向任务。在命令下达之前，它们一直是纵队队形，现在它们却并排挤作一团，朝东南方向行驶。麻烦的是，要等到之前位于它们身后的舰船让开了路，它们才能最终完成转向。

阵列中位于它们身后的是 4 艘"皇帝级"无畏舰，它们构成了贝恩克分舰队的另一支中队。这 4 艘舰船的最后一艘是舍尔的旗舰"腓特烈大帝号"，该舰遵照舍尔的命令，已经巧妙地转向左舷偏转，为其余舰船腾出更多的空间。"皇帝号"在该中队的最前端，紧随其后的是"皇后号"和"柳特波德摄政王号"。"腓特烈大帝号"刚开始转向,"柳特波德摄政王号"就紧跟而上,但它前面的"皇后号"由于向右舷闪避而偏离了阵列,因为前方的"皇帝号"刚刚减速以免撞上"边境总督号"。"皇后号"也因此较晚开始转向,而它的僚舰已经先行变向。无畏舰在这里密集地挤作一团,以至于碰撞似乎在所难免。然而,敏捷的反应力和良好的船舶驾驶本领最终化险为夷。"皇帝号"稍微放慢了速度,"柳特波德摄政王号"加快速度,每艘舰船都微调了航向,于是灾难就此避免。

转向机动结束时,这3艘无畏舰呈横队并排前进,它们将依次向右舷转向,而"柳特波德摄政王号"会在它和前方的"东弗里斯兰号"之间留下足够的空间,以便让舍尔的旗舰重新插入空隙当中。这些巨型无畏舰像呼啸的钢铁碰碰车一样,争先回到指定位置,不断地调整方向和速度,以免撞上僚舰。在一片混乱中,"大选帝侯号"和"王储号"仍设法互换了位置。第3战列舰中队不得不在强大的火力压制下执行这次棘手的机动任务,而第1战列舰中队与之不同,它的8艘老式无畏舰精准地完成了转向。"腓特烈大帝号"很快就加入它们整齐的阵列当中,成为德军战列线中的第九艘舰船,而"威斯特法伦号"则在一小时内第二次成为舰队的领航舰。

第2战列舰中队的6艘前无畏舰再一次被航速更快的无畏舰远远甩在背后,从而不存在挡道问题,随后,前无畏舰单独转向,尽管它们当时正以3艘舰船为一支中队并排行进。海军少将弗朗茨·毛弗将会迅速地把舰船编回纵队,然后再到"威斯特法伦号"

右舷舰首处就位。他还将跟无畏舰一样，沿西南方航向行驶。到晚上7点25分，贝恩克的7艘无畏舰开始加速追赶战列舰队的其余舰船，此时它们呈梯队而非横队行进。领航舰"柳特波德摄政王号"现在位于舍尔的旗舰背后1.5海里，正在拼命追赶它。阵列线的前端目前正往西南方向行进，而阵列尾端——舰队旗舰和它正前方几艘舰船——仍在向西航行。因此，贝恩克缓慢变道，直到他麾下的舰船朝西南行进，有效地抄了阵列线的近道。

德国战列舰队需要20来分钟才能完全调整好自己的阵列。其中一个原因就是，所有的无畏舰都在全速行进，为的是尽可能拉大自己和英军火炮间的距离。在它们最终脱离英军视线之前，"国王号"舰长弗里德里希·布吕宁豪斯（Friedrich Brüninghaus）上校稍向左变向，并施放了烟幕以掩护舰队撤退。几乎就在同时，英军的火力开始减弱。这只能部分归功于险象环生但最终成功实现的战术大转向。为掩护整个机动过程，舍尔还令战列巡洋舰发起了"死亡之行"。不过，这只是他仓促制订的计划的一部分。在无畏舰忙着转向的同时，舍尔又下令升起了另一面信号旗。信号的内容是："雷击舰进攻！"

鱼雷攻击！

雷击舰进攻的信号旗挂在"腓特烈大帝号"的升降索上至少有5分钟的时间，直到晚上7点21分才降下来——这意味着"执行"该信号。此时，战列舰队的转向已经进行了一半。受命的是舰队驱逐舰指挥官安德烈亚斯·米歇尔森准将,他的阔三角旗高高地飘扬在轻型巡洋舰"罗斯托克号"的主桅。该舰位于舰队旗舰以南两海里,周围聚集着 13 艘驱逐舰——分别隶属于第 6 和第 9 雷击舰队。它们立即全速向西航行,烟囱里喷着浓重的黑烟。两分钟后,第 3 雷击舰队的 5 艘驱逐舰也开始加速跟在它们身后。英军发现了它们在靠近,于是用炮火予以回应,主要是副炮组中的 4 英寸(102 毫米)和 6 英寸(152 毫米)火炮在射击,但也有几门大口径火炮加入进来。领航的驱逐舰,即分舰队旗舰 G-41 号被直接命中后失控侧转,因其舵手受伤倒地,舵轮不停地旋转起来。

"本博号"上的准少尉杰夫·康格里夫(Geoff Congreve)目睹了这次袭击:"我们打出大约 4 轮齐射之后,约有 10 艘驱逐舰开始朝我们直冲过来,速度非常快,它们吐着滚滚黑烟,遮蔽了整个海平线。它们遭到全舰队几乎所有副炮的攻击,肯定有不少艘被命中了,但它们仍继续执行任务……它们一定成功发射了鱼雷——我觉得我们被其中一颗击中了,只是没有爆炸。"[12] 事实上,只有 G-41 号和 G-86 号驱逐舰在冲向英军时被击中,但到了关键时刻,它们仍能够发射鱼雷。在遭受重创的 G-41 号上,海军少校马克斯·舒尔茨(Max Schultz)命令他第 6 分队的舰船发射鱼雷,然后各自施放烟幕撤离。

"铁公爵号"上的海军下士阿瑟·布里斯特(Arthur Brister)也看到:"它们进入鱼雷射程范围,似乎一心想要自杀,但我只来得及看到其中一艘船突然停下,接着无助地渐行渐远。"[13] 布里斯特被叫去发送信号,但他看到的情景足以令他为德国人的勇气动容。后来他写道:"在我的印象中,德军的鱼雷攻击是我在日德兰一役中看到的最激动人心、最英勇的事迹……这就是少年时代梦想中的那种潇洒无畏的海上战斗。"西北方向3海里处,快速战列舰距离德军驱逐舰更近一些,并在它们朝英国舰船猛冲过来时对它们进行了射击。"马来亚号"上的海军中尉克利福德·卡斯隆(Clifford Caslon)也看到了这场攻击:"只有一艘驱逐舰进入了近距离,不过我认为它们全都发射了鱼雷。"[14] 他这样描述了那艘驱逐舰遇到的情况:"溅起的海水包围了它,就像大雨落在水坑里。"

卡斯隆一直密切关注赫伯特·戈勒少校第9雷击舰队发动的这场攻击,它就发生在舒尔茨第6分队的鱼雷航道稍北的地方。分舰队旗舰V-28号驱逐舰遭一枚6英寸(152毫米)炮弹直接命中,随后转向离开。这艘驱逐舰比它的同伴S-35号幸运多了,后者被一枚大口径炮弹炸成两段,几乎立刻沉没。卡斯隆在"马来亚号"上看到:"它被几枚炮弹同时击中,然后沉没。"不管打中它的有多少炮弹,总之它被迅速消灭。它还载着3小时前在"向南奔袭"期间沉没的V-39号的幸存者。这一次,再无人能去救援。戈勒的另一艘驱逐舰S-51号被命中机舱,但在英军炮弹找准射击距离前,它设法艰难地驶进了烟雾掩护屏障之中。

不过,在此期间,第6和第9雷击舰队这些脆弱的小型驱逐舰共向英军无畏舰成功发射了30枚鱼雷:舒尔茨的舰船发射了11枚,其余都是戈勒的舰队发射的。这些驱逐舰每艘都携带了6枚50厘米口径的鱼雷,分别放置于两个双发射器和两个单发射器中。在3.5~4.9海里(6.4~9.1千米)的射距内,大部分舰船都成功发射了 3 枚鱼雷。原本可以更多。只不过当第 3 雷击舰队来到烟幕屏障跟前时，却发现其他驱逐舰已经发射过鱼雷，正加速往回赶。因此第 3 分队也掉转了方向，但在此之前，它的 S-54 号驱逐舰短暂地看到了敌军，于是也朝它们发射了一枚鱼雷。这使得鱼雷发射总数达到 31 枚。

这些鱼雷于晚上 7 点 27 分左右陆续发射——德军驱逐舰的设计不允许一次性发射出所有鱼雷。然而，当时海上浓烟弥漫，周围是飞溅的炮弹水柱，加之光线较差，这一切导致精准射击几乎无从实现。在这么宽阔的范围内，鱼雷只是朝着英军舰船的大致方向发射，而非仔细瞄准特定目标。实际上，瞄准也是无用之举：在这样的距离上，鱼雷需要好一段时间才能触达目标。G-7 号的鱼雷距目标 9 千米，速度是 28.5 节。即它们在一分多钟的时间内能行进 900 米，因而需要 10 分钟才能到达最近的英国船只所在地点。事实上，正如"本博号"的准少尉康格里夫所说，英军并没有看到鱼雷发射，他们只看到了驱逐舰在浓烟中转向离开。

英军没有看到鱼雷发射，这减少了它们的反应时间。而当驱逐舰脱离战斗时，鱼雷很明显已经在水里了。幸运的是，那时杰利科已经下了命令。在 1916 年的那个时代，应对鱼雷攻击的标准作业程序是让舰船反向驶离迎面而来的鱼雷。这种做法的优点显而易见。如此一来，距离变化率就不再是 28.5 节，而相当于减去无畏舰的速度（通常为 20 节），从而降低为 8.5 节，亦即每分钟 260 多米。这使无畏舰有机会争取避开鱼雷航道。这些德军鱼雷还翻起一道道清晰的白色航迹，英军舰船上瞭望员可以观察到，所以各无畏舰舰长能够决定该往哪个方向转。

还有另一种选择,后来成为第二次世界大战期间的普遍做法,即朝鱼雷的来向驶去,并努力让舰船平行于鱼雷的航迹,让它们擦肩而过。这种看似自杀的战术实际上可以奏效,但速度和机动的灵活性至关重要,而在燃煤动力的无畏舰上,这两样都不甚可靠。最重要的是,这样做还使得距离下降速率增加到惊人的每分钟 1.5 千米。对杰利科而言,这真的不是切实可行的选择,尽管战斗结束后"扶手椅上的将军们"建议这么做。此外,躲避鱼雷也是《大舰队作战命令》中规定的行动方针,所以这也正是杰利科手下的各舰舰长预期内的命令。

于是,杰利科一发现驱逐舰,就做出了在他看来唯一合乎逻辑的决定。晚上 7 点 22 分——甚至在鱼雷破浪袭来之前——杰利科命令全体战列舰队同时向左舷偏转两个罗经点（22.5°）。3 分钟后,他又下令再转两个罗经点,先后共偏转了 45°。命令下达之前,舰队一直是 6 路纵队,每队有 4 艘舰船,各领航舰之间有一定角度,从西北的"马尔伯勒号"到东南的"英王乔治五世号",舰队形成了一种梯形阵列。这不失为上佳的射击队形,但当敌人朝你发射鱼雷时,这种阵形却十分易受攻击。舰船同时转向东南方向后,敌军鱼雷现在正朝着约 9 千米长、900 米宽的无畏舰纵队袭来。即使现在距离下降速率减小,英军的情况看上去也并不乐观。

第一条奔向"马尔伯勒号"的鱼雷航迹是在晚上 7 点 33 分发现的。该舰在战列舰队中最接近驱逐舰发射鱼雷的地点。前桅楼和主桅楼上的瞭望员身边有电话,他们不断地向舰长乔治·罗斯报告鱼雷逼近的最新情况。"马尔伯勒号"那天下午已遭一枚鱼雷命中,再被击中可能会彻底毁掉它。当鱼雷快要撞到它时,舵手向右舷转舵,于是这艘无畏舰笨拙地避开,或者说试图避开。一颗鱼雷从它前方划过,另一颗则从舰尾正下方擦过。事实上,正如罗斯所说,"如果不是舰尾在一直摆动,我们肯定就被击中了"。[15] "马尔伯勒号"没有避开第三枚鱼雷,但那颗鱼雷奇迹般地从这艘船下方划过却没有爆炸。罗斯认为是它的深度设置出了问题。总之是有惊无险——"马尔伯勒号"只是好几艘受攻击舰船的第一艘。

"复仇号"距离"马尔伯勒号"左舷船尾几百米处。在关键时刻,舵手将舵轮转向左舷,于是两枚鱼雷便没能击中它,分别从舰首和舰尾旁边划过。在它的左舷船尾后面是该纵队的另外两艘战列舰——"大力神号"和"阿金库尔号"。"阿金库尔号"的舰长蒙塔古·道蒂(Montagu Doughty)上校觉得自己格外危险,因为在战列舰队中他的无畏舰舰身最长,因而目标也最大。不过通过向左转向,舰船平行置于两道鱼雷航迹间,于是它们便分别从舰体两侧穿过。舰上的一名皇家海军陆战队炮手看到其中一枚鱼雷经过这艘船,但他补充说道:"不久后,另一颗鱼雷径直朝我们袭来,但幸运的是,它航程已尽,在200码(182.88米)远的地方浮出了水面。这又是一次虎口脱险。"[16]

那些鱼雷继续向前航行,英军发现其中有4枚朝着埃文-托马斯的"巴勒姆号"袭来,这艘船在距离"巨人号"领航的第五纵队之后几百米的地方跟着战列舰队。不过,"巴勒姆号"的舰长阿瑟·克雷格（Arthur Craig）得到充分预警以避开它们。"尼普顿号"是第五纵队中的第三艘船，当舰长维维安·伯纳德（Vivian Bernard）看到一枚鱼雷逼近他的舰尾时，他认为被鱼雷击中已无可避免。他们没有时间转向避开。那颗鱼雷"正沿着我们的航线袭来……越来越近……我们只有在目瞪口呆中坐以待毙"。然后他补充道："最后什么也没发生。"[17] 那枚鱼雷没能到达那里，可能在撞击之前已经达到了最大射程。这种经历伯纳德可不想再体验第二次。

再往纵队阵列后方，另一枚鱼雷贴着杰利科的旗舰"铁公爵号"擦过，然后继续向下一路纵队的末舰"雷神号"奔去，后者距离"铁公爵号"右舷舰首几百米。詹姆斯·弗格森（James Fergusson）舰长下令向左急转，于是鱼雷从"雷神号"的一侧划过，没有造成任何伤害。几乎可以肯定的是，仍有许多其他尚未发现的鱼雷，但没有一枚击中目标。发射出的 31 枚鱼雷，奇迹般地无一命中。实际上，这根本不是什么奇迹。通过掉转航向，杰利科给各舰舰长提供了最好的躲避鱼雷的机会，另外，令舰船反向驶离鱼雷发射点，还使得鱼雷更有可能在击中目标之前就达到最大射程。由于他的快速反应，没有一艘无畏舰被鱼雷击中。不过现在的问题是，他与敌人失去了接触。

鱼雷攻击结束的时候，两大舰队呈直角行驶，德军向西南，英军朝东南。它们之间是浓密的烟雾和一堆漂浮的碎片，那是德军 S-35 号驱逐舰最后的残骸。浓烟背后是一片海雾——目之所及全无德舰踪影。往南方望去，海面被另一层更大的烟幕遮蔽，那是海军少将波迭克第 2 侦察舰队剩余舰船施放的。他的轻型巡洋舰队也参与掩护了舍尔的战列舰队和饱受摧残的战列巡洋舰队。现在，英军的火炮已经沉默了几分钟，因为它们最后的目标已消失不见。杰利科很快将恢复之前向南的航线，而在战列舰队前方，贝蒂的战列巡洋舰和轻型巡洋舰已经开始追击逃跑的敌人。然而，光线正逐渐暗淡下来，除非很快与敌恢复接触，否则天黑后将无法继续作战。

第三部分

舍尔脱身

第二部分

舍不得

第十五章

光线趋暗，希望渐微

现在是晚上7点30分。舍尔的战列舰队第二次遭遇杰利科的无畏舰并死里逃生，现在，他正加速驶离它们。由于德军的鱼雷攻击，英军的战列舰队目前正朝着与德军几乎相反的方向行驶。令人惊讶的是，虽然德军做出了诸多疯狂的行动——"死亡之行"、战术大转向和驱逐舰攻击，但两支舰队阴差阳错的接触仅持续了20分钟。而现在，随着双方的无畏舰驶离彼此，每过一分钟则意味着发生进一步冲突的可能性就减小一些。这一天的日落时间将是晚上8点17分，所以，舍尔只需再与英军保持距离一个小时，直到夜晚降临，战斗就会结束。届时，他将有机会在夜色的掩护下逃离英军。对杰利科而言，他知道，随着光线渐暗，他粉碎德军战列舰队的希望也变得渺茫。

贝蒂的信号

起初，舍尔几乎沿着正西方向行驶，完全与英军背道而驰。然后，他于晚上7点27分转向西南，并降低航速至17节。这使他的前无畏舰和所有受损舰船都能够跟上步伐。实际上，受损并没有想象中的严重。那天下午，有7艘德军无畏舰被击中，但它们的速度基本上都没有降低。同样重要的是，它们的主炮仍可全面运转。可以说，舍尔以极小的代价逃脱了。不过，现在领航的是毛弗少将第2战列舰中队脆弱的前无畏舰，施密特中将的第1战列舰中队位于阵列中间，而贝恩克少将的第3战列舰中队再一次殿后。舍尔知道杰利科在他东边的某个地方，所以他命令毛弗在无畏舰阵列右舷舰首处就位。如此一来，哪怕杰利科再次突然出现，那些前无畏舰也能得到保护。

然而，不太令人满意的是舍尔战列巡洋舰队的部署。哈托格的4艘舰船距离阵列线左舷正侧面5.5千米，这使得它们处于己方阵列线和杰利科中间。所以，舍尔受损最严重的战舰仍面临着最大的危险。为了保护脆弱的战列巡洋舰，舍尔命令海军准将米歇尔森用他的3支雷击舰队为它们提供掩护，这几支分舰队正是此前对杰利科的战列舰队发起袭击的舰船。现在，这些驱逐舰位于"德弗林格尔号"左舷正侧面914米，在那里它们不仅可以保护战列巡洋舰，如果杰利科的舰船突然冲出海雾，它们还可以对其发动袭击。希佩尔目前仍在G-39号驱逐舰上。整整40分钟，他一直在焦急地等待着战斗暂停，以便恢复对麾下舰船的指挥权。在舍尔和杰利科无畏舰密集的火炮之间，只有这些驱逐舰和那4艘伤痕累累的战列巡洋舰。除了这些舰船，还有一团团缭绕不散的浓雾。

在德军战列巡洋舰以西6.9海里（约12.8千米）的地方，杰利科的旗舰"铁公爵号"现在正远离舍尔，他的战列舰队航向东南。不过，情况就要发生改变。杰利科刚刚下令，让无畏舰以中队为单位向南转向。这意味着他在重新编队，杰拉姆中将的"英王乔治五世号"成为阵列线的先导。杰拉姆前方7.3千米是贝蒂的旗舰"狮号"，它正率领着6艘战列巡洋舰——贝蒂自己的4艘外加胡德中队的2艘幸存舰。贝蒂已经转到南南西方向，同时有3支轻型巡洋舰中队随行。其中，纳皮尔少将的巡洋舰位于他右舷舰首方向5.5千米外，查尔斯·勒梅热勒（Charles Le Mesurier）准将的中队在他的右舷正侧面，而亚历山大-辛克莱准将则尾随其后。在未来半小时内，这些舰船将被推向战斗的中心。

虽然两支舰队的旗舰相隔约12.8海里（约23.8千米），而且其航线之间仍存在一定的角度，但它们之间却有一支德军无畏舰中队、一支德军战列巡洋舰队以及严重受损的"吕佐夫号"及其护航舰，此外还有几支轻型巡洋舰中队和雷击舰队。只不过浓烟和海雾阻挡了它们发现彼此。然而，"卡利俄珀号"上的查尔斯·勒梅热勒准将现在正率领他的4艘轻型巡洋舰朝西南西方向行驶，这意味着他几乎正径直驶向德军的驱逐舰掩护屏障。现在，两支舰群仅相隔8.2千米。在它们相遇之前，海雾中出现的短暂缝隙引发了一连串的戏剧性事件。晚上7点32分，V-30号驱逐舰向"雷根斯堡号"的海因里希准将发去信号，称发现"东南方向有大型敌舰"。那些舰船是贝蒂的6艘战列巡洋舰，在德军驱逐舰左舷舰尾约13.7千米的开外。

当时，海因里希的驱逐舰处于德军战列巡洋舰的左舷正侧面，由于被海雾隐藏，贝蒂无法看到。不过两支战列巡洋舰部队的航线平行，几分钟后，海雾中再一次短暂地出现缺口，这令"狮号"的瞭望员瞥到了德军驱逐舰。更重要的是，他们还看到了更远处的一队主力舰。那是德军的战列巡洋舰。尽管距离最近的无畏舰仍在西北方向3海里（约5.5千米）以外，但出于某种原因，贝蒂相信这短暂的一瞥发现的就是舍尔的主力战列舰队。因此，在晚上7点40分，他下令用探照灯向"弥诺陶号"装甲巡洋舰传送信号，内容为："敌军在我西北偏西，距离10~11英里（约18.3~20.1千米）。我的位置是北纬56°56'，东经6°16'，航向西南，航速18节。"[1] "弥诺陶号"被用来转达信号，因为"狮号"的无线电已被摧毁。该信号是发给杰利科的，他现在位于贝蒂旗舰后方近5海里处。

"弥诺陶号"及时将信号传达至其后两海里处的"英王乔治五世号"。该舰给"铁公爵号"上的杰利科发送了一条无线电信息。不过，这一切都需要时间：那条信号直到晚上7点54分才到达舰队旗舰的无线电报室。又过了5分钟，信号才被解译出来传达给杰利科。在这19分钟内，贝蒂开始相信他就在舍尔东南方向几海里处，并且在夜晚降临前，只有他自己处于能够拦截德军的位置。而杰利科却感觉很迷惑。自德军战列舰队最后一次实施战术大转向以来，这还是第一次发现他们的行踪，但似乎并不可靠。首先，贝蒂的位置不对——实际上他在杰利科的北方，而非南方。贝蒂的发现会不会跟他的导航一样不准确？为防万一，杰利科决定稍向右舷偏转航线。

第十五章 光线趋暗，希望渐微

让形势更加扑朔迷离的是，一分钟以前，杰利科又收到另一条消息，这一次来自一贯可靠的"南安普敦号"轻型巡洋舰上的古迪纳夫准将。他在英军战列舰队西北方，刚刚报告称西北方向发现行进中的敌舰。难道这意味着舍尔已经把舰队转向北方，准备从大舰队后方绕行？抑或那只是掩护公海舰队后方的一支轻型巡洋舰或驱逐舰部队？杰利科无从知晓，至少在更可靠的目击报告到来前他无法得知。因此，为了安全起见，杰利科于晚上8点命令无畏舰以分队为单位向右舷偏转，并以17节的航速沿西南西航向行驶。鉴于海上能见度较低，这一行动有点儿赌博的意味。杰利科不知道海雾中等待他的究竟是什么，但这至少给了他一次在天黑之前查明真相的机会。

几分钟后，杰利科收到贝蒂传来的另一个信号——也许是这场战役中最具争议的公报。消息的内容是："情况紧急。建议战列舰前锋跟上战列巡洋舰。如此，我方可切断敌人整支战列舰队。"[2] 这条消息表明，贝蒂知道敌人战列舰队的确切位置，并且所处位置能够与敌交火。此外，该信息还暗示了他处于舍尔前方，因此可能再一次对其形成"T字横头"。最起码他可以阻止舍尔继续前进，直到杰利科加入战斗。如果一切听起来都好得令人难以置信，那么它确实如此。当7点48分信号发出的时候，贝蒂距离最近的德军无畏舰8.9海里（约16.5千米），这远远超出了视距。甚至德国的官方报告都如此评论："完全不清楚贝蒂依据什么预料到能够切断整个德军舰队。他发送那条信誓旦旦的无线电消息时，早已和敌人脱离了接触。"

换句话说，贝蒂发送信号的时候，他只是对舍尔战列舰队的位置有大致猜想，并没有任何接触。他可能瞥到一眼德军战列巡洋舰，但仅此而已。后来，贝蒂的支持者声称，如果杰利科听从了这一建议，战斗就可能以一次激烈的终极交锋收场。而杰利科的支持者则直指该说法纯属无稽之谈，因为贝蒂只是在为寻求支援而提出疯狂的不合理要求，却毫无根据可言。对许多人来说，他的信号有点儿不服从上级的味道。杰利科没有理会他的建议，而且有两条很好的理由。第一，所谓的"前锋"，即杰拉姆的第2战列舰中队，已经与贝蒂失去了联系，因为战列巡洋舰遥遥领先于舰队的其余力量。第二，整支战列舰队刚刚变到向西的航向，而英军的6路无畏舰纵队——也可以说7路，如果算上北方的快速战列舰——目前分散在9.1千米宽的海面上，它们几乎无疑将会与敌人取得接触。

然而，杰利科不愿置贝蒂于孤立无援之境。所以，他命令杰拉姆"跟上战列巡洋舰"。杰拉姆料到自己会收到这一命令，但是他并不打算执行。毕竟，他不清楚战列巡洋舰身处何方。现在他正向西航行，而贝蒂的舰船位于他的左舷正横方向。因此，为与贝蒂取得联系，杰拉姆将不得不向左舷变道，然后到南方努力寻找战列巡洋舰。这不太可能实现，因为无畏舰没有贝蒂舰船的速度快，难以保证追上它们。于是，杰拉姆决定留在原位，即战列舰队的南翼，至少等到能够发现贝蒂再动身。正如战后一名高级军官所说，战列舰队已经照贝蒂所说的去做了，甚至比他要求的做得还多。

然而，无论是贝蒂、杰利科还是杰拉姆，他们都不知道，英军无畏舰目前几乎正径直朝敌人驶去，后者现在位于6.9海里（约12.8千米）之外，正横穿英军的航道。之所以出现这种情况，是航线发生变化的结果。晚上7点48分，舍尔命令战列舰队向正南方航行。这意味着，当杰利科于12分钟后改变航向时，英军几乎与德军呈直角行驶，并以每分钟近550米的速度向它们逼近。从技术上讲，这意味着一旦双方相遇，杰利科将会遭遇"T字横头"。不过，事实上，由于英军舰队以中队为单位航行，一旦两军接触，它可以迅速转为作战队形，形成与德军平行的航线。届时，占上风的英军舷侧重炮将发挥它们的威力。舍尔比较幸运，因为杰利科所期待的新一轮冲突不会发生。不过，双方的轻型舰艇将互相接触，并在夜幕降临之前展开最后一场交锋。

巡洋舰之战

在转道向南之时，舍尔注意将舰队保持在紧凑的队形当中。基本上，无畏舰、前无畏舰和战列巡洋舰整齐地排列成3支平行的纵队，其中，战列舰队处于中心位置，较弱的前无畏舰居右，战列巡洋舰居左。那天晚上，海战棋盘上的另一重要力量是"吕佐夫号"，周围有几艘驱逐舰护航。现在，它正行驶在战列舰队之后，如果杰利科突然出现，它在那里可以得到全面的保护。在前无畏舰和无畏舰前方，有一队轻型巡洋舰在探察敌人的行踪，而驱逐舰则分为两组行动，分别位于德军3支战列舰纵队的两翼。

英军舰船——很可能是战列巡洋舰——早已被德军发现,位于公海舰队的左舷正侧面,因此,舍尔预料在夜色将他隐藏起来之前会再次与敌军相遇。

刚过晚上 8 点,轻型巡洋舰"卡斯托耳号"舰桥上的船员便发现了远处烟囱冒出的黑烟。该舰上悬挂着第 11 驱逐舰队指挥官杰克·霍克斯利(Jack Hawksley)准将的阔三角旗。他随即前去侦察,并有 8 艘驱逐舰一同前往。黑烟来自西北西方向约 9.1 千米的地方,在朝那个方向驶去的同时,霍克斯利向贝蒂和杰利科二人报告了发现的情况。南方大约 1.8 千米处是"卡利俄珀号",这是海军准将查尔斯·勒梅热勒第 4 轻型巡洋舰中队的旗舰。勒梅热勒转向前往支援霍克斯利,紧随其后的是"康斯坦斯号"和"科摩斯号"。此时,贝蒂正位于勒梅热勒的左舷正侧面,他的战列巡洋舰队仍在朝西南方向航行。为了增加与敌接触的概率,贝蒂命令纳皮尔少将第 3 轻型巡洋舰中队的 4 艘舰船向西呈扇形散开,试图最后一搏,在天黑前找到敌军舰队。

10 分钟后,即晚上 8 点 15 分,霍克斯利发现一队德军驱逐舰——第 5 雷击舰队的 12 艘舰船,它们由海军少校奥斯卡·海内克指挥。德军转向避开,而英军则在后面追击,一边前进一边朝它们射击。海内克率领他的舰船驶向"罗斯托克号"轻型巡洋舰,然后将火炮对准了最近的己方主力舰——贝恩克第 3 战列舰中队的无畏舰——瞄准的地方。英军没能命中德军驱逐舰,但它们仍继续追击。现在,太阳已经落山,光线开始变得暗淡。霍克斯利很惊讶,德国人竟然没有反抗。随后,他找到了原因所在。晚上 8 点

26分,他发现前方约7.3千米处有一队德军无畏舰。海内克已经把自己带到德军战列舰队的火炮之下。数秒后,随着3艘无畏舰开火,一圈圈橙色火光开始在德军阵列线中散开。

在"科摩斯号"上,海军上尉雷金纳德·瑟韦斯(Reginald Servaes)在舰桥上看到了这一幕。"我们以及中队的一半力量和半支驱逐舰队再次受命,前往击退另一轮驱逐舰攻势。我自己忙着坚守战位,根本没看到任何驱逐舰。大约3分钟后,我们的领航舰('卡利俄珀号')开了火。几乎就在它开火的同时,我看见3艘德国佬的战列舰,它们迅速朝我们的领航舰反击。由于德国佬的驱逐舰攻击没有继续展开,我们的驱逐舰已经掉头回去。"[3] 就在他观战之时,德军找准了勒梅热勒准将旗舰的射程:"他的船开始遭到德军炮弹跨射,在它转向的时候,它又被一两发炮弹命中,而我们也被跨射。一轮齐射炮弹紧挨着我们的舰尾爆炸,随后我听到弹片噼噼啪啪撞上烟囱和舰体外壳。"照这样下去,迟早会有一艘巡洋舰被德军大口径的齐射炮弹炸成两段。

在"卡利俄珀号"上,一名舰桥上的军官回忆说:"我们处于德军战列舰视野之内约有10分钟,而在此期间,我们遭受着两艘'皇帝级'和一艘'赫尔戈兰级'战列舰的袭击。它们的射击十分精准,只不过我们由于高速曲折行进,才得以免遭灭顶之灾。事实上,我们好比穿梭于水柱之中,炮弹爆炸和弹片横飞的声音简直震耳欲聋……在遭遇敌军炮火的最后5分钟内,我们进入了己方舰船视野,但此时双方战列舰队还看不见彼此。后来听说当时我们完全隐没在飞溅的浪花中。"[4] 真正拯救英军巡洋舰和驱逐舰的是逐渐暗淡的暮光。"柳特波德摄政王号""皇帝号"和"边境总督号"上的弹着观测员几乎看不到朝它们驶来的驱逐舰的昏暗轮廓。它们多是对着被舰首犁开的白色浪花射击,而不是瞄准舰船本身。

不过,它们的主炮和副炮组仍然集体开火。水柱在英国驱逐舰队四周碎开,于是霍克斯利命令舰队转向离开。该舰队虽然幸存下来,但错失了发动一次有可能毁灭贝恩克无畏舰的鱼雷攻击的绝佳机会。然后,勒梅热勒的轻型巡洋舰发现了德军阵列线,德军也同样看到了英军阵列。于是德军观测员切换了目标,并在近6千米的距离上开了火。勒梅热勒命令他的巡洋舰掉转方向,但在此之前,"卡利俄珀号"用水下发射管向敌军阵列发射了一枚鱼雷。随后,按照"卡利俄珀号"上一位姓名不详的中尉所述:"发射过鱼雷后,我们转身全速航行,以2个罗经点的角度曲折行进,沿着向东的航线朝我们自己的舰船驶去,只不过这时已经看不见它们了。""卡利俄珀号"最终达到英军战列的安全区域,它那满是炮痕的甲板上升腾着滚滚黑烟。

勒梅热勒在给妻子的一封信中描述了这场遭遇战:"我们的第二次短程出击是在晚上8点后不久——又有德军驱逐舰来袭。这一次,我只带了3艘船('卡利俄珀号''康斯坦斯号'和'科摩斯号')。我们击退了德军驱逐舰后,突然,从大约4英里(约7.3千米)开外的海雾中出现了公海舰队阴森可怖的身影。我们稍做停留,并朝它们发射了一枚鱼雷——'卡利俄珀号'有充分理由相信自己的鱼雷命中了敌舰——然后拼命奔逃去寻求庇护,因为与此同时，至少有3艘巨型战列舰在朝我们猛烈射击。"⁵事实上，鱼雷没能命中，或者至少没有爆炸，但在"卡利俄珀号"转向离开的时候，它自己反倒被"边境总督号"的一轮15厘米口径齐射炮弹击中。它的两门4英寸（102毫米）口径火炮被炸毁，并有十余名水兵牺牲或重伤。其中一名重伤的水兵——一个来自南伦敦的小司号兵——后来被授予一把刻有国王题字的军号，以表彰他当晚表现出的英勇气概。其余的英军舰船则全部成功逃脱，丝毫未损。

太阳落山前，英军对德军阵列发起了好几波进攻，这只是其中的第一次。霍克斯利和勒梅热勒开始出击时，纳皮尔少将的旗舰"法尔茅斯号"位于它们西南方向几千米的地方。他刚把自己的中队部署成横队队形，每两艘巡洋舰之间间隔一英里（1 828.8米）。它们沿着正西方向行驶，试图确定德军战列舰队的位置。"法尔茅斯号"处于阵列线的右端或者说北端。海雾随风飘转，旋绕在它们前方，但在晚上8点09分，旗舰上的瞭望员发现正前方有一队舰船，大约在它们西边11千米。之后，海雾再次弥漫。几分钟后，雾气消散：这一次时间够长，足以让纳皮尔辨认出它们是德军轻型巡洋舰——一共5艘，正以纵队队形行驶。他把中队转到与德军大致平行的航线，朝南方挺进，并等待海雾消散到足以对敌开火。

这5艘舰船是第4侦察舰队的轻型巡洋舰。它们由海军准将冯·罗伊特指挥，坐镇"斯德丁号"。"慕尼黑号""女性之赞号""斯图加特号"和"汉堡号"跟在冯·罗伊特的旗舰之后。这些舰船构成了公海舰队的先锋，它们在舍尔的战列舰队向南方行驶的过程中负责前方侦察。直到晚上8点17分，即日落后两分钟，"斯德丁号"上的观测员才看到了这队逼近的英军舰船。他们发现了5艘舰船，因为"坎特伯雷号"暂时加入了纳皮尔的中队。因此，两军的轻型巡洋舰中队变得势均力敌，或者说本该如此，若不是波迭克少将的第2侦察舰队也在此地。后者的先导舰位于"汉堡号"左舷船尾1830米的地方，因而比冯·罗伊特更加靠近纳皮尔的旗舰。然而，由于海雾的原因，当冯·罗伊特向舍尔发送目击报告时，波迭克尚未发现英军的巡洋舰。

冯·罗伊特立即把舰船转向纳皮尔，德军开始对英军发起进攻，一边航行一边射击。纳皮尔仍保持着目前的航向，但双方各自的5艘轻型巡洋舰正迅速相互靠近：每过一分钟，两组舰船间距就缩短910米。攻击开始时，它们相隔大约8200米。几分钟不到，双方的距离便降至5500米以内。然而，射击决斗却是单方面的。由于夕阳的缘故，德军舰船在西边天空的映衬下清晰可见，而英军的轻型巡洋舰在很大程度上难以看清，只有几个暗淡的轮廓。各处的能见度也好坏不一，例如，"斯德丁号"和"慕尼黑号"可以用前装炮打出几轮齐射，而它们左舷正侧面的"女性之赞号""斯图加特号"和"汉堡号"则根本找不到明确目标。英国享有明显的优势，而且很快就开始命中敌舰。

"慕尼黑号"被英军的6英寸（152毫米）炮弹击中两次，其中一枚炸毁了一只舰载小艇，另一枚在它最后方的烟囱上撕开一个大洞。由于蒸汽压力下降，"慕尼黑号"开始落后于其他舰船。现在，纳皮尔的5艘舰船几乎快要穿越冯·罗伊特中队的"T字横头"，因此，晚上8点30分后不久，冯·罗伊特命令自己的船只转向离开。它们向右舷偏转，所有船只同时转向，直至全部驶入向西的航道。几分钟后，它们已经再次消失在海雾之中，而纳皮尔的舰船也失去了射击目标。"法尔茅斯号"上的一名军官用几乎不屑一顾的敷衍口吻描述了这场冲突："晚上8点钟，我们受命向西巡弋，以便在天黑之前确定敌军阵列线前端的位置。晚上8点08分，我们发现4艘轻型巡洋舰，并与它们交了火，直到晚上8点38分，几艘敌军战列巡洋舰前来支援，于是我们就撤退了。"[6]他还补充说："在今晚的这次行动中，敌人发射的是榴霰弹。"

这次小规模冲突，尽管很难算得上这场长线战役中的重要事件，却标志着一系列重大转折。冯·罗伊特的巡洋舰一直在德军战列舰队前方侦察，希望引导舍尔安全通向南方。纳皮尔中队的到来迫使德军转向离开，在晚上8点21分，冯·罗伊特发出一条信号，报告称"东经7°方向出现4艘敌军轻型巡洋舰"。[7]这增加了舍尔的不安，他不清楚前方几海里究竟潜伏着什么。不过，现在北方数千米以外响起了更大口径火炮的轰鸣声。下一阶段将迅速演变为一场追击战，该阶段始于8点18分，即冯·罗伊特发起进攻的那一刻。过去的40分钟里，贝蒂的6艘战列巡洋舰一直向西南方向高速行驶，以期绕到德国战列舰队前方。现在，贝蒂赢取荣耀的最后机会到了。

贝蒂的最后机会

晚上8点18分，贝蒂的瞭望员发现西方出现两组舰船。右舷舰首前方大约 7 海里处是波迭克第 2 侦察舰队其余 3 艘轻型巡洋舰。随后，海雾再次分开，"狮号"右舷正侧面 6 海里（约 11 千米）处出现了德军战列巡洋舰。更棒的是，它们竟然没在移动——英军面对的是一个活靶子。低能见度再一次成为英军的优势：他们的舰船隐藏起来，而德军则清晰可见。贝蒂稍向右舷转变了航向，并把与德军的距离缩短至 7.8 千米。晚上 8 点 20 分，3 艘英军战列巡洋舰开始射击，一分钟后，"新西兰号"和"不挠号"也随之开火。由于烟囱冒出的黑烟一直盘旋不散，"不屈号"难以确定射程，但其他 5 艘英军战列巡洋舰都找到了明确的靶标。现在，贝蒂当然要为他那两艘被毁的战舰报仇。

德军完全措手不及。当英军的炮弹开始落在德军周围时，3 艘德军战列巡洋舰刚刚稍做停航，以便让希佩尔从 G-39 号驱逐舰转移到"毛奇号"上。前一分钟希佩尔还在利用战斗间歇，下一分钟其饱受重创的舰队便面临覆灭。当看到一串橙色的炮火照亮东南方黑暗的天空时，他第一次知道了自己面临的威胁。虽然几乎看不见英军的战列巡洋舰，但德军的观测员至少可以瞄准其炮口的火焰。于是，仅仅过了一分钟，沮丧的希佩尔又乘坐驱逐舰转向离开。4 艘德军舰船排成纵队队形，在"德弗林格尔号"带领下再次起航，双方都陷入了这漫长而血腥的一天的最后决斗之中。

英国战列巡洋舰开始射击时，冯·哈泽正位于"德弗林格尔号"的指挥塔内。"'准备作战！'的命令再次响彻全舰，几秒钟后，我就指导'安娜'炮塔对准了目标并开始射击。'贝莎'炮塔无法在浓雾中找到自己的目标……"[8] 实际上，这艘船只剩一座炮塔可以使用。之后,"一枚重炮击中'安娜'炮塔,并炸弯了一条旋转轨道,以至于炮塔被卡住动弹不得。连我们最后的武器都被夺走了!"一支作业小组用铁撬将炮塔恢复转动,于是力量悬殊的决斗得以继续。测距倒是真正的问题。冯·哈泽回忆道:"我几乎完全凭借估算距离射击,因为测距仪操作员很少能测出炮火的距离……根本不可能看到溅起的水柱。"他又不无克制地补充说道:"情形再次变得令人不快。"

对敌3:2的舰船数量优势,使得英军能够集中火力。于是,"长公主号"瞄准"德弗林格尔号","虎号"对准"毛奇号",而"新西兰号"和"不挠号"同时攻击"塞德利茨号"。"不屈号"则对观测员快速发现的任何目标进行射击。由于通信故障,"狮号"一开始射击的是"皮劳号"轻型巡洋舰,但它很快便将炮口转向了"德弗林格尔号"。仅仅过了4分钟,"毛奇号"就被一发13.5英寸(343毫米)炮弹命中舰体中部,几分钟后,"德弗林格尔号"仅剩的一座炮塔被击中,导致瞄准装置故障。德军现在开始转移,哈托格上校——仍暂时行使指挥权——命令中队停止交火,向右舷大幅度转向。波迭克的巡洋舰早已闪开道路,以便给战列巡洋舰提供无障碍的射角。随着波迭克行至前无畏舰后方,哈托格的战列巡洋舰开始转向。

然而,德军战列巡洋舰仍暴露在危险之中,它们现在正遭受着贝蒂的全力攻击。"塞德利茨号"于晚上8点30分身中两弹,一枚击中后炮塔,所幸并未造成严重损害,另一枚则在舰桥上方爆炸,导致舰桥内的大多数船员非死即伤,但冯·埃吉迪舰长并无大碍。哈托格停止交火的果断决定很可能拯救了德军，让他们免遭更严重的损失。至于英军舰船，它们当中有3艘损失了一座或多座炮塔。不过，"塞德利茨号"及其僚舰仍在反击："德弗林格尔号"打出了8轮齐射，"冯·德·坦恩号"则用部分炮塔打出了3轮。"毛奇号"和"塞德利茨号"各自成功打出两轮齐射。由于光线太差，德军的炮火基本无效，大多数齐射的炮弹都落在了英军舰船之后很远的地方。实际上，位于贝蒂战列巡洋舰1.8千米开外的装甲巡洋舰都已向左偏转，以便躲避袭来的德军炮弹。

尽管德军炮火相对而言不甚有效，但"虎号"上的准少尉约翰·乌弗里仍觉得这些炮火令人不安："当我们右舷一侧与敌交火的时候，几艘德军战列巡洋舰在逐渐暗淡的光线中朝我们射击。我记得看见了德军炮火的火光，心想炮弹会不会正朝我袭来，把我炸得粉碎——又或者我是不是真的看见了将会置我于死地的炮火。"[9] "不屈号"上的枪炮官没有明确的射击目标，但他记录道："尽管似乎一直有炮弹向周围的舰船射击，但几乎没有炮弹朝我们袭来。我向后看了一次，发现在我们后面很远的浓烟里溅起许多水柱，但那里似乎没有船。另外，还有许多炮弹远远落在我们前方……大约在晚上8点45分，敌人似乎同时失去踪影，而且在夜幕最终降临前，我们再也没有发现它们。"

唯一一次被证实的命中发生在8点24分，德军舰船副炮组的一枚15厘米炮弹击中"狮号"，但没有造成任何重大损失。不过，德军战列巡洋舰此时已经全速向西行驶，英军观测员发现他们失去了一切可见目标。不过，这只是暂时的休战。哈托格变向造成的一个没有预见的结果便是,他的战列巡洋舰径直挡住了德军战列舰队的道路,后者在两军交火前位于哈托格右舷正侧面约 3.7 千米外。无畏舰阵列由"威斯特法伦号"领航,这艘舰船被迫向右急转,以免发生碰撞。其余的德军舰船也效仿之,在到达同一点时相继转向。结果,到 8 点 30 分,所有德军无畏舰或战列巡洋舰要么在朝西行驶,要么在转向中。

现在,舍尔向南逃跑的计划被打乱了。由于战列巡洋舰转而向西,公海舰队主体目前驶入了舰队司令极不情愿选择的方向。他向南行驶的目的是避免离威廉港过远。现在,舰队每向西行驶一海里,舍尔返回母港的难度就增加一分。不过,那 4 艘战列巡洋舰的撤退极其必要。"塞德利茨号"的舰首几乎完全沉入水面以下,而"德弗林格尔号"也几乎难以为继。一旦再遭到几次命中,这两艘舰船就可能沉没,而另外两艘的数座炮塔已被炸毁,其装备已被削弱到不足以自卫的地步。哈托格在竭力逃跑,如果不是一支新力量突然出现,贝蒂将会对其展开追击。在哈托格及其战列巡洋舰艰难地驶向安全区域的同时,这支新出现的中队——完全不是贝蒂舰船的对手——在生死攸关的几分钟里勇敢地充当了英军的靶子。

第十六章

黄昏对决

尽管舍尔并不知晓,但在晚上 8 点 26 分,他的舰队确实面临着灾难。如果贝蒂立即转向,他可以不断地攻击德军战列巡洋舰队,直至将其摧毁。为了避免与哈托格的船只相撞,舍尔的无畏舰队刚刚被迫紧急向右舷偏转了 90°。无畏舰相继在"威斯特法伦号"的转向点变道。舍尔并不知道发生了什么;虽然他看见战列巡洋舰在向敌人开火,但他辨认不出目标舰船类型。然而,他阵列线中的舰船在依次转向驶离英军,而与此同时,看不见的敌人却在不断地攻击德军战列巡洋舰。舍尔的旗舰处于无畏舰阵列第九位,这意味着其舰长别无选择,只能跟随前方舰船的脚步。如果舍尔知道杰利科在哪儿的话,那么,他的担心将会转变成恐惧。

五分钟舰船

所有这些小规模冲突发生之时,杰利科的无畏舰一直在朝西南西方向行驶,逐步缩短着与舍尔战列舰队之间的距离。两军的阵列线目前相隔仅 4.4 海里(约 8.2 千米)。如果海雾中再出现一次缝隙,那么,德军舰船就会暴露出来,因为逐渐暗淡的暮光仍能映衬出它们的轮廓。舍尔还算幸运,海雾仍然阻挡着双方的视线,或者说大部分舰船的视线。例外的是德国战列舰队中一部分仍在向南方航行的舰只。当舰队其余船只变向西行时,毛弗少将第2战列舰中队的6艘老式前无畏舰仍保持着之前的航线。晚上8点26分,它们的领航舰"汉诺威号"位于哈托格的战列巡洋舰前方4.6千米处,比身后的德军无畏舰更靠西一些。这意味着,贝蒂发现它们时,它们在孤军行进。

在过去半小时内,6艘德军前无畏舰和6艘英军战列巡洋舰一直在逐渐靠近彼此,所以,到晚上8点26分,它们之间的距离只剩下4.9海里(约9.1千米)。在过去的几分钟内,毛弗在他的旗舰"德意志号"上看到哈托格的战列巡洋舰一直在向敌人开火,但他对射击目标一无所知。这一射击决斗告诉他,英军的无畏舰或战列巡洋舰就在东边的某个地方,但他就是不知道确切位置。晚上8点30分前不久,他找到了答案:"虎号"和"长公主号"发现德军的一支中队并开了火。这是一场实力尤为悬殊的竞赛,尽管贝蒂的战列巡洋舰此前亦蒙受损失,但它们仍然拥有强大的攻击力——比装备较差、装甲较轻的前无畏舰强多了。这些老式战列舰被德国海军称为"五分钟舰船"——这是对它们与现代无畏舰作战能坚持多久的评估。

很快就能验证这一绰号起得是否恰当。当英军发现毛弗的中队时,贝蒂的战列巡洋舰仍在射击德军战列巡洋舰,而哈托格此时已经转头向西,迫使其正北方的德军阵列不得不随之行事。英

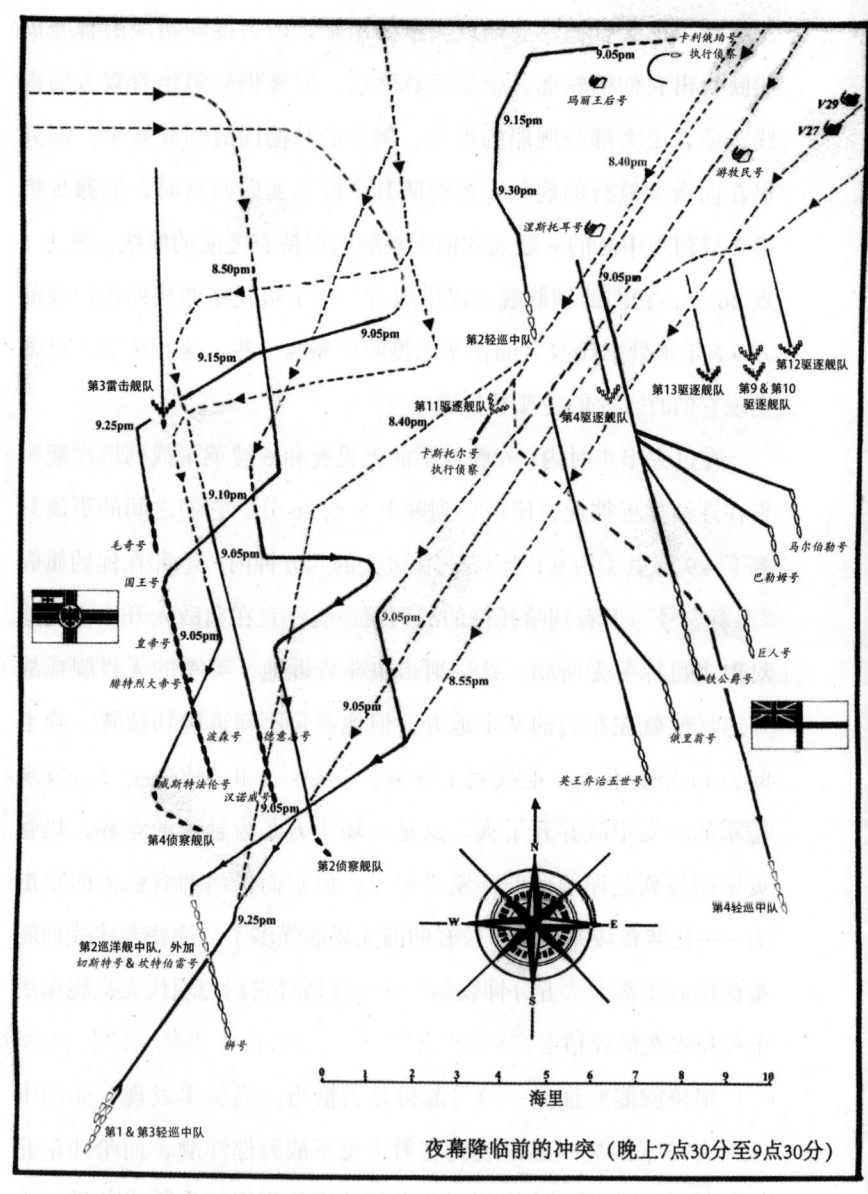

夜幕降临前的冲突（晚上7点30分至9点30分）

军炮弹仍在德军战列巡洋舰四周坠落并时有命中，有一些炮弹甚至极具威胁地落在德军的领航无畏舰附近。事实上，"威斯特法伦号"早已被跨射，弹片击中了它的上层甲板。在所有的德军无畏舰中，只有"波森号"做出了反击，但毫无成效，因为它面对的几乎是隐形的敌人。不过现在，随着德军战列巡洋舰缓慢离开，毛弗的6艘前无畏舰成为新的射击目标，它们对贝蒂的诱惑力实在太大。虽然仍有几艘战列巡洋舰在射击哈托格的船只，但大部分舰船都已把目标转向了毛弗的中队。

现在双方的距离不足5海里，完全处于英军火炮的射程之内。目前尚未收到明确的射击命令。由于贝蒂没有下达命令，选择目标的责任落到了各位舰长身上。"长公主号"向6艘船组成的德军阵列最前方的"汉诺威号"射击，而其正后方的"虎号"负责射击敌军阵列的第五艘船"黑森号"。"新西兰号"起初瞄准的是"石勒苏益格－荷尔斯泰因号"，命中一次后，它将目标转向了德军第二位的舰船"西里西亚号"。"不挠号"的目标是"黑森号"正前方的"波默恩号"，而"狮号"和"不屈号"则继续向德军的战列巡洋舰开火。虽然遭遇伏击，但毛弗是一位经验丰富的指挥官，他立即看清了局势。他的舰船正孤军行进，没有真正的机会对英军船只进行反击，即便反击也没有成功的可能。然而，通过将火力从德军战列巡洋舰身上转移，这6艘前无畏舰为哈托格提供了一线生机。

于是，毛弗决定保持原有航线不变，同时保持镇静，直到哈托格成功与敌军脱离接触。他估计哈托格大约需要5分钟就能逃离贝蒂——而这恰巧是怀疑者为其舰船估算出的寿命。但当重炮纷纷落在他几乎没有防御能力的战列舰周围时,毛弗别无选择,只能眼睁睁看着这场赌局进行下去。后来,德国官方历史对此粉饰道:"由于烟雾干扰及能见度较差,'波默恩号''石勒苏益格-荷尔斯泰因号'和'德意志号'的28厘米火炮只打出了一轮齐射,'汉诺威号'打出8轮,'西里西亚号'打出了9轮。"[1]事实上,这些还击都是杜撰出来的:德军中队的战斗报告——一系列尽职的反馈——显示没有打出一发炮弹。这不足为奇,除了可以看到火炮迸出的光圈,贝蒂的战列巡洋舰完全隐没在东方逐渐暗淡的地平线上。

在战斗推进中,"不挠号"的一座12英寸(305毫米)口径火炮的炮塔里,炮塔主官匆忙对这次行动做了简短的描述:"我们中队的许多齐射炮弹都命中了敌军,我们还观察到,他们的几艘船上起了大火,航速似乎也降低了。晚上8点42分,我们感受到一次明显的震动,并听到一声低沉的爆炸声,但没有发现任何损坏,也没有找到导致此事发生的确切原因。"[2]奇怪的是,15分钟以前,"不屈号"上也发生了类似事件。该舰枪炮官记录道:"大约在晚上8点30分,我们都感到一股猛烈的撞击,起初我们以为可能是水雷或者鱼雷。"一种可能的解释是,那两艘舰船都撞上了某块"向南奔袭"期间留下的漂浮残骸。

冯·哈泽在"德弗林格尔号"上看到了那场一边倒的战斗。后来,他对此进行了尤为热情的赞扬。根据他的说法,"德弗林格尔号"及其僚舰转向离开的时候,"支援竟来自后方最意想不到的地方。当战列舰队转到向南的航线后,我们的第2战列舰中队——老式的'德意志级'前无畏舰——成了舰队的先锋。舍尔将军当前认为，舰队应以最佳的战术队形向南撤军。因此，他命令第 2 战列舰中队到另外两支现代化中队的后方就位。第 2 中队的指挥官此时正在实施这一机动，把整个中队带领至其余战列舰以及我们的西侧。如此一来，他便插入到我们和敌人之间，而后者正在我们身后穷追不舍。突然间，敌人看见 7 艘大型战舰朝他们全速冲去"。[3]

他的描述并非完全正确。首先，两支中队正相当均速地相互靠近，而且毛弗一看到英军战列巡洋舰，便命令其麾下舰船向右舷偏转 3 个罗经点（34°），以防止两路纵队进一步靠近。其次，舍尔没有下达过如上所述的命令。在他不情愿地变向西行以前，整个舰队一直在向南行驶。而由于半小时前战术大转向的缘故，第 2 战列舰中队才行驶在无畏舰队最前方。最后，贝蒂麾下只有 6 艘战列巡洋舰，而不是 7 艘。冯·哈泽接下来所述变得更加混乱："与此同时，不知疲倦的驱逐舰再次奋起反击。敌人承受不了这么猛烈的攻击——于是它们转向消失在暮色之中。我们再也不想看到任何一艘敌舰，但当形势突然有所改善，我们仍大感欣慰。"这些叙述极不准确，而且误导性很强。

在与前无畏舰交火期间，贝蒂的船只一直保持着原来的航向，事实上，它们在未来半小时内都没有改变方向。它们显然没有掉头离开，退出战斗。不过，贝蒂的问题在于其速度。他的战列巡洋舰航速约为 25 节，接近它们的最高速度。相比之下，如果情况良好，毛弗的中队可以达到 18 节航速，而这次双方发生冲突时，他的船速似乎比这低 2 节。晚上 8 点 30 分，前无畏舰位于英军舰船侧后方不远处,而在5分钟的交火过程中,英军一直在向前渐行渐远。然后,在遭受5分钟的攻击之后,掉头离开的是毛弗而非贝蒂,他从212°转到了263°。这意味着,自最初发现贝蒂,前无畏舰的航向总共偏转了60°,或者说5个罗经点多一些。即便有人转向离开,那也是毛弗——但他有充分的理由。

由于冯·哈泽想把他昔日所在中队的形象塑造得良好一些,他毫无疑问做了些许美化。看了他接下来写的东西就会明白:"我看到从前服役过的老中队里所有的好朋友都朝我们驶来,其中有我服役过5年的'黑森号',还有'波默恩号'和'石勒苏益格-荷尔斯泰因号'以及其他舰船。它们猛烈地射击,而自己也遭受着凶猛的炮火。但敌人不久便承受不住了。我在想,如果敌军事先知道面对的是何种舰船,它们就不会转向离开了吧!它们是德军中出了名的'五分钟舰船',要解决它们,英军都不用花5分钟,但他们竟勇敢地撤退了!"实际上,让炮火停止的是一系列综合因素,包括逐渐拉大的距离、茫茫的海雾、渐暗的天色,以及大体上无法观测的弹着点。英军战列巡洋舰相继停止了射击,最后一发炮弹是"新西兰号"于8点39分发射的。

在这漫长而令人神经紧绷的几分钟里,德军前无畏舰被命中两次。"石勒苏益格-荷尔斯泰因号"和"波默恩号"各遭一记命中。"波默恩号"几乎没有受损,但"石勒苏益格-荷尔斯泰因号"遭受的一击则严重得多:晚上8点32分,"新西兰号"的一枚12英寸(305毫米)炮弹击中了它的舰体中部,在其上甲板炸出一个洞,并导致一门副炮失去战斗力。3名德军水手丧生,另有9人受伤。彼时，德军舰船——前无畏舰和战列巡洋舰——已经停止射击。冯·哈泽记录道："在晚上10点31分（英国时间晚上8点31分），我忠实的射击记录员记下了'德弗林格尔号'射出的最后一发主炮炮弹。"[4] "新西兰号"的那一记命中将载入史册。虽然当时没有人会相信，但这场冲突确实成了整场战役中英德两军主力舰的最后一次较量。事实上，除了1917年在里加湾与俄国前无畏舰发生的一次小规模冲突外，这是整个大战期间最后一次爆发此类冲突。

现在，天色太晚，已经看不到敌舰，正如冯·哈泽所说："北方漫长的白天终于结束了。"以最后一场射击对决结束这一天显得有些特别，但毛弗的干预可能真的拯救了舍尔的战列舰队。几乎可以肯定它拯救了德军战列巡洋舰，使它们免遭被各个歼灭的厄运。出击之前，舍尔一直不情愿带前无畏舰一起出航，只是碍于毛弗的百般劝说，他才同意将它们纳入阵列。不过现在，事实证明它们的存在是有道理的，因为在关键时刻，它们成功地将贝蒂的火力从德军战列巡洋舰上引开。更重要的是，毛弗的出现阻止了贝蒂改变航线追击敌军战列巡洋舰，否则后者会在夜幕降临前的最后几分钟将舍尔拖进战斗。如果贝蒂做到了，那么，杰利科就可能及时赶来让仍处于混乱之中的公海舰队遭到两面夹攻。尽管如此，毛弗从来没有因其拯救舰队的干预行动而得到舍尔的真正赞扬。

杰拉姆的大好机会

自从半小时前冲突开始以来，勒梅热勒准将的第4轻型巡洋舰中队已经在杰拉姆中将的无畏舰两侧排好队形。这意味着它们处于英军战线的最前面。直到晚上9点前不久,它们仍保持这种阵列——2艘轻型巡洋舰在杰拉姆的旗舰左舷,3艘在右舷。突然,"卡罗琳号"的瞭望员发现3艘敌舰出现在他们右后方昏暗的海面上。它们大约在9.1千米之外,瞭望员认为它们可能是敌人的前无畏舰。这些舰船正前方是一些低矮的轮廓,看起来酷似敌军的驱逐舰。"卡罗琳号"的舰长亨利·克鲁克(Henry Crooke)用无线电向勒梅热勒传送了发现报告,后者的旗舰"卡利俄珀号"正位于无畏舰远侧。克鲁克还向杰拉姆的旗舰"英王乔治五世号"发出了警告,称敌人很可能会发动鱼雷攻击。再一次冲突似乎已不可避免。

出于某种原因,消息根本没有传至杰拉姆。然而,坐镇轻型巡洋舰"卡斯托耳号"的霍克斯利准将——第11驱逐舰队的指挥官——轻易地侦听到了此消息。他看到"卡罗琳号"前去侦察,另外还有两艘僚舰伴行,一艘是"科摩斯号",另一艘是"保皇党号",它们都属于勒梅热勒的中队。霍克斯利命令其驱逐舰也跟在它们之后。这是勒梅热勒中队向昏暗的西方进行的第二次侦察。英军很快发现,那些根本不是前无畏舰。它们是无畏舰——德军战列舰队最前方的3艘舰船。德军成功避免撞上战列巡洋舰后,无畏舰阵列前端于晚上8点45分再次折向南方。克鲁克的瞭望员看到的是"威斯特法伦号""拿骚号"和"莱茵兰号",它们正带领着长长的德军无畏舰队向前挺进。

克鲁克仍不能确定那些是什么舰船。因此,他下令用舰桥上

第十六章 黄昏对决

的探照灯发出身份识别口令。得到的唯一回应是"拿骚号"的一门副炮打出的一发照明弹。这令英军有了定论：因为在战争该阶段，英军舰船没有配备照明弹，而德军有。克鲁克当即下令实施进攻。由于照明弹的亮光把海面照得通明，"卡罗琳号"和"保皇党号"疾冲而上，而德军炮弹则如纷纷雨落在它们四周。令人惊奇的是，竟没有一发炮弹击中它们，而双方的距离却在迅速缩短。晚上9点05分过后不久，两艘轻型巡洋舰突然掉转方向并施放鱼雷。这两艘舰船各自携带4枚21英寸（533毫米）的马克Ⅳ型鱼雷，并在约4 600米的距离上将它们发射出去。然后，这两艘巡洋舰转向离开，在炮弹溅起的水柱中穿梭前行。不过，霍克斯利的驱逐舰目前尚未加入此次进攻。

在"卡罗琳号"上，船匠弗雷德·菲尔德（Fred Fielder）记得当时的紧张时刻："炮弹呼啸着飞过我们头顶，有一些甚至落在我们和己方舰船之间……此时，我们已经施放了烟幕，并逃离了极端危险的处境。"他又补充道："不夸张地说，只要有任何舷侧炮命中我们，这艘小船都将被炸上天。"[5] 这次英勇的小规模攻击本可以造成一艘德军无畏舰瘫痪。有两枚鱼雷差一点儿击中"拿骚号"：其中一枚从它的舰首前方滑过，另一枚——由于错误的深度设置——从舰体下方穿过。"拿骚号"和"威斯特法伦号"急转向右舷以避开鱼雷，当它们恢复先前航向时，英军巡洋舰已经离开。弗雷德·菲尔德把德军糟糕的射击归因于"一片慌乱或惊恐万状"，但更可能的是，这一短暂的转向令炮手丢失了目标。

霍克斯利之所以没有加入鱼雷攻击，是因为他预计身后的英军无畏舰会开火,他不想挡住它们。后来他解释说:"我令舰队转向避开战列巡洋舰,想着主力舰队会射击敌军。"然而,杰拉姆的巨炮却一直没有动静。霍克斯利然后决定:"现在天色还不够晚,不能在没有主力舰队火力支援的情况下发动进攻。"他还说:"敌军战列巡洋舰向右舷变了向,从我们的视野中消失了。"[6] 当然,那些舰船都不是战列巡洋舰,它们是威力强大的无畏舰。随着昏暗的天色开始把它们隐藏起来,德军第1战列舰中队才免遭一场决定性攻击。同样重要的是,由于杰拉姆的缘故,最后一次给公海舰队以严重打击的机会即将被错过。

几分钟后,"英王乔治五世号"的瞭望员再次发现敌舰阵列,目前正位于他们右舷舰首10千米。克鲁克也看见了它们,遂命令其巡洋舰再度进攻。几秒钟后,"英王乔治五世号"发出的一个信号撤销了这一命令。杰拉姆向杰利科送去完全相反的信号,称其水兵发现的舰船实际上是贝蒂的战列巡洋舰。这根本讲不通。几分钟前,杰拉姆看到了克鲁克实施鱼雷攻击,他也一定看到了德军的照明弹。在一个多小时以前,杰拉姆就与贝蒂失去了联系,但当贝蒂消失时,他已经远远超到了杰拉姆前方。预期贝蒂重新出现在速度较慢的无畏舰侧面毫无理由可言。杰拉姆的旗舰舰长弗雷德里克·菲尔德(Frederick Field)恳请他开火,其他几名军官也请求射击,但杰拉姆不为所动。那些都是英国舰船,他不会朝它们开火。

杰拉姆身后的第四艘船是"俄里翁号"——海军少将阿瑟·莱韦森(Arthur Leveson)的旗舰,这位将军指挥着第2战列舰分队——杰拉姆中队的半数力量。在"俄里翁号"的舰桥上,同样的场景再次出现。[7] 舰长奥利弗·布莱克豪斯(Oliver Blackhouse)上校及其舰务官霍姆(Home)中校都恳请莱韦森忽略杰拉姆的命令并进行射击,一如当年的纳尔逊。他们可以清楚地看到那些船只是敌军无畏舰,莱韦森大概也能看出来。他们甚至恳求这位将军无视命令,就像纳尔逊在圣文森特角和哥本哈根海战中一样,如此可以使他"与纳尔逊齐名"。这些鼓舞人心的话说了也是徒然:莱韦森是在维多利亚时代的海军中培养出来的,于他而言,服从命令和遵守纪律就是一切。他想了片刻,然后宣布:"我们必须遵照前一艘舰船行动。"最后时刻的射击决斗再无可能,于是,最后一次重创舍尔舰队的黄金机会就这样悄然流逝。

这简直太遗憾了,因为在尚可隐约看见德军无畏舰的同时,英军的对手仍看不见他们的阵列。哪怕非常短暂的交火都可能迫使德军阵列再次向西改变航线,从而给德军阵列制造混乱。于是,两支舰队一直保持着几乎平行的航线,直至黑夜将敌人吞没。漫长的白昼终告结束,而最后一次有效火力决斗的机会也已经错失。随着夜幕降临,"铁公爵号"上的杰利科和"腓特烈大帝号"上的舍尔各自盘算着他们的选择。二人当中,杰利科处于优势地位。他知道,黑夜只会持续5个小时。当黎明来临时,他有信心结束战斗并彻底摧毁公海舰队。而另一边,舍尔被困住了,除非有奇迹发生——或者某种灵巧的机动——才可能拯救他的舰船,让它们免遭灭顶之灾。

第十七章

夜幕掩护

　　杰利科应该对那天下午舰队的表现感到满意。在那漫长的一天当中，他一直比舍尔技高一筹，并挫败了他。那位德军将领在战斗中被迫三度实施紧急转向，其中两次还冒着英军毁灭性的猛烈炮火。尽管如此，英军仍横亘在德军舰队和它的基地中间。那天晚上，参谋长查尔斯·马登（Charles Madden）少将记得杰利科于日落时分宣称："已经发生之事都是按照预期进行的。"[1] 当然其间也不乏挫折：杰利科自己的旗舰紧挨着"无敌号"的残骸驶过，他还目睹了"防御号"的爆炸却无计可施。"厌战号"和"勇士号"已经严重受损，现在正脱离舰队返回母港。"马尔伯勒号"被鱼雷击中，但它仍勉力跟上中队里的其余舰船。不过，这一切几乎没有减弱大舰队极强的作战潜力。

　　然而，杰利科仍不知道"玛丽王后号"和"不倦号"已经覆没，也不了解战列巡洋舰队其他舰船遭受的损失。贝蒂根本没有告诉他。事实上，这位海军中将一整天都保持着异常的缄默。即便现在，杰利科也不清楚贝蒂身处何方，只知道他就在前面。不过，他知道希佩尔的舰船遭受了严重的打击，其中3艘几乎无法继续浮于水面。在"死亡之行"期间杰利科见过它们,知道它们承受不了更多的打击。德军无畏舰也遭受不少损失,故而杰利科相信,第二天上午他有能力结束这场他挑起的战斗。他所要做的,就是平安度过未来5小时的黑夜。这意味着要避免夜间作战,同时避开敌人的鱼雷袭击。如果他能始终挡在舍尔和威廉港之间,那么,第二天黎明过后,公海舰队将任凭他处置。

杰利科的部署

那天晚上,如果大舰队透过黑夜斜向西行,直到与舍尔的无畏舰取得接触,英军本可以对德军实施强有力的打击。两支舰队都有大量的驱逐舰,而且大部分驱逐舰仍有鱼雷可用。然而,杰利科根本不想将所有赌注都压在一场夜间行动上,他认为那种海战形式只不过是碰运气。公海舰队练习过夜间作战,精通在黑暗中操作舰船。他们有极好的探照灯,并练习过利用它们在黑暗中指引火炮射击。相比之下,英军在这一关键领域几乎没有训练过。这种专业素养的缺乏在驱逐舰队中似乎尤为突出,这一弱点很快将暴露无遗。

"科摩斯号"巡洋舰上的一名童子水兵比尔·贝内特(Bill Bennet)证实了有关探照灯的说法,他写道:"关闭探照灯之后,我们必须找防水油布罩上它们,挡住满月般发光的碳棒,不能给敌人留下轰击我们的机会。而德军探照灯关掉后,根本看不到舰上的任何东西——后来我们才知道,原来他们的灯上装有遮光挡板。"² 至于缺乏训练，"南安普敦号"巡洋舰上的斯蒂芬·金－霍尔上尉提供了相关例证。他回忆道："晚上9点45分左右，我们突然看到一支驱逐舰队向我们奔来。我们正要开火，才发现它们是己方舰船。当它们快速冲过我们的阵列时（我们对它们的随意行为大骂一通），其中一艘竟向我们发射了一枚4英寸（102毫米）炮弹，但所幸没有命中任何目标。"他补充说道："我想那个火炮瞄准手肯定是没了脑子。"³

大舰队的另一个问题在于其夜间识别暗号的方法过于原始。舰船之间使用奥尔迪斯信号灯传递暗号口令和回令，这远比德军的标准方法——在桅顶上挂绿灯——更容易被发现。在德军了解了英军使用的夜间识别暗号后，情况变得更加危险。"埃尔宾号"上的海因里希·巴桑日上尉想起所在巡洋舰夜间遭遇"卡斯托耳号"时的场景："我们向他们展示英军的识别暗号，他们予以了回应。由于我们确认那就是敌人，于是开始朝它猛烈开火……"⁴因此，杰利科的担心不无道理，他害怕夜间作战将不可避免地付出惨重代价，并将招致混乱：舰船相撞，看不见的驱逐舰在近距离发动鱼雷攻击，以及普遍的惊慌和混乱氛围。这绝对不是杰利科的做派。

在日德兰海战爆发前发布的大舰队《作战程序》中，杰利科描述的情况和那天晚上其舰队面临的情况完全一样。在题为"如果行动一直胜负未决"的一节中，他写道："可能有必要在白天快结束时主动出击或者被动迎战，如此一来，在战斗决定性阶段到来之前，黑夜就将迫使全面交火中止。"在这种情况下，"如果敌人在雷击舰攻击方面仍具有很大优势，那么，在天黑时撤回舰队可能是比较理想的做法"。⁵ 这才是杰利科真正畏惧的。他相信，如果在白天展开射击决斗，其火炮的数量及较大的口径将会确保他取得胜利。不过，如果敌军在夜色的掩护下用鱼雷击沉几艘无畏舰，他很容易失去这一优势。所以，他坚决避免不必要的夜间作战。他要做的是封锁舍尔返回威廉港的路线，这样战斗将在黎明时分按照杰利科的意愿重新开始。

晚上9点，杰利科坚定地拒绝了发动夜战的主张。这时，他命令战列舰队以分队为单位驶离敌人，并向南南东方向驶去。这意味着，现在英军无畏舰非但没有向舍尔靠近，反而正逐渐远离他。这不仅仅是为了避免夜间作战，杰利科也有战略层面的考虑。在战斗结束后杰利科写给海军部的一封信中，他阐述了自己的想法。"晚上9点，光线很暗，雾气渐重，我令舰队向南行驶，穿过1号雷区和霍恩礁之间的地带，目的是拦截敌军，以防他们借道叙尔特岛或埃姆斯运河返回。驱逐舰队则被部署在主力舰队后方5英里处（约9.1千米）。"⁶ 换言之，他不想冒夜间战斗的风险，但同时想确保自己稳定地处于舍尔和他的基地中间。杰利科打算守株待兔。毕竟，他有这个能力，因为被困住无法逃脱的是舍尔而不是他。

15分钟后，英军战列舰队的6支分队或者说纵队继续保持向南的航向，此时，古迪纳夫准将却发来报告，称其巡洋舰队已失去敌人行踪。在夜幕降临前的最后几分钟，他的4艘巡洋舰与德军驱逐舰展开了一场小规模追击战，但敌人最终撤退，从那以后再无动静。对杰利科而言，这证实了两军舰队已经在夜晚之前脱离接触。于是，两分钟后，他命令战列舰队采取夜间巡航队形。6列分队将形成3支中队，每支中队由8艘无畏舰组成，各中队之间相隔一英里（约1.8千米）。各巡洋舰中队将在战列舰队的前方、后方和侧面就位，而驱逐舰——通常与巡洋舰一起——现在将遵从杰利科的新命令，跟在无畏舰之后，以防舍尔试图绕到大舰队后方。

杰利科除鱼雷袭击之外的另一担心便是舍尔可能在夜间避开他。仔细查看航海图就会发现，有4条路线可供舍尔返回基地——4种选择。第一条很容易排除：穿过斯卡格拉克海峡，然后环丹麦半岛行进。晚上9点，公海舰队距离菲英岛和丹麦本土东海岸之间的小贝尔特海峡超过了330海里。这条通道不仅路程漫长，而且意味着速度缓慢或严重受损的德军舰船将永远回不了家。杰利科的舰队可以在第二天早上轻易追上并摧毁它们。最终，只有一组德军驱逐舰，即第2雷击舰队是从这条路线返港的，在此之前，它们于夜间脱离了公海舰队的其他舰船。这样还剩下另外3条路线，它们全都要穿过或者绕过英军和德军布设的雷场才能到达德国湾。

其中两条重要航线被称为埃姆斯路线和叙尔特岛路线。第一条路线环绕着已知英军雷区的西侧，其外缘从阿姆鲁姆沙洲向西延伸近25海里，然后向西南通往荷兰弗里西亚群岛。阿姆鲁姆沙洲距叙尔特岛近25海里，该岛离丹麦与德国边境附近的海岸不远。叙尔特岛和阿姆鲁姆沙洲之间的空隙被称为阿姆鲁姆海峡，德军的扫雷艇经常出没于这一海域，以排清水雷危险。沙洲南端的阿姆鲁姆灯塔船便是德军防御雷场起始的标志。要想到达阿姆

第十七章 夜幕掩护

鲁姆海峡,德军舰队必须紧挨着霍恩礁灯塔船通过,该船所在位置便是霍恩礁的西端,此处距离丹麦海岸近35海里。这一选择,即叙尔特岛路线,是舍尔回家的最短路线。

舍尔的另一选择是埃姆斯路线。他将向南沿着英军雷场的西部边缘达到那里,然后便能看能荷兰的弗里西亚群岛。接下来路线会顺着靠近海岸清除过水雷的航道,穿过德军雷场。这条路线向东穿过埃姆斯河河口就会到达亚德河河口和威廉港。杰利科知道德军还可能走第四条路线,该路线穿过英军雷场中的一条已经清除过水雷的航道,从其西北角出发到达赫尔戈兰岛。然而,他不知道这条路线具体从什么地方开始。不过,封锁这条路线相当容易,只要阻止舍尔到达霍恩礁即可。杰利科要做的就是让他的英国舰队保持在德军的东边。

杰利科认为,舍尔可能会试图借道霍恩礁,走叙尔特岛路线,但他觉得这一选择风险过高,因为这将意味着他要从大舰队中突出重围。那天下午,舍尔与杰利科的无畏舰已发生过两次冲突。但每次都以他的撤退而结束。因此,杰利科觉得,即使在夜幕的掩护下,舍尔也不可能再做第三次尝试。于是,杰利科的夜间部署基于舍尔将采用向南的两条返航路线:埃姆斯路线或者那条穿过英军雷场通往赫尔戈兰岛的不甚明确的航道。然而,为防止舍尔试图在夜间悄悄地绕过他,杰利科命令驱逐舰在其身后展开队形,让它们充当绊索,以便在德军向霍恩礁移动时向他发出警告。因此,杰利科觉得自己已经采取了一切可以严密封锁舍尔的措施,只等黎明到来,他便可以摧毁整个德军舰队。

完成兵力部署后，杰利科向全体舰队发出一条信号，"没有夜间作战意图"。[7]这实际上是在告诉他的舰长们，如果一切顺利，天亮之前不再会有战斗。这意味着，他们可以尽己所能，修复舰船的损失，照顾他们的伤员，或者给水兵们急需的几小时休息。虽然大多数舰船的水兵在夜间仍坚守战位，但至少他们可以享用食物——汤、三明治、朗姆酒和可可饮料——可谓是长时间紧张激烈之后的一次怡人的短暂休息。一切安排妥当之后，杰利科穿着整齐地躺在他的简易床上，他的小卧舱就位于"铁公爵号"舰桥的正后方。在就寝之前他下令，一旦出现任何重要的新情况务必叫醒他。他确实需要好好睡一觉。不用4小时天就会破晓，到那时，他得以充沛的精力迎接战斗。

舍尔的大冒险

那天夜里，舍尔中将也一直在考虑自己的选择，他完全知道自己的处境有多危险。黎明将在凌晨2点后不久到来，而且很快英军就会有足够的光线重新开启战斗。由于舍尔的舰队数量较少，而且受累于受损的战列巡洋舰和脆弱的前无畏舰，这场战斗舍尔几乎没有获胜的希望。摆在舍尔面前有4种选择，一如杰利科所料。在这些选择中，他立即摒弃了斯卡格拉克路线，理由跟杰利科想的一样，因为这将意味着要牺牲他速度较慢的舰船。然而，与杰利科不同的是，他认为那两条向南的路线也难以接受。首先，穿过英军雷场通往赫尔戈兰岛的是一条单向航路。前一天晚上舍

第十七章 夜幕掩护

尔曾走过这条航路,但通向它的向海入口没有标记,而经过一天之后再想用航位推算把它找出来几乎是不可能的。

晚上9点钟,德军距离埃姆斯路线的起始点尚有178海里,相当于12个小时的航程,如果行动迟缓及受损的战舰想要跟上队伍,那么,所需的时间会更多。凌晨2点后不久日出,到了3点,将有足够的光线供双方的射击指挥组开展工作。这意味着,如果舍尔向南航行,他将不得不持续作战6个多小时。这将会摧毁他的舰队。另外,贝蒂的战列巡洋舰在他前方某个角落,在其舰队和埃姆斯航道入口之间。他将不得不与这些战列巡洋舰交战,而贝蒂有能力拖住舍尔,直到杰利科介入战斗。考虑到大舰队数量上的优势,以及己方许多战舰的脆弱状态,先与贝蒂交火,再与杰利科展开追击战,这种做法断不可取。如此一来,舍尔便只能选择叙尔特岛路线,这也是所有选择中风险最高的。

不过,舍尔知道某些东西将给这一选择带来一丝微弱的成功机会。在黄昏前的最后一场冲突中,部署在阵列线后方的两支德军雷击舰队到东边进行了侦察。它们与古迪纳夫准将的轻巡洋舰缠斗了一阵,虽然没有取得实质性战果,但这次侦察至少让舍尔对英军战线有多长有了大致的印象。驱逐舰上的船员设法看到了英军巡洋舰后方的情况,看见了杰利科向南航行的几支无畏舰纵队的尾部。舍尔后来写道,这一信息告诉了他杰利科的阵列线在什么地方结束。"如果我们能成功避开敌人的包围运动,并首先到达霍恩礁,那么,我们便掌握了次日早上行动的自主权。"[8] 舍尔决心已定。他要尝试在夜间悄悄绕过杰利科的战列舰队。如果不成功，他将杀出一条路。

不过，至少对其中一艘德军主力舰而言，冲破敌军并不是可行的选择。"德弗林格尔号"上，冯·哈泽记得当时的情况有多糟糕："虽然炮火已经停止，但现在要与大火和海水做顽强的斗争。尽管一切易燃物都已经尽可能地从船上移除，但火势仍继续蔓延，主要是油毡、木甲板、衣服和油漆在燃烧。晚上10点钟左右，我们大致控制住了火势，现在，只有个别几处还在闷烧。'恺撒'和'多拉'炮塔还在冒烟，不时散发出大团黄色气体，但在弹药室被海水淹了之后，这种现象便逐渐消失了。没有人相信这艘船能经受住这么多猛烈的大火。"[9]他又补充称这是对舰船厂商优秀工艺的极好证明，这么说一点儿也不错。然而，如果"德弗林格尔号"想幸存下来，它须得突破英军舰队的封锁。

这一大胆的机动策略从一道看似简单的命令开始。晚上9点14分，舍尔命令战列舰队"转到南南东偏东2.5°方向——保持航向。航速16节。第2战列舰中队到阵列末尾就位。战列巡洋舰以纵队队形展开"。[10]这仅仅是舰队移动的开始。不过，现在舰队不是向南行驶，而是与英军战列舰队航线平行。接下来，在抵达英军战线之前，舍尔需要重组他的舰队。晚上9点20分，德军无畏舰的首舰"威斯特法伦号"受命向西南变向，以便超过前方的前无畏舰队。舍尔想把战列舰队编成一条连续的纵队，也知道他需要用最好的舰船来打头阵。通常在最前面的都是贝恩克第3战列舰中队更先进的无畏舰，但由于它们遭受了损失，所以舍尔决定让施密特的第1战列舰中队顶上。

"德意志号"上的毛弗示意收到命令,并稳定地保持在自己的航线上,但他略微降低了速度,以便让无畏舰更轻易地超过他。那些无畏舰已经转向恢复了与前无畏舰平行的航线,现在正从右舷船尾方向靠近。在 6 艘前无畏舰前方的是第 2 和第 4 侦察舰队的巡洋舰,而驱逐舰则迅速驶过,它们得到舍尔的命令,到舰队前方组成一层防护屏障。他还看见了别的东西。在前方的黑暗中,他瞥见了一丝光亮,这说明英军战舰就在前方。他原不知道,那是第 2 巡洋舰中队的装甲巡洋舰"香农号"桅顶上的灯光,当时该中队正驶向南方加入贝蒂的行列。大舰队的其他舰船位于公海舰队的东方,而贝蒂的战列巡洋舰和现在的"香农号"及其 3 艘僚舰却位于它们的南方。由于那盏灯的缘故,毛弗和舍尔现在都知道了它们就在那里。

晚上 9 点 29 分,舍尔又发出一条信号,命令前无畏舰加入贝恩克无畏舰队列的后方。于是,在 9 点 40 分,毛弗命令自己的舰队实施大转向,因为德军无畏舰队列位于他的右舷船尾之后。由于练习得比较熟练,这 6 艘前无畏舰轻松精确地转向了左舷,并形成一个新队列,朝着相反的方向驶去。现在,"德意志号"再次领航,"汉诺威号"则负责殿后。他的目的是向左舷方向转弯,然后把自己的中队藏到德军战列线之后。正在这样做时,他惊讶地看到前方有两艘战列巡洋舰从黑暗中驶来,向他靠近。那是"毛奇号"和"塞德利茨号",它们从北方驶来,随后稍向东偏转,以避开从身边驶过的前无畏舰。毛弗盯着"毛奇号"看时,他注意到希佩尔中将的三角旗飘扬在该舰之上。

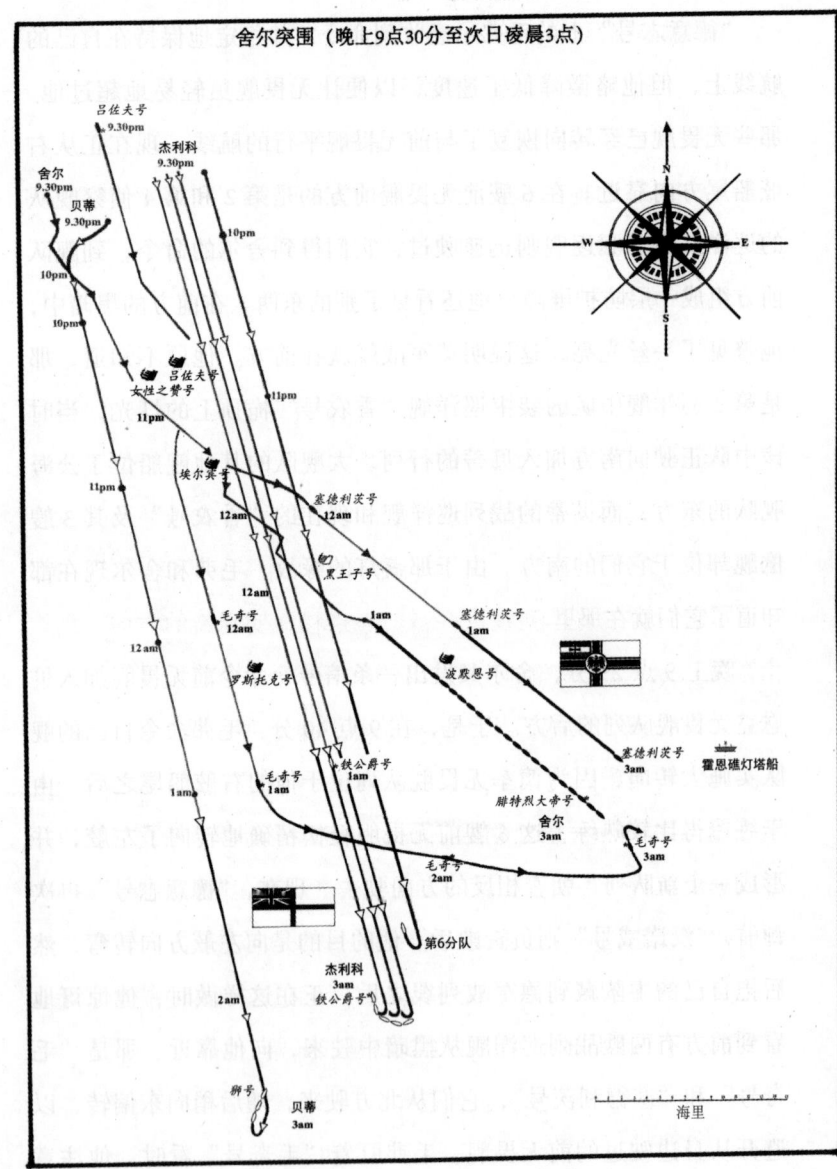

第十七章 夜幕掩护

在德军战列舰队重新排列时，希佩尔抓住机会恢复了自己的指挥权。晚上 9 点 30 分，他命令"毛奇号"驶出阵列并停止航行，当 G-39 号驱逐舰傍靠后，希佩尔及参谋一起沿着这艘战列巡洋舰船侧悬挂的拖网爬了上去。他上船后的第一道命令是让战列巡洋舰队加快速度，努力到德军阵列线前端合适的地方就位。不过，"德弗林格尔号"和"冯·德·坦恩号"无力遵守这些命令，随着"毛奇号"再次起航，"塞德利茨号"紧跟其后，哈托格舰长悄悄地驶到德军无畏舰阵列线后方整队。巡洋舰"雷根斯堡号"也这样做了，因为海因里希准将的驱逐舰要么已经遥遥领先于阵列线，要么远远落在后面。在它们返回之前，阵列线才是最安全的地方。

接着，舍尔将阵列线进一步向东推移，变到新的方向，即南南东偏东 7.5°（150° 航向）。[11] 这固然只是个小小的改变，但却意味着，即使双方舰队仍相隔 13.8 海里，它们的航线也是相交的。如果从空中俯瞰，这两条航线将呈现出一个 V 字，这将使两支舰队在南方约 19.7 海里处相遇。不过，相遇的前提是两支舰队以同样的速度航行。事实上，英军的航速为 17 节，比德军快一节，因此，可以说它们是在缓慢取得领先。杰利科将先于舍尔到达 V 字顶点，而德军舰队将在午夜前某个时间穿过杰利科的航迹，把 V 字变成一个 X。届时，突围的尝试将正式开始。

第十八章

侦察敌阵战线

两大舰队正互相靠近,其中一方在积极备战,而另一方尚不知敌方舰队正向自己逼近。与此同时,两支舰队间轻型巡洋舰和驱逐舰构成的防护屏障也在逐渐靠拢。虽然无畏舰可能仍相隔数海里,但这些掩护部队之间的距离却近得多,而且还在相互接近。在德军舰队的东侧,冯·罗伊特的第4侦察舰队正在黑暗中前行。他的位置本该再往西南,即在前无畏舰前方,但由于导航失误,他的5艘轻型巡洋舰现在来到了两大舰队之间。其他一些舰船也加入了它们的行列。由于米歇尔森准将努力保持在其驱逐舰队的火力范围内,旗舰"罗斯托克号"轻型巡洋舰也出现在同一水域,这些驱逐舰目前在主力舰队前方呈掩护屏散开。为了能相互支援,他决定加入冯·罗伊特的部队,如此一来,后者的兵力增加至6艘战舰。

海军少将波迭克的第2侦察舰队也处于两军的战列舰队中间,但在失去"威斯巴登号"之后,他的兵力缩减至3艘。晚上10点前不久,这一数量又减少为两艘,"埃尔宾号"因为冷凝器发生故障,不得不落在其他速度较快的僚舰之后。与"罗斯托克号"的

第十八章 侦察敌阵战线

米歇尔森准将一样,"埃尔宾号"上的马德伦中校也不想独自在黑暗中乱撞,毕竟英军就在其左舷某个地方。因此,在发现冯·罗伊特的巡洋舰队后,他加入了它们的行列,在"法兰克福号"和"罗斯托克号"之间就位。波迭克只剩下两艘舰船,他也不想遭遇英军巡洋舰中队,不过他仍向东航行,直到看到英军无畏舰幽暗的轮廓出现在前方。于是他往左舷变向并绕行,以便与英军形成交互航向。他循此又继续行驶了10分钟,为的就是弄清敌人航向。然后,他转向返回己方舰队,而且没被敌军发现。

德军舰队中的气氛越来越紧张,因为所有人都感觉到两大战列舰队正在互相靠近。然而,根据舍尔的参谋长阿道夫·冯·特罗萨中将所述,"腓特烈大帝号"的舰桥上是一切准备就绪的氛围;"正前方的(无畏舰)只见得一团黑影,舰尾照明灯发出微弱的光,照在螺旋桨尾流旋出的泡沫上,艏楼上的一点灯光为我们自己舰船的舵手提供了正确的航线——除此之外,四周一片漆黑。"他还说:"机师们……谨慎操作,以防烟囱冒出半点火星,从而暴露我们的位置……死寂的黑暗!紧张的专注!……数百双眼睛打探着深夜,几百人的神经紧绷起来,大家极其期待,一切都已就绪。"[1] 长长的战舰队列仍继续摸黑挺进,一步步向敌人逼近。

远在德军前方,战列巡洋舰"长公主号"舰桥成员意识到,他们不知道当晚的夜间识别暗号,因为信号手册已被敌军的一枚炮弹毁掉。于是,舰长沃尔特·考恩令其信号士官询问旗舰。晚上9点30分,信号士官用奥尔迪斯信号灯向"狮号"发送了请求。两分钟后,灯光信号传了回来。看到这一信息的还另有他人。

这两条信息都是直接用英文传送,而没用密码。德军轻型巡洋舰"埃尔宾号"就在后方几海里处,该舰上的瞭望员看到了这次信息交换,或者至少看到了大部分。这些信息显然足以令他们了解到那晚英军的识别口令以字母 Ü 开头。这一信息被传送至"法兰克福号",然后在晚上 10 点 22 分,该舰又把此消息发送给了舰队的其余舰船。某位聪明的军官指出,英文中不存在这一字母,于是他们将口令改为 UA。几分钟后,这点儿有用的消息取得了惊人的效果。

混乱的驱逐舰

在波迭克的座舰"法兰克福号"北方 6.9 海里处,另一场更具戏剧性的遭遇正在上演。一小时前,德军第 2 和第 5 雷击舰队曾赴东边海域进行侦察,不想遭遇了古迪纳夫准将的轻型巡洋舰。一阵短暂但凶猛的交火过后,它们便撤退了,驶入茫茫海雾之中,而古迪纳夫则继续向西南行驶,掩护着杰利科无畏舰队的东侧一翼。古迪纳夫保持这一航向直到晚上 10 点钟,此后,他转到与英军舰队其余舰船相同的方向。而这意味着他现在几乎处于波迭克和冯·罗伊特的正北方。更重要的是,在确认了英军阵列线的位置后,"法兰克福号"和"皮劳号"此时正朝西北方向行进。这说明波迭克和古迪纳夫目前正处于碰撞航向。即便如此,这也不会是夜间的第一场冲突。

在古迪纳夫的座舰"南安普敦号"东北方向将近 3 海里外,

第十八章 侦察敌阵战线

一队英军驱逐舰正快速驶向北方,准备到己方无畏舰队之后 4.9 海里处占据指定位置。那是第 4 驱逐舰队所属舰船,这支舰队的指挥官是查尔斯·温特(Charles Wintour)上校,他的旗舰设在"蒂帕雷里号"驱逐舰上。他麾下的 12 艘驱逐舰被部署成一长列纵队,在向北疾驰的过程中,保持着 20 节的航速。晚上 9 点 45 分,这支纵队到达指定战位,随后,温特令舰队转到新的航向。这些舰船转向至一半时,德军突然从西北方向冒出,对它们发起了攻击。攻击者为海军少校戈特利布·冯·科赫(Gottlieb von Koch)第 7 雷击舰队的 9 艘舰船,当时它们正在西边执行新一轮侦察任务,试图确定英军无畏舰的位置。不料,它们遇上了温特的舰队,而该舰队船员过于投入自己的机动操作,没能注意到德军驱逐舰的靠近。

冯·科赫一开始以为前方的驱逐舰属于第 2 分队,因为该分队已经与其余德军舰船分开。冯·科赫在自己的旗舰 S-24 号的舰桥上发出一条识别信号,但没有收到任何回应。几秒钟后,他意识到前方舰船系英军驱逐舰。他命令所在舰队展开进攻,随后 9 艘舰船发动突然袭击,而此时那支英军纵队刚刚完成转向。处于领先位置的 4 艘驱逐舰,包括 S-24 号在内,各向敌人发射了一枚鱼雷。就在这些鱼雷开始奔向那支英军纵队时,冯·科赫却命令自己的舰船停止交火,然后转向离开。他可不想卷入一场近距离战斗,更何况还是与装备更为精良的英军驱逐舰。另外,他和船员们还有很长的夜路要赶。虽然那些鱼雷都没有命中目标,但指挥英军驱逐舰"花环号"的雷金纳德·戈夫(Reginald Goff)少校却看到其中两枚紧贴着他的舰尾而过。如果晚几秒再转向的话,他可能会被炸成碎片。

戈夫处于纵队末尾,尽管肯定有好几艘驱逐舰都看到了冯·科赫的信号灯,但他却是唯一做出反应的指挥官。他用 4 英寸(102 毫米)口径火炮对撤离的德军进行射击,并用无线电向坐镇"蒂帕雷里号"的温特发送了目击报告。不过,德军此时已经离开,于是温特继续执行自己的命令,保持在指定的航线上。毕竟,他要以大局为重。大舰队后方 4.9 海里部署着 5 支驱逐舰队,而他的舰队只是最前面的一支。再往东,第 9、第 10、第 12 和第 13 驱逐舰队正向北行驶,准备到温特东边就位。英军的思路大致如下:如果舍尔设法绕过了英军无畏舰,那么,他将遭到这群密密实实的驱逐舰的攻击。鉴于当晚天空无月,能见度不足 900 米,如果舍尔的无畏舰进入射程范围,它们很可能面临密集的鱼雷攻击,而且是近距离直射。

"布罗克号"驱逐舰上的导航军官甚至丝毫没有注意到那些德军驱逐舰。不过,他却看见了燃烧着的"南安普敦号"上蹿升的火焰:"晚上 9 点 50 分左右,我看到几乎就在正前方发生了一起剧烈的爆炸,火焰蹿到数百英尺(几十米)的高空。"[2] 这一说法有点夸张,英军其他巡洋舰上的目击者记得只看到凶猛的大火,没有明显的爆炸或巨大的火柱。随后,"布罗克号"撞到了水里的什么东西,没有谁能解释清楚。"有那么一刻,我们的船似乎突然完全停止了。接着,一阵短暂的起伏过后,它又重新开始前进。我们在舰桥上立刻想到,可能是撞上了沉没在水里的障碍物,但机舱却发来报告，称感觉是水下发生了爆炸。总之，没有造成任何损失。"对此尽管没有明确的解释，但可能是一枚德军鱼雷提前爆炸了，而短暂的起伏源自水下爆炸引发的冲击波。

这场小规模冲突真正说明的是，德军在夜间作战方面比英军训练有素，而且他们在夜间犯错的可能性也更小。同样重要的是，他们现在大体掌握了英军舰船的位置信息，而他们的对手还在期待短暂的夜晚赶快过去，不要发生任何大规模战斗，因而大都没有做好夜战的准备。毕竟，杰利科自己已经发出信号，称他没有发起夜间行动的意愿，而且尽管英军仍保持在战位上，但他们总体的感觉是早晨之前不会再有战斗。诚然，巡洋舰或驱逐舰之间可能还会发生零星冲突，就像温特和冯·科赫的舰队之间的遭遇战，但发生任何更大规模战斗的可能性却微乎其微。很快，当舍尔最终走出下一步棋时，英军欠佳的训练水平和整体的自满情绪将让他们付出惨重的代价。

聚光灯下的"卡斯托耳号"

在那些驱逐舰发生冲突的时候，轻型巡洋舰"卡斯托耳号"——第11驱逐舰队的旗舰——位于它们正南方几海里处，当时它正率领自己的舰船竭力向大舰队后方驶去，准备在那里就位。这艘霍克斯利准将的旗舰处于队列最前端，下辖15艘驱逐舰分为两个支队跟在它的后方。与温特的驱逐舰一样，它们也在驶向北方就位，不过它们的战位在战列舰队右舷正侧面。然而，海面上并非只有这些驱逐舰。"法兰克福号"和"皮劳号"正默默地盯着它们。当距离只有 1 100 米的时候,这两艘德军巡洋舰向"卡斯托耳号"发射了鱼雷,然后转向驶入茫茫夜色。它们并没有被发现。波迭克此前已经下过命令,不准使用探照灯,也不许开炮。那样做将会暴露自己,而且还会引来大批的英军驱逐舰。不过,那艘英军巡洋舰当时向左舷变了向,鱼雷未经察觉地从它周围划过。

晚上 10 点钟到达指定位置后,霍克斯利的驱逐舰干净利落地掉转了方向,形成一支南南东航向的新队列。现在,它们与大舰队平行而进,大舰队中离它们最近的一支纵队,即杰拉姆的第 2 战列舰中队,位于它们东南方向 4.9 海里(约 9.1 千米)。"卡斯托耳号"上的瞭望员并没有发现波迭克的那两艘巡洋舰,因为他们观察错了方向。德军已经来到霍克斯利的驱逐舰和杰拉姆的无畏舰之间。波迭克悄悄离开后,新一组德军巡洋舰登场了。冯·罗伊特的第 4 侦察舰队——现在得到了"埃尔宾号"和"罗斯托克号"的增援——位于霍克斯利西方数千米之外,与他的航向大致相同。此时,冯·罗伊特 7 艘轻型巡洋舰组成的纵队已经分成两组。晚上 10 点 15 分,"卡斯托耳号"及其下属舰船突然冲出黑夜,出现在第二组的左舷侧,该组舰船包括轻型巡洋舰"汉堡号""埃尔宾号"和"罗斯托克号"。

双方相距不足 1 100 米,而且"卡斯托耳号"及其驱逐舰几乎位于这 3 艘德军巡洋舰的正东方向。当时在场的德军高级指挥官是赫尔曼·鲍尔(Hermann Bauer)上校——舰队的潜艇司令。"汉堡号"原为他的旗舰,但在此次行动中,它临时隶属于冯·罗伊特的侦察舰队。实质上当时鲍尔只是一个旁观者,但他的机智让德军多了一分优势。他建议指挥"汉堡号"的海军少校格哈德·高德克尔(Gerhard von Gaudecker)利用信号灯,向"卡斯托耳号"发送英军的识别暗号。这取得了比预期更好的效果,使他得以向英军战线多靠近90米。随后,根据高德克尔的命令,那3艘巡洋舰打开探照灯,朝英军射击起来。可怜的"卡斯托耳号"被笼罩在灯光之下,而德军的炮弹则开始对它的舰体和上层结构进行猛攻。

"卡斯托耳号"载有4门6英寸(152毫米)口径火炮,虽然火力远不及敌军,但它仍尽其所能进行了还击。这场不公平的竞赛开始后5分钟,"卡斯托尔号"便左转逃离,它的上层结构已经起火,舰体被炸出3个贯穿的大洞,甲板也破裂成碎片。在这场短暂的交火中,它被命中10次,12名船员丧命,另有23人受伤。不过,幸运的是,损管组设法到达救生艇甲板后,他们发现大火多来自剧烈燃烧的舰载艇。当然,这也导致这艘巡洋舰在数海里外都能被看到。"卡斯托耳号"上的一名军官记述了当时的情景:"它们只对我们开火,很明显它们无法射击我们的驱逐舰,因为它们都被涂成了黑色。"他还说:"我们朝最前端的德国佬射出一枚鱼雷,而两门6英寸艉炮——当时还未受到直接攻击——对敌人进行了有效射击。"[3]

尽管"卡斯托耳号"做出了还击,但它仍遭重创。那位军官还写道:"我们被直接命中4次。一颗炮弹击中舰桥正下方的艏楼,随即在内部爆炸,炸出一个直径约5英尺(约1.5米)的大洞……从艏楼飞出来的碎片致使前部弹药室内的大量水兵受伤。一颗炮弹正好穿过前部住舱甲板……另一颗击中了本舰指挥官的专用汽艇，并在其中爆炸，点燃了它。还有一枚炮弹打在了前桥楼的非战斗舷，将聚集在那里的除一名水兵之外的所有人全部杀死，包括信号兵、传令兵等。"他描述了炮弹在那名幸存者两腿之间炸裂的情景，但爆炸在舰桥的甲板上炸出一个洞，那名水兵从洞中掉了下去，结果安然无恙。对这名水兵及其同船船员来说幸运的是，德军炮火逐渐减弱，随着"卡斯托耳号"渐行渐远，炮火最终停了下来。随着它的转向，德军巡洋舰也脱离了战斗，因为它们担心遭到英军驱逐舰的攻击。

它们并不需要担心。大多数人把德军巡洋舰认作友舰，没有开炮或发射鱼雷。其他人则抱怨称自己根本看不见敌人，因为"卡斯托尔号"的炮火阻挡了他们的视线。实际上，只有两艘驱逐舰参与了那场战斗；"马恩号"和"魔术号"与"卡斯托耳号"一样，各自射出一枚鱼雷。不过只有一枚差点儿命中目标——这枚鱼雷从"埃尔宾号"下方穿过，但由于深度设定问题未能爆炸。这场短暂的战斗再一次凸显了英军缺乏夜战训练。假如霍克斯利的指挥官们都愿意发起进攻，那么，这场战斗的结果可能就会大不一样。然而，德军也并非毫发未损：在此交火过程中，"卡斯托耳号"至少成功命中"汉堡号"3次，致11名船员死伤，破坏了其左舷主机及一座甲板炮架，而且还摧毁了该舰的无线电设备。

5分钟后，德军关闭了探照灯，火炮也重归寂静。不过，"汉堡号"及其僚舰继续保持原先的航线行驶，同时目送着燃烧的"卡斯托耳号"离开，一群驱逐舰像鸭妈妈身后的雏鸭一样跟着它。用水浇灭大火后，霍克斯利向"铁公爵号"发送了一则关于此次战斗的简短报告,并决定不去追击黑夜中的德军。相反,他重新回到自己的战位,即杰拉姆中队的右舷舰尾处,在该中队和德军之间形成一道防护屏障。虽然《德国官方历史》批评霍克斯利缺乏主动性,但他遵守命令的做法是十分正确的。当时,除了古迪纳夫的轻型巡洋舰在南方几海里之外,他是唯一处于杰利科的无畏舰队和敌军之间的英军部队。舍尔也得到了有关此次战斗的消息,但他并没有改变计划。德军战列舰队继续保持自己的航向,进一步悄悄地靠近英军战线。

第三次冲突

到目前为止,发生的战斗都可谓小打小闹。如果这些小规模冲突发生在陆地上,它们只会被看作巡逻遭遇战。然而现在,随着德军战列舰队逐渐靠近英军,风险也变得越来越高。现在一旦发生冲突,两军舰队的大型舰船可能就会卷入其中,乃至引发全面夜战,这并不是双方将领希望看到的局面。舍尔的无畏舰队现在被编成一支16艘舰船的长纵队,由"威斯特法伦号"领航,他的旗舰"腓特烈大帝号"处于队列第九位。至晚上10点20分,随着毛弗的6艘前无畏舰在最后一艘无畏舰"国王号"之后就位,这支无畏舰阵列变得更长了。第六艘前无畏舰是"汉诺威号",其后是战列巡洋舰"冯·德·坦恩号"和"德弗林格尔号",再往后是轻型巡洋舰"雷根斯堡号"。晚上10点40分,整条战线再一次向左舷偏转半个罗经点(约6°),以比此前更快的速度缩小两大舰队之间的距离。

与此同时,"毛奇号"和"塞德利茨号"已经突然出现在"斯德丁号"的右舷舰首前方,后者此时正带领着第4侦察舰队前进。为避免碰撞,冯·罗伊特的旗舰不得不匆忙减速,并转向一旁。在该舰之后,"慕尼黑号""女性之赞号"及"斯图加特号"也全部被迫向左舷偏转,以避免撞上旗舰舰尾。这一险些发生的相撞不仅导致轻型巡洋舰一片混乱,而且令它们接触上了敌军。向东不到900米,一队英军巡洋舰突然从黑夜中冒出。这些英军舰船正驶向东南方向,而德军正驶向南南东,于是不知不觉中,双方一直在相互靠近。这些英军舰船系古迪纳夫准将的第2轻型巡洋舰中队,它们负责掩护战列舰队的西侧一翼。德军舰船不确定这些巡洋舰是敌是友,于是,"慕尼黑号"发出了德军的识别暗号。

海军上尉哈罗德·伯勒(Harold Burrough)描述了当时的疑惑心情。他回忆道:"我们试图弄清黑夜里的那些舰船究竟是敌是友,当时的氛围特别紧张。"[4] 他的同僚金-霍尔上尉叙述得更为具体。古迪纳夫准将不确定那5艘船的身份,但金-霍尔说道:"他们显然跟我们一样疑惑。"然后,在"南安普敦号"正准备发出识别口令之时,"德军打开了前部桁端上的彩色探照灯"。英军立即做出了反应:最前端的"南安普敦号"和"都柏林号"开了火。现在,双方间距降至730米,因此,两军都能清楚地看见对方。那两艘英军巡洋舰还打开了探照灯以照亮德军舰船,同样,后者也将两艘英舰置于十几只探照灯的强光之下。

金-霍尔记述了射击是怎样开始的。德军的识别灯刚一打开,

"我们身后'都柏林号'上的一门火炮便轰隆一声打出一枚炮弹。我随即看到那颗炮弹打在了一艘船的水线正上方，那艘船距离我们约有800码（730米）。当我瞥见那艘船的内部时——那噩梦般的场景像照片一样一直印在我的脑海中，直至今日——我对自己说：'天呐！它们就在我们旁边！'此时，德军打开了探照灯，我们也打开了自己的。灯光导致我暂时看不到东西，不过在此之前，我发现一列浅灰色的舰船。随后，我面前的那门火炮对我'开炮！'的喊声做出了回应。"[5]伯勒上尉补充道："很明显，他们与我们同时下定了决心，因为就在准将命令我们开火的那一刻，他们也打开了探照灯并朝我们射击。"[6]

几秒钟后，双方都以最快的速度朝敌军开火——4艘德军巡洋舰瞄准"南安普敦号"和"都柏林号"，而这两艘英军舰船则射向"慕尼黑号"。它们身后的"诺丁汉号"和"伯明翰号"尚未打开探照灯，于是它们逃过了德军密集的炮火。这两艘舰船瞄准的是"女性之赞号"和"斯图加特号"，却没有人向它们射击。这样猛烈的交火不会持续多久。双方阵列前端的舰船本能地转了向，而"南安普敦号"则别无选择，因为3分钟后，一场熊熊大火在它的甲板上燃烧起来，从舰首蔓延至舰尾。

"南安普敦号"的探照灯尽数被毁，船员也非死即伤，因为当时许多炮手都在操作舰船中部右舷一侧的6英寸（152毫米）口径火炮。大火都是弹药着火引起的，且需要好一段时间才能被扑灭。古迪纳夫准将明显被自己的座舰所遭受的破坏震惊了，他别无选择，只好转向离开，因为他燃烧的旗舰正吸引着敌军的全部火力。该舰在 3 分钟内被击中 18 次。在同样长的时间内,"都柏林号"被命中 8 次,而在整个交火期间,它总共被击中 13 次,但另外两艘英军巡洋舰却毫发未损。金－霍尔继续说道:"距离近得惊人……炮弹不可能不命中……大量的高爆炸药一直在'南安普敦号'的上甲板上爆炸……于是,我的火炮几秒钟后就全部停止了射击,都是因为缺少人手。事实上,我和一位面部灼伤的军士长两个人似乎是仅剩的幸存者。"7

德军也遭受了不少损失。"斯德丁号"试图驶向英军,如此一来,它的舰首水下鱼雷发射管就能对准敌人,但它被多次命中,为雾笛提供蒸汽的蒸汽管也被炸穿。由于舰桥上满是蒸汽和浓烟,冯·罗伊特放弃了发射鱼雷的企图。相反,他掉转航向,这样剩下的火炮仍可继续射击。"慕尼黑号"被两度命中,但就在此时,又有两艘德军巡洋舰出现在黑夜中,它们分别是"汉堡号"和"埃尔宾号"。英军将炮口对准了这两个新目标。随着英军继"南安普敦号"之后转向,新来的两艘舰船各被一枚英军的 6 英寸炮弹击中——这两发炮弹大概是"诺丁汉号"和"伯明翰号"发射的。命中"汉堡号"的那枚炮弹打在了它最前面的烟囱上,并在舰桥正上方爆炸,导致海军少校冯·高德克尔及其导航军官受重伤,舰桥上的其他几名船员也受了伤。另外,还有 10 名船员战死。

"女性之赞号"上的准少尉斯托尔兹曼(Stoltzmann)记得,探照灯刚打开后不久,炮弹就纷纷朝他飞了过来。他将光线指向对面的轻型巡洋舰。然后,"大炮立即开了火。随后,凶猛的炮弹如雨点倾盆而下,几乎全部打在了舰船的后部,看起来似乎有好几艘敌舰都将火力集中到了我们身上。"[8] 双方的舰船上，水手们眼睁睁看着同伴在自己身边死去，纷纷倒在肆虐的爆炸、榴霰弹片和飞散的碎片之下。"埃尔宾号"的无线电报室被炮弹击毁，里面的4名船员被炸死。海军上尉巴桑日当时正在这间无线电报室内打瞌睡，爆炸声将他震醒，并将这间钢铁舱室撕成两半，他觉得自己比较幸运，竟能在这起短暂但要命的爆炸中幸存下来："我被一阵强烈的火焰惊醒，我的脸和手被灼烧着，我还感觉到了一阵恐怖的爆炸。我从防火门被抛了出来，连同那扇门一起被扔到了中层甲板上……我没有昏厥也没有死去，环顾四周后，发现我被大火包围。我手脚并用，迅速往外爬。由于用不了烧伤的手，我用的是胳膊肘。一枚15厘米炮弹插在无线电台前面。我们的船一直在摇晃，这使得那枚炮弹滚了出去。"似乎这颗没有爆炸的炮弹还不够糟，巴桑日记述道："它滚动的时候落在我手上，砸碎了几根手指的指尖。我拼命地爬，几乎没有注意到……"[9] 这名上尉摇摇晃晃终于来到了病员舱，当时医生正忙着救治其他14名在爆炸中受伤的船员。医生给巴桑日注射了一剂吗啡，给他做了清创和包扎，然后让他尽量好好休息。

然而，在这场短暂而凶残的小规模战斗中，这些并不是英军最辉煌的成就。就在"南安普敦号"转向前几秒钟，它的鱼雷军官约翰·威廉斯（John Williams）上尉朝德军巡洋舰发射了一枚21英寸马克Ⅳ型鱼雷。在当时的距离，只需45秒鱼雷就到达了敌军阵列。威廉斯回忆当时的情景："敌军领航舰的探照灯全部照向我们，我们在舰桥上什么也看不见，但对于鱼雷发射而言，我已经收到足够的有关敌军大致前进方向的信息,于是,我向鱼雷舱传下命令,然后焦急地等待回复。当回复'准备就绪'的报告最终传来后,我向敌军的一组灯发射了鱼雷,因为那些探照灯是我唯一可见的目标。"[10] 那些探照灯安装在"女性之赞号"的烟囱下方。"南安普敦号"发射的这颗鱼雷发挥了作用,击中了那艘德军巡洋舰的左舷中部。

斯托尔兹曼准少尉记得有人报告称舰船后部起了火,然后,"仅过了几秒钟,从那里传来一阵可怕的轰隆声,同时,伴随着舰船被鱼雷命中后特有的颤动"。[11] 在战场上的一片嘈杂声中仍可以听到这起爆炸,而且有人看到一团水柱蹿得比烟囱还高。这艘德军巡洋舰立即开始倾斜,很明显,这是致命的一击。机舱内的机械师马克斯·穆勒(Max Müller)记得鱼雷击中之时,"就在同一刻,两台轮机都停止了工作,灯也灭了,还有大量海水汹涌而入"。[12] 现在,这艘船正逐渐侧倾,堆在火炮旁边的炮弹滑出了甲板。不是它们就是英军的某颗炮弹引发了另一起爆炸,导致该舰舰尾处的火势越发猛烈。穆勒较为幸运,他设法来到了上甲板,但在电源无法继续供电后,这艘下沉的舰船陷入一片漆黑,大多数船员根本无法安全逃离。

穆勒到达甲板后,他看到海水已经开始从左舷涌入船内。"女性之赞号"正在迅速下沉。《德国官方历史》对此次悲剧故作镇静地叙述道:"海水已经齐腰深,4号火炮的水兵在海军下士施密特的带领下继续与敌军交火,直到大火和海水将这场战斗结束。"[13] 这艘船在3分钟内就倾覆并沉没了。"女性之赞号"全部321名船员中,仅有 5 人生还,其中就有穆勒。斯托尔兹曼系上一件救生衣,然后,随着舰船倾翻,他从后部舰桥跳到一只救生筏上。"几秒钟后,我们看到那艘船沉入水下,内部没有发生任何爆炸。"他声称:"在火炮瞄准手已经泡在水中,而且舰船开始下沉的时候,我们的几门火炮仍在继续射击。当该舰最后一次震颤的时候,舰上响起三声'皇帝陛下'的呼声。"[14] 不论最后一句话是否真实,很明显,"女性之赞号"确实在下沉的时候仍坚持继续战斗。

在"女性之赞号"开始侧倾的时候,"斯图加特号"就在它身后 370 米的地方。马克斯·哈格多恩(Max Hagedorn)中校下令紧急向右舷偏转,以避免撞上这艘失事的舰船,但这导致他的船在黑夜中与其余舰船失去了联系。哈格多恩持续寻找了几分钟,直到发现右舷舰首前方的一队德军无畏舰。如释重负的哈格多恩来到战列舰队后方就位。受损的"汉堡号"也脱离了侦察舰队中的其余舰船,而且在黑暗中差点儿被"毛奇号"撞到,后者现在正加速向西北返回。而"汉堡号"的两艘僚舰"埃尔宾号"和"罗斯托克号"成功找到了冯·罗伊特,于是巡洋舰部队重新编队,尽管现在只剩下 5 艘舰船。

希佩尔的侦察

就在战斗开始前,希佩尔的旗舰几乎与"斯德丁号"相撞,不过,"塞德利茨号"舰长冯·埃吉迪的机智又一次阻止了灾难的发生。当看见"斯德丁号"从黑暗中隐约出现在他的左舷舰首处时,冯·埃吉迪下令紧急向右舷偏转,给冯·罗伊特的巡洋舰腾出足够的空间,以避免撞上"毛奇号"。当冯·埃吉迪恢复原先的航向后,他发现"毛奇号"暗淡的舰尾灯已经消失不见。本来他跟上希佩尔的旗舰就有困难,因为"毛奇号"的航速达到22节,而"塞德利茨号"舰体内有数千吨海水,其速度比"毛奇号"慢两节。于是,这两艘德军战列巡洋舰在黑夜中失散。冯·埃吉迪知道舍尔的战列舰队大致在哪里,而冯·罗伊特的中队仍在视线范围内,目前被炮火照得通明。他并没有继续独自前进,因为那样很容易撞见英军舰队,相反,他让损失惨重的"塞德利茨号"掉头北上,希望找到独自回家的路。

在"塞德利茨号"的舰桥上,冯·埃吉迪要带领这艘身负重创的战列巡洋舰返回港口,必将面临一系列问题。"起初,我们尚能继续跟着'毛奇号'战列巡洋舰,但是很快我们就不得不放慢速度,因为随着我们的舰首下沉,海水开始从艏楼涌入。转向变得很困难,找准航向也是如此,因为主陀螺罗盘舱室已被海水淹没,而尾部陀螺罗经不可靠。舰上的正常电路已被摧毁,而新的连接不时地发生短路,一会儿连上,过一会儿又断开。而不停的震动导致磁罗盘完全靠不住……我们的航海图上满是血迹,而备份图在一间被水淹没的舱室内,没办法拿到。"然后他又轻描淡写地补充道:"在这种情形下,要想找到去霍恩礁灯塔船的正确航线真不太容易。"[15] 尽管那天晚上谁也不能保证"塞德利茨号"能幸存下来,但它仍将排除万难,安全返港。

现在是晚上10点40分,"毛奇号"独自行驶在两大战列舰队之间。然而，这并没有吓退希佩尔。他想找到英军战列舰队的确切位置，并确定其阵列线有多长。能让他找出答案的唯一途径就是让"毛奇号"进入危险境地。于是，这艘战列巡洋舰放慢了速度，尽量减小舰首两侧溅起的浪花，而希佩尔严格保持着西南航向。在"毛奇号"的舰桥上，望远镜不停地扫视黑夜，寻找夜色中更黑的东西，那意味着敌舰所在。突然间，4艘大型战舰的轮廓出现在它的左舷舰首前方。舰长冯·卡普夫发出识别口令——一组彩灯，然而并没有任何回应。然后他认出了那些舰船，它们是"俄里翁级"无畏舰，后面跟着一艘轻型巡洋舰。它们构成了莱韦森少将的分队——第2战列舰中队的一部分。

"毛奇号"不是英军无畏舰的对手，于是希佩尔命令舰长冯·卡普夫向右舷偏转。这艘战列巡洋舰悄悄地返回夜色当中，希望在英军开火之前逃掉。实际上，"毛奇号"刚一出现就被轻型巡洋舰"博阿迪西亚号"上的瞭望员发现了，不过他们报告的是发现了"一艘大型巡洋舰"。那艘巡洋舰将消息报告给了正前方的无畏舰"雷神号"，而该舰的瞭望员也看见了这艘德军舰船，连同它的识别暗号。"雷神号"舰长詹姆斯·弗格森上校后来报告称，尽管他看见那艘神秘的舰船发出德军的识别暗号，但"我们并没有开火"。他给出的理由是："除非有全舰队作战的意图，否则暴露战列舰队有失明智。"[16] 结果，"毛奇号"得以溜掉，否则在逃脱之前，它可能很轻易地被英军击沉。

15分钟后，"毛奇号"再做尝试。它用这短短的几分钟向右舷变了向，因为希佩尔希望转到那支英军中队的北方。晚上10点55

分，"毛奇号"再次西进，然而它又在黑夜中遇到了先前的那列黑影。这一次，舰长冯·卡普夫在未被敌军发现的情况下成功转向离开。这艘战列巡洋舰装备了 G7 型鱼雷，装在舰船中部的一对发射管中。如果不是英军舰船在鱼雷准备好之前就消失了的话，冯·卡普夫早已经将它们发射出去了。这一次希佩尔转向南方，因为他知道己方战列舰队正朝西南方向行进，他不想与它们失联。晚上 11 点 10 分，他自己又变到西南航向，但 10 分钟后，他又看到了那些影影绰绰的黑色轮廓，而且就在正前方。这一次希佩尔放弃了自己的企图，再次向南驶去，希望舍尔能为他找到一条出路。

在晚上 10 点钟之后的一个多小时里，这些德军侦察活动一直在努力确定杰利科舰队的长度，并试图找出一条通过它的路径。每次试图侦察的时候，英军总是出现，挡住去路。在这段时间内，公海舰队的无畏舰离英军战线愈来愈近。然而，舍尔基本上对此一无所知。希佩尔于晚上 10 点 40 分的明确发现本将有助于他确定英军无畏舰的位置，但"毛奇号"的无线电设备已被摧毁，因此没有发送目击报告。晚上 10 点 38 分，"罗斯托克号"报告称在方格 012 处——德军地图上对某一特定位置的指代——对敌军巡洋舰和驱逐舰进行了射击。不幸的是，"罗斯托克号"上的海军中校奥托·费尔德曼（Otto Feldmann）援引了错误的地图方格，他提供的是舍尔当时正在通过的地方！因此，在没有任何其他信息的情况下，舍尔保持航向继续前进，决心一定要从杰利科周围冲过去，不论后果如何。

第十九章

一支驱逐舰队的覆灭

直至晚上 11 点,舍尔仍不确定敌军战列舰队身在何处。他唯一确定的是敌军就在东边某个地方。然而,到目前为止,他的数次侦察都未能成功穿过杰利科的轻型舰队屏障——战列舰队后方的驱逐舰及两翼的巡洋舰。过去的一小时内,大量令人困惑的报告传到他那里,但没有一个可以让他确定杰利科无畏舰的位置、它们的阵形,抑或它们的航向和速度。实际上,自 3 个半小时以前最后一次实施战术大转向以来,他一直没有和杰利科的战列舰队真正接触过。这也是为什么当两大舰队最终航线交叉时,发生的战斗会令舍尔大吃一惊。随后,刚过晚上 11 点(对德军而言则是午夜),"德军战列舰队到达英军一刻钟前刚刚经过的地方"。两列舰船——一列英军,另一列德军——现在即将交叉。

航线交叉

现在,两大舰队的航线略微相交已有一段时间,它们的航线构成了一个 V 字。然而,英军战列舰队的航速为 17 节,比德军快一节。因此,英军舰队逐渐以每小时一海里的速度差领先于德军。由于当晚没有月亮,能见度不足1 000米,于是,这一速度差变得至关重要。两军舰队的部署方式也同样重要。正如舍尔所言:"各战列舰中队在夜间按如下顺序行进:第1中队,舰队旗舰,第3中队,最后是第2中队。第1和第2中队现在交换了位置;也就是说,之前殿后的舰船现在成了先锋。"这意味着,整个战列舰队被部署成单一长纵队,领航的是"威斯特法伦号"无畏舰。舍尔坐镇"腓特烈大帝号",该舰处于德军阵列的第九位。

在吉布森和哈珀(Gibson & Harper)合著的《日德兰之谜》(The Riddle of Jutland, 1934)一书中,这一情景被总结得十分精练。"在没有人为计划的情况下,一些不起眼的因素致使杰利科到达V字顶点并经过此处,而短短几分钟后,德军舰船也抵达这里。随后,V形变成了X形——两大舰队的航线相互交叉,双方都没有意识到发生了什么,而且从那以后,也就是从午夜时分往后,它们开始渐行渐远。"[1] 晚上10点,德军战列舰队的航向为南南东偏东7.5°(150°),而在晚上10点32分,舍尔将航向变为东南偏南(148°)。随后,好像凭直觉似的,舍尔于晚上11点02分又改变了航向,这一次是东南偏南7°(142°)。[2] 每次变向都使舰船阵列又向东倾斜了一些。因此,在两军舰队相交叉的时候,凭借运气而非准确判断,"威斯特法伦号"带领德军舰队精准地插入了分处两端的英军战列舰队和英军驱逐舰之间的空隙。

晚上11点,德军战列舰队不知不觉地从西北向英军逼近,此时的英军驱逐舰队部署成多个纵队,分布于英军无畏舰后方

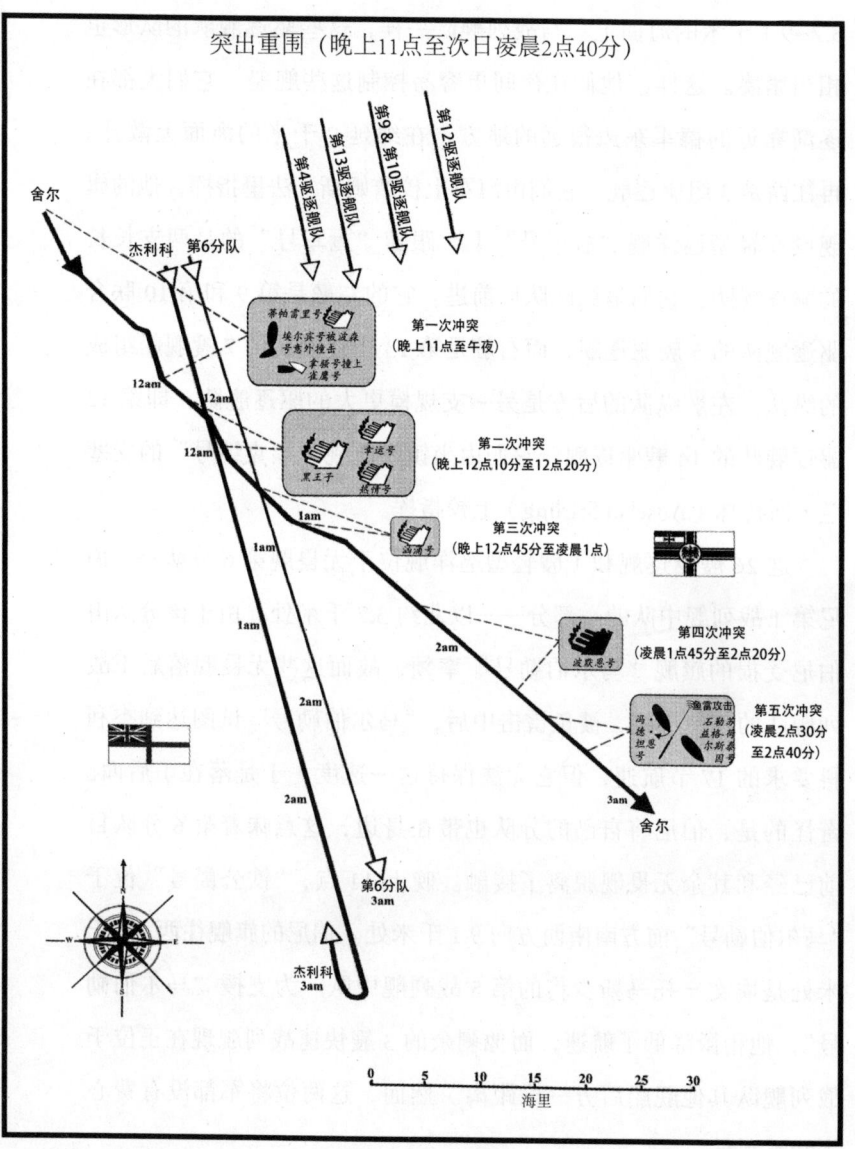

3.7~9.1千米的海面上。与战列舰队一样，这些驱逐舰队的队形也相当紧凑。这样，他们在夜间更容易控制这些舰船。它们大都在逐渐靠近的德军东边很远的地方，在绵延9千米的海面上散开。再往西是3组驱逐舰，它们由海军上校詹姆斯·法里指挥，他的旗舰设在轻型巡洋舰"冠军号"上。跟随"冠军号"的是两支长长的驱逐舰队，它们呈纵队队形前进。它的左舷是第9和第10联合驱逐舰队的5艘驱逐舰，而右舷是第13驱逐舰队的7艘舰船组成的纵队。左舷纵队的后方是另一支规模更大的驱逐舰队，即第12驱逐舰队的14艘驱逐舰，它们由坐镇领航舰"福克纳号"的安塞兰·斯特林（Anselan Stirling）上校指挥。

这26艘驱逐舰和1艘轻型巡洋舰位于无畏舰第6分队——伯尼第1战列舰中队的一部分——以北约3.7千米处。由于该分队由伯尼受损的旗舰"马尔伯勒号"率领，故而这些无畏舰落后于战列舰队的其他舰船。被鱼雷击中后，"马尔伯勒号"试图达到杰利科要求的17节航速，但它无法保持这一速度，于是落在了后面。奇怪的是，伯尼将自己的分队也带在身边，这意味着第6分队目前已经和其余无畏舰脱离了接触。晚上11点，"铁公爵号"位于"马尔伯勒号"前方南南西方向9.1千米处。伯尼的旗舰往西3.7千米处是埃文-托马斯少将的第5战列舰中队。为支援"马尔伯勒号"，他稍微降低了航速，而他剩余的3艘快速战列舰现在正位于战列舰队其他舰船后方一段距离。然而，这两位将军都没有费心告知杰利科。

其他驱逐舰往西约5.5千米处是温特上校的第4驱逐舰队——

12 艘驱逐舰呈纵队行进，并以温特的舰队旗舰"蒂帕雷里号"为领航舰。晚上 11 点，"蒂帕雷里号"位于埃文-托马斯第 5 战列舰中队后方约 5.5 千米处。不为埃文-托马斯和温特所知的是，"威斯特法伦号"及其身后长长的德军舰队即将驶入这条 5.5 千米宽的间隙。当它们真正到达那里时，英军驱逐舰将位于它们左舷一侧，而快速战列舰将处于右舷一侧。当时，英军舰船正全部向南南东行驶，而与它们趋于相交的德军则保持着东南航向。这意味着，当它们最终出现时，它们将处于温特领航舰的右舷舰尾处。毫无戒备的"蒂帕雷里号"即将陷入一场战斗，而作战对象是一整支战列舰队。

虽然"蒂帕雷里号"上的温特是整个第 4 驱逐舰队的指挥官，但他的兵力分为两个分队。温特自己负责指挥第一分队的 5 艘舰船。因此，"蒂帕雷里号"之后分别是驱逐舰"喷火号""雀鹰号""花环号"和"竞争号"。"竞争号"之后是海军中校沃尔特·艾伦，他坐镇"布罗克号"，指挥着第二分队。紧随"布罗克号"的分别是"阿凯提斯号""伏击号""热情号""幸运号""鼠海豚号"及"团结号"。"蒂帕雷里号"和"布罗克号"都是大型的"福克纳级"驱逐舰，舰体中部有 4 支单鱼雷发射管，载有 4 枚 21 寸（530 毫米）口径的鱼雷，另外还搭载了 4 门 4 英寸（102 毫米）和 4.7 英寸（120 毫米）口径火炮。其余舰船都是较小的"阿卡斯塔级"驱逐舰，每艘舰船只载有 2 枚鱼雷和 3 门 4 英寸口径火炮。如果使用得当，这将是一支强大的部队。然而，一位同时代的美国海军中将威廉·西姆斯（William Sims）曾说过："驱逐舰就像一枚炮弹，舰长就是它的引信。"³ 他的言下之意是，驱逐舰指挥官需要表现出攻击的欲望，而不是坐等上级的命令。

黑暗中的陌生人

晚上 11 点 03 分，当英军驱逐舰上的船员最初发现那些朝自己逼近的舰船时，他们并没有采取任何措施。相反，他们在等待温特舰长迈出第一步。"花环号"上的上等鱼雷兵莫里斯·考克斯（Maurice Cox）是最先发现敌军的船员之一："我发现右舷舰尾之后有 3 艘舰船的模糊身影，而它们舰首两侧的浪花却看不太清楚。显然，它们正朝着我们的驱逐舰阵列靠拢，而且变得越来越清晰。"⁴ 考克斯向舰桥报告了发现之物，舰桥又将消息传达至"蒂帕雷里号"上的温特。然后，他们便等待开火命令。考克斯在这段时间里感到很沮丧，因为这位鱼雷兵记得，"当时我们有绝好的靶标"。实际上，那简直是鱼雷兵梦寐以求的情景：一排舰船逐渐靠近，距离约为 900 米，而且对驱逐舰鱼雷来说，射击角度近乎完美。这种时机毕生难逢，而此阶段的一波鱼雷攻击可能会彻底改变整场战役的进程。

对于是否开炮，英军犹豫不决，几乎没有什么事比这更能暴露出皇家海军缺乏夜战经验。这些驱逐舰尚未被敌军发现，它们本能够极为精确地射击那些没有防备的舰船。一次全方位鱼雷攻击——每艘驱逐舰发射 2 枚或 4 枚——差不多会制造出一场大屠杀。然而问题在于，英军驱逐舰队不鼓励主动出击，而且驱逐舰队的指挥官仍不能确定那些模糊不清的舰船是敌是友。因此,他保持航向继续前进,没有射击。不久前,一份错误的报告将霍克斯利准将的第 11 驱逐舰队带到了他的西边。如果那些真是敌舰的话,那么,他认为霍克斯利肯定已经与它们交火。最后,到了晚上 11 点 12 分,双方距离已经降至 550 米,温特决定采取一些措施。他没有冒射击友舰的风险,而是命令信号士官向对方的领航舰发出一条识别暗号。这将成为他此生下达的最后一道命令。

直到"蒂帕雷里号"闪烁信号灯,"威斯特法伦号"的瞭望员才发现左舷舰首前方的英军驱逐舰。不过,这艘无畏舰的探照灯已做好准备,几秒钟后,"蒂帕雷里号"便笼罩在探照灯的灯光之下。又过了几秒钟,"威斯特法伦号"左舷的 6 门 15 厘米火炮开始射击,全部瞄准那盏信号灯。齐射的炮弹纷纷命中这艘驱逐舰,杀死了位于上甲板的大多数船员。最早牺牲的人员之一便是温特舰长自己。一枚 15 厘米炮弹击中这艘驱逐舰的露天桥楼,杀死了舰长和舰桥上的大部分船员。在这艘驱逐舰的舰尾处,海军中尉牛顿·威廉－波利特(Newton William-Powlett)负责组织尾炮的射击。他恐惧地看着"威斯特法伦号"开火:"它们离我们实在太近了,以至于我印象中那些火炮似乎是从头顶很高的地方射下来的。几乎就在同一瞬间,由于受到许多命中弹的冲击,'蒂帕雷里号'开始剧烈地摇晃起来。"[5]

这艘驱逐舰开始沉入水中,舰体也在水线之下出现贯穿性大洞。然而,眼下它仍在反抗。只有 3 枚炮弹打在了烟囱后方,而那里的 3 门主炮仍在战斗。威廉－波利特解释说:"敌军刚一朝我们开火,我就用尾炮进行了还击。精确瞄准是不可能了,但我俯身躲在控制台的帆布屏障之后(尽管这层薄薄的围帘甚至无法抵挡一颗冲力已尽的子弹,但有它挡在我和敌军火炮之间,我仍感觉安全多了),仍竭力朝火炮嘶喊,让他们开火。我认为他们没听到我的喊声,但他们确实开了火。"[6]他回忆说,他们发射了右舷鱼雷,但由于"威斯特法伦号"距离太近,以至于在深度设定开始奏效以前,它们就从那艘舰船下方穿了过去。"敌军的第二轮齐射命中并爆开了我们的一条主蒸汽管,导致舰体后部笼罩在大片蒸汽当中,里面的东西我什么也看不到。"

由于"蒂帕雷里号"的机舱被炸成两段,它完全停在了水面上。随着舰船燃油的燃烧,在那片白色的蒸汽消散后,取而代之的是一团越滚越大的火球和浓浓的黑烟。据"喷火号"上的海军上尉阿瑟尔斯坦·布什(Athelstan Bush)回忆:"('蒂帕雷里号')现在成了一大堆燃烧的残骸,看起来真的很惨。从远处看,它的舰桥、操舵室和海图室似乎成了一片火海。"他注意到,当火焰倒映在黑暗的海水中时,这艘船周围的海面看起来也像是着了火。德军炮弹仍在猛烈地轰击这艘燃烧着的驱逐舰,炮手的注意力被这堆熊熊燃烧的火葬柴堆吸引过来。在这艘领航舰遭受炮击之时,"喷火号"上的海军少校克拉伦斯·特里劳尼(Clarence Trelawney)恰好位于它正后方,正是他的机智才防止了一起撞船事件。他急忙将"喷火号"转向左舷,以避免撞到饱受摧残的"蒂帕雷里号",随后他又使舰船恢复到此前的航向,从而让鱼雷发射管瞄准敌人。

夜间冲突

"蒂帕雷里号"遭到突如其来的重击令其他驱逐舰上的船员大惊失色。随后,那些船员迅速集结起来,朝驶向他们的德军舰船发射微不足道的4英寸(102毫米)火炮。而朝他们驶来的不仅是那些无畏舰:在"威斯特法伦号"左舷一侧,还有4艘轻型巡洋舰——"罗斯托克号""埃尔宾号""斯图加特号"和"汉堡号"。看到那些驱逐舰后,这些巡洋舰随即提高了速度,把自己置于敌舰和己方无畏舰之间。不过这时,前5艘驱逐舰——"喷火号""雀鹰号""花环号""竞争号"和"布罗克号"——全都有一段畅通无阻的鱼雷射程,于是每一艘都向敌军的领航舰船射出了一到两枚鱼雷。发射完鱼雷,这些驱逐舰全部加快速度并急转向左舷,与敌军脱离接触以便重新装载鱼雷,并在德军炮手实施报复之前逃走。

"喷火号"上的布什上尉记述了当时的情景:"我们发射出一枚鱼雷,一直等到看见它击中第二艘敌舰的尾部烟囱和主桅之间,我们才离开,心里既感觉高兴又如释重负,而那艘船似乎停止了射击,船体倾斜,所有的灯都熄灭了。"[7]实际上,"喷火号"发射了两枚鱼雷,它射击的目标是"埃尔宾号",位于它右舷正横方向730米之外。它后方的"布罗克号"也射击了那艘巡洋舰,对此海军上尉欧文·格伦尼(Irvine Glennie)有所记忆:"我想象不到我们是怎样避开他们的(探照)灯的。然而,我们确实做到了,然后又向左舷偏转,瞄准好目标后,我们朝那两艘巡洋舰的后一艘发射出一枚鱼雷。"[8] "布罗克号"以及"雀鹰号"和"花环号"上的船员都声称击中了那艘德军巡洋舰。

这一轮6~8枚的鱼雷射击本可以给敌军制造更多损伤。除一枚外,其余鱼雷不是紧挨着目标而过,就是从目标下方穿过。有几个目标离得太近,以至于一些鱼雷无法奏效。实际上,可能只有一枚命中了目标——打在了"埃尔宾号"的左舷船尾上。大多数甚至全部驱逐舰似乎都是对准最近的敌军目标即轻型巡洋舰射击的,而非它们后方的无畏舰。德军舰船回以一阵炮火,但那些快速移动的驱逐舰很难被命中。除了鱼雷,英军驱逐舰还发射了4英寸(102毫米)炮弹。它们当中有许多仍看不清无畏舰,因而瞄准的是照亮"蒂帕雷里号"的探照灯。"威斯特法伦号""拿骚号"和"莱茵兰号"的前部烟囱附近全都被4英寸炮弹命中,因为那里是探照灯聚集处。德军也有伤亡,"威斯特法伦号"舰长约翰内斯·雷德利希上校被一枚击中舰桥的炮弹炸伤。

为避免撞击燃烧着的"蒂帕雷里号"残骸,"喷火号"从它身边快速驶过,但之后该舰舰长下令掉头,于是"喷火号"开始转向右舷。他打算曲线行驶,绕到那艘领航舰旁边,救出舰上人员。由于舰桥上的船员过于投入这项任务,以至于没有注意到他们现在与德军无畏舰"拿骚号"相距不足460米。而舰长罗伯特·屈内(Robert Kühne)注意到了"喷火号",并下令将无畏舰的舵轮转向左舷。他准备将这艘驱逐舰撞成两段。海军少校特里劳尼被自己舰船的炮火照得几乎看不到东西,但在最后一刻,他发现了那艘无畏舰,并把舰船急转向右舷。他差一点儿就足以躲过一劫——但转向幅度不太够。两艘舰船迎面撞在了一起，"拿骚号"的舰首撞上了"喷火号"的左舷舰首处，发出一阵刺耳的金属刮擦声。

两舰相撞的冲击力使得无畏舰稍微倾斜了一些，但那艘驱逐舰并没有被截成两半；不过，它被挤到了一边，然后"喷火号"顺着无畏舰的左舷呼啸而去。布什上尉惊恐地目睹了一切："我还能记起一声可怕的轰隆声，当时我被抛到甲板上，感觉'喷火号'在向右舷侧倾，而以前不论怎样的海面状况都从未使它摇晃过。在我们摇晃的同时，敌军的前部火炮开始朝我们射击。"[9] "拿骚号"的 28 厘米口径前舰炮早已瞄向左舷，并被压低至最低射角。它们射击的时候，10 米长的炮管几乎触到了那艘驱逐舰的桅杆。炮弹每秒飞行 855 米，照这样的速度，效果必然惊人。尽管炮弹没能命中这艘驱逐舰，但火炮带来的爆炸仍足以毁坏"喷火号"的舰桥，并摧毁桅杆和烟囱。不像舰桥上的大多数同伴，尽管特里劳尼从舰桥上被炸到下方的甲板上，但他幸运地活了下来。

爆炸中有 3 人死亡，另有数人受伤。几秒钟后，这艘驱逐舰悄悄溜到无畏舰之后，舰体已被劈开一个长达 27 米的裂缝。在碰撞期间，"拿骚号"的舷侧外板有 6 米被扯下来，卡在了这艘驱逐舰的甲板上。令人惊奇的是，这艘驱逐舰竟幸存下来。大火在它饱受摧残的舰首区域燃烧起来，并从第二座烟囱曾经所在的洞中向上蹿升。不过，这些火很快便被熄灭，然后，这艘严重受损的驱逐舰跟跄着驶入夜色当中。"拿骚号"水线正上方的舰首处被驱逐舰撞出一个洞，而一块装甲板被撕掉，并被"喷火号"带走。甲板上，剧烈的冲击毁坏了一座 15 厘米口径的火炮，但除此之外,这艘无畏舰没受其他损害。不过,由于舰首的那个洞,它的速度现在被限制到了15节。如果该舰遭遇一场追击战,这一速度损失可能带来灾难性后果。

当这一切正在进行之时,施密特中将第1中队的其余无畏舰开始集体转向右舷。与它们左舷正侧面的德军巡洋舰一样,它们也需要转向离开,以免被英军鱼雷击中。两队德军舰船现在全都转向同一方向,而且巡洋舰就位于无畏舰左舷正侧面不足1.8千米的地方。要避开鱼雷攻击,需要迅速的反应和娴熟的驾船技巧,但现在所有这些战舰的船员还不得不当心撞船事故。如果移动速度较快的巡洋舰可以加速从无畏舰之间的空隙穿过——这一机动动作既需要技巧也需要掌控好时机——那么,他们就抓住了避免舰船相撞的最佳机会。这虽是常规策略,但在夜间实施这种机动,并且两队舰船相距如此之近,仍然格外危险。

即便"埃尔宾号"遭到了鱼雷命中,那一击也并不严重。根据对一次没有发生爆炸的重击的描述,那颗鱼雷似乎是一枚哑弹。然而,它企图避开鱼雷的行为给那两排德军舰船造成一片混乱。当德军巡洋舰看到朝它们袭来的鱼雷时,最前面的3艘全都急忙转向右舷,尽量不让自己成为明显的目标。然而,它们的安全通道却被那列德军无畏舰纵队挡住了。唯一的选择便是设法迂回穿过德军阵列线,而后者当时也开始向右舷急转。不过,巡洋舰比无畏舰速度快,而且更加灵活,再加上精湛的操船技能,这些小型舰船应该能够从无畏舰阵列的空隙中穿过。

米歇尔森准将驾驶"罗斯托克号"成功穿过了"拿骚号"和

"莱茵兰号"之间370米宽的空隙,尽管为避免擦碰,后面这艘无畏舰不得不向右舷急转90°。伴随巡洋舰的S-32号驱逐舰也加速穿过了这一空隙。但在关键行驶途中,它被两枚4英寸(102毫米)炮弹击中,其中一枚打在了舰桥上,另一枚切断了它的主蒸汽管。它最终从无畏舰之间穿过,不过一团团蒸汽逸散出来,它停在了那里,大多数舰桥成员已经死去,主机也没了动力。下一艘要逃跑的巡洋舰是"埃尔宾号"。然而,它不得不避开"斯图加特号",因为后者未遭鱼雷袭击,其舰长并不打算做此类机动。鲁道夫·马德伦中校决定率"埃尔宾号"穿过"莱茵兰号"及其后方无畏舰"波森号"之间的空隙。但这次机动没能成功。

由躲避"斯图加特号"而造成的延误意味着,"埃尔宾号"没有时间警告"波森号"它要做的事。当"波森号"舰桥上的理查德·朗格舰长看见那艘巡洋舰朝自己转向时,已经为时太晚。他唯一能做的就是向右舷满舵,为把冲击力降到最低做最后的努力。"波森号"撞上了"埃尔宾号"的右舷舰尾,并且在那艘巡洋舰的水线处撞出一个大洞。海水灌入"埃尔宾号"的两间轮机舱,淹死了许多司炉工,并导致主机失去作用。这一击还撞坏了它的转向装置,并切断了整艘船的电源。在"波森号"将那艘巡洋舰挤开后,它被撞得在海面上转了起来,然后它顺着这艘无畏舰的右舷一侧漂去。现在,"埃尔宾号"停止在海面上,完全陷入了无助。它渐渐漂流远去,脱离了战斗,德军战列舰队的其余舰船经过时其上人员都盯着它看。

在这艘遭殃的巡洋舰上,海军上尉海因里希·巴桑日一直躺在病员舱内,他是半小时以前刚负伤的。他写道:"我身体太虚弱,无法出去看看发生了什么。很快,我们周围变得一片寂静,所有的主机都停摆了,战斗的喧嚣声也停止了。医生和护理人员来到上甲板,照料严重受伤的船员。灯全部熄灭了,在经历了 10 小时的战斗后,这异乎寻常的寂静让我们坐立不安。我担心亲爱的'埃尔宾号'正在下沉,于是我不断地看着甲板和舱壁,观察是否有海水进入舱内。"[10] 这位年轻的上尉心想,他的同船船员不会抛下他们,让他们坐等被淹,他就是用这种想法来安慰自己的:如果船真的在下沉,一定会有人来救他们。实际上,多亏了这艘舰船的防水隔舱,海水得到了控制,但它遭受的损失意味着无法继续行驶或战斗。

成群的驱逐舰

温特上校和"蒂帕雷里号"阵亡后,第 4 驱逐舰队的指挥权落在了海军中校沃尔特·艾伦的肩上,他一直在"布罗克号"上率领着该舰队的第二分队。他决定撤退,重新聚集舰队剩余的船只,然后要么再次发动进攻,要么南下加入英军战列舰队。他集中了 6 艘驱逐舰,并让它们以纵队队形跟在"布罗克号"身后。晚上 11 点 40 分,他正向南航行,只见右舷舰首处出现一艘两座烟囱的大型舰船。该舰正横穿他的航线,而他却无法确定这艘船是敌是友。这会是一艘德军无畏舰,还是埃文 - 托马斯中队的一艘舰船回来察看交火情况?正当他准备向它发出识别暗号时,那艘神秘的船只发出了自己的暗号——亮起帆桁端上的4盏绿灯。这不是英军舰船使用的暗号。

在"布罗克号"上,电信兵约翰·克罗德(John Croad)透过无线电通信室开着的门看到了那艘大型战舰,就在这时,那艘船打开了一盏探照灯:"那艘船将探照灯光打向一艘离我们稍远的驱逐舰,很明显,它最初没有发现我们。但当探照灯扫过海面时,它看到了我们飘扬在前桅下帆桁端上的舰旗。随后,探照灯光便打到了我们身上。"[11]几秒钟后,那艘大型战舰又打开了几盏探照灯,使"布罗克号"完全笼罩在它们的灯光之下,然后便开始朝我们射击。那艘船是"威斯特法伦号",随着射程降至不足5链,即914米,几乎每一发炮弹都正中目标。"罗斯托克号"巡洋舰也开了火,也是在914米的距离上射击,此外,"威斯特法伦号"身后的无畏舰"莱茵兰号"也开始射击。艾伦犯了与温特舰长一样的错误;在这样的夜战中,通常驱逐舰最好先开火,不要考虑有什么风险。他的犹豫将带来致命的后果。

德军炮火猛烈扫射的同时,艾伦也迅速反击。正如他所说:"我命令剩下的右舷鱼雷管发射,朝前方的两艘舰船全速出击,然后鱼雷就被发射出去。"据海军上尉欧文·格伦尼所述:"我们出动了两三轮,但没有发射过鱼雷。"[12] 中弹时枪炮手首当其冲。克罗德证实道,"第一发命中弹将甲板上的炮手一扫而光,第二发则荡平了艏楼。"[13] 由于完全笼罩在德军的探照灯之下,这艘驱逐舰无路可逃。正如格伦尼上尉所说:"他们的灯光直射在我们脸上……完全任他们猛烈轰击,真是糟糕透顶。"[14] 射击距离还在快速缩短:一分钟后,

"威斯特法伦号"距离已不足 180 米，于是德军炮弹开始猛击这艘驱逐舰。克罗德很惊讶自己竟然从无线电通信室遭受的毁灭性一击中幸存下来，而其他水兵都牺牲了："他们要么被炮弹碎片打死，要么被破裂的蒸汽管散出来的蒸汽烫死。"

艾伦转过身，向舵手下达了命令，令他转向右满舵。然而，在这艘驱逐舰还没来得及开始转向之前，舵手就牺牲了，而他在倒下的时候仍紧紧抓着舵轮，将它猛地转向了左舷。这艘驱逐舰突然掉转方向，径直进入了从后方驶来的"雀鹰号"驱逐舰的航线。"雀鹰号"正准备转向发射鱼雷，于是该舰舰长悉尼·霍普金斯（Sydney Hopkins）少校已无法阻止这场相撞。海军中尉珀西·伍德（Percy Wood）在"雀鹰号"的舰桥上，当时就站在霍普金斯身旁。敌军炮火开始击中这艘船时，"我们看见'布罗克号'正径直向我们的舰桥冲去，完全是正对着我们，时速高达 38 节。我记得自己向周围所有人高喊，警告他们要稳住。"[15] 他觉得这一景象异常迷人，但在两船相撞之后，他什么也记不得了："直到发现自己躺在艏楼上，但不是我们自己船的艏楼，而是'布罗克号'的"。

伍德不是唯一摔倒的船员，也不是唯一跌落在另一艘驱逐舰甲板上的船员。"布罗克号"上的格伦尼回忆道："我们撞得厉害，造成大量损失……我内心慌乱，超出了应有的程度，但我双眼满是血迹，我觉得自己的状况比实际上还要糟。"[16] 大量蒸汽从"布罗克号"受损的锅炉房内一团团喷出，导致我们很难看清东西，但很快情况明晰起来，"雀鹰号"船况很糟，而且可能正在下沉。对船员来说,唯一的好消息就是德军炮火逐渐变弱,他们的探照灯也不再照射"布罗克号"。奇怪的是,两艘舰船的舰长都以为自己的船在下沉,于是要求船员换乘到对方船只上。就在艾伦和霍普金斯清理混乱局面的同时,另一艘驱逐舰"竞争号"从"雀鹰号"后方出现。本就紧张的形势即将变得更糟。

跟在"雀鹰号"后方的6艘驱逐舰中,有5艘成功地向左舷实施了急转,从而避开了这两艘纠缠在一起的船只。而"竞争号"却没有那么幸运。克罗德看到它不断逼近:"就在我们互相挤作一团时,'竞争号'撞上了'雀鹰号',差点没撞到我们,这要归功于舵手绝佳的驾船本领。"17然而,"竞争号"舰首撞上了"雀鹰号"的左舷舰尾,将其舰尾切断了近两米。它本可能从第一次相撞中挺过来,但事后证明,第二次撞击实在太过严重。"雀鹰号"变成一堆漂浮的船骸,30分钟后,"竞争号"和"布罗克号"设法从它身边逐渐退去时,这艘两度被撞的驱逐舰再也无法回家。在一些受伤的船员被送到受损的"布罗克号"上之后,霍普金斯和其余船员便开始了漫长的夜间斗争,努力保持"雀鹰号"不要沉没。

"布罗克号"的状况也十分堪忧:它的各层甲板都遭到炮火毁坏,上面血迹斑斑,而那起撞击又撞碎了它的舰首。它仍可以继续机动,但也仅此而已。于是它和"竞争号"跟跄着离开,留下霍普金斯尽力拯救自己漂浮的舰船。当"蒂帕雷里号"最终沉没时,反倒给人一种痛心的解脱感,因为它的火焰一直将"雀鹰号"照得通明,让南方几千米之外长长的德军舰队看得再清楚不过。霍普金斯也许是被斯皮尔拯救的,后者反复地向战列舰队发送同一条信息，而此信息只包含一个词——保持（Durchalten），意思是"无论发生任何分心之事，都要保持航向和速度"。因此，德军舰船对这艘失去战斗力的小型驱逐舰失去了兴趣，霍普金斯的船员被置之不理。与此同时，"布罗克号"和"竞争号"双双艰难地驶向北方，远远地离开了敌军无畏舰压倒性的火力。

不过，德军方面也有自己的麻烦。在"布罗克号"转向的时候，轻型巡洋舰"罗斯托克号"正试图驶到"威斯特法伦号"和"莱茵兰号"之间。在它正准备插入这两艘无畏舰之间的空隙时，一枚鱼雷击中了它的左舷一侧。爆炸在其左舷锅炉舱的侧面炸出一个洞，随后海水涌入机舱。不到一分钟，它便完全失去了推进动力，电力系统也被切断，而且转舵系统亦无法运作。幸运的是，"埃尔宾号"的命运没有降临到它身上，它设法避免了一次相撞。约有 1 000 吨海水灌入舰体，而在船员试图遏制海水时，这艘巡洋舰开始漂移，并向左舷侧倾，而战列舰队其余舰船则陆续从它身旁驶过。S-54 号驱逐舰受命去援助它。这两艘德军舰船将在那里待到黎明，因为米歇尔森准将的机师试图帮这艘巡洋舰恢复动力。

最后一轮攻击

驱逐舰"阿凯提斯号"上的雷吉·哈钦森（Reg Hutchinson）中校接手了所在驱逐舰队的指挥权。在德军重新整饬的阵列线东北约 3.7 千米处，他聚集了 6 艘驱逐舰，然后率领它们进行最后一轮进攻。德军阵列刚刚恢复此前的航向——东南偏南7°——而随着哈钦森的舰只出现，它们被再一次编成一列纵队，不过"拿骚号"不在其中。在遭遇"喷火号"之后，"拿骚号"来到了其他舰船的左舷不远处，确切地说，它位于德军纵队第五艘舰船"赫尔戈兰号"的左舷正侧面。"拿骚号"前方是轻型巡洋舰"罗斯托克号"和"斯图加特号"，而20分钟前它们没尝试迂回穿过舰船队列。这一次，德军做好了战斗准备，并在英军驱逐舰刚出现在他们左舷正侧面时就开了火。哈钦森以纵队队形展开进攻，领航的是"阿凯提斯号"。

为使驱逐舰的鱼雷命中率达到最高，英军以几乎平行于德军的航线向其靠近。每艘"阿卡斯塔级"驱逐舰都携带两枚鱼雷，而各舰上的两支单鱼雷发射管都已瞄准好方向，对准了右舷正侧面。这一相对平缓的接近角同时也意味着它们更容易遭到攻击。在这些驱逐舰开始实施鱼雷攻击时，它们被许多耀眼的探照灯照得通明，并遭到德军炮火的一连串攻击。德军无畏舰主炮和副炮组并用，单发28厘米或30.5厘米炮弹就能将一艘驱逐舰炸成两半。首先遭殃的是"幸运号"，即哈钦森阵列中的第三艘驱逐舰。它的舰桥被德军的第一轮齐射一扫而光，这一轮炮弹是"威斯特法伦号"打出的。"幸运号"的船桅被炸飞，枪炮手也都丧命。不到30秒，"幸运号"就变成了一堆燃烧的残骸。

在"奥尔登堡号"上，负责后部探照灯平台的二级准尉奥托·布施（Otto Busch）看到了整件事的过程："那是我见过的最英勇的战斗。它（'幸运号'）完全被炮弹形成跨射，但透过我们探照灯耀眼的光,我可以清楚地看到一名海军下士和两名水兵在给尾炮装填弹药,并用它进行射击,直到这艘船消失不见。"[18] "幸运号"上有一名上等水兵叫作托马斯·克利福德(Thomas Clifford)。在这次进攻期间,他负责操作一枚鱼雷,正等待着发射命令:"我向舰桥望去,然而它已经被炸飞了……于是我将发射管瞄准敌人,发射出我的鱼雷。在等待鱼雷击中产生的水柱期间,我被炮火炸离了发射管。我们和敌人之间的距离近到我可以看见那艘巨舰上的探照灯组人员。"[19] 尽管受了重伤,但他仍是"幸运号"为数不多的幸存者之一。在水里泡了数小时之后,他于次日早晨被"莫尔斯比号"驱逐舰救了起来。"幸运号"在几分钟内就沉没了,大多数船员也随它一起沉入海底。

然而,射击并不完全是单方面的。为躲避英军鱼雷,最前面的 6 艘无畏舰——"威斯特法伦号""莱茵兰号""波森号""奥尔登堡号""赫尔戈兰号"和"图林根号"——全部同时转向右舷。英军炮手再一次瞄准了探照灯,在"奥尔登堡号"开始转向时,一枚 4 英寸(102 毫米)炮弹在它前部烟囱下方的前探照灯平台上爆炸。碎片如雨般落在舰桥上,导致数名军官和水兵死亡或受伤。其中一名伤员是舰长威廉·霍夫纳(Wilhelm Höpfner)上校,他被一块飞来的碎片打成重伤。尽管头晕目眩,但他仍踉跄地站了起来,却发现舵轮无人操作——舵手已经被杀死。霍夫纳抓住舵轮,从而阻止了"奥尔登堡号"偏入"赫尔戈兰号"的航道,后者在其右舷一侧也在做同样的转向。德军又一次在千钧一发之际避免了灾难。

"幸运号"身后的驱逐舰绕到它的左舷，但这也足以使它们实施鱼雷齐射。"波森号""奥尔登堡号"和"赫尔戈兰号"都将火力集中在领先的驱逐舰"阿凯提斯号"和"伏击号"上，但这些舰只似乎有护身符保佑。它们突破重重炮火，并发射出鱼雷——然而未能命中目标——然后加速逃向东方。在做这一切的同时，又有两艘舰船加入进来，对它们进行射击。几分钟前，"法兰克福号"和"皮劳号"出现在北方，并与德军无畏舰交换了识别暗号，然后前往阵列线前端就位。现在，这两艘巡洋舰在加速经过英军驱逐舰的时候，对它们展开了射击。"热情号"将成为下一个牺牲者。它虽然在进攻中幸存下来，却在黑暗中迷了路。10 分钟后，它再次闯入德军阵列，被"威斯特法伦号"的探照灯照得通明。双方相距仅 820 米，随后，这艘驱逐舰被 40 枚 8.8 厘米和 15 厘米口径的炮弹炸得粉碎。

"热情号"上的海军少校阿瑟·马斯登（Arthur Marsden）还原了他所在驱逐舰的最后时刻："我立即展开攻击，在很近的距离上射出了剩下的鱼雷。"然后，"我们一边开火一边全速逃跑。接下来的几分钟也许是有生以来最令人心惊胆战的时刻"。[20] 被探照灯光笼罩之后，马斯登及其水兵都知道，德军炮弹将接踵而至。"舰桥上一片寂静，没有人说一句话。这种沉默肯定只持续了几秒钟，但感觉像过了好几个小时。最后时刻终于到来……炮弹一发接一发击中我们，然后，我们的速度逐渐下降，最终停了下来。接着，发电机停止运转，所有的灯都熄灭了。"他看到艏楼上的火炮一直在射击，直到船员牺牲为止，之后，德军关闭了探照灯。随着脚下的舰船开始下沉，马斯登下达了弃船的命令。尽管身受重伤，但他最终仍大难不死——实际上，他后来成为一名久经考验的保守党下议院议员。

英军的驱逐舰攻击到此结束。"幸运号"和"热情号"很快沉入海底，幸存者只能自求多福。另一艘遭殃的舰船是"鼠海豚号"，遭德军两枚炮弹直接命中。若不是"幸运号"吸引了大多数攻击，那艘舰船将受到更多打击。一枚炮弹在其舰桥下方爆炸，另一枚则打中了它的鱼雷甲板。蒸汽从被割断的管道里喷出，主机开始失去动力，转向装置也被炸毁。令人惊讶的是，牺牲与受伤的各只有两人，鉴于舰船遭受了如此严重的破坏，这一伤亡数实在不多。它似乎不太可能熬过那个夜晚，但它确实做到了，于次日晚些时候艰难地回到了泰恩工业区。"幸运号"和"热情号"的船员则没有那么幸运，在这两艘驱逐舰上的所有148名船员中，只有3名幸存者："热情号"上的马斯登和克利福德，以及"幸运号"上的一名船员。

实际上，第4驱逐舰队已不复存在。一小时内，该舰队对德军阵列发起了一系列英勇的进攻。纵然英勇无比，它们只成功损伤了敌人两艘轻型巡洋舰，一艘无畏舰也没有击中。而为此付出的代价实在太高。一小时以前，温特舰长麾下尚有12艘驱逐舰，而现在只剩下4艘，其余的不是被击沉就是失去了战斗力。就连剩下的4艘舰船也不同程度受损，且全部都已将鱼雷发射殆尽。现在，它们分散在黑夜当中，而在破晓之前，哈钦森中校无法将它们重新编队。尽管这支驱逐舰队耽误了公海舰

第十九章 一支驱逐舰队的覆灭

队约半小时行程,并迫使它们稍微偏离了航线,但这些舰只及其船员的牺牲并没能真正影响整个战役的进程。主要原因在于,除鱼雷命中数不足外,没有任何人费力气去通知杰利科相关战斗情况。

第二十章

突破重围

午夜时分，德军战列舰队仍然呈纵队前进，以"威斯特法伦号"领航，并且已经挫败了英军驱逐舰队的进攻。令人吃惊的是，尽管在埃文－托马斯快速战列舰队和杰拉姆无畏舰队的尾部可以看见那场夜战中的灯光和炮火，但英军战列舰队仍继续向南航行。问题在于，在那支驱逐舰队中，没有一人想过向杰利科发送无线电消息，告知他们正在跟舍尔的无畏舰作战。因此，杰利科对舍尔想要突破自己阵列线的企图浑然不知，于是他保持原来的航线继续行驶。其他人本来可以从战列舰队尾端用无线电通知舰队旗舰，但没有哪位舰长愿意承担打破无线电静默的责任。他们推断，杰利科早已知道他们身后的战斗情况。

在"马来亚号"上，海军上尉帕特里克·布林德发现了身后的敌军无畏舰，并请求舰长阿尔杰农·博伊尔（Algernon Boyle）准许开炮。博伊尔没有答应，并说将军（埃文－托马斯）自己可以看见这一切。[1]最迟在晚上11点35分，"刚勇号"向埃文－托马斯的旗舰"巴勒姆号"送去消息，报告后方发现敌军战舰，但没有收到任何回应。在无畏舰"本博号"上，准少尉杰夫·康格里夫正看着发生的一切:"大约在晚上 11 点 45 分,我们后方传来一阵可怕的爆炸声,确切地说,是轻型巡洋舰和驱逐舰的炮火。炮声持续了大约 5 分钟,想必一定上演了一场好戏。有一艘舰船被命中,受损严重,通红的火焰点亮了天空。"[2] 这景象显然是发生了战斗,但没有任何人——甚至包括埃文－托马斯和伯尼——想过通知杰利科。结果,大舰队失去了最后一次摧毁公海舰队的大好机会。如果杰利科向左舷偏转,他可以在舍尔到达霍恩礁之前将其拦下。但他没有,大舰队保持航向继续行驶,因为舰队司令仍然对所发生之事浑然不觉。

"黑王子号"

在第 4 驱逐舰队的"阿凯提斯号"和"伏击号"两艘驱逐舰向东逃跑的过程中,它们以为自己看见了从北方冲向它们的一艘孤零零的德军巡洋舰。这两艘驱逐舰避开了它。这艘神秘的舰船保持着向南的航向,径直朝德军舰队驶去。实际上,那是英军装甲巡洋舰"黑王子号"。它一直是阿巴思诺特少将第 1 巡洋舰中队的一员,但在他的旗舰"防御号"被击沉且"勇士号"严重受损之后,"黑王子号"与剩下的一艘僚舰"爱丁堡公爵号"失去了联系。在杰利科部署完战列舰队后,该舰一直保持在舰队的北方,然而由于某种未被记录的原因——也许是主机故障——它无法跟上南下的战列舰队。于是它一直在后方跟随,至午夜时分,它仍处于"阿金库尔号"——伯尼中将所在中队的末舰——以北约 4.9 海里（9.1千米）处。

午夜后不久，站在"黑王子号"舰桥上的托马斯·博纳姆（Thomas Bonham）舰长将会看到一队大型战舰出现在他前方。从博纳姆的行动可以看出，他认定朝他靠近的是杰利科战列舰队的一部分。没有人真正知道，在几分钟之后，博纳姆舰长及其所有船员将葬身于此。此时，"拿骚号"仍位于德军阵列线左舷一侧，它和"图林根号"都发现一艘四烟囱的大型战舰正朝它们靠近，而且就在它们左舷舰首方向。这两艘无畏舰发出了识别暗号，但那艘舰船的唯一反应却是向左舷急转。这一转向使得"黑王子号"与这两艘德军无畏舰形成了平行航线。两艘无畏舰几乎同时打开了探照灯，接着便朝它开火。射击距离只有1 000米左右，因此可以清楚地看见那艘装甲巡洋舰。

"黑王子号"尚未来得及将火炮瞄准，"图林根号"的炮弹就已狠狠地砸中了它——在不到40秒的时间内，15厘米炮弹打出了整整4轮齐射。无畏舰的8.8厘米口径火炮又击中它24次。因此，不到一分钟，"黑王子号"几乎就被命中了50次，并且剧烈地燃烧起来。仿佛这还不够惨，"东弗里斯兰号"和"拿骚号"也加入进来，直到"黑王子号"几乎变成一堆燃着地狱之火的残骸。舍尔目睹了这艘舰船的毁灭，并写道："由于完全错误地估计了形势，敌军一艘四烟囱的大型巡洋舰在凌晨2点（午夜）出现，那显然是一艘'克雷西级'巡洋舰，不久，它便进入了第1中队的'图林根号'和'东弗里斯兰号'1 500米的射程范围内。几秒钟后它就着了火，然后在开火4分钟之后，随着一声可怕的爆炸，它沉没了。"³ 燃烧的舰船从德军阵列漂过的场景令人难忘，并让人产生一股对困在船内的可怜船员的怜悯之感。

然而，舍尔要冷静得多。"那艘船的毁灭既壮观又恐怖，它距离我们太近，甚至能看见船员在燃烧的甲板上前冲后撞的情景，同时，探照灯将重炮弹的飞行轨迹也照得清清楚楚，一直可以看到它们落下并爆炸。"《德国官方历史》还说："它剧烈地燃烧着漂过德军阵列，在几起小规模爆炸后，随着一场惊人的大爆炸，该舰连同全体船员便消失在水面之下。"⁴ 在它后方的伤舰"喷火号"上，船员们也看见了它的惨状。布什上尉声称，那艘巡洋舰差一两米就撞到了他们，然后，"它从我们身边呼啸着猛冲而过……可以听到噼啪的响声，伴随着火焰的炙热。从前樯到主樯，甲板及甲板之间，全都着了火。火焰从舰上各个角落吐着火舌"。⁵ 当火焰到达弹药库后，"黑王子号"的结局终于到来。全舰船员无一幸存。

再逢良机

至深夜 12 点 30 分，德军战舰长队的队首已经来到了英军战列舰队东边。距离最近的"阿金库尔号"战列舰在德军南方 4.9 海里（约 9.1 千米）处，并以 17 节（每分钟 525 米）的航速驶离德军。然而，至少从理论上讲，德军通往霍恩礁的路线仍被一大群英军驱逐舰封锁着：它们是组成第 12 和第 13 驱逐舰队的 26 艘驱逐舰和 1 艘轻型巡洋舰，另外还有第 9 和第 10 联合驱逐舰队。这些舰船本应预计到德军将至。毕竟，它们全都看见了那些探照灯，或者听到了那些炮声。在第 4 驱逐舰队的舰船或"黑王子号"被炸成碎片的时候,它们其中一些船只甚至可能目击了那些爆炸。实际上,在那场追击战中,德军发射的一些流弹超出了战场范围,落在了轻型巡洋舰"冠军号"——第 13 驱逐舰队的旗舰——附近的海域。这些炮弹产生了戏剧性的效果。

"冠军号"的舰长詹姆斯·法里不仅指挥自己的舰队,还负责指挥另两支驱逐舰队。他的决定关系重大。在德军炮弹开始落在法里的旗舰西边不远处时,对这一情况他有两种合乎逻辑的解释。德军可能是在炮击他,但他却看不到德军,又或者第 4 驱逐舰队正陷入一场残酷的战斗,并需要援助。他判定遭受攻击的是他自己的舰队,并要求舰船立即全速转移。"冠军号"转向左舷并向东行驶,远离下坠的炮弹。不幸的是,只有两艘驱逐舰——"倔强号"和"莫尔斯比号"——跟随了他。该舰队的其他 8 艘驱逐舰根本没有看见航线变化,因为它们都行驶在那艘巡洋舰前方。因此,它们保持南南东的航向继续前行,而与此同时,"冠军号"及另外两艘驱逐舰消失在了黑夜当中。

在这些舰船南方是第 9 和第 10 联合驱逐舰队的 5 艘驱逐舰,它们受坐镇旗舰"利迪亚德号"驱逐舰的海军中校马尔科姆·戈德史密斯(Malcolm Goldsmith)的领导。他的这支联合驱逐舰队实际上根本不属于大舰队;它们是哈里奇分舰队的组成部分,只不过暂时隶属于贝蒂的战列巡洋舰队。然而,戈德史密斯是位经验老到的驱逐舰指挥官,就像法里上校一样,杰利科充分相信他们,让他们担任自己的后卫部队。第 13 驱逐舰队的舰船比戈德史密斯的船只航行速度快,很快就来到了那支哈里奇舰队的后方。虽然法里没有通知另外8艘驱逐舰,不过它们仍加入到了戈德史密斯队列的后方,这样做的还有一艘离群的舰船"团结号",它是第4驱逐舰队的一个幸存者。

所有这些舰船都能看到西边数英里之外发生的战斗。"团结号"的到来也理应给它们敲响警钟,但似乎指挥该舰的阿瑟·莱基(Arthur Lecky)少校和他前方的戈德史密斯中校都没有费心思去询问所发生之事。"团结号"的指挥官本可以警告戈德史密斯德军将至,但他却被晾在黑暗里。又由于戈德史密斯将发生在西边的战斗视为"友方火力",于是情况变得尤为不幸。在他的报告中,他声称自己以为埃文-托马斯第5中队的快速战列舰掉转了方向,于是有些混乱,还以为是快速战列舰在射击第4驱逐舰队的舰船。这一断定的真正悲剧之处在于,他现在竟然还多少期待着一队英军主力舰船出现在他的右舷正侧面。他根本没想过,实际上向他冲过来的竟是公海舰队。

戈德史密斯中校的假设使得他计划重新部署自己的舰队。他最初受命跟在英军战列舰队之后,保持在伯尼中队末舰后方约4.9海里处。他也确实是这样做的,但这一新情况的出现暗示计划有变,只不过没有人通知他罢了。于是,他决定将自己的舰队置于埃文-托马斯中队的右舷正侧面,他理所当然地以为该中队将转向跟随伯尼的舰船。他决定将速度提高至30节,然后超到那支逐渐靠近的中队前方,以便在那3艘快速战列舰西边就位。当然,问题是这些战列舰根本不是英军舰船。另一个小问题是戈德史密斯麾下舰队的长度。他似乎没有意识到，自己率领的是一支由14艘舰船组成的部队，而不是只有5艘。他的舰船两两相隔250码（228.6米），这意味着他的驱逐舰队列并不只有1 370米长，实际上它在海上绵延约3 660米，或者说1.9海里。

如果他身后只有自己的联合舰队，那么，他的这种机动可以做到完美。驱逐舰驶到了前来的快速战列舰正前方，现在可以隐约看到后者出现在西边，而且正沿着东南方向逐渐向驱逐舰靠近。实际上，大多数驱逐舰安全驶过了靠近中的纵列队首。现在，只有后方的4艘驱逐舰和领航的快速战列舰——大概是"巴勒姆号"——有发生冲突的危险。那艘快速战列舰从这队驱逐舰数百米以外的黑夜中突然出现，目前正垂直着向它们逼近。只不过那根本不是埃文－托马斯的旗舰。在驱逐舰队列倒数第五艘舰船上，负责指挥"攻城雷号"的海军少校埃文·奥格尔维·汤普森（Evan Ogilvie Thompson）意识到，正在靠近的是德军而非英军舰船。而且那艘船还在提高速度，很明显正试图撞击他。

汤普森描述了自己认出来德军舰船的那一刻："我们发现右舷舰首五六个罗经点方向出现一大团黑影，距离我们约有600码（约549米），正朝东南方向行驶。仔细看就能确定那是什么了，因为从我们这个角度看去，在天空的映衬下，可以清楚地看见巨大的转臂起重机的轮廓——只有德军才有这种设备。"[6] 汤普森已经是高速航行，于是他转向右舷躲避前来的无畏舰，并从它舰首前方穿过，然后又紧贴"威斯特法伦号"的侧边驶过，距离之近足以看清它的名字。汤普森不相信自己小小的4英寸（102毫米）

口径火炮能够对巨大的无畏舰构成伤害，而且他在下午的时候就已经把全部鱼雷发射出去。因此他决定逃跑。"除了逃跑我们别无他法，于是我们加快了速度，全速行驶，并且将航线向左舷偏转了约一个罗经点，以便从敌军舰尾处通过。"

"攻城雷号"也险些成功了。探照灯很难找到这艘快速移动的驱逐舰，但随后它们还是发现了它，随后"攻城雷号"被置于光柱之下。"我们随即看见了敌人副炮的炮火，并且在舰桥上感到了我们的船有轻微颤动，猜测是我们中弹了。"德军继续开火，随后又有一艘无畏舰——"莱茵兰号"——加入进来。在逃进夜色之前，"攻城雷号"被 6 次命中，但至少主机没被击中，于是它加速逃到了安全地带。然而，在这充满危险的几分钟内，它损失了 15 名水兵——9 名牺牲，另外 6 名负伤。在它们加速逃跑期间，汤普森看见"最前面的一组德军探照灯熄灭，而火炮转而一齐瞄准左舷一侧的'汹涌号'——它就在我正后方。""汹涌号"试图跟随"攻城雷号"穿过"威斯特法伦号"的舰首，但那艘德军无畏舰已经转向右舷，这意味着它所有的左舷火炮现在都可以射击。

"威斯特法伦号"的齐射破坏力极强。齐射炮弹完全命中"汹涌号"，这艘驱逐舰几乎被炸成碎片。其中一枚炮弹洞穿了它的锅炉并爆炸，将舰尾部分炸掉。就在几秒钟前，这艘驱逐舰向右舷变了向，在被命中的时候，它距离那艘无畏舰的左舷一侧不足 370 米。"威斯特法伦号"上的目击者记得看到了双重爆炸，第一次是在舰尾处，而下一秒钟舰船的剩余部分被炸成两半。全舰船员无一幸存。在这场艰苦的战斗中，如果剩余的驱逐舰能够即刻发动进攻，一艘驱逐舰及其全体船员的壮烈牺牲可能还是值得的——假如它们为损失的部队报仇，用鱼雷击沉"威斯特法伦号"的话。这确实是一次极难得的机会：有十几艘英军驱逐舰在那里，而且时刻准备战斗。然而，戈德史密斯继续保持原来的航线，率领那些舰船驶离德军舰队。

这一次，还是没有人向杰利科发送无线电消息。因此，大舰队继续向南航行，没有察觉到后方正在上演的残杀。双方间距逐渐拉大："阿金库尔号"战列舰在 11 千米之外，而伯尼中将的旗舰"马尔伯勒号"在它前方约 3.7 千米处。这些舰船上的值班水兵想必知道后方发生了某种形式的战斗。珀西·格兰特上校作为"马尔伯勒号"的舰长，在那个短暂的夜晚一直站在舰桥上，他亲眼看见了战斗的迹象："一阵恐怖的连续炮击发生在相当近的地方。我可以清楚地看见炮火，并不时地听到巨大的爆炸声……类似的事情持续了一夜，几乎到黎明才停止。"[7] 他还说："那场面看起来极具吸引力，只不过是以一种可怕的方式。"然而，不论是格兰特和伯尼，还是战列舰队尾部其他的无畏舰舰长，他们当中竟无一人表现出足够的主动性，将所目击到的报告给杰利科。

斯特林上校和"波默恩号"

英军第 12 驱逐舰队仍处于德军和霍恩礁之间。它一直在杰利科驱逐舰带的东边一侧，而且落在了其他舰船之后。这是因为该舰队指挥官擅自快速驶向了其他驱逐舰队的北方。现在这支舰队

第二十章　突破重围

正驶向原来的位置，朝南南东方向飞驰。它处于"阿金库尔号"战列舰后方约 24.7 海里（45.7 千米），而在它左舷正侧面几英里的是轻型巡洋舰"冠军号"以及驱逐舰"倔强号"和"莫尔斯比号"，它们是法里上校第 13 驱逐舰队余下的舰船。第 12 驱逐舰队由坐镇领航舰"福克纳号"的安塞兰·斯特林上校率领。他的兵力一分为三：前两支分队各有 4 艘舰船，分处两列平行的纵队，两列纵队相隔 600 码（约 549 米），分别部署在"福克纳号"左右两舷的舰尾处，形成了一个巨型 V 字。最后一支分队有 5 艘驱逐舰，跟在该舰队领航舰后方一英里（约 1.8 千米）处。

到凌晨 1 点 40 分，夜色逐渐消退，东方逐渐苍白的天空预示着黎明将至。然而，由于海面上下起了连绵阴雨，环境一直很差，而当缭绕的雾气最终开始消散时，能见度已降至 900 米。3 分钟后，率领斯特林右舷纵队的"忠顺号"上的瞭望员发现，在他们右舷舰首处有一队大型战舰。这一次，他们没有发出识别暗号，也就没有出现由于猝不及防而造成的死亡。这些驱逐舰等待着，观望着。斯特林很快就认出前来的舰船是德军无畏舰。作为一名经验丰富的驱逐舰指挥官，他丝毫没有犹豫。他十分确定，敌军尚未发现他们，于是他将速度提高到 25 节，并将驱逐舰转向与敌军平行的航线，然后命令"忠顺号"上的比尔·坎贝尔（Bill Campbell）中校发起进攻。与其他驱逐舰指挥官不同，斯特林更喜欢以分队为单位对敌进行攻击。

坎贝尔负责指挥所在舰队第 1 分队的 4 艘驱逐舰——他的座舰"忠顺号"，随后是"留心号""奇迹号"和"猛攻号"。坎贝尔用小信号灯发出命令,内容是跟随"忠顺号"展开攻击,然后他陡然转向,朝敌军阵列奔去。这一次,德军反应较慢,没有看出威胁,也没能有机会开炮。然而,坎贝尔前方的无畏舰——"边境总督号""王储号""大选帝侯号"和"国王号"——全部同时转向右舷,以躲避预计会朝它们袭来的鱼雷攻击。而坎贝尔已经看不见无畏舰——西边的天色还很黑,贝恩克少将的4艘无畏舰充分利用了这一优势。在失去了明确的目标,并且看不见敌军之后,坎贝尔转向离开,加速折返,重新与所在舰队的其余舰船会合。

天空迅速变亮,斯特林看到坎贝尔返回时,他下定决心要好好利用这黎明前所剩不多的夜色。不过,他首先命令"福克纳号"的无线电收发室向杰利科发送了一条消息。内容是:"紧急优先。发现敌方战列舰。我位于第1战列舰中队后方10英里(约18.3千米)处。"[8] 该信号发送于凌晨1点56分,12分钟后,由于没有得到回复,又发送了一次。斯特林或许错误地计算了自己的舰队与伯尼中队间的距离(目前大约应为37千米),但那条信息的要点是明确的:舍尔的战列舰队正在从杰利科的无畏舰队末尾穿过。凌晨2点13分,他已经接近敌军,足以确认他们的航向,这时他第三次发送信息,补充说德军阵列正往南南东方向行驶。不幸的是,这些重大信息根本没有传到"铁公爵号",而该舰就在南方46千米之外。

斯特林决定亲自率领下一轮进攻。在凌晨2点整,他命令坎贝尔的分队到"福克纳号"身后集合,随后率领这4艘舰船向东南驶去,如此一来,他便可以重新与敌军取得接触。6分钟后,他发现敌舰出现在自己前方,他遂向右舷满舵,直到朝向西北,与

第二十章　突破重围

他先前的航向形成交互。德军的先头无畏舰仍在折回原先的航向，于是距离这些英军驱逐舰稍微更远了一些。这意味着，最近的德军编队是毛弗少将的第 1 战列舰中队——出了名的"五分钟舰船"。由于驱逐舰队列和前无畏舰队列正相向而行，用不了几分钟，前无畏舰就会处于斯特林的正侧面。这是发动鱼雷攻击最标准的位置。接下来，一切就要看鱼雷射击技巧、对时机的把握，以及运气好坏了。

在"福克纳号"和坎贝尔的 4 艘驱逐舰之后，驱逐舰队其余舰船正奋力追赶。海军中校约翰·钱皮恩（John Champion）在"米那德号"上率领第 2 分队成功跟上了舰队领航舰，尽管他先前落后斯特林一些距离，因此在领航的分队发射鱼雷并返回后，他才能加入进攻之中。"神射手号"，即第 3 分队领航舰的舰桥成员没有注意到舰队的 180° 大转弯，因而该舰保持东南航向继续行驶，没能参与进攻。该分队的其余舰船则成功跟上了钱皮恩，由于分队指挥官不在，于是由"欧泊号"上的查尔斯·萨姆纳（Charles Sumner）中校负责指挥。它们将是最后一组发起攻击的舰船。

到目前为止，驱逐舰尚未遭到射击——斯特林认为这是因为它们还没被发现。实际上，它们已经被发现，但在同一时刻，由于德军的第 5 和第 9 驱逐舰队正在向己方阵列线靠近，所以德军瞭望员不能确定这些模糊的身影是英军还是德军。仅这一次，德军变成了犹豫的一方。为了弄清情况，"边境总督号"向这列隐约现身北方的舰队发出了识别暗号。没有回应。于是，在凌晨 2 点 02 分，"大选帝侯号"转向避开这一威胁。它向右舷偏转 6 个罗经点

(67.5°),并用左舷副炮组进行射击。它瞄准的是"忠顺号""奇迹号"和"威胁号",几秒钟后,15 厘米口径的炮弹便纷纷落在这些脆弱的驱逐舰附近。然而,海风将该舰烟囱冒出的浓烟吹到了射击观测员和目标之间,妨碍了它的射击准度。

几秒钟后,后方的"国王号"和"德意志号"开始射击时,也遇到了同样的问题。他们也遵循厄恩斯特·戈特(Ernst Goette)上校的做法,开始将舰船转向右舷,这一机动作又被他们中队旗舰后方的前无畏舰重复,接着"拿骚号"——目前已经进入阵列线中,处于"汉诺威号"和"黑森号"之间——也照做了。就在此时,斯特林下令发射鱼雷。"福克纳号"身先士卒,不久之后,"忠顺号""奇迹号"和"猛攻号"相继发射了鱼雷。现在是凌晨 2 点 05 分,在这一射击距离——超过 910 米——鱼雷不用 20 秒就能抵达目标。"猛攻号"上的一等水兵弗雷德·奈特(Fred Knight)回忆起当时的情景:"我们径直驶去,实施进攻。天亮得很快。我们携带了 4 枚 21 英寸口径的鱼雷,并全部发射出去——其中一枚在 910 米的距离上击中了敌军阵列中的第三艘舰船。"[9] "猛攻号"不是唯一命中目标的驱逐舰。

与温特上校麾下较老的驱逐舰不同,第 12 驱逐舰队的 M 级驱逐舰载有 4 支鱼雷发射管,成对安装在舰船的中心线上。在这些现代驱逐舰上,所有 4 枚鱼雷可以同时发射,因此,一组数量高达 12 枚的鱼雷便射向了德军阵列线。实际上德军已经开始向右舷偏转,正是这一点拯救了德军舰船。一枚鱼雷从距离"大选帝侯号"舰首几米的地方穿过,另一枚击中了"王储号"航迹中

第二十章 突破重围

激起的一股涡流,并在该无畏舰身后 90 米的地方爆炸。另外还发现两枚鱼雷径直奔向"边境总督号",在它们快速袭来的时候,舰长卡尔·塞夫林一定希望自己的船转向的速度能再快点儿。他几乎做到了让其中一枚在"边境总督号"转向的时候从它左舷舰首下穿过,但第二枚则径直奔向这艘无畏舰的左舷舰尾——然后从它下方穿过。

随后,在凌晨 2 点 10 分,两枚鱼雷命中前无畏舰"波默恩号",双双击中它左舷一侧的中部位置。在它后面的"黑森号"舰桥上,瞭望员报告称第一波爆炸后不到一秒钟,它的舰体内部又接连传来多个爆炸声。一股股烟柱在其左舷上方腾空而起——白的、黑的、淡黄的烟柱混杂在了一起。随后,熊熊的红色火焰从那艘前无畏舰的侧边蹿到半空,几秒钟后,大火就吞噬了整艘舰船。火焰蹿到桅顶那么高,大约 30 秒之后,传来一声巨大的爆炸声,"波默恩号"断成两截。坎贝尔在"忠顺号"上看见"船中部升起一团暗红色的火球,然后火焰蔓延到舰首和舰尾,巨大的红色火舌直攀上桅杆,最后黑色的烟云和火光混在了一起"。[10]随后,他们便看到那艘船被炸成两段。

在"猛攻号"上,一等水兵乔治·韦恩福德(George Wainford)看到了"波默恩号"爆炸:"我说,天哪!我们打中了!就在我说这话的一刻,不知道是一发炮弹还是一轮齐射命中了我们的舰桥。随即传来一声可怕的巨响,然后艉楼的左舷一侧开始着火,艉楼甲板下的所有船帆吊床都被卷了起来。"[11]炮弹击中这艘驱逐舰时,海军中尉哈里·凯米斯(Harry Kemmis)刚被派到舰船下方,通知机舱制造烟幕以掩护这艘驱逐舰。"等我回到舰桥时,发现一切尽毁,舰长受了致命伤,副指挥牺牲,于是我担任起指挥,下令接通后方操舵位,这件事完成得十分利落。"也许正是凯米斯的机智反应挽救了这艘舰船,随后"猛攻号"脱离战斗,跟随领航舰和所在分队的其余舰船向北方驶去,在它自己施放的黑色浓烟掩护之下。几分钟后,"猛攻号"舰长因伤重而死亡。

"波默恩号"遭命中后,"汉诺威号"的舰长威廉·海因(Wilhelm Heine)上校急忙向右舷闪躲,以免撞上船骸。炮塔和大量上层结构的碎块被抛进空中,落在"德意志号"和"汉诺威号"附近。在海因的舰船驶过时,他看见"波默恩号"的舰尾翘出水面,在滑落到水面下之前,露出了它的螺旋桨。停船是不可能了——德军舰船不得不继续前进。几分钟后,德军阵列末尾的几艘舰船驶过出事地点时,仍可以看见"波默恩号"的舰首。几乎可以确定的是,鱼雷爆炸引燃了"波默恩号"左舷的一座17厘米副炮炮塔内的弹药库。随后,产生的火球又点燃了舰船其他部位的弹药库——这一致命的连锁反应将这艘战列舰撕成两半。"波默恩号"上844名军官和水兵在那起爆炸中无一生还。

此后,英军的进攻均以失败告终。后方分队由坐镇"米那德号"的约翰·钱皮恩中校指挥,他没有像斯特林那样转到与德军相向而行的航道上。虽然该分队其他3艘驱逐舰中有2艘转了向,但"米那德号"和"独角鲸号"仍继续保持原先航向。在"米那德号"上,船员近乎疯狂地努力将鱼雷发射管掉转方向,因为它们瞄准的是右舷而非左舷。钱皮恩在斯特林下达命令之前就采取

第二十章 突破重围

了行动,于是他延迟了转向,直到鱼雷准备就绪后才执行命令。最后,它独自实施了攻击。"米那德号"朝敌军发射了3枚鱼雷,尽管该舰声称有一发命中,但实际都没能击中目标。钱皮恩又说道:"当然,在发起这些进攻期间,我们也遭到了射击。炮弹就落在距舰首和舰尾很近的地方,我确定还有一些落在了烟囱和舰桥之间。我们像是有神灵护佑——这只能是个奇迹。"[12] 为赶紧脱身以免遭受更多损失,"米那德号"随即飞速驶向东方。

钱皮恩分队中的"独角鲸号"没有理会"米那德号",转向跟在了分队其余舰船之后。它发射了两枚鱼雷,但无一命中,而另两艘驱逐舰"内萨斯号"和"贵族号"似乎根本就没有发射。它们可能被袭来的猛烈炮火逼退了。"内萨斯号"上的海军中尉埃里克·利斯(Eric Lees)对此进行了描述:"我看见左舷舰首处有一队敌军战列舰。它们开了火,我们几乎立即就被一枚5.9英寸(15厘米)炮弹击中,打在了前桅的基座上,将它切成两段。"[13] 爆炸杀死7名水兵,另有8人受伤。伤员被送往舰尾。舰上的医务兵已经牺牲,利斯尽其所能为他们做了基本的医疗处理。他回忆道:"有两名伤员情况最为严重,一个是年轻的二等水兵,一块弹片打进了他的脑袋……另一个是一等水兵,他的一只肩膀被完全打碎。"

第12驱逐舰队的最后一支分队根本没有投入战斗。在该分队领航舰"神射手号"驶向错误的方向后,"欧泊号"上的海军中校查尔斯·萨姆纳接手指挥剩下的4艘舰船,但在发现德军阵列线之前,他遇到了两艘德军轻型巡洋舰——也许是"法兰克福号"和"皮劳号"。这支分队中有一艘是查尔斯·波伊南(Charles

Poignand)的"威胁号",他记述了在舰队其余舰船掉转航向发起进攻后所发生之事:"在我们到达转向点之前,它们(斯特林的舰船)就已经被敌军发现,并四下散开,在朝我们全速驶来的同时也遭受着猛烈的炮击……我们前方的那艘以及身后的所有其他舰船不得不转向一边,以避免相撞,因此,我们当中没有一艘得以射击敌军。"[14]

事实上,那支驱逐舰队中只有一半的舰船发射了鱼雷——如果各个驱逐舰的指挥官再多点儿冒险精神,那么可能被命中的就不仅仅是一艘前无畏舰。举例而言,前无畏舰身后是战列巡洋舰"冯·德·坦恩号"和"德弗林格尔号"。只要有一枚鱼雷击中其中一艘——尤其是受损严重的"德弗林格尔号"——就会将它击沉。然而,出现了一起神秘的伤亡事件。下午 2 点 15 分,也就是"波默恩号"爆炸后几分钟,德军 V-4 号驱逐舰发生爆炸。它没有失火,爆炸前也没有任何预警。它和第 5 驱逐舰队的其余舰船一直在阵列线前方附近整队,而突如其来的爆炸将该舰的舰首炸掉。几分钟后它就沉没了,但该舰的幸存船员大多数都被其他驱逐舰救起。尽管事故原因不明,但有可能是它自己的一枚鱼雷意外起爆。

最后一击

还有一小股英军部队安然地处于公海舰队之间。那是第 13 驱逐舰队的剩余兵力,由约翰·法里上校坐镇的轻型巡洋舰"冠军号"以及驱逐舰"莫尔斯比号"和"倔强号"组成。和自己舰队的其余舰船分开后,法里带领这3艘驱逐舰先是向东再是向南航行,到第12驱逐舰队展开攻势时,他已经向东行驶了近3海里。这使他处在了"威斯特法伦号"和德军阵列队首的正北方。他原计划高速向南行驶,直到再次与杰利科的战列舰队取得联系,然而却不知道中间横亘着舍尔的无畏舰队。在凌晨2点20分,"冠军号"上的瞭望员发现一艘驱逐舰正从右舷正侧方接近。结果发现那是"神射手号",该舰是第12驱逐舰队的一员,在斯特林机动就位的时候,它和所在分队的其余舰船分散了。

法里向"神射手号"发送信号问道:"敌舰在哪儿?"[15]"神射手号"的舰长诺顿·沙利文(Norton Sulivan)中校甚至都没有接触过敌军战列舰队,于是他回复说"南方有可疑船只"。接下来法里又问:"我方战列舰队呢?"沙利文发送了类似的回复,"正向南行驶"。因此,几分钟后,当"冠军号"的瞭望员发现南方大型舰船的轮廓时,法里实在不知道它们是敌是友。他命令"神射手号"和刚从西边出现的"米那德号"都加入他的部队。法里率领他扩编后的部队前往南边查探。由于下着小雨,能见度仍然很低。凌晨2点30分,沙利文向"冠军号"发去信息,问道:"向南行驶的是什么船?"法里透过望远镜细看了一番,然后回答说:"我想应该是德军。"法里决定再靠近一些。

那些可疑的舰船大约在西南方2海里,随着驱逐舰逐渐靠近,它们可以看出那是德军前无畏舰。在这种情况下,轻型巡洋舰"冠军号"将成为累赘,因为它没有足够火力攻击前无畏舰。于是法里命令"冠军号"转向东北东方向。实际上,"倔强号"上的海军中尉哈里·奥拉姆（Harry Oram）在记述时描述的情况略有不同："凌晨 2 点 30 分，我们瞥见 4 个巨大的模糊身影赫然出现在西方海平线。'冠军号'以为我们超过了大舰队后方的舰船，为避免出现混乱，它转向了一边。"[16] 不论出于何故，"冠军号"确实离开了"莫尔斯比号""倔强号"和"神射手号"，让它们自主行事。不过，它们有这个实力——除"米那德号"之外，它们全部的鱼雷都还在，而且当时光线仍然很差，足以让它们在发射鱼雷后逃生，这值得驱逐舰放手一搏。

最后，只有"莫尔斯比号"的罗杰·艾利森（Roger Alison）中校足够勇敢，或者说足够鲁莽，发起了进攻。正如他所记述："我认为非采取行动不可，于是向西转动舵盘，向左舷偏转，并在凌晨 2 点 37 分发射出一枚反舰鱼雷。"[17] 换句话说，在凌晨 2 点 34 分左右，艾利森驶出了那队跟在"冠军号"之后的驱逐舰，而此时的"冠军号"正快速向东行驶。他向左舷绕圈，从最后一艘驱逐舰"米那德号"身后经过，然后径直朝敌人驶去。3 分钟后，他将舵轮转向左舷，从他那早已瞄准敌军阵列的两对发射管中发射出一枚鱼雷。随后，这艘驱逐舰转向跟在了"米那德号"后面。艾利森选择了 21 英寸（533 毫米）马克 I 型鱼雷的最快设置，这意味着，那颗鱼雷以高达 44.5 节的惊人速度飞向了敌军。鱼雷在这一速度下只有 4 115 米的射程，但敌军正好就在这一射程范围内。

两分钟后，那枚鱼雷被战列巡洋舰"冯·德·坦恩号"的瞭望员发现，这艘战列巡洋舰处于德军长长的阵列线倒数第二位。约翰内斯·冯·卡普夫舰长即刻下令紧急转向右舷，随着鱼雷逐渐逼

第二十章 突破重围

近,这艘战列巡洋舰也开始缓慢转向。快到凌晨 2 点 40 分时,那枚鱼雷紧贴"冯·德·坦恩号"的舰首下方而过,如果不是冯·卡普夫下令转向,那么,这艘船将被击中船腹。这是一次非常幸运的脱险,但这艘战列巡洋舰在整场战役中似乎一直都是好运不断。不过,"莫尔斯比号"重新归队之后,船员们确信自己命中了敌人。奇怪的是,法里的其他驱逐舰根本没有试图发起进攻,却似乎甘愿跟在那艘反向驶离的轻型巡洋舰身后。事实上,几乎没有人知道"莫尔斯比号"发起的这次鱼雷进攻,但它客观上却成了整场战役的最后一次对敌行动。

公海舰队最终做到了:它们已经从大舰队后方穿过,现在,回家的路上再无阻碍。由于缺乏训练,英军驱逐舰很大程度上表现得软弱无能,它们的进攻很容易就被敌军以相对较小的代价瓦解。然而,驱逐舰最大的失误在于,它们没有通知杰利科德军舰队就在他身后。只有一位驱逐舰队指挥官尝试过,但他的信息始终没有传达到。构成杰利科后卫部队的各无畏舰和快速战列舰的舰长同样也难辞其咎。结果,由于舍尔坚定了决心,誓要不惜一切代价突破杰利科的舰队,他的公海舰队现在距离霍恩礁只剩下 24.7 海里——80 分钟的航程。天将破晓。现在德军距离杰利科 34 海里有余,离贝蒂则更远,英军实际上不可能再将德军卷入战斗。因此,在黎明到来之后,英军已经失去了机会。历经重重艰难,舍尔终得脱身。

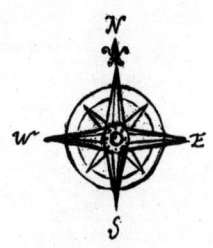

第四部分

取胜无望

第一部分

政府形象

第二十一章

空荡的海面

6月1日拂晓,"铁公爵号"上的瞭望员扫视了一周地平线,但没有发现任何敌人。杰利科本来预计会在西边看到舍尔的战列舰队,然而海上空空如也。此时能见度仍然很低,大海笼罩在薄雾当中。所以杰利科有理由相信,德军就在不远处,只要发现敌人,战斗便会重新打响。英军战列舰队依然保持着紧凑的队形,尽管伯尼中将的部分舰船以及快速战列舰在夜间落后于其他无畏舰。于是,杰利科忙着召回轻型舰艇——巡洋舰和驱逐舰——准备应对他眼中即将来临的全舰队行动。他的舰队士气高昂,已经准备好随时战斗:所有人都想尽快结束昨天下午就开始的这项工作。不过,随着时间的流逝,海面上始终空空荡荡,这种自信开始逐渐消失。

胜利落空

随着黎明降临,杰利科回到"铁公爵号"的舰桥上。他由衷地相信舍尔仍为英军所困,正如他几个钟头前回到自己的舱室休息时一样。他首先检查了信号日志。短暂的夜间没有传来什么重要信息。况且他已经命令过参谋，如果出现任何异常情况务必将他叫醒，不过，他短暂的睡眠并没有被打断。夜间发送给舰队旗舰的几条消息实际上没有一条传到他那里，于是，他非常期待自己所处的有利位置能带来成效。从概率上讲，他几乎胜券在握。舰队旗舰上的一名准少尉还记得那天早晨船员们的普遍情绪："今天注定会更好。我们还有充足的弹药，大家觉得只要有机会，我们就能迅速了结剩下的敌人。火炮已经装填好弹药，我们也准备好重新开战。"[1]

虽然能见度只有大约 4 600 米，但杰利科仍可以看清行驶在两侧的无畏舰纵队。再仔细一看，他发现伯尼的中队只有一半保持在应有的编队位置上。这很快就得到了解释。伯尼发来一条信号，报告称"马尔伯勒号"无法控制前一日下午被鱼雷命中引发的进水。该舰速度已降至 12 节，而且伯尼所在的分队已经落后于战列舰队的其余舰船。他刚刚命令分队其他 3 艘无畏舰先行，现在它们正朝南方驶去，准备加入其余战列舰队伍当中。此时，杰利科一心求战，于是，将战列舰队集中起来成了他的首要任务。"马尔伯勒号"的缺席固然不幸，但对杰利科而言，与伯尼其他 3 艘无畏舰——"复仇号""大力神号"和"阿金库尔号"战列舰——的回归相比，就显得没那么重要。

杰利科还需要轻型兵力的协助，那就是应部署于他侧翼的巡洋舰及身后的驱逐舰。因此，在凌晨 2 点 12 分，他命令舰队"听令并靠拢"旗舰。一旦他的轻型舰船重新归队，那么，他便可以

第二十一章 空荡的海面

开始向西或者进一步向北寻找舍尔。杰利科的命令表明，如果在日出时仍找不到舍尔，他计划向霍恩礁驶去。不过，当时他尚不知道舍尔的舰队早已快到那里。他发送给舰队的无线电信息还说，他打算在凌晨2点30分时向北改变航向。为了尽可能容易地实现这一点，他给出了旗舰当时的估算位置——北纬55°7′，西经6°21′。他还将消息发送给了贝蒂，而当时贝蒂的舰船可能在西南方的海雾之中。事实上，战列巡洋舰在14.8海里开外，第1和第3轻型巡洋舰中队在它们右舷正侧面，即贝蒂和舍尔之间——确切地说，这是杰利科以为舍尔所在的位置。

相反，在凌晨2点15分，舍尔在杰利科东北14.8海里之外，而位于伯尼的"马尔伯勒号"东北方向9.9海里处。然而，公海舰队几乎正朝着西南方的霍恩礁径直驶去，与此同时，大舰队还在向南行驶。每过一分钟，德军就更安全一些，而两大舰队的距离则更远一分。整场战役的最后一次战斗——"莫尔斯比号"驱逐舰发起的鱼雷攻击——发生在凌晨2点40分，而当时"腓特烈大帝号"和"铁公爵号"之间的距离已经扩大到26.7海里。由于能见度很低，这一间距很可能已经是那时的10倍。或许杰利科已经决定北上寻找舍尔，但为时太晚。他早已错失良机。

转向推迟了几分钟，因为杰利科在等待更多的消息传来。然而，根本没有任何消息，于是在凌晨2点39分，"执行"信号发出，然后舰船开始转向。德军有可能只是因为被雾挡住而看不见，于是杰利科决定谨慎行事。舰队将以分队为单位转向，然后，它将重新编成一支纵队。这样，他便准备好了应对一切情况。这次机动从杰拉姆中将的第 2 战列舰中队开始，由"英王乔治五世号"领队。海军中将多夫顿·斯特迪的第 4 战列舰中队在杰拉姆的末舰"雷神号"后方就位。多夫顿·斯特迪身后是第 5 分队的 4 艘无畏舰，第 1 战列舰中队的其余舰船还在北边的某个地方。最后，埃文－托马斯少将的 3 艘快速战列舰以"巴勒姆号"领先，在杰拉姆前方就位。于是，到凌晨 3 点，杰利科指挥着一支 23 艘无畏舰组成的战列舰队再次向北行进。现在他只差舍尔了。

那天夜晚，海军上校彼得·斯特拉瑟（Peter Strasser）负责指挥海军飞艇分队，他派出 5 架齐柏林飞艇，命令它们尽力找出大舰队的位置。较低的能见度着实阻碍了机组人员的视线，但在凌晨 3 点 10 分后不久，L-11 号飞艇上的海军少校维克托·舒策（Viktor Schütze）透过云间缝隙发现了英军战舰。舒策对看见的场面进行了描述："凌晨 4 点 15 分（英国时间凌晨 3 点 15 分），在遭遇第一支战列舰中队后，敌军所有舰船和武器都开始射击，高射炮及其他各种口径的火炮都动用了，主炮塔也打出了舷炮齐射……虽然射击没有取得成效，但硕大的炮弹飞过以及弹片在旁边碎裂导致机身剧烈振动，如此看来，似乎拉大与敌军的距离才是明智之举。"炮火一直持续到凌晨 5 点 20 分（英国时间凌晨 4 点 20 分）。此时，战列巡洋舰从西南方向朝 L-11 号飞艇逼近，进入了近距离射程范围，这迫使它向东北逃去，以避开猛烈炮火。[2]

一发现无畏舰，舒策就用无线电分别向库克斯港附近的诺德霍尔茨空军基地及舍尔发送了消息，舍尔于凌晨 3 点 30 分看到了舒策发来的信息。舒策随后又发送了更多信息，并报告了敌军位

第二十一章 空荡的海面

置。因此，舍尔应该知道杰利科仍安全地处于射程之外。然而，恰恰相反，他这样写道："在我们看来，西南方向的舰船只可能来自英吉利海峡，它们听到战斗消息后，前来增援主力舰队并攻击我们。"[3] 舍尔还写了许多，声称考虑过攻击这支新加入的力量，但又决定放弃这一想法。正如他所说："我因而放弃了继续战斗的想法，命令舰队向左舷偏转。"与战后大部分舍尔对自己行动的"分析"一样，这种说辞也是虚伪而不可信的。根据他当时的推算，杰利科和贝蒂距离他更近，可能正在霍恩礁附近等着他。那天早上，他除了赶紧回家别无选择。

于是，英军舰队继续北上，与此同时，瞭望员们始终凝视海雾，都希望自己第一个发现行踪不定的敌人。时间一分分过去，但没有任何重大发现，唯有茫茫一片大海。唯一发现的敌人就是L-11号飞艇，这也解释了为什么它会吸引整个战列舰队的注意。在"阿金库尔号"战列舰上，海军上尉安格斯·格雷厄姆发射了船上唯一的高射炮——一座发射12磅（120毫米）口径炮弹的高角大炮："我们兴致勃勃地和可能在八九英里（十五六千米）之外的飞艇交火，它令我们有事可做，也有笑话可说。"[4] 然后，他解释了是怎么一回事："'复仇号'以最大射角打出了15英寸（381毫米）炮弹。"炮弹没有击中飞艇，反而落在了"马来亚号"跟前。海军上校阿尔杰农·博伊尔十分困惑，据海军中尉克利福德·卡斯隆所说，他认为齐射是一艘敌军舰船打出的，并大声喊道："他们在哪儿？他们在哪儿？"卡斯隆还说："很久以后我们才得知，原来那是15英里（约27.4千米）外的'复仇号'在射击一架齐柏林

飞艇！"⁵

杰利科的希望最终在凌晨4点10分破灭。当时，他正站在"铁公爵号"的舰桥上，海军部发来的电报传到他手中。实际上，那份电报早在41分钟前就被发送出去，但解码电报超出了应该用的时间，因为他们不得不到高级编码军官的床边将他叫醒。电报的内容是："情况紧急。凌晨2点30分，德军主力舰队位于北纬55°33'，东经6°50'。方向东南偏南，航速16节。"这则消息来自"40号房间"的无线电截听。看到这条消息，杰利科的心情一定跌入谷底。他无须去看海图来确认1小时40分钟前舍尔就在"铁公爵号"东北方向10或12海里之外。现在，如果德军战列舰队仍然保持信息中所说的方向和速度，那么，舍尔将会在39.5海里（约73千米）以外，并且已经远远超过霍恩礁灯塔船。那天早上不会再出现决定性的战斗。

难过而失望的杰利科对形势总结道："这条信号明显告诉我，即便我不顾危险跟随敌人穿过雷场，也不可能在他抵达港口之前抓住他。"⁶当然，那并不是一个切实可行的选择。杰利科是位极为理智的指挥官，他不会让自己的舰队到雷场冒险，无论这雷场属于英军还是德军。敌人已经在雷场中清扫出道路，只有他们知道安全通道在哪里。继续追击即意味着自寻灾难。因此，杰利科怀着一颗沉重的心，不得不承认舍尔已经逃出了自己的手心。剩下的唯一任务就是将舰队改编成平时的巡航队形——各分队呈纵队行进——与伯尼的4艘无畏舰会合，包括受损的"马尔伯勒号"，然后派轻型舰艇部队清扫战场，以便寻找德军脱阵的舰船并搭救幸存人员。

贝蒂位于西南方向约 15 海里处，他自前一天傍晚时分起就没有接触过敌人。他仍期待着拦截德军，于是在凌晨 4 点 04 分，他向杰利科发送了一条消息，内称："最后一次看见敌人时，他们在我方西侧，航向西南，行进缓慢。齐柏林飞艇已经从我后方驶过，向西飞去。申请让我向西南移动，以便定位敌军。"[7] 杰利科没有立即回应，他还在消化从海军部发来的那条令人难以接受的消息。因此，在凌晨 4 点 30 分，贝蒂向自己的战列巡洋舰队发送了这样一条信息："昨天双方都损失惨重，但希望今天我们能切断并全歼德军舰队。每个人都必须竭尽全力。'吕佐夫号'正在下沉，预计另一艘德军战列巡洋舰已经沉没。"这条信号故意模仿了纳尔逊在特拉法尔加战役前发出的信息，表明那天早上贝蒂仍高度期待一场激烈的交锋。

凌晨 4 点 40 分，杰利科用一条简短的消息打破了贝蒂的美梦："敌军已经返港。寻找'吕佐夫号'。"据贝蒂的副官威廉·查尔默斯说，他收到这条消息时很伤心。在上午 8 点至 12 点这段时间，"狮号"为前一天战死的 99 名船员举行了一场葬礼。由于该舰的随军牧师塞西尔·雷德尔也在遇难者名单里，仪式则由旗舰舰长查特菲尔德主持。查尔默斯回忆道："贝蒂站在查特菲尔德身后的艉楼上，大为动容。"[8] 他继续说道："下午，贝蒂走进'狮号'的海图室。疲惫而沮丧的他坐到长靠椅上，靠在角落里闭上了眼睛。他无法掩饰对战斗结果的失望，用疲惫的声音重复着那句'我们的船出了什么问题'。然后，他睁开双眼看着记录人员，又补充说道：'我们的系统也出了毛病。'就这样，卸下了重负的他睡着了。"

德军的离群舰

舍尔无疑已经在回家的路上。凌晨 2 点 30 分，他向柏林的海军参谋本部报告了自己的位置，声称他已到达方格 101 右侧，方向东南偏南，航速 16 节。一个半小时多之后，正是这则消息被传送给了杰利科，而那时再去拦截敌人的战列舰队为时已晚。得知霍恩礁灯塔船就在 16.8 海里之外，舍尔十分肯定自己已经安全。他不可避免地想到了那些被他抛在后面或受损或失事的战舰，还有那些独自挣扎着回家的舰船。其中最重要的是严重受损的战列巡洋舰"吕佐夫号"和"塞德利茨号"。"德弗林格尔号"和"冯·德·坦恩号"的状况也很糟——凌晨 2 点 55 分，希佩尔报告称它们只剩下两门火炮可以使用——但它们仍努力跟着战列舰队的步伐。"毛奇号"也是独自返港，但另有 3 艘受损的轻型巡洋舰随行——"威斯巴登号""埃尔宾号"和"罗斯托克号"。

凌晨 3 点，来自英国海军部的一则消息——另一份无线电截听——报告称"吕佐夫号"晚上 10 点钟时位于北纬 56°26'，东经 5°41'，方向正南，航速 7 节。这说明，如果舰船保持这一航向，那么，在凌晨 4 点钟，它们将到达北纬 55°30'，也就是霍恩礁的正西方。杰利科命令他的指挥官四下寻找这艘舰船，但他不知道，这艘战列巡洋舰终究没能抗争过沉船的宿命。哈德尔舰长发送完那条被截获的消息后，便把"吕佐夫号"转向霍恩礁的方向，尽其所能跟随着战列舰队的航迹。它的护航驱逐舰仍簇拥在周围，现在唯一的希望就是它还能撑到回家。然而，到午夜时分，抽水机再也无法应付，因为海水已经淹到电机舱，然后又到达前部锅炉舱。哈德尔试图让舰船尾部朝前行驶，但由于舰首沉入水面太多，以至于舰尾翘了起来，完全将螺旋桨抬出水面。它现在已经毫无希望可言。

凌晨1点20分，哈德尔下令弃船。据《德国官方历史》记载："全体船员聚集在该舰后甲板上，驱逐舰G-37号、G-38号、G-40号和V-45号……来到跟前。在三呼'皇帝陛下'和'吕佐夫号'之后，全体船员——伤员优先——离开了沉船，大家默不作声，秩序井然。至凌晨2点45分（英国时间凌晨1点45分），海水已经没到了舰桥。G-37号发射的两颗鱼雷为'吕佐夫号'做了了断，两分钟后，它便消失在海浪之下。"随后，几艘拥挤不堪的驱逐舰起程返航。

凌晨2点20分，这4艘驱逐舰发现南方有2艘英军驱逐舰。它们是"花环号"和"竞争号"，当时正在寻找第4驱逐舰队的其余舰船。G-40号驱逐舰上的理查德·贝岑（Richard Beitzen）上尉决定实施攻击，尽管这些驱逐舰已是人满为患。它们额外载有千名水兵——"吕佐夫号"的船员。双方互相开火，持续射击几分钟后，那两艘英军舰船便转向消失在海雾之中。V-45号发射了一枚鱼雷，并声称击中目标，但事实上，在这场短暂的冲突中，两艘英军舰船没有一艘受损。这场冲突发生在整场战役的最后一次鱼雷攻击——"莫尔斯比号"向"冯·德·坦恩号"发射一枚鱼雷——的前几分钟。然后,贝岑及其船员恢复此前的航向,加速跟在舰队其他舰船之后。

"威斯巴登号"则于凌晨 1 点 45 分左右最终沉没。少数幸存的船员跳入水中逃生。无法得知那天晚上有多少人弃船逃生,但最终只有一人活了下来。司炉兵雨果·泽纳(Hugo Zenne)写道:"我跑到后甲板,解开一只筏子的系绳,然后爬上去用力划走……我跪在上面,拼命地用手划向船尾,以免船沉没时把我吸下去。周围的一切都很安静。站在甲板上的同伴从舰尾处跳下,游向我的筏子。"[9] 据泽纳描述,这艘船沉没时战斗旗仍然在舰上飘扬。然后,他环顾四周:"我们在死去的战友、死鱼、吊床和救生衣之间漂浮……我所有的信念都消失得无影无踪。只要脚下还有一艘船,你就还有希望,但当你趴在皮筏上漂浮在海里时,寒冷就会从脚趾慢慢扩散,然后渐渐地,四肢开始僵硬起来。"

另一个离群者"埃尔宾号",自从在前一天深夜与"波森号"相撞之后,就一直在海上漂浮。由于它的机舱被海水淹没,要让它再次开动已不可能。马德伦舰长没有气馁,他试图在前桅上临时搭起一张帆,但除了让船保持正确的方向外,这种做法并没有起到别的作用。凌晨 1 点,他将大部分船员转移到 S-53 号护航驱逐舰上,然后遣它离开,但他自己仍留在那艘巡洋舰上,和基干船员待在一起。之后,大约在凌晨 2 点,马德伦发现南方约 2.7 千米以外有一批英军驱逐舰。他决定宁愿用炸药将"埃尔宾号"凿沉,也不冒险让它被敌军俘获。具有讽刺意味的是,他发现的驱逐舰是"雀鹰号",这艘船本身也在下沉。在这艘英军伤舰上,海

第二十一章 空荡的海面

军中尉珀西·伍德以为他们在劫难逃。然后,他注意到那艘敌军巡洋舰有些奇怪:"我用观察望远镜看了看……我觉得它开始略向一边倾斜……然后其他人也注意到了……它的前部开始下沉,过程十分缓慢,随后,它静静地倒立起来,最终沉没。"[10]

"埃尔宾号"的大多数船员挤在严重超载的S-53号上正往回返,但它的舰长及基干船员除了船上的汽艇,再没有什么可以用来搭乘逃脱。在他们向东驶去时,他们在水里发现一名水兵,那是英军驱逐舰"蒂帕雷里号"的一位幸存者。刚把他拖上来,他们又碰到那艘驱逐舰上的更多船员,他们全都扒在救生筏上。马德伦无法让他们全都上自己的小船,但发射了蓝色照明弹以吸引其他舰艇的注意,于是,向他们表示抱歉之后,他又继续上路。那天早上晚些时候,马德伦及其船员被一艘中立的荷兰渔船"艾默伊登号"搭救。"蒂帕雷里号"的船员则没有那么幸运:多数人淹死在冰冷的海水中。只有十几人幸存,其中有8人——包括被马德伦救起的那名水兵——成了战俘。

"罗斯托克号"在夜间被一枚鱼雷击中后,米歇尔森准将试图拯救它,但由于主机受损,它几乎产生不了蒸汽。它最终由S-54号驱逐舰拖着前进,以10节的速度向西航行,另有两艘驱逐舰伴行。凌晨4点前不久,一艘英军巡洋舰出现。两艘军舰交换了识别暗号,"都柏林号"似乎相信"罗斯托克号"是友舰,于是便反向向西驶去。然而,决定"罗斯托克号"命运的是一架巡逻飞艇发来的报告,内称有一支英军无畏舰分队正朝它的方向驶来。为了拯救他的船员,米歇尔森命令他们登上S-54号,然后在凌晨4

点25分,他亲眼看着"罗斯托克号"被V-71号和V-73号发射的鱼雷击沉。之后,这3艘驱逐舰安全抵达霍恩礁,其间没有发生任何意外。

这样就只剩下"毛奇号"和"塞德利茨号"了。尽管"毛奇号"独自航行,但它仍在凌晨1点30分左右成功超过了英军舰队,当时它们位于舍尔战列舰队以南约20海里。希佩尔中将和冯·卡普夫上校幸运地在英军阵列线中找到了一处缺口,这是伯尼中队落后于战列舰队其他舰船的结果。这艘战列巡洋舰已被敌军破坏,舰体内装了1 000吨的海水。尽管如此,它却先于战列舰队到达霍恩礁南边的通道,然后它跟随战列舰队穿过德军雷区间的通道向南航行。"塞德利茨号"的舰长冯·埃吉迪上校则没有那么幸运。虽然他从英军战列舰队以北十几海里处越过了它们,但由于海水灌入船内,行进速度相当缓慢。至凌晨2点30分,"塞德利茨号"来到霍恩礁灯塔船的西北方。它的船员以为他们已经安全,但就在这时,灾难发生了。

舰长冯·埃吉迪解释了他们当时的情况。他们几乎无法遏制这艘战列巡洋舰舰首处的大量进水,而损坏过于严重,无法修复。同样严重的是,"导航设备在战斗期间严重受损,海图上有一部分被指挥塔内牺牲船员的鲜血染得模糊不清,而备用海图又在下方被淹的一间舱室内。由于陀螺罗盘失去了作用,我们不得不用指挥舰桥上的磁罗盘驾驶舰船。只剩下手动操舵装置可以用于转向。"[11]这使得船员很难导航和驾驶这艘缓慢颠簸着前进的舰船,当时它的舰体比正常状态多没入水中十几米。于是,在凌晨2点40分,"塞德利

第二十一章 空荡的海面

茨号"径直驶向霍恩礁。经过两次努力，费时 3 个小时，并在一次涨潮的助力下它才再次浮起，然后，冯·埃吉迪给螺旋桨加大马力，直到船最终慢慢倒着驶入更深的水域。

随后，"塞德利茨号"艰难地向南通过了阿姆鲁姆海峡，航速勉强达到 7 节，即便如此，还要动用所有可用的人力来维持抽水机运转。船员们必须"在深及大腿的水中连站几个小时，同时强忍着蒸汽管道运转产生的大量水汽"。每过一小时，海水就往舰船后方更进一步，而被淹没的舱室必须放弃。冯·埃吉迪用一连串传令员来转达他的命令——更先进的方法已不可能——但在上午 9 点，他们再次搁浅，这一次是在叙尔特岛南端。花了半个小时才让这艘船再次浮起，然后它继续前进，行进时舰体又往水下沉了一些。这倒不足为奇。据计算，这艘战列巡洋舰内有 5 300 吨海水。直到 6 月 2 日中午，拖轮才最终将半淹没的"塞德利茨号"拖到亚德河近岸锚地。在那里，潜水员尽他们最大的努力让它继续浮在水面上，同时，一队补给船前来卸下舰上的死者和伤员。

公海舰队的其余舰船以更为磅礴的气势由霍恩礁向南驶去，直到它们到达阿姆鲁姆海峡。然后，在上午 5 点 20 分，在没有任何预警的情况下，无畏舰"东弗里斯兰号"撞到一颗水雷。在它前方带路的是冯·罗伊特第 4 侦察舰队的巡洋舰，而其他 7 艘无畏舰已经先它通过了同一地点。仿佛那是一颗有知觉的水雷，单单挑中了这艘舰船。水雷在它的右舷一侧爆炸，将残骸和水雷外壳碎片抛到了甲板上。不过，爆炸并不致命。虽然爆炸导致几间储煤舱被淹，造成 1 人死亡，10 人受伤，但舰船内部的防鱼雷舱壁缓和了爆炸的冲击,而漏水也得到控制。它向左驶出了阵列,而其他舰船继续前进,留它独自返港。它确实做到了,在两艘驱逐舰的护送下,它最终于下午 1 点 40 分艰难地驶进了亚德河口并抛锚停泊。

从某种意义上讲,德军很是幸运。那颗水雷可能是英军布雷舰"神仆号"于 3 周前布设的,但公海舰队没有撞上"神仆号"在那次任务中布设的其余水雷。事实上,就在 6 月 1 日清晨,"神仆号"刚刚布设完一片有 80 枚水雷的区域。前一天晚上,它被杰利科派到那里,而在凌晨 3 点前,它刚刚完成布雷任务。在逃回开阔水域期间,这艘布雷舰险些撞见了公海舰队。不过,这一次舍尔的舰队没有经过那片新雷场,所以它的努力没有获得回报。那天早上,英军还错过了一次更好的机会。3 艘英军潜艇位于阿姆鲁姆沙洲附近的水底,它们受命要在此潜伏到 6 月 2 日。德军舰队从它们正上方经过,而潜艇上的船员对此一无所知——或者说对大海战也毫不知晓——直到 6 月 3 日他们回到哈里奇才得知所发生的一切。

至下午早些时候,战列舰队其余兵力已经安全地停泊在威廉港,然后,将死者和伤员运送上岸的严峻任务开始了。不过,拖船、取水泵船、潜水队和医疗救助人员全部到场,受损最严重的舰船被直接拖到码头区。战列巡洋舰得到优先处理,其中一些舰船几乎不能继续浮在水面上。在把临时补丁打在水线处的许多漏洞上的同时,码头上的水泵一直努力保持"德弗林格尔号"浮在水面上。数天后,不幸的"塞德利茨号"倒着行驶到船坞,这时,它的舰首部分已经完全被水淹没。舍尔十分清楚自己是侥幸逃脱,当他召集各舰舰长到旗舰开香槟庆祝时,与其说是庆祝胜利,不如说是庆祝解脱。经历了重重艰难,很大程度上归功于舍尔在夜间的决心,公海舰队才得以幸存。身为一支"存在舰队",它保住了这一身份,至少从理论上讲,它还有机会卷土重来。

不愉快的返程

上午5点30分,"东弗里斯兰号"的船员正在处理遭遇的水雷,而此时的大舰队正朝着前一天的战场靠近。一小时前,杰利科已经令麾下的无畏舰呈6路纵队展开,巡洋舰和驱逐舰分散在舰队前方,每艘舰船都在寻找离群的德军船只。无畏舰"君主号"上的一等水兵迈尔斯描述了当时的战场形势:"我们从战斗现场驶过,经过了大量漂浮的残骸:桅杆、船员用的杂物箱、救生艇碎片和许多尸体。"[12] 在战列巡洋舰"新西兰号"上,准少尉伊迪也目睹了同样的惨况:"海上满是残骸,绵延好几英里,我们就在大量的尸体间穿行了半个小时,那些尸体主要是德军士兵,他们漂浮在大片的血液、燃油、死鱼、海鸥、弹药筒等物之间。"这就是现代海战的结果。

然而,他们发现的幸存者却少得可怜。主要死因是暴露。当"热情号"舰长马斯登少校被拉出水面时,他谈起了自己死去的船员:"似乎没人感受到丝毫痛苦。他们看起来只是躺下睡觉罢了。"[13] 驱逐舰"米那德号"上的钱皮恩中校描述了拯救其他英军水手的场景:"我遇到一只救生筏,上面挤满了(驱逐舰)'幸运号'的水兵,然后在惊心动魄中救起了其中 11 人,因为我刚放下一艘救生艇,就发现附近有一艘潜艇。"[14] 于是他动身离开,并称那艘潜艇发射了一枚鱼雷,但德军的记录显示,没有潜艇在那片海域活动。钱皮恩回来捞起那艘救生艇,但在所有被救起的人员中,只有一人活了下来。那天早上,像这样误以为发现了潜艇的情况十分常见:"铁公爵号"甚至向一艘想象中的潜艇开了火,将弹药浪费于一片空荡荡的大海。

清理战场继续进行。海面上偶尔有气泡破裂,那是某艘沉船舱室里的空气上升产生的,但除了偶尔发现一名幸存者和在海上飞旋的海鸟之外,在漂浮的残骸中间几乎再没有什么生命迹象。大舰队在近乎虔诚的沉默中行驶于残骸之间,只有值班军官的命令或舵手的回应声偶尔将这种沉默打破。唯一的一阵喧嚣源自一名瞭望员以为自己发现了潜艇的潜望镜。经过的船只都开了火,最终却发现什么也没有。各舰船员整整一天都保持在战斗岗位上,但随着上午慢慢过去,很明显这一天不会再发生战斗。尽管他们希望完成这项工作,但如果他们遭受的煎熬能够尽快结束,大部分筋疲力尽的船员仍会长舒一口气。

现在的能见度大约是 5~7 千米,所以,虽然杰利科已经对与舍尔的战列舰队相遇不抱任何希望,但他仍希望能与一艘离群的德军舰船取得接触。事实上,海军部早已发来几条无线电截听信息,暗示说"吕佐夫号"和"埃尔宾号"仍在那片海域。"都柏林号"巡洋舰发现敌军巡洋舰"罗斯托克号"及其随行驱逐舰,但

第二十一章 空荡的海面

"都柏林号"舰长阿尔伯特·斯科特（Albert Scott）给出的位置很值得怀疑，于是，舰队继续执行搜索。上午6点，另一条信号错误地认为"埃尔宾号"仍在海上漂浮，于是，3分钟后，杰利科改变方向朝东南驶去，试图一探究竟。90分钟后，他放弃了搜索，命令舰队恢复之前向北的航向。很明显，现在已经没有德军舰船逍遥在外。当然，原因是在大舰队到达之前，这些离群的德军舰船都已沉没。

上午10点后不久，杰利科收到晴天霹雳般的消息。稍早些时候，他向贝蒂发送信号，问他是否上报了他所有巡洋舰和驱逐舰的下落。他还问道："'新西兰号'和'不倦号'在哪里？"[15]贝蒂于上午10点01分做出了回答，几分钟后，一位无疑脸色苍白的通信官将译解出的信息交给了杰利科。它并没有回答杰利科的问题。相反，它给出了"玛丽王后号""无敌号"以及"不倦号"残骸的位置。杰利科已经知道了胡德旗舰的沉没，他在前一天晚上曾经过那片残骸。然而，这是贝蒂首次告诉他有关另外两艘战列巡洋舰的情况。杰利科消化这一糟糕的消息时，好长时间都没有作声。他在上午11点04分又问贝蒂："'玛丽王后号'和'不倦号'是什么时候沉没的？"贝蒂被迫承认，它们于前一日下午便已沉没。过了6个多小时他才告诉杰利科发生了什么。即使如此，也还是舰队指挥官询问之后他才说的。

最终，意志消沉的杰利科于上午11点鸣金收兵。而第一次出现结束清理战场行动的迹象是在15分钟之前。在那天凌晨3点，海军部就已命令哈里奇分舰队出海增援大舰队。上午10点44分，在蒂里特准将的援军尚未到达杰利科所在地之前,他命令增援部队向北行驶,在"马尔伯勒号"周围形成一道保护屏障。那天早上早些时候,杰利科命令它驶离大舰队,现在它正朝泰恩工业区的船坞驶去。上午 11 点 08 分,杰利科向海军部发送信号,称在这片海域已无可作为,并说他正返回斯卡帕湾。战斗结束了,对战场的巡弋也同样结束。剩下的任务就是回家。这将是一个令人伤感的下午,船员们一齐将战友的遗骸拼凑起来,准备下葬。

在海上安葬亡者是皇家海军的惯例。如果可能的话,先辨别出尸体的身份,然后在脚上坠上重物,再缝入他们的吊床中。"巴勒姆号"上的少年水手亨利·霍金斯(Henry Hawkins)被眼前的景象震惊了:"在我那个年龄,最大的恐惧莫过于看见那些尸体,目睹帆布袋的制作,以及老式炮弹被用于海葬的场景。"[16] 有时不可能辨认出遗体,船员们便不得不将一些躯体碎片集中在袋子里。然后,在一名海军号手和密集排列的幸存者的陪伴下,随舰牧师开始在舰船的一侧举行下葬仪式。

"马来亚号"上的军医邓肯·洛里默(Duncan Lorimer)上尉暂时离开伤员几分钟,来到甲板上观看葬礼:"船放慢了速度,正在为那些被炸得面目全非的可怜人举行一场葬礼……这是暗淡的一幕——灰色的天空,灰色的大海,缝合的吊床,随军牧师的长袍在微风中飘动。海军号手吹响了《最后一岗》(Last Post),随后我们的同伴便沉入阴郁的大海。"[17] 同样悲伤的场景也在舰队的其他舰船上重复着,随着大舰队返回海港,那些遗体消失在了它的航迹之中。正如信号兵约翰·汉德利(John Handley)所观察到的那样:"许多

第二十一章　空荡的海面

尸体没有立即下沉，而是在水平状态下稍微漂浮一段时间，直到重物起效，它们才逐渐竖立起来……最终消失在海浪之下。"[18]

料理完死者的后事，伤员也得到了照顾，接下来的问题就是照料那些在战斗中严重受损的舰船回家。装甲巡洋舰"勇士号"由小型水上飞机母舰"恩格丁号"拖行，而它只有"勇士号"的十分之一大小。"恩格丁号"几乎应付不了这项工作，在夜间，它们的航速只能勉强达到3节。一大早海上就起了风，导致两艘船在上下颠簸和偏航的时候，拖船行进变得越来越困难。早上7点，它们仍处于阿伯丁以东158海里，舰长文森特·莫尔蒂诺（Vincent Molteno）上校最终被迫认输。很明显，他的船正在下沉。现在，当务之急是解救船员。由于海面风浪太大，不能使用小船，于是，查尔斯·罗伯逊（Charles Robertson）少校表现出了罕见的驾船本领，将"恩格丁号"这艘前汽车渡轮靠到了巡洋舰侧边。他尝试了两次才完成这一过程，而在这期间，"勇士号"持续下沉。

伤员先走，然后，剩下的船员被召集到甲板上。命令下达后，船员中同膳宿的结为一组，依次跳过两船之间的缝隙。信号兵鲁本·普尔（Reuben Poole）也是其中一位跳船人员："在轮到我弃船时，我的物品被扔到了救助船的甲板上。随后，海面随波浪上升，我抓住'恩格丁号'的船尾栏杆，摇晃着钻进船去。"[19]然而，至少有一个人不是那么幸运。一名重伤员从两船之间掉了下去，"日德兰的拉特兰"在他之后跳下去，在他身上绑了一根绳子，随后两人被拉上了船。早上8点52分，船员转移完毕，拴链被砍断。

"勇士们"望着他们的舰船,那艘疮痍满目的战舰突然剧烈地抖动起来,然后便消失了,它白色的舰旗仍飘扬在桅顶之上。

另外两艘严重受损但更具价值的舰船分别是"厌战号"和"马尔伯勒号"。"厌战号"距离罗塞斯港还有很长一段航程,而它继续在夜间独自行进。虽然在来到"勇士号"旁边时它做出了一些荒唐的举动并被严重刮伤,不过,它的主机状态依然良好,尽管转舵系统仍不稳定。它离家尚有近100海里,这时的它还在波涛汹涌的海面上艰难前行,突然,一颗鱼雷在这艘船旁边跳出水面。显然,"厌战号"正面临攻击,于是,菲尔波茨舰长将舰船掉转方向离开。两小时后,瞭望员又发现前方90米的地方有一只潜望镜。这一次,菲尔波茨试图撞击那艘潜艇,但它——U-63号潜艇——恰好紧急潜没到了水下。"厌战号"继续行进,到下午3点,它驶进了福斯湾。两小时后,它被拖到干船坞内,此时,精疲力竭的船员们正准备将他们受伤的同船战友扶上岸。

对"厌战号"实施的第一次鱼雷攻击发生在上午9点35分。几乎就在同时,大约在东边100海里处,U-46潜艇上的利奥·希勒布兰德(Leo Hillebrand)上尉发现,一艘巡洋舰和一艘无畏舰正朝他的方向驶来。它们分别是"无恐号"和"马尔伯勒号",当时正驶向泰恩河航区。由于夜间海水倒灌加重,所以"马尔伯勒号"行动缓慢,航速不到10节。当射程降至2 700米多一些后,希勒布兰德发射出一枚鱼雷,但由于"马尔伯勒号"曲折前进,鱼雷没能击中它,只是从它左舷划过。"马尔伯勒号"转向离去,而希勒布兰德无法在波涛汹涌的海上展开追击。数小时以后,哈

第二十一章 空荡的海面

里奇分舰队加入了"马尔伯勒号"的行列，在它周围形成一道反潜警戒线。两支部队一起继续向西航行，最终于6月2日上午到达亨伯河口。

另一艘战伤累累的英军舰船也在艰难地独自返港，那就是"喷火号"。它拒绝了一艘中立商船的帮助，以10节的航速挣扎着前行。航行途中，大部分时间都是布什上尉值班，他试图用仅剩的一块残损的航海图实现登陆："随着早晨临近，我们遇到一艘巡逻艇，它说我们位于泰恩河航区东北22英里（约40.2千米）处。"[20] 他们最终安全到达泰恩河，上甲板上还载着"拿骚号"掉下来的6米长的装甲钢板。

6月2日上午8点30分，战列巡洋舰队——确切地说，是战列巡洋舰队的剩余部分——驶进了福斯湾。医院船已经准备好前来接应，一旦舰船停泊到位，就会把重伤员接走，另有一小群漂网渔船等待着让轻伤员搭乘，然后将他们运送到罗塞斯港的医院。3小时后，大舰队的其余舰船穿过霍克萨海岬炮塔，进入斯卡帕湾。随着舰船鱼贯而过，炮手们可能根本没有注意到，但舰上值班的瞭望员肯定会发现，"马尔伯勒号"没有跟其他无畏舰在一起。更值得注意的是，第1巡洋舰中队的4艘舰船只剩下"爱丁堡公爵号"。不过，一名陆军炮手写道："舰队从日德兰海战返回时我正在值班……眼前的景象令人感到难过——没有飘扬的旗帜，没有乐队的演奏，只有一些无畏舰12英寸（305毫米）口径的火炮翘向天空。其中一些舰船还把它们被击中的地方盖了起来。"[21]

对于一名未经磨炼的陆军炮手而言，眼前的景象可能很凄凉，但在一位有经验的海军眼里，无畏舰上的那些损伤几乎算不上什么。巡洋舰和驱逐舰可能遭到了严重损失，但战列舰队的核心力量仍全部时刻准备战斗。在罗塞斯港和斯卡帕湾内，伤员上岸后，新招募的水兵便开始登舰接替他们。在下午和傍晚，舰船补充了煤炭、燃油、弹药和衣食储备。因此，在6月2日晚上9点45分，杰利科有能力向海军部报告，称大舰队已准备好再次行动，并提前4个小时通知舰队出海。而在威廉港内，当德国报纸竞相吹嘘胜利的时候，只有舍尔心里清楚，这个夏天他的舰队不再适宜出击。这也最终成了即将开始的宣传战背后的事实。

第二十二章

宣传战

5月30日星期二夜间,当贝蒂中将的战列巡洋舰从福斯湾铁路桥下缓缓驶过时,铁路工人全都冲着从他们脚下经过的战舰欢呼。而6月2日星期五午后不久,当战列巡洋舰再次从桥下驶过时,铁路工人却都冷漠地站在原地,鸦雀无声。在其他舰船起锚离开罗塞斯港时,铁路工人目送着贝蒂的旗舰"狮号"挪向码头边的碇泊处。显然,这艘船遭受了痛苦的折磨。它的中部炮塔被彻底摧毁,其余火炮也遭到破坏,甲板上仍旧可见12个小时的残酷战斗留下的战争疮痍。当它停靠在碇泊处时,船坞工人对茫然的船员投来了讥笑的目光。船一入坞,伤员就被接下跳板,送上等候着的一队救护车,而工人也对他们嘘声一片。这绝不是回家的英雄应该受到的待遇。就英国公众而言,沉默和讥笑都是因为他们被辜负了。他们原本期待自己的海军会赢得一场荣耀的胜利,相反它却吃了一次屈辱的败仗。事实就是这样。毕竟,他们已经在晨报上看到了消息。

德国大获成功

由于德国宣传工作的巨大成功，英国民众首先是从德国人那里得知日德兰一役结果的。当大舰队还在战场上苦苦搜寻德军离群舰时，公海舰队早已回到威廉港。因此，德国的宣传实际上领先了一天。到周四晚间，德国海军部早已发表了自己的官方公报。通过它世人第一次了解到这场海战，却是被德国人严重篡改的版本。[1] 该公报声称，前一日在斯卡格拉克海峡附近打响的战斗是德国的巨大胜利。英军的损失——尽管很严重——被夸大了，而德军的损失则被弱化了。次日一早，德国报纸的头条纷纷宣称"伟大的海上胜利""多艘英舰或毁或伤"乃至"特拉法尔加荣光不再"。彼时，各国的新闻社都接纳了这套说辞，到了第二天，同样的新闻标题在世界范围内铺天盖地。由于缺乏本国的官方消息，英国媒体于周五早晨刊登了德国公报的翻译版。

6月2日，在大舰队向苏格兰的各个战时基地靠近时，流传世界各地的新闻都在宣告杰利科惨遭大败。英国国内早已流言四起，加之各大医院收到伤员将至的预警，修船厂亦被告知需要紧急修复舰船，这更是助长了流言的扩散。在那关键的24小时里，德国的宣传机器马不停蹄地编写自己的故事，而与此同时，杰利科却远在海上，在保持无线电静默的同时也将全国上下蒙在鼓里。[2] 由于没有听到海军部的官方消息，英国新闻界便刊登了德国的报道。很快，各大报纸都在宣告"五艘战列舰阵亡！"或者"海军大劫难"。在过去的一个多世纪里，英国民众对皇家海军的期待只有胜利,别无其他。现在,这支斥巨资打造且备受吹捧的大舰队似乎令他们大失所望。因此,船员们靠岸时嘘声四起便不足为奇了。

当英国海军部自己的新闻稿问世时,它显得那么单调,措辞未加修饰,内容毫无保留。这份新闻稿由海军大臣阿瑟·贝尔福(Arthur Balfour)执笔,起草于6月2日下午,并于当晚7点发布。其中写道:"5月31日星期三下午,在日德兰附近爆发了一场海战。遭受战斗主要冲击的英军舰船是战列巡洋舰队,此外还有一些巡洋舰和轻型巡洋舰,辅以4艘快速战列舰。这些舰船损失惨重。"³稿件继续说道:"战列巡洋舰'玛丽王后号''不倦号'和'无敌号'以及巡洋舰'防御号'和'黑王子号'被悉数击沉。"它又补充提到"勇士号"严重受损,不得不弃船。为抵消上述内容的影响,文内声称:"敌人也损失惨重。至少一艘战列巡洋舰被摧毁,据报还有一艘战列舰被击沉……另有两艘巡洋舰丧失战斗力,可能已经沉没。"

显然,贝尔福勋爵并不擅长公关活动。此人没有兴趣哄英国公众开心。相反他表示:"我希望让人民了解我所知道的最好的以及最坏的消息。"哪怕他说一句有关德军舰队仓皇逃走或者险些被歼灭的话,都会让英国民众的感受稍微好一些。然而,贝尔福根本没有想过这一点。次日,英国民众在本国报纸上看到了这则公报,一同刊载的有多篇社论,都在要求透露更多信息。这则公报进一步恶化了人们对大舰队的印象,使他们更加相信大舰队已被敌军打败,海军辜负了全体国民。甚至连极保守的《每日电讯报》(*Daily Telegraph*)都不得不承认:"实在不能以满意的态度看待这一结局。"在全球报纸标题都宣称"英国舰队几被全歼"的时候，英国的官方回应除了承认那些流言蜚语外，什么也没做。不仅如此，它还激起了民愤，甚至有报纸社论火上浇油要求再战。

然而恰恰相反，是德国人掩盖了实情。6月2日，《法兰克福报》(Frankfurt Zeitung) 承认"波默恩号"和"威斯巴登号"已经沉没，"女性之赞号"和其他一些驱逐舰失踪，但该报又称："多艘英军战列舰被摧毁或重创。"[4] 直到6月7日德国海军部才宣布"吕佐夫号"沉没，而事实证明，他们对"罗斯托克号"和"埃尔宾号"的遭遇也保持了缄默。在此期间，他们一直对德军其他主要战舰正在接受大范围修复的事实闭口不谈。然而到那时，不良影响已难挽回，全世界——包括英国公众——都相信德国人大获全胜。英国显然在宣传战中落败。这一次，英式的严谨保守用错了地方。

英国的回击

杰利科对贝尔福大为光火并致信表示抗议。他清楚地感觉到，那份官方公报夸大了英军损失，却低估了德军损失，描绘了一幅误导性极强的战争画面。在贝尔福看过杰利科和贝蒂提交的报告后，海军部根据更全面的信息，于周六晚间发布了第二份公报。贝尔福还邀请了温斯顿·丘吉尔帮他起草。这份公报比上一份更加公正，尽管仍然没有对德国人声称自己获胜的说法予以任何反驳。在德国，孩子们放假一天，德皇视察舰队并宣称"英国人被

第二十二章 宣传战

击败",到处飘扬着旗帜,反观英国国内,英国海军部仍不愿说出英方版本的故事。

与此同时,回家休假的水手不得不忍受众怒,而政客和媒体则不断地烦扰海军部,要求他们做出答复。终于,海军部在周日晚间发出了第三份公报,最终宣布——多亏了丘吉尔——是英军取得了战斗的胜利。公报中说:"在把敌军赶回港内之后,(杰利科)返回主战场搜寻丧失机动能力的舰船。"[5]这份公报刊登于周一的各大晨报上,随之一起刊登的还有英王乔治五世发给杰利科的电报节选,国王本人也曾是一名海军军官。国王表扬了舰队展示出的英勇顽强,随后又道:"很遗憾,尽管德国公海舰队损失惨重,但受助于有雾天气,仍逃脱了遭遇战可能带来的全部后果,他们一直扬言希望打一场这样的战斗,但当机会最终降临,他们却毫无迎战意愿。"这一次终于扭转了局势,至少在英国是如此。

海军部先前之所以沉默,原因之一是想对"40号房间"的活动保密。6月1日当大舰队还在海上的时候,杰利科收到一条信息,第一海务大臣、海军上将亨利·杰克逊爵士报告说,无线电截听情报显示"吕佐夫号"和"埃尔宾号"已被击沉,其他一些战舰或受损或失踪。他还说道:"威廉港已接到命令,计划接收大量船只入坞。'德弗林格尔号''毛奇号''东弗里斯兰号''奥尔登堡号''塞德利茨号''拿骚号''国王号'……我想他们一定对此措手不及。"[6]倘若将这些尽数透露出去势必会让德国人起疑心。对杰克逊而言,短暂的公关问题没有保护他的战略资产重要,那就是破解德国海军信号的能力。因此,在德国人全盘说出己方损失以前，海军部一直闭口不谈。

尽管如此，杰利科显然不喜欢坏名声。在发布第三份公报之后，贝尔福勋爵致信杰利科，其中说道："即便大舰队有理由对周五晚间和周六早上的公众态度感到失望，但现在他们肯定没道理再感到不满。舆论已发生了逆转，既迅速又彻底。"他补充道："某些客观条件使您与胜利失之交臂，如果运气稍好一些，您本可大获全胜扫平敌人，所以，我非常理解您的失望之情……实际上您已经赢得了胜利，而且这胜利对盟军的事业有着极高的价值。"除非杰利科是个圣人，否则他一定希望贝尔福能在4天前当众表达这些观点。杰利科仍对大舰队被新闻界粗暴对待一事深表愤怒。当天，他致信杰克逊，问他是否能用某种方法对报界加以指责，或者对它们实施审查："敌人和中立国的媒体只援引那些迎合他们的内容，而在他们援引的内容中，我们看到了来自英国媒体极度失实的文章。这令我们所有人都感到极为愤怒。"

这突出了另一个问题。英国报纸仍在刊发德国宣称赢得胜利的新闻，而这些新闻都挑选自新闻协会的电报。大多数报纸逐字地刊载那些故事，并未经过英国相关部门的审查。其中的罪魁祸首当属《每周快报》(*Weekly Despatch*)，该报继续声称海军部没有透露全部实情，直到皇家检察署威胁要进行干预——这可能会导致该报被查封。而其他报纸虽然不再主张日德兰海战是一场败仗，但却要求知道该战为何没有取得压倒性胜利。实际上，这才是问题的关键。英国人对胜利的期望一直很高。他们对皇家海军充满信心——信任其舰船、其水兵，最重要的是对海军机制本身十分信

第二十二章 宣传战

任,脑海中都是舰队悠久的胜利传统。而现在,这种信心被粉碎了。将敌人赶回港内并不够理想。英国人民只想再看一场特拉法尔加海战。任何其他的结果都无法接受。后来,取得战略胜利的说法显得空洞无物,对一支被赋予众望赢得大奖的队伍而言,这充其量只能算个安慰奖。

1916 年还没有舆论导向专家这种人物。即使有,务实、职业而又克制的杰利科上将可能也不愿与这些人打交道。那更像是贝蒂的风格,杰利科麾下那位性情多变的副手。杰利科本可以更为有力地驳倒德国的说法。假如他在 6 月 1 日下午向海军部致电,列出双方可能的损失,并补充说明德军已败逃回港,那么也许就能避免日后数天的大部分公关危机。倘若是丘吉尔乃至杰克逊起草了第一份公报并提早发布,还将产生更大的帮助。无论如何,本该有人出面让公众相信德军已被击败,并且大舰队仍全面掌控着北海。这样,德国所有的虚张声势便会不攻自破。

直到第二个星期,英国国内及世界各地的媒体才开始变得客观公正一些。新闻界还开始质疑德国人声称自己获胜的说法。甚至在德国国内,一股现实感开始出现,毕竟人们已经意识到公海舰队究竟遭受了多大的破坏。《笨拙画报》刊载的一幅漫画总结了这种质疑,画中描绘的是聚集在威廉港海军基地门口的德国平民。"我们能不能看看自己获胜的舰船?"他们问道。"不行!"严厉的卫兵回答道。在英国,民粹主义者约翰·萨克森·米尔斯(John Saxon Mills)在《帕码街报》(*Pall Mall Gazette*)上发表了一首诗,题为《自相矛盾》(*The Paradox*):

> 德人叫嚣他胜利,无疑视角堪称奇。
>
> 征服敌军竟自逃,溃败之军反追击。[7]

6月中旬,一篇纽约报纸的社论完美地总结了局势。文中声称:"德国舰队殴打了狱卒,但仍被关在监狱中。"事实正是如此。大舰队依然是无可争辩的北海控制者。同样重要的是,海上封锁将会持续下去。舍尔虽做出了努力,却没能对抗英国的海权,因此,他的国家注定将不可避免地输掉整场战争。

第二十三章

孰为胜者？

自德国发布第一份关于日德兰海战的新闻稿以来，世人对该战孰胜孰负一直争论未休。百年后的今天，争论仍在继续，而主要原因在于回答该问题实属不易。德国的主张——德国报纸最早于6月2日上午鼓吹的说法——以统计数字为依据。英国的主张虽然也涉及数据，但列出的舰船、吨位和伤亡人数与德方不尽相同。其数据与两个因素相关：现实状况和海权。两种说法都成立，但双方都选择性忽视了对方提出的有力事实。

20世纪80年代初，笔者——当时还是一名年轻的海军军官——听到同样年轻的德国海军军官老调重弹，声称统计数字显示，日德兰海战（德国称之为"斯卡格拉克战役"）是德国获胜。很明显，对此最好的回击是提出那个经典问题。"如果说你们胜利了，那么在余下的战争阶段，贵国舰队为何一直在港内龟缩不出？"当时的我不知道公海舰队曾再度出击，但来自奥克尼的我十分清楚德军舰队的最终命运。毕竟，我曾潜水靠近过那些沉船残骸。关键在于，所有这些循环论证从未真正得到解决。如今，日德兰一战已过去一个世纪，也许是时候以更加冷静的态度看待双方的争论，同时尝试回答那个问题——究竟是谁赢得了日德兰海战?

数据背后

假如仅从沉船数量和伤亡人数两方面看待这场战役,那么德军显然是胜者。

英德双方舰船损失对比

舰船类型	英军	德军
主力舰	不倦号 无敌号 玛丽王后号	吕佐夫号 波默恩号
巡洋舰	黑王子号 防御号 勇士号	埃尔宾号 女性之赞号 罗斯托克号 威斯巴登号
驱逐舰	热情号 幸运号 涅斯托耳号 游牧民号 鲨鱼号 雀鹰号 蒂帕雷里号 汹涌号	S–35 号 V–4 号 V–27 号 V–29 号 V–48 号

虽然双方的损失看起来并非特别不均[1]——英军损失 14 艘战舰,德军损失 11 艘,如果不考虑驱逐舰则双方各损失 6 艘舰船。但这些沉船的总吨位却极不相称:英军损失 115 025 吨,而德军的

损失为61 180吨。从总吨位的角度来看，德军显然是胜利者。另外，从伤亡名单来看也是德军占上风。英军在日德兰一役中的伤亡人数高达6 945人，其中6 094人战死海上或伤重身亡。德军伤亡总数不及英军一半——3 058人，其中有2 551人战死。这明显一边倒的伤亡总数反映出一个事实，即英军损失的6艘战列巡洋舰和巡洋舰中，有5艘发生了爆炸，而几乎所有船员都随之丧生。相比之下，除了"女性之赞号"和"威斯巴登号"两艘舰船，德军能够救出失事战舰上的大多数船员，从而挽回了2 000多名士兵的性命。

这25艘战舰并不等价。双方的驱逐舰旗鼓相当，尽管英军的体积更大、装备更精良，但设计上未必优于德军驱逐舰。就驱逐舰而言，德军在战斗中显然表现得更好——对比夜战期间英军驱逐舰攻击德军无畏舰的表现来看显而易见。那3艘英军装甲巡洋舰已经过时，甚至比德军在多格尔沙洲被击沉的"布吕歇尔号"还落伍。虽然这些舰船设计出来并不是为了在大规模舰队行动中作战，但它们仍是具有重要价值的战舰，每艘排水量都超过1.2万吨，可配备700~800名船员。随着"无畏号"战列舰的到来，这些舰船退为老式战舰。从海军的角度看，它们对杰利科来说算不上重大损失，但失去的船员却是无法弥补的。

除却落伍的"女性之赞号"属于老式巡洋舰，日德兰海战中德军损失的其他所有巡洋舰都是现代战舰，排水量均在4 300~5 200吨之间，可配备船员350~500名不等。[2]这些战舰是真正的"舰队之眼"，它们的终结对舍尔来说是一场真正的打击，因为在大战初期损失掉一些舰船之后,他的舰队已经严重缺少轻型巡洋舰。在现代海战中,它们无疑比老式前无畏舰"波默恩号"更为重要,后者在夜战中被"猛攻号"驱逐舰发射的鱼雷击沉。该舰排水量达到1.3万多余吨——几近英军装甲巡洋舰排水量的总和——尽管它载有4门威力强大的28厘米火炮,其军事价值仍微不足道。与那3艘英军巡洋舰一样,其真正价值在于舰上的845名水兵,在它沉没的时候,这些船员除一人外全部丧生。这些老式舰——英军装甲巡洋舰、前无畏舰及老旧的防护巡洋舰——其下沉之快凸显了这些过时船只在现代火炮和鱼雷面前的脆弱性。

英德双方最显著的损失都是战列巡洋舰。其中,"吕佐夫号"和"玛丽王后号"都是一线战舰,是海军极富价值的宝贵财富。希佩尔的旗舰于3月底才刚开始服役——它的第一场战斗便是对雅茅斯和洛斯托夫特的轰炸——其损失对第1侦察舰队而言是巨大的打击。与之相似,"玛丽王后号"是贝蒂麾下四大"了不起的猫"之一,它爆炸时带走了1 200多名船员,极大地削弱了贝蒂最优秀的战列巡洋舰中队之战斗力。只有老式战列巡洋舰"不倦号"和"无敌号"的损失稍微不那么重要。尽管它们的火炮口径比"了不起的猫"要小,但它们仍是战列巡洋舰队的有用成员——当然,它们还是稍逊于德军的"冯·德·坦恩号"。

作为此类舰船的"第一代",它们可谓是"二流的"战列巡洋舰,但它们仍具备伤敌能力,因此仍是"一流的"海军资产。同样重要的是,它们各自载有1 000多名士兵,而在舰船爆炸时,几乎所有人都被炸得粉碎。从数据来看,如果不考虑那3艘英军战列巡洋舰上牺牲的3 309名士兵，英德两军在日德兰一役中的伤亡人数将大致相当。这恰好说明，如果当时有更好的弹药库防护措施，或者说灭火程序更为严格，一切将会是另一种结果。有些人将之归咎于贝蒂舰队，这虽然有些道理，但这位中将并不该为舰船的装甲不足负责，也不应为它们设计上的缺陷埋单。毕竟，这些舰船都是"费舍尔荒唐之举"的产物。

在双方的伤亡名单中还有两方面值得人们注意。首先是牺牲和受伤人数之间存在着巨大反差。除"吕佐夫号"以外，这种差异并不能完全归因于主力舰突如其来而速度惊人的沉没方式。实际上，在许多英军驱逐舰及德军巡洋舰"威斯巴登号"上，包括伤员在内的大量士兵成功弃船而逃。幸运的人设法上了救生筏或救生艇。而大多数人除了舰船残骸外无所依附。5月里北海的平均水温为11.1℃。自北海的石油产业开展以来，出现了大量对存活时间的研究。显然，影响存活时间的因素有很多，其中包括衣物、生理机能、活动、海面状况、风、气温、思想意志、有无救生衣，以及有无诸如燃油之类的污染物。然而据科学家们估计，即便穿着现代海上救生服，一些未受伤的幸存者仍会在半小时内开始遭受寒冷的侵袭。[3]

日德兰海战中没有人穿过海上救生服，而有救生衣的人员也是寥寥无几。况且许多人都受了伤，有些人伤情极其严重。他们唯一的优势在于大多数人都年轻健康。在当时的情形下，大多数年轻士兵一两个小时内便开始感觉疲惫——倘若幸存者受了伤或者意志消沉，能坚持的时间则更短。一些士兵还不到一小时便开始死亡，而其他人预计最多可存活 6 个小时。日德兰一役中，大多数落水士兵都是在黎明后很久才被救起。到那时，最初的幸存者中仍活着的已经寥寥无几。雨果·泽纳作为"威斯巴登号"唯一的幸存者，记述了同船士兵是如何死去的："渐渐地，他们耗尽了力气，一个接一个地放开了手。最终只剩下 3 人。然后，我们坐到救生筏顶上。突然间救生筏侧翻，其中有一人再也没能浮出水面。"到早上 10 点钟左右，只剩泽纳还活着，他设法爬到了救生筏上面。在水里泡了 20 小时之后，他终于被人救起。

伤亡名单背后隐藏的第二点事实就是海战本质上的平等性。当战舰爆炸时，它带走的是全舰船员，上至将军或上校，下至童子水兵。在 1916 年各大令人毛骨悚然的战场（凡尔登、索姆河、加里西亚或意大利境内的阿尔卑斯山）上，将军乃至上校级别的军官很少在伤亡名单上唱主角。在日德兰海战中，将近有一万名死伤士兵，大约每 10 名参战士兵就有 1 人伤亡。这一总数就包括 3 名将官和 18 名舰长（上校）。海上战争可视为绝对的平等主义者，日德兰一役也不例外。

修复损伤

损失舰船的清单也并没有完全说明问题。日德兰海战期间，德军战列舰队比英军遭受的打击更为严重。在"狮号"和"虎号"严重受损的同时，德军战列巡洋舰全都被有效摧毁，失去了战斗力，大多数只是出于幸运才回到了港口。于是有必要快速浏览一番，看着修复这些舰船耗费了多长时间，以及还有多少战舰可以重新参战。我们可以不考虑前无畏舰——日德兰一役之后，舍尔明智地将它们降级为训练舰或让他们担负海防任务。日德兰海战中，德军拥有16艘无畏舰及5艘战列巡洋舰。另有一艘无畏舰"阿尔伯特国王号"战役爆发时正在接受整修。包括快速战列舰在内，英军共有28艘无畏舰参战，此外还有9艘战列巡洋舰。到了6月2日晚上，英军共有23艘无畏舰、一艘快速战列舰'刚勇号'及3艘战列巡洋舰可以继续执行任务。而那时的公海舰队只有9艘无畏舰做好了战斗准备，战列巡洋舰无一可以作战。

另有5艘英军主力舰——无畏舰"无畏号""印度女皇号""君权号"、战列巡洋舰"澳大利亚号"和快速战列舰"伊丽莎白女王号"——在日德兰海战爆发时正处于整修状态，进行一些小范围的修复和改造。战斗结束几日后，它们便都被送回服役，因而腾出干船坞给那些更亟待修复的战损舰船。除"无畏号"以外，所有这些舰船都被派往斯卡帕湾加入大舰队的阵列，毫无疑问，这让杰利科拥有了一支德军无论如何也无法比拟的战列舰队。在北海两岸，修船厂工人们密密麻麻地在受损的战舰上工作，切掉毁坏的炮塔和装甲板，清除战斗的痕迹。7月1日，即日德兰海战结束后一个月，"马来亚号"和"虎号"重新加入英军舰队，与此同时，德军对3艘轻微受损的无畏舰"莱茵兰号""赫尔戈兰号"和"威斯特法伦号"的修复工作也已完成。然而，在可用的主力舰数量方面，杰利科目前仍远远超过舍尔。

3个多星期后的7月26日，也就是日德兰海战结束约两个月后,"东弗里斯兰号"重新加入公海舰队,加之"国王号""大选帝侯号"和"边境总督号"的修复以及"阿尔伯特国王号"的返回,令舍尔的战列舰队恢复到17艘无畏舰的满编状态。然而,希佩尔幸存下来的全部4艘德军无畏舰仍停在干船坞内。在罗塞斯港,两只"了不起的猫"——"狮号"和"长公主号"已经重回贝蒂的舰队,使得他在日德兰海战后拥有7艘战列巡洋舰,舰队达到满额。不过"狮号"仍缺少Q炮塔,炮座直到9月才加设护板,替代炮塔也是那时于泰恩工业区安装的。此外,两艘全新的特快战列巡洋舰——"退敌号"和"名誉号"——预计将于数周后加入战列巡洋舰队。新的防护措施也已到位,贝蒂相信,倘若德军再回到海上,他的舰船将彻底击败希佩尔的战列巡洋舰。

在斯卡帕湾内,"马尔伯勒号"于8月2日重返舰队,令杰利科的大舰队齐装满员。他的战列舰队现在拥有26艘无畏舰。随着"厌战号"于7月20日回归,他麾下还有5艘快速战列舰,此外,另有两艘装备15英寸(381毫米)火炮的无畏舰将于年底前加入舰队。这意味着,英军战列舰队比日德兰海战时更加壮大,规模几乎是德军舰队的两倍。8月2日在威廉港内也是一个重要的日子:"冯·德·坦恩号"的修复工作于当天完成,这是返回希佩尔舰队的第二艘战列巡洋舰。刚修好的"毛奇号"已于3天前成为希佩尔的新旗舰。然而在接下来的6周内,这两艘战列巡洋舰是可供调遣的全部舰船。"塞德利茨号"要到9月中旬才能重新服役,而"德弗林格尔号"则要到10月中旬才能重返舰队。显然,从这一点可以看出,德军耗时3个月才从日德兰一役中恢复过来,而英军舰队的战斗力实际上未被削弱。

尽管一些德军无畏舰上的记录没能保存下来，但可以确定的是，公海舰队在干船坞内进行战损修复耗费了足足644天——英军所用总天数297天的两倍多。实际上，舍尔的战列舰队直到8月中旬才做好再次战斗的准备。即便那时，该舰队也不得不在缺少两艘威力最强的战列巡洋舰的情况下勉力应付。相比之下，杰利科在舰队返回斯卡帕湾数小时后便准备好继续战斗，舰队无畏舰中只有一艘无法参与行动。即便是这一缺陷，也被暂时加入进来的快速战列舰"刚勇号"所弥补。因此，在将近3个月的时间内，德国都无法发动任何重要的海上行动，而英国则掌握着对北海的绝对控制权。在德国报纸忙于宣扬本国舰队伟大胜利的同时，它们所说的这支舰队却困在港内自舐伤口。

日德兰海战爆发前，舍尔的整体战略以"实力均衡"（Kräfteausgleich）为中心。[4] 这一策略旨在困住一部分英军舰队——贝蒂的部队是最有可能的目标——并击溃它们。只要成功实施几次这类行动，就能扭转局势，使之有利于德军。然后，公海舰队便能够在理想条件下布置兵力，与英军争夺北海控制权。如果日德兰一战的成功是以"实力均衡"来衡量的，那么，这场战役就是一次惨败。尽管英军损失了3艘战列巡洋舰而德军只损失了一艘，但对比双方舰队力量，甚至是战列巡洋舰力量，英军仍持有绝对优势。相反，舍尔却险些损失掉战列舰队的重要部分。因此，如果以舍尔自己的全舰队作战目标作为衡量标准，日德兰则是他的伤心失望之地。这还凸显了他的"实力均衡"策略并不奏效。

不管怎样,就统计数字而言,称公海舰队赢得战役胜利也不无道理。德军比英军击沉了更多的舰船,而且杀死的敌人也较多。他们击沉的舰船总吨位也超过英军,在大战结束以后他们甚至声称,相比于发射炮弹的数量,他们的命中率要更高。甚至连这一数据也不直观,因为结果证实英军的许多穿甲弹出现故障,它们没有在敌舰内部爆炸,而是在击中时就发生了爆炸。战后专家分析表明,如果英军的弹药发挥得再好一些,舍尔可能会多损失几艘舰船——起码多损失两艘战列巡洋舰。虽然关于火炮射击的辩论将会和"孰胜孰负"的争论一起长久地持续下去,但事实是,海战的胜利很少仅以沉船数量或伤亡人数来判断。没有人会因为英德双方各损失一艘主力舰就说1941年对"俾斯麦号"的追击是胜负未分,也不会因为英军比意军损失了更多舰船而说1940—1943年的地中海战役是意大利获胜。诚非如此。一场战役结果如何还需要纵观全局。

英国评论员、海军少校 A.C.B. 亚历山大(A.C.B. Alexander)曾把日德兰海战比作一场拳击比赛。[5] 一位经验丰富的重量级拳手和一位不知名的中量级拳手对抗,却没能打出击倒对方的一拳。相反,这场比赛变成了一场"得分取胜"的竞赛。让我们跟随亚历山大的类比继续往下讲。如果日德兰海战是一场仅以有效击中数评判胜负的拳击比赛,那么中量级选手舍尔便潇洒地赢得了比赛。然而,拳击并非如此运作。在一场拳击比赛中,如果双方都没有打出击倒对方的一拳,那么两位拳手将不得不"赛完全局",

打满全部 12 回合，或者"扔下毛巾"承认被击败。英国人会说，认输正是舍尔所做的选择。他在比赛结束前便离开了拳击台。根据《昆斯伯里规则》*，舍尔无疑是败方。此外，英国人还将乐于指出，日德兰一役之后，除几次乏味而未遂的尝试外，舍尔再没有重返擂台。

---

* 《昆斯伯里规则》（*Marquis of Queensberry rules*）系 1867 年由英国的昆斯伯里侯爵九世所创的业余拳击规则。——译者注

第二十四章

纵观全局

至少对英国人而言,日德兰海战真正的问题在于它不是特拉法尔加之战。纳尔逊的伟大胜利确立了英国的海上霸权,一个多世纪以来,皇家海军的地位从未真正受到挑战。日德兰一役是自1805年以来令英国海军的声望面临危机的第一场海战。皇家海军未能取得决定性胜利,好比拳手没能给出制胜一击,意味着它的声望再也不复当初。10年来,英国纳税人向一支战斗力无与伦比的无畏舰队投入了巨额资金。大舰队未能取得彻底胜利之事实,削弱了英国公民对本国海军的信心,使他们对这一巨大投资的价值产生怀疑。虽然从海上均势、宏观战略及长远目标的角度看,英国人声称的日德兰胜利可能有一定的道理,但他们心里仍然觉得这些说辞空洞乏力,让人难以接受。

海　权

德国主张的胜利着眼于统计数字,而英国采用的是更为实用的论据。他们的论据围绕着这样一个事实,即日德兰海战之前他们实际控制着北海，战役结束后依然如此。在陆战中，"控制战场"通常意味着战后一方撤离，剩下对方占领阵地。如果是一场非决定性的战斗，那么占领阵地的一方可以借此宣称自己取得了战术胜利，至少是精神胜利。这种说法不无道理。通常，仍在战场上的一方接着会宣告附近城镇或周边省份归己方所有。陆上战争通常是为了争夺领土，因此"控制战场"成了实实在在的成果。然而在海战中，领土并没有这层意义，海战的战场本身不过是一片海洋。此时最重要的是体现海权。

海权的概念最初由美国海军史学家阿尔弗雷德·马汉于19世纪90年代提出。然而，他只不过是给已经存在数百年的海军真理取了一个名字罢了。基本上，一个强大的海上和商业强国，依靠其海军实力和海上贸易，必然会战胜一个在此方面实力较弱的国家。在战争中，它可以通过经济封锁遏制海上实力较弱的国家，从而导致后者最终因缺乏补给而衰落，无论其陆军有多么强大。

马汉的理想模型是法国大革命和拿破仑战争时期。1792—1802年间及1803—1814年间，英国对法国及其大陆盟友的各港口实施了近距离封锁。这种封锁再加上对法国的贸易禁运，削弱了法国的战备，并使英国对敌建立起绝对的海上霸权。这也正是第一次世界大战期间发生的事情。因此，除非舍尔能击败杰利科并解除封锁，否则海权的影响仍会照常持续下去。舍尔努力了，但没能赢得胜利。从海权的角度讲，杰利科只要没有兵败日德兰，就算赢得了战略上的胜利。

此战之前，英国已经有效控制了北海。其经济封锁日益见效，至 1916 年夏初，德国的粮食和补给不足真正开始显露出恶劣影响。那一年，笔者出生于德国，来自法兰克福附近的陶努斯山区柯尼希施泰因的父亲，当时还是个 8 岁的孩子，和同学们一起被派到路边打草来喂西部战线上那些营养不良的德军战马。人们的裤腰带已经勒得很紧，而德国的战争机器也在遭受折磨。战斗结束 4 天后，英国的《环球晚报》(*The Globe*) 发出了那句著名的反问："摇旗呐喊的民众能得到更多政府急需的铜、橡胶和棉花吗？不，一磅也拿不到。柏林的肉和黄油会更便宜吗？不，一芬尼也便宜不了。只有一次考验，而且是只许胜利不许失败的考验。那么，战斗结束时到底是谁赢得了胜利？"[1]

问题是，这场战役没有什么荣耀——没有哪条新闻标题宣称这是第二次特拉法尔加海战，显然也没有实现速战速决，在几小时内就取得胜利。相反，经济封锁战略的目标几年后才得以实现，这种费边战术*在取得终极胜利即瓦解敌人的战斗力之前，都算不上真正获胜。杰利科于 1914 年 8 月奉命指挥大舰队时，他不仅接受了任命，还接受了与之俱来的战略。通过实行经济封锁来发动海战的思想并不新鲜，这一策略在整个风帆战舰时代很好地服务了英国。当时，法国或西班牙虽偶尔能突破港口，但海战结果总是以英国大获全胜而告终。如今，在由费舍尔提出并由杰利科实施的现代海上封锁中，海战的胜利几乎成了无关紧要之事。

一次像特拉法尔加海战那样的胜利自然辉煌无比，而杰利科

---

* 费边战术指一种拖延迂回的战术，不急于达到目的，而是用时间拖垮敌人。——译者注

几乎做到了这一点。他最大的遗憾是差一点儿就摧毁了公海舰队，但出于各种各样的原因，那一幕最终没能出现。若舍尔遭受决定性的失败，英国可能有机会将资源重新配置到别处，从而在西线取得突破，或者更好地应对不断增加的德军潜艇威胁。可以想象，通过让协约国将海上封锁扩展至波罗的海，可能还会缩短整场战争的时间。不过这纯属臆测，毫无意义，就像历史学家想知道如果舍尔赢得了决定性胜利会发生什么一样——不过几乎可以肯定的是，那永远也不会发生。因此，尽管英国媒体和公众可能叫嚣着要在蒸汽、钢铁和鱼雷时代再打一场新的特拉法尔加海战，但杰利科不得不将作战时间拉长。

对杰利科而言，维持海军现状将会确保一场和特拉法尔加一样的决定性胜利，甚至可能无须流血牺牲。海军部给他的指示强烈要求他谨慎行事，不要因战斗中不必要的冒险行动而破坏了战略目标。杰利科自己的《大舰队作战命令》有密密麻麻的30页纸，同样强调要采取防御措施，避免不必要的危险。因而，杰利科在很大程度上打了一场防御战，这并不令人感到意外。在整个战斗过程中，他的战列舰队根本没有遇到任何真正的危险，而在一小时内，他两度智胜舍尔，以至于公海舰队面临被歼灭的危险。考虑到杰利科是"能在一下午就输掉整场战争的人"，可以说他打了一场几乎完美的战役，而后由于错过了一锤定音的机会，他又将此战果白白浪费。对杰利科而言，日德兰一役可能是一场有瑕疵的胜利，但它绝非失败。

倘若那3艘战列巡洋舰没有爆炸，杰利科将被奉为新的民族英雄。倘若英军的炮弹质量再好些,英军的伤亡人员将会少于德军。倘若夜间舍尔没能成功找到穿越大舰队的路径,抑或杰利科的下属让他获悉更多的情报,那么,这位英军司令几乎必将赢得属于他的现代特拉法尔加,而历史对他也将有完全不同的评价。然而,所有这些假设都不会发生。相反,杰利科得了一个安慰奖,尽管是一个大奖。他成功维持了海上现状,而舍尔最后一次决心改变海上均势的努力也终成泡影。因此,日德兰海战可被视为杰利科和皇家海军的胜利,尽管是一种费边式的胜利。由于封锁的持续实施,这种胜利无疑还将确保德国输掉整场战争。

加时赛

舍尔返回威廉港时就已经意识到,他的"实力均衡"策略注定要失败。德国投入战争之时,公海舰队这支被批判者戏称为"豪华舰队"的部队在其中没有任何真正的作战目标。公海舰队于1914年8月在数量上被英国超越,而到了1916年5月,海上实力的不均衡态势已经加剧。"实力均衡"策略——通过伏击敌军舰队的小股兵力来实现实力的均衡——便是解决问题之道。这将有助于消除双方优劣差距,并在海上均势稍有利于己方时,最终给德国打一场决定性战役的机会。如果德国取得决定性胜利,届时将产生巨大的战略后果。没有舰队的支撑,大不列颠什么也不是,如果英军遭受大规模失败,很可能会导致屈辱的停战,随之而来的将是协约国的退让。这将意味着协约国取消封锁,从而导致德国的军事行动倍增。

日德兰一役中,舍尔试图将贝蒂的战列巡洋舰队诱入圈套,却发现自己反倒陷入与整支大舰队交战的险境当中。16艘德军无畏舰对阵24艘英军无畏舰(算上快速战列舰是28艘),舍尔无法打赢这种全面的遭遇战。事实上,他认为自己实在很幸运,竟然能带领舰队大部分船只全身而退。另外,很明显,当时的海上优势已过于偏向杰利科一方,从而导致"实力均衡"策略难以实施。面对英军如此大规模的战列舰队,取得决定性成果的可能性微乎其微,而那些快速战列舰的存在,也降低了以优势兵力引诱贝蒂作战的可能性。最重要的是,日德兰战役的后续显示,英国人修复战舰的速度快于德国人,而且他们在建的主力舰也多于德国。"实力均衡"策略不得不被放弃。

7月4日那天,舍尔向德皇呈送一份报告,内称他计划"对敌实施进一步打击"。[2] 他以乐观的口吻开篇:"假使未来这些行动进展顺利,我们将能予敌重创。"这显然基于"实力均衡"这一他几乎已经放弃的策略。随后他补充道:"然而,毫无疑问的是,即便这场战争中最成功的舰队行动也不会迫使英格兰缔结和约……鉴于敌人物质上的巨大优势,单凭我方舰队实难克服不列颠群岛的封锁……"换言之,只要德皇需要,他就能率领舰队出击,但无法改变海上力量的均势,当然也不能打破封锁。这正是舍尔接下来主张改变策略的原因。

舍尔声称:"要想在适当时间内胜利结束战争,只能寄希望于英国的经济生活受挫,亦即利用潜艇阻挠英国的贸易往来。就此而论，我觉得自己有义务再次力劝陛下，切忌采取任何不果断的措施。"事实上，这指的就是无限制潜艇战，这种策略此前被尝试过但又遭放弃，因为德国担心此举导致美国加入协约国一方参战。舍尔之所以建议实施无限制潜艇攻击，不仅是因为不果断的行动于潜艇战无益，还因为他觉得发生牵连美军船只的事件将在所难免。舍尔的解决办法就是硬着头皮干下去，他还说道："除非我们能够坚决行事，否则这种事就会令我们陷入不得不屈服退让的羞辱当中。"实际上，他计划用自己的反封锁手段对抗协约国的经济封锁，全然不顾这样做必然带来的国际影响。

这一海上战略的转变得到了德国海军参谋部的充分认可，他们认为这种高风险策略是唯一稍有希望结束协约国经济封锁的机会。这一策略还将公海舰队降为配角。从现在起，公海舰队开始被用来牵制英国的海军资产——驱逐舰及其他轻型力量，否则它们可能会被用以追击潜艇。然而，公海舰队不会立即退居二线。为了公众颜面起见，舍尔不得不率领舰队再次出击，这也是他之前告诉皇帝他计划于 8 月中旬采取的行动。一些英国历史学家声称，日德兰海战之后，公海舰队再未出海。事实并非如此，虽然出于实用性目的可以这样说。

最终的较量

8 月 18 日晚上，舍尔开始了实际上可称为翻版桑德兰计划的行动[3]，原版计划曾在 5 月份被他放弃。希佩尔率领他的 2 艘尚可使用的战列巡洋舰和3艘无畏舰朝桑德兰进发，战列舰队跟在其后方一段距离。舍尔用U型潜艇和齐柏林飞艇来弥补巡洋舰的缺失，让它们在舰队前方较远处巡逻。杰利科事先得到了"40号房间"的警告并及时出海。他和贝蒂先在福斯湾附近会合，随后向南挺进拦截舍尔。蒂里特的哈里奇分舰队也从南方进发，正好被L-13号齐柏林飞艇发现。舍尔前去拦截蒂里特，但英军总是与他们保持距离。U型潜艇发现杰利科的大舰队后，舍尔便撤向了威廉港。由于舍尔决意避开杰利科，所以这次出击不太可能演化成第二次日德兰海战。然而，这至少显示出了德军的出海意愿。

10月间，德军进行了一次最远至多格尔沙洲的小范围扫荡，但在轻型巡洋舰"慕尼黑号"被一艘英军潜艇击中后，行动随即取消。虽然那艘巡洋舰被拖回了威廉港，但它再也没能重返舰队；相反，它被改造成一座漂浮的海上营房。舍尔将放弃行动归咎为天气不好，但从其往来书信可以看出，他似乎更加担心，在那艘潜艇背后，还有更多的英军部队隐藏在海雾之中准备伏击他们。事实上，大舰队根本没有费心离港出海，因为杰利科觉得在双方取得接触之前，舍尔就会逃之夭夭。他的感觉完全正确。在1916—1917年的冬天，公海舰队一直待在港内，因为舍尔不得不处理士兵们情绪日益不安的问题。那年夏天，几艘舰船进入波罗的海，到里加海峡执行任务，但除了轻型舰队不时的突袭，舰队的其余兵力都待在港内不出。

与此同时，潜艇战开始进行。[4]至1917年2月1日潜艇攻击开始时，海上只有100多艘U型潜艇，而头两个月内就有50万吨的协约国船运物资被击沉。在潜艇攻击刚开始的那段时间，单英国自身就损失了 250 多艘货船。随后，英国得到一位盟友。美国于 4 月参战，为协约国带来了急需的商船和护航舰。英国确实需要它们：仅在 4 月，就有 86 万吨的船运物资被德军的 U 型潜艇破坏。美国参战以后，更有组织的护卫队和更多的护卫舰扭转了局势，尽管仍有损失，但 U 型潜艇也开始遭受打击，到年中时，潜艇每月的损失达到 8~10 艘。与此同时，公海舰队主体始终待在港内不出，或者仅限于在防护雷场之内操练。其间，随着封锁造成的补给短缺继续产生不良影响，威廉港内德军水兵的士气也不断低落。

1917 年夏天，一支美军无畏舰中队的加入使得大舰队的兵力得到加强，不过它依然保持守势。那时是贝蒂统领整个大舰队，因为杰利科已于前一年 12 月被调往海军部任职。因此，率领舰队出海对抗公海舰队最后一次军事行动的是贝蒂而非杰利科。1918 年 4 月末，舍尔驶出雷场，对在英国和挪威之间执行任务的协约国护卫舰队发起了一次攻击。错误的情报导致德军舰队根本没能与敌接触，而舍尔赶在贝蒂截击前撤回了。4 月 25 日那天，"毛奇号"在赫尔戈兰岛附近被一艘英军潜艇击中，但它仍跌撞着驶回了威廉港。舍尔最后一次行动就这样惨淡收场。

他计划于 10 月底再次出击——一场被称为"诸神的黄昏"的行动——在该计划中，为了尽可能给大舰队造成最大损害，公海舰队将牺牲自己。[5] 停战协议已在谈判当中，舍尔知道英国将执意肢解他的舰队。因此，他准备斗争到底。然而，他的士兵却另有打算。舰队出航的前一天晚上,水手们发动哗变,舍尔被迫取消了计划。实际上,这意味着公海舰队作为一支战斗力量命运的终结。公海舰队还会再出动一次,并再次与大舰队相遇,但到那时,战斗将已告终,而巨炮也将沉默。

费舍尔的封锁

在日德兰一役结束后的漫长数月中,许多事都发生了改变。俄国已退出了战争,而西线战场上,协约国正在将德军赶回德国边境。在此期间,虽然德军潜艇一直在活动,但对德国的经济封锁仍在继续。尽管历史学家仍然对封锁手段在德国的失败中所起的作用存在分歧,但有一点共识,那就是封锁带来的影响是严重的。[6] 德国的兵工厂失去了制造炸弹所需要的磷酸盐和制造轮胎所需要的橡胶。农民缺少肥料,甚至连煤炭库存也日渐减少,哪怕德国在西里西亚有自己的煤矿。缺乏药材和成药导致德国越来越无力治疗伤病人员,而石油和汽油同时也日益稀缺。然而,真正令德国伤脑筋的是缺少粮食。

虽然粮食配给制于1915年年初便已实行,但随着农业生产的萎缩,粮食短缺问题也在加剧。日德兰一役之后的数月内,肉、禽、蛋、马铃薯、谷物和奶制品供应不足的问题已扩散至全国乃至农村地区。这种情形在德国城市更为不堪,前线也不例外,尽管军需部门已尽其所能确保补给到达部队。至1917年年初,关于大范围饥饿问题的报道不断增多,而饮食缩减对人体健康和抗病能力都产生了不良影响。结果导致愈来愈多的传染病出现,至 1917 年年末,开始有人饿死。

至 1918 年,饥荒普遍暴发,而到大战结束时,估计有 50 万德国人死于饥荒或疾病。这些死亡都是封锁直接造成的。德国有关部门尽其所能减轻苦难,或者扩大生产,但他们无法扭转饥饿和死亡的循环。这导致德国面临几乎不可抗拒的压力,不得不结束战争,从而结束这种痛苦。德国的几座城市爆发了争抢食物的暴乱,结果导致国内秩序崩溃。当年秋天,德国最大的粮食来源地巴尔干半岛失守,事后证明这是压垮德国的最后一根稻草。至 1917 年 10 月,德皇及其大臣除了求和别无选择。德军部队仍在战斗,但国内继续作战的意愿已消耗殆尽,不是轰鸣的炸弹和穿梭的子弹使然,而是北海上展开的一小列巡逻艇造成的。

潜艇攻势只是一种妄想。它的目的根本就不是对抗经济封锁,而是向英国施以同样的压力。倘若美国没有参战,该目标也许会成功达成:至 1917 年夏初,英国损失商船的速度远高于它的补充速度,而且小麦储备(通常从加拿大批量进口)已经下降到危险的程度。到了盛夏,英国将会没有面包可吃。这一成果或许看起来很有吸引力,却丝毫不能影响德国遭受的封锁。德国要想打破封锁,唯一真正的希望就是从英国手中夺取对北海的控制权。而唯一切实可行的途径就是"实力均衡"策略。当该策略最后的成功希望于日德兰一役破灭后,德国的希望也随之消逝。

日德兰之遗留问题

过去 100 年间,有几位历史学家将日德兰海战描述成一场"非决定性"的战役。这表明,该战没有决定任何事情,或者说没有定论,抑或是无确定结果。实际上,这种观点根本不正确。恰恰相反,此役无论对海上战争还是对战争的最终结果均产生了重大影响。就眼前来说,它直接导致了德军海上策略的巨大变化——放弃水面作战,进而实施无限制潜艇战。再从长远来看,日德兰海战确保了封锁活动彻底削弱德军士气,并使德国的战斗意志逐渐崩溃。因此,在给协约国带来胜利方面,日德兰海战比佛兰德斯、索姆河及凡尔登展开的任何战斗所做的贡献都多。那些战役虽然削弱了德军的战斗力,但没能使战争结束。然而日德兰一役做到了:不是通过一场大胜,而是因为其中一方维持住了制海权。

一个世纪以后,日德兰海战仍是一场令人费解的战役,对于英国人而言尤甚。这不仅关乎人们长期争论的谁输谁赢的问题。在英国,公众对德国一开始声称的胜利大感震惊,而当他们缓过神来试图理解英国方面有理有据的驳论时,海权概念似乎并不像损失的吨位和伤亡人员那样直观。后来,贝蒂及其支持者企图公开批评杰利科,然后改写历史教科书,以便使这位中将以更好的形象示人,这又令公众感到有失体面。此举带有掩饰的味道,不过是某些人缺乏透明度罢了——不是海军部就是指挥官或政客们。主张胜利的说法不管有多么合理,仍然带有一丝苦涩的味道。尽管此战达到了掌握制海权的目的，但这并不是英国人期待海军实现的那种伟大的爱国主义胜利。

不过最重要的是，大多数英国人，不论其承认与否，都感觉到了日德兰海战标志着一个时代的终结。那天下午，当大舰队出发投入战斗时，它是这个国家缔造的有史以来最强大、最昂贵的战斗力量。这是一支值得骄傲的舰队。10年来，英国民众一直将其视为国家实力和强大地位的试金石。皇家海军未能赢得胜利——确切地说是没能取得决定性胜利——着实令人深感失望。这不仅给英国民众带来了精神打击，还对全球产生了重大影响。

一个多世纪以来，英国的海上霸权一直为世人所公认。与之俱来的还有一定的道德优势和地缘政治优势。如果那天下午取得了决定性胜利，那么英国在未来几十年内将锁定这种优势。但英国未能取得明确胜利，这削弱了其海上强权的道德基础。尽管有关海权和维持现状的论据都很充分，但在日德兰一役中，皇家海军失去了从前那无可争议的全球支配地位。皇家海军在现代的衰落，甚至是大不列颠的没落，肇始于那天下午的日德兰海岸。

后记

在斯卡帕湾水下近20米深处，沉睡着一艘巨型无畏舰，它那倒扣着的船体已经支离破碎。一个世纪前，"国王号"曾是公海舰队第3战列舰中队司令保罗·贝恩克少将的旗舰。这一庞然大物于1914年8月建造完成，吨位高达2.5万吨，其名字也是德军舰队中最为强大与现代化的一级无畏舰的级别名称。[1]日德兰一役中，该舰曾两度成为最靠近英军舰队的德军无畏舰，一次是在下午6点30分，另一次则在晚上7点15分，不过，它也为此付出了惨重的代价。这场战役中，它被炮弹命中10次，其中9次都发生在这两次短暂的遭遇期间。日德兰海战中，这艘战舰共有45名船员战死，另有27人受伤。贝恩克本人就在其中，下午6点35分过后不久，他正站在"国王号"的露天舰桥上，杰利科的旗舰"铁公爵号"发射的一枚炮弹的碎片将他打伤。

如今，该舰长眠于斯卡帕湾的海底，被压在这艘无畏舰倒扣着的船体下方。在潜水员看来，这艘舰船的残骸混乱难辨，不仅因为它倒扣的船体距离海底有近20米的落差，而且由于打捞人员的不断光顾，其船体大部分已被撕裂。不过，船舵和螺旋桨轴的残迹依然可见。这些装置曾助力该战舰以 21 节的航速穿越海面。现在它们只不过是一些稀奇之物罢了，供每年来此参观沉船的数百名潜水爱好者娱乐，并为数以千计以这堆残骸为家的鱼儿提供居所。在"国王号"近旁，是它的两艘姊妹舰的残骸，它们分别是"边境总督号"和"王储号"。这 3 艘无畏舰是舍尔的战列舰队所剩下的全部残迹，而 100 年前，这支舰队曾在日德兰半岛附近与大舰队之无畏舰一决雌雄。

  这 3 艘巨型无畏舰如何躺在了斯卡帕湾海底，背后有一段有趣的故事。1918 年 11 月 11 日签订的《停战协议》有一则重要的限制条款。德国必须将公海舰队交由协约国处置，把舰船开赴斯卡帕湾并扣押在那里，如此，和平谈判方可照常进行。三个月以前，舍尔成为海军参谋总长，大舰队改由希佩尔指挥。然而，他很不愿意看到舰队投降，于是便将指挥权移交给了海军中将冯·罗伊特，后者曾在日德兰海战中负责指挥第 4 侦察舰队。于是在 11 月 19 日中午，公海舰队最后一次离开威廉港。整支舰队以第 1 侦察舰队为首穿越北海，并于 11 月 21 日上午 8 点与贝蒂率领的大舰队在福斯湾以东会合。这是德国海军最为屈辱的一刻，贝蒂特意安排新闻摄像机来到现场，以便记录德军的狼狈。

  随着两大舰队彼此靠近，紧张的气氛愈来愈浓。正如海军陆战队的伦德尔少校所说："但凡有一方先开一炮，一切便将重新上演！"[2] 他多虑了，根据停战协议之规定，德军已经拆除了火炮的炮闩。当两军舰队驶到与贝蒂并排时，这位总爱出风头的将军令舰船做了个干净利落的 180° 大转弯——他自己的"战术大转向"——然后率领整列舰船朝福斯湾驶去。美国海军上将罗德曼把这一场景比作童年时他在肯塔基乡村看到的一幕——一个小孩牵着一头牛的鼻子，领着后面的一群小公牛。对许多英军水兵而言，这是他们距离敌人最近的一次——上一次见到他们还是在日德兰海战期间。随后，公海舰队被分批带到斯卡帕湾接受扣押。

从此，公海舰队便被留在了那里，一共74艘舰船停泊在霍伊岛和奥克尼主岛之间。和平谈判继续拖延，虽然大多数德国水手都已返回家园，但基干船员却留了下来，仍然无法上岸，甚至不能访问其他舰船上的战友。事实上，他们像是被关在了一间漂浮的监狱里，由于补给是从德国运来的，他们的食物不仅量少质量还很差。尽管士兵们通过钓鱼增加了自己的口粮，但随着时间从数周延长到数月，无聊厌烦再加上缺乏约束，最终他们受到了严重打击。随后在1919年5月，冯·罗伊特在一份旧《泰晤士报》上看到，在押舰船将被协约国成员瓜分，而德国海军将名存实亡。冯·罗伊特下定决心，绝不能让他的舰船落入敌人之手。因此，他决定将整个舰队凿沉。

在仲夏节当天，奥克尼的一群小学生登上小汽船"飞红隼号"，踏上了一段参观被扣舰队的短途旅行。[3]他们占据着有利位置，将看到终生难得一见的壮观场面。中午12点16分过后不久，一声钟鸣宣告了"腓特烈大帝号"生命的终结。它在孩子们的注视下倾翻后沉入水下。很快，满载德国水手的小艇布满了海面，因为舰队的其他船只也开始下沉。许多年幼的孩子都吓坏了，但年纪稍长的孩子觉得这一切有趣极了。无畏舰"君权号"上的牧师乔治·鲍迪伦没能看到沉船的开始,因为他所在的舰船刚刚驶入斯卡帕湾,不过他爬到了前桅楼上,以便获得更佳的视野:"一艘无畏舰的后甲板已被淹没,当我们透过望远镜看时,发现它的舰首逐渐抬离水面,然后它侧翻在海面上,并最终消失在水下,只留下一大片泡沫。这是我亲眼见过的最惊心动魄的一幕景象!"[4]

在此期间,有9名德军水兵死亡——不是掉进水里淹死,就是被狂热的英军守卫开枪打死——其余的德军士兵都被押送到南方,成为战俘。从某种意义上讲,他们算是在帮助协约国,因为在战胜国之间瓜分公海舰队一事,可能会成为外交上的噩梦。20世纪20年代,沉船打捞公司考克斯&丹克斯(Cox & Danks)从海军部手里购得这些破船残骸,并着手将它们打捞上来。虽然这是一项浩大的工程,但凭借着前所未有的技术,舰队的大部分舰船都被打捞上来,随后被拖走做报废处理。然而,20世纪30年代初废金属市场的萎缩导致该企业无利可图,于是便放缓了打捞进度。最后被打捞上来的是"德弗林格尔号",该舰于1939年被竖着拖到了霍伊岛附近的浅水区。整个"二战"期间它都待在那里。具有讽刺意味的是,它被停在杰利科的旧旗舰"铁公爵号"附近,而后者已被降级,扮演起海上管理中心和邮局的角色。战后,这两艘舰船都被拖到克莱德河报废。

至此,只有3艘"国王级"无畏舰还留在斯卡帕湾,陪伴它们的还有后日德兰时代的3艘轻型巡洋舰的残骸。除了偶尔有些小型打捞队前来寻找钢板以外,它们在此基本没有受到外界的打扰。这些残骸还是世界上最大的非辐射(低本底)钢材资源之一,因为斯卡帕湾的水域保护了这些船体，使它们没有受到 1945 年以来核爆释放出的低强度辐射。如今，它们吸引着新一代的游客。所有这些沉船一起构成了世界上最好的潜水景点之一，每年都能吸引成百上千名潜水爱好者来此探索这些遗迹。30 多年后，我仍然记得第一次看到这些巨舰时的情景，还记得它们的规模给我留下了多么深刻的印象。"王储号"那 12 英寸（305 毫米）口径炮塔依然可见，足以证明这些沉船曾经拥有怎样致命的威力。

想来奇怪，这些威力巨大且装备精良的无畏舰——在日德兰一役中为自己的生存而奋战的舰船——竟会乖乖地臣服于大舰队，而仅仅在半年之后，这些舰船上的船员却又宁可将它们凿沉，也不让其落入旧敌之手。他们之所以这样做，是出于海权的考虑。英国海军部当时非常言简意赅地总结了他们的处境："在没有爆发任何战斗冲突的情况下便促成德国舰队投降，这将永远成为制海权悄无声息而又胸有成竹地实现其目标的范例。"这种说法十分正确，但尽管如此，这一令人震撼的海权示威，对这场本可能成为现代特拉法尔加却终未能成的海战而言，起不了多少安慰作用。一个世纪后的今天，我禁不住希望，这 3 艘无畏舰是躺在日德兰海岸外 74 海里的北海海底，而不是斯卡帕湾。

附 录

参加日德兰海战的大舰队

战列舰队（杰利科上将）

无畏舰（按作战序列由前向后）

第 2 战列舰中队（杰拉姆中将）

  第 1 分队 英王乔治五世号 [King George V]（旗舰，杰拉姆中将）

        埃阿斯号 [Ajax]

        百夫长号 [Centurion]

        爱尔兰号 [Erin]

  第 2 分队 俄里翁号 [Orion]（旗舰，莱韦森少将）

        君主号 [Monarch]

        征服者号 [Conqueror]

        雷神号 [Thunderer]

第 4 战列舰中队（斯特迪中将）

  第 3 分队 铁公爵号 [Iron Duke]（大舰队旗舰，杰利科上将）

        皇家橡树号 [Royal Oak]

        壮丽号 [Superb]（旗舰，达夫少将）

加拿大号 [Canada]

第 4 分队　本博号 [Benbow]（旗舰，斯特迪中将）

柏勒罗丰号 [Bellerophon]

鲁莽号 [Temeraire]

前卫号 [Vanguard]

第 1 战列舰中队（伯尼中将）

第 5 分队　巨人号 [Colossus]　（旗舰，冈特少将）

科林伍德号 [Collingwood]

尼普顿号 [Neptune]

圣文森特号 [St. Vincent]

第 6 分队　马尔伯勒号 [Marlborough]（旗舰，伯尼中将）

复仇号 [Revenge]

大力神号 [Hercules]

阿金库尔号 [Agincourt]

战列巡洋舰

第 3 战列巡洋舰中队 / 3rd Battle Cruiser Squadron

无敌号 [Invincible]　（旗舰，胡德少将）

不屈号 [Inflexible]

不挠号 [Indomitable]

装甲巡洋舰

第 1 巡洋舰中队

防御号 [*Defence*]（旗舰，阿巴思诺特少将）

勇士号 [*Warrior*]

爱丁堡公爵号 [*Duke of Edinburgh*]

黑王子号 [*Black Prince*]

第 2 巡洋舰中队

弥诺陶号 [*Minotaur*]（旗舰，希思少将）

汉普郡号 [*Hampshire*]

科克伦号 [*Cochrane*]

香农号 [*Shannon*]

轻型巡洋舰

第 4 轻型巡洋舰中队

卡利俄珀号 [*Calliope*]（旗舰，勒梅热勒准将）

康斯坦斯号 [*Constance*]

卡罗琳号 [*Caroline*]

保皇党号 [*Royalist*]

科摩斯号 [*Comus*]

隶属战列舰队的轻型巡洋舰

积极号 [*Active*]，贝娄娜号 [*Bellona*]，

布朗什号 [*Blanche*]，博阿迪西亚号 [*Boadicea*]

隶属第 3 战列巡洋舰中队的轻型巡洋舰

切斯特号 [*Chester*]，坎特伯雷号 [*Canterbury*]

驱逐舰

第 4 驱逐舰队

蒂帕雷里号 [*Tipperary*]（温特上校）

阿卡斯塔号，阿凯提斯号，伏击号，热情号，布罗克号，克里斯多夫号，竞争号，幸运号，花环号，哈迪号，侏儒号，奥菲莉娅号，猫头鹰号，鼠海豚号，鲨鱼号，雀鹰号，喷火号，团结号

[*Acasta, Achates, Ambuscade, Ardent, Broke, Christopher, Contest, Fortune, Garland, Hardy, Midge, Ophelia, Owl, Porpoise, Shark, Sparrowhawk, Spitfire, Unity*]

第 11 驱逐舰队

卡斯托耳号 [*Castor*]（轻型巡洋舰，霍克斯利准将）

肯彭费尔特号，魔术号，命令号，礼仪号，马恩号，尚武号，米迦勒号，米尔布鲁克号，宠臣号，蒙斯号，月亮号，启明星号，芒西号，神秘号，奥索雷号

[*Kempenfelt, Magic, Mandate, Manners, Marne, Martial, Michael, Millbrook, Minion, Mons, Moon, Morning Star, Mounsey, Mystic, Ossory*]

第 12 驱逐舰队

福克纳号 [*Faulknor*]（斯特林上校）

米那德号，神射手号，奇迹号，玛丽·罗斯号，威

胁号,留心号,恶作剧号,芒斯特号,独角鲸号,内萨斯号,贵族号,无与伦比号,忠顺号,猛攻号,欧泊号

[Maenad, Marksman, Marvel, Mary Rose, Menace, Mindful, Mischief, Munster, Narwhal, Nessus, Noble, Nonsuch, Obedient, Onslaught, Opal]

隶属舰队旗舰的驱逐舰:橡树号 [Oak]

战列巡洋舰队(贝蒂中将)

战列巡洋舰

第1战列巡洋舰中队

狮号 [Lion](旗舰,贝蒂中将)

长公主号 [Princess Royal]

玛丽王后号 [Queen Mary]

虎号 [Tiger]

第2战列巡洋舰中队

新西兰号 [New Zealand](旗舰,帕克南少将)

不倦号 [Indefatigable]

快速战列舰

第5战列舰中队

巴勒姆号 [Barham](旗舰,埃文-托马斯少将)

刚勇号 [*Valiant*]

厌战号 [*Warspite*]

马来亚号 [*Malaya*]

轻型巡洋舰

第 1 轻型巡洋舰中队

伽拉忒亚号 [*Galatea*]（旗舰，亚历山大 - 辛克莱准将）

法厄同号 [*Phaeton*]

无常号 [*Inconstant*]

考狄利娅号 [*Cordelia*]

第 2 轻型巡洋舰中队

南安普敦号 [*Southampton*]（旗舰，古迪纳夫准将）

伯明翰号 [*Birmingham*]

诺丁汉号 [*Nottingham*]

都柏林号 [*Dublin*]

第 3 轻型巡洋舰中队

法尔茅斯号 [*Falmouth*]（旗舰，纳皮尔少将）

雅茅斯号 [*Yarmouth*]

伯肯黑德号 [*Birkenhead*]

格洛斯特号 [*Gloucester*]

附属舰船：恩格丁号 [*Engadine*]（水上飞机母舰）

驱逐舰

第 1 驱逐舰队

无恐号 [*Fearless*]（轻型巡洋舰，罗珀上校）

冥河号，亚列号，攻击号，獾号，卫士号，苍鹰号，许德拉号，田凫号，利泽德号

[*Acheron, Ariel, Attack, Badger, Defender, Goshawk, Hydra, Lapwing, Lizard*]

第 9 和第 10 驱逐舰队

利迪亚德号 [*Lydiard*]（戈德史密斯中校）

秧鸡号，月桂号，自由号，莫逊号，莫里斯号，狂暴之神号，汹涌号

[*Landrail, Laurel, Liberty, Moorsom, Morris, Termagant, Turbulent*]

第 13 驱逐舰队

冠军号 [*Champion*]（轻型巡洋舰——霍克斯利准将）

莫尔斯比号，纳伯勒号，内里萨号，涅斯托耳号，尼加多号，游牧民号，倔强号，昂斯洛号，鹈鹕号，攻城雷号

[*Moresby, Narborough, Nerissa, Nestor, Nicator, Nomad, Obdurate, Onslow, Pelican, Petard*]

参加日德兰海战的公海舰队

战列舰队（舍尔中将）

无畏舰（按作战序列由前向后排列）

    第3战列舰中队（贝恩克少将）

        第5分队 国王号 [*König*]（旗舰，贝恩克少将）

                王储号 [*Kronprinz*]

                边境总督号 [*Markgraf*]

                大选帝侯号 [*Grosser Kurfürst*]

        第6分队 皇帝号 [*Kaiser*]（旗舰，诺德曼少将）

                皇后号 [*Kaiserin*]

                柳特波德摄政王号 [*Prinzregent Luitpold*]

                腓特烈大帝号 [*Friedrich der Grosse*]（舰队旗舰，舍尔中将）

    第1战列舰中队（施密特中将）

        第1分队 东弗里斯兰号 [*Ostfriesland*]（旗舰，施密特中将）

                图林根号 [*Thüringen*]

                赫尔戈兰号 [*Helgoland*]

                奥尔登堡号 [*Oldenburg*]

第 2 分队　波森号 [*Posen*]（旗舰，恩格尔哈特少将）

　　　　　莱茵兰号 [*Rheinland*]

　　　　　拿骚号 [*Nassau*]

　　　　　威斯特法伦号 [*Westfalen*]

前无畏舰

第 2 战列舰中队（毛弗少将）

　　第 3 分队　德意志号 [*Deutschland*]（旗舰，毛弗少将）

　　　　　　　黑森号 [*Hessen*]

　　　　　　　波默恩号 [*Pommern*]

　　第 4 分队　汉诺威号 [*Hannover*]（旗舰，冯·达尔维克·楚·利希滕费尔斯少将）

　　　　　　　西里西亚号 [*Schlesien*]

　　　　　　　石勒苏益格 – 荷尔斯泰因号 [*Schleswig-Holstein*]

轻型巡洋舰

第 4 侦察舰队

　　　　　　斯德丁号 [*Stettin*]（旗舰，冯·罗伊特准将）

　　　　　　慕尼黑号 [*München*]

　　　　　　汉堡号 [*Hamburg*]

　　　　　　女性之赞号 [*Frauenlob*]

　　　　　　斯图加特号 [*Stuttgart*]

驱逐舰

罗斯托克号 [*Rostock*]（轻型巡洋舰；旗舰，米歇尔森准将）

第 1 雷击舰（驱逐舰）队（4 艘）

第 1 分队　G-39 号（旗舰），G-40 号，G-38 号，S-32 号

第 3 雷击舰（驱逐舰）队（7 艘）

S-53 号（旗舰）

第 5 分队　V-71 号，V-73 号，G-88 号

第 6 分队　S-54 号，V-48 号，G-42 号

第 5 雷击舰（驱逐舰）队（11 艘）

G-11 号（旗舰）

第 9 分队　V-2 号，V-4 号，V-6 号，V-1 号，V-3 号

第 10 分队　G-8 号，V-5 号，G-7 号，G-9 号，G-10 号

第 7 雷击舰（驱逐舰）队（9 艘）

S-24 号（旗舰）

第 13 分队　S-15 号，S-17 号，S-20 号，S-16 号，S-18 号

第 14 分队　S-19 号，S-23 号，V-189 号

侦察舰队（希佩尔中将）

战列巡洋舰

 第 1 侦察舰队

   吕佐夫号 [*Lützow*]（旗舰，希佩尔中将）

   德弗林格尔号 [*Derfflinger*]

   塞德利茨号 [*Seydlitz*]

   毛奇号 [*Moltke*]

   冯·德·坦恩号 [*Von der Tann*]

轻型巡洋舰

 第 2 侦察舰队

   法兰克福号 [*Frankfurt*]（波迭克少将）

   威斯巴登号 [*Wiesbaden*]

   皮劳号 [*Pillau*]

   埃尔宾号 [*Elbing*]

驱逐舰

   雷根斯堡号 [*Regensburg*]（轻型巡洋舰——旗舰，海因里希准将）

 第 2 雷击舰（驱逐舰）队（10 艘）

   B-98 号（旗舰）

  第 3 分队 G-101 号，G-102 号，B-112 号，B-97 号

第 4 分队　B-109 号，B-110 号，B-111 号，G-103 号，G-104 号

第 6 雷击舰（驱逐舰）队（9 艘）

　　G-41 号（旗舰）

　　第 11 分队　V-44 号，G-87 号，G-86 号

　　第 12 分队　V-69 号，V-45 号，V-46 号，S-50 号，G-37 号

第 9 雷击舰（驱逐舰）队（11 艘）

　　V-28 号（旗舰）

　　第 17 分队　V-27 号，V-26 号，S-36 号，S-51 号，S-52 号

　　第 18 分队　V-30 号，S-34 号，S-33 号，V-29 号，S-35 号

参考文献

Admiralty Manual of Navigation, Vol. 1 (London, 1964) HMSO
Admiralty Manual of Seamanship, Vol. 1 (London, 1979) HMSO
Archibald, E.H.H.; *The Fighting Ship in the Royal Navy, AD897–1984* (Poole, 1984) Blandford Press Ltd.
Archibald, E.H.H. (ed.); *Concise Catalogue of Oil Paintings in the National Maritime Museum* (Woodbridge, 1988) Antique Collectors' Club
Bachrach, Harriet; *Jutland Letters, June–October 1916* (Salisbury, 2006) Wessex Books
Bacon, Reginald; *The Jutland Scandal* (London, 1925) Hutchinson & Co
Barnett, Corelli; *The Swordbearers* (London, 1963) Eyre & Spottiswode
Banks, Arthur; *A Military Atlas of the First World War* (London, 1975) Leo Cooper
Bennett, Geoffrey; *Coronel and the Falklands* (London, 1962) Batsford Ltd.
The Battle of Jutland (London, 1964) Batsford Ltd
Naval Battles of the First World War (London, 1968) Batsford Ltd
Bonney, George; *The Battle of Jutland, 1916* (Stroud, 2002) The History Press
Brooks, John; *Dreadnought Gunnery and the Battle of Jutland: The Question of Fire Control* (Abingdon, 2005) Routledge
Brown, David K.; *Warrior to Dreadnought: Warship Development, 1860–1905* (Rochester, 1997) Chatham Publishing
The Grand Fleet: Warship Design and Development, 1906–1922 (Barnsley, 2010) Seaforth Publishing
Burr, Lawrence; *British Battlecruisers, 1914–18* (Oxford, 2006) Osprey Publishing
Burt, R.A.; *British Battleships of World War One* (Barnsley, 2012) Pen & Sword
Busch, Fritz Otto; *Die Schlacht am Skagerrak* (Leipzig, 1933) Schneider
Butler, Daniel Allen; *Distant Victory: The Battle of Jutland and the Allied Triumph in the First World War* (Westport, Ct, 2006) Praeger

Campbell, John; *Naval Weapons of World War Two* (London, 2002) Conway Maritime Press

Jutland: An Analysis of the Fighting (London, 1986) Conway Maritime Press

Chalmers, W.S; *The Life and Letters of David Beatty, Admiral of the Fleet* (London, 1951) Hodder & Stoughton

Chickering, Roger; *Imperial Germany and the Great War, 1914–18* (Cambridge, 1998) Cambridge University Press

Churchill, W.S.; *The World Crisis* (London, 1923–31) Thornton Butterworth Ltd. (6 vols.)

Colledge, J.J. & Warlow, Ben; *Ships of the Royal Navy: The Complete Record of all Fighting Ships from the 15th Century to the Present* (Havertown, PA, 2010) Casemate

Corbett, Julian S.; *History of the Great War: Naval Operations* (London, 1920–31) Longmans, Green and Co. (5 vols.)

Epkenhans, Michael, Hillmann, Jörg & Nägler, Frank; *Skagerrakschlacht: Vorgeschichte, Ereignis, Verabeitung* (München, 2009) Oldenbourg

Epkenhans, Michael (ed).; *Jutland: World War I's Greatest Naval Battle* (Lexington, KY, 2015) University Press of Kentucky

Fawcett, H.W. & Hooper, G.W.W.; *The Fighting at Jutland: The Personal Experiences of Sixty Officers and Men of the British Fleet* (Rochester, 2001) Chatham Publishing

Ferguson, David M.; *Shipwrecks of Orkney, Shetlands and Pentland Firth* (Newton Abbot, 1988) David & Charles Inc.

Friedman, Norman; *Naval Firepower: Battleship Guns and Gunnery in the Dreadnought Era* (Barnsley, 2008) Seaforth Publishing

British Cruisers: Two World Wars and After (Barnsley, 2010) Seaforth Publishing

Naval Weapons of World War One: An Illustrated Directory (Barnsley, 2011) Seaforth Publishing

Fighting the Great War at Sea: Strategy, Tactics and Technology (Barnsley, 2014) Seaforth Publishing

Frost, Holloway H.; *The Battle of Jutland* (London, 1936) B.F. Stevens & Brown Ltd.

Gardiner, Robert (ed.); *Conway's All the World's Fighting Ships, 1860–1905* (London, 1979) Conway Maritime Press

Conway's All the World's Fighting Ships, 1906–1921 (London, 1986) Conway Maritime Press

The Eclipse of the Big Gun: The Warship, 1906–45 (London, 1992) Conway Maritime Press [Conway's History of the Ship Series]

George, S.C; *Jutland to Junkyard: The Raising of the Scuttled German High Seas Fleet from Scapa Flow* (Cambridge, 1972) Patrick Stevens Ltd

Gibson, Langhorne & Harper, J.E.T; *The Riddle of Jutland: An Authentic History* (London, 1934) Cassell

Gibson, W.M.; *Old Orkney Sea Yarns* (Kirkwall, 1986) Kirkwall Press Ltd
Gottschall, Terrell D.; *By Order of the Kaiser: Otto von Diederichs and the Rise of the Imperial German Navy, 1865–1902* (Annapolis, MD, 2003) Naval Institute Press
Gregory, Adrian; *The Last Great War: British Society and the First World War* (Cambridge, 2008) Cambridge University Press
Grimes, Shawn T.; *Strategy and War Planning in the British Navy, 1887–1918* (Woodbridge, 2012) Boydell Press
Gröner, Erich; *Die Deutschen Kriegsschiffe, 1815–1945.* (Coblenz, 1989) Bernard & Graefe (8 vols.)
Groos, Otto; Der Krieg zur See, 1914-18. Nordsee (Vol. 5) (Berlin, 1925) Mittler & Sohn [Herausgegeben von Marine-Archiv]
Goldbrick, James; *Before Jutland: The Naval War in North European Waters, August 1914 – February 1915* (Annapolis, MD, 2015) Naval Institute Press
Gordon, Andrew; *The Rules of the Game: Jutland and British Naval Command* (London, 1996) John Murray
Halpern, Paul G.; *A Naval History of World War 1* (Annapolis, MD, 1994) Naval Institute Press
Harper, J.E.P. *The Record of the Battle of Jutland* (London, 1927) HMSO
Herwig, Holger H.; *Luxury Fleet: The Imperial German Navy 1888–1919* (London, 1980) George Allen & Unwin Ltd.
Hansen, Clas Broder; *Deutschland wird Seemacht: Der Aufbau der Kaiserlichen Marine, 1867–1880* (München, 1991) Urbes
Hase, George von; Kiel & Jutland: *The Famous Naval Battle of the First World War from the German Perspective* (London, 2011) Leonaur
Hewison, W.S.; *Scapa Flow in War and Peace* (Kirkwall, 1995) The Orcadian Ltd.
This Great Harbour Scapa Flow (Edinburgh, 2005) Birlinn
Hewson, J.B.; *A History of the Practice of Navigation* (Glasgow, 1983) Brown, Son & Ferguson Ltd
Hodges, Peter; *The Big Gun: Battleship Main Armament, 1860–1945* (London, 1981) Conway Maritime Press
Howarth, David (ed.); *The Dreadnoughts* (Alexandria, VA, 1981) Time-Life Books
Jane, Fred T.; *Jane's Fighting Ships, 1914* (Newton Abbot, 1968) David & Charles (reprint)
Kelly, Patrick J.; *Tirpitz and the Imperial German Navy* (Bloomington, IN, 2011) Indiana University Press
Kemp, Peter (ed.); *The Oxford Companion of Ships and the Sea* (Oxford, 1977) Oxford University Press
King-Hall, Stephen ('Etienne'); *A Naval Lieutenant, 1914–18* (London, 1919) Methuen & Co. Ltd.

Konstam, Angus; *Scapa Flow: The Defences of Britain's Great Fleet Anchorage, 1914–45* (Oxford, 2009) Osprey Publishing

British Battleships, 1914–18 (1) The Early Dreadnoughts (Oxford, 2013) Osprey Publishing

British Battleships (2) The Super Dreadnoughts (Oxford, 2013) Osprey Publishing

Lambert, Andrew; *Admirals: The Naval Commanders who made Britain Great* (London, 2008) Faber & Faber

Lambert, Nicholas A.; *Sir John Fisher's Naval Revolution* (Columbia, SC, 1999) University of South Carolina Press

Lavery, Brian; *Maritime Scotland* (London, 2001) B.T. Batsford Ltd./ Historic Scotland

Shield of Empire: The Royal Navy and Scotland (Edinburgh, 2007) Birlinn

Le Fleming, H.M.; *Warships of World War 1* (London, 1961) Ian Allen (4 vols.)

London, Charles; Jutland 1916: Clash of the Dreadnoughts (Oxford, 2000) Osprey Publishing

Macintyre, Donald; *Jutland* (London, 1957) Evans Brothers Ltd

McNally, Michael; *Coronel and Falklands, 1914: Duel in the South Atlantic* (Oxford, 2012) Osprey Publishing

Mackay, Ruddock; *Fisher of Kilverstone* (Oxford, 1973) Oxford University Press

Marder, Arthur J; *From the Dreadnought to Scapa Flow* (Barnsley, 2014) Seaforth Publishing (3 vols.)

Marshall, Ian H.; *Armored Ships* (London, 1980) Conway Maritime Press

Massie, Robert K.; *Dreadnought: Britain, Germany and the Coming of the Great War* (London, 1992) Jonathan Cape

Castles of Steel: Britain, Germany and the Winning of the Great War at Sea (London, 2003) Jonathan Cape

Mehl, Hans; *Naval Guns: 500 Years of Ship and Coastal Artillery* (Rochester, 2002) Chatham Publishing

Miller, James; *Scapa* (Edinburgh, 2000) Birlinn

Moore, John (ed.) *Jane's Fighting Ships of World War I* (London, 1990) Studio Editions

Newbolt, Henry; *Naval Operations* (History of the Great War) vols. IV–V (London, 1928–31) Longmans, Green & Co.

Offer, Avner; *The First World War: An Agrarian Interpretation* (Oxford, 1989) Clarendon Press

Osborne, Eric W.; *Britain's Economic Blockade of Germany, 1914–19* (London, 2004) Frank Cass

The Battle of Heligoland Bight (Bloomington, IN, 2006) Indiana University Press

Palmer, Alan; *The Kaiser* (London, 1978) Weidenfeld & Nicolson

Parkes, Oscar; *British Battleships, 1860–1950: A History of Design, Construction and Armament* (London, 1966) Seeley Service & Co

Padfield, Peter; *Guns at Sea* (London, 1973) Hugh Evelyn Ltd.
Patterson, A. Temple; *The Jellicoe Papers: Selections from the private and official correspondence of Admiral of the Fleet Earl Jellicoe* (London, 1968) Spottiswoode, Ballantyne & Co. Ltd/Naval Records Society (2 vols.)
Pears, Randolph; *British Battleships, 1892–1957* (London, 1957) Putnam & Co. Ltd.
Pemsel, Helmut; *Atlas of Naval Warfare* (London, 1977) Arms and Armour Press
Perrett, Bryan; *North Sea Battleground: The War at Sea, 1914–18* (Barnsley, 2001) Pen & Sword
Philipp, O.; *Englands Flotte im Kampfe mit der deutschenFlotte im Weltkriege, 1914–18 bis nach der Schlacht vor dem Skagerrak* (Leipzig, 1920) Hillmann
Pollen, Anthony; *The Great Gunnery Scandal: The Mystery of Jutland* (London, 1980) Collins
Ranft, B. McL. (ed.); *The Beatty Papers: Selections from the Private and Official Correspondence of Admiral of the Fleet Earl Beatty* (London, 1993) Scolar Press/Naval Records Society (3 vols.)
Robbins, Guy; *The Aircraft Carrier Story, 1908–1945* (London, 2001) Cassell
Roberts, John; *Battlecruisers* (London, 1997) Chatham Publishing
Robinson, Douglas H.; *The Zeppelin in Combat: History of the German Naval Airship Division, 1912–18* (Atglen, PA, 1994) Schiffer Publishing Ltd
Roskill, Stephen; Admiral of the Fleet Earl Beatty (London, 1980) Collins
Scheer, Reinhard; *Germany's High Sea Fleet in the First World War* (Barnsley, 2014) Frontline Books
Scheibe, Albert; *Die Seeschlacht vor dem Skagerrak am Mai 31–Juni 1916: auf Grand Amtlieben Materials* (Berlin, 1916) Mittler
Schmalenbach, Paul; *Die Geschichte der deutschen Schiffsartillerie* (Herford, 1968) Koehlers Verlagsgesellschaft
Sondhaus, Lawrence; *The Great War at Sea: A Naval History of the First World War* (Cambridge, 2014) Cambridge University Press
Staff, Gary; *German Battlecruisers, 1914–18* (Oxford, 2006) Osprey Publishing
German Battleships, 1914–18 (1) Deutschland, Nassau and Helgoland classes (Oxford, 2009) Osprey Publishing
German Battleships, 1914–18 (2) Kaiser, König and Bayern classes (Oxford, 2010) Osprey Publishing
German Battlecruisers of World War One: Their Design, Construction and Operations (Barnsley, 2014) Seaforth Publishing
Steel, Nigel & Hart, Peter; *Jutland 1916: Death in the Grey Wastes* (London, 2003) Cassel
Stille, Mark; *British Dreadnought versus German Dreadnought: Jutland 1916* (Oxford, 2010) Osprey Publishing
Sumida, Jon Tetsuro; *The Pollen Papers: The Privately Circulated Printed Works of*

Arthur Hungerford Pollen, 1901–1916 (London, 1984) George Allen & Unwin/ Naval Records Society

Tarrant, V.E.; *Battleship Warspite* (London, 1990) Arms and Armour Press

Jutland: The German Perspective (London, 1999) Brockhampton Press

Thomas, Roger D. & Patterson, Brian; *Dreadnoughts in Camera, 1905–1920* (Stroud, 1998) Sutton Publishing

Van der Vat, Dan; *The Grand Scuttle: The Sinking of the German Fleet at Scapa Flow in 1919* (Edinburgh, 2007) Birlinn

Waldeyer-Hartz, Hugo von; *Admiral von Hipper* (London, 1933) Rich & Cowan

Watton, Ross; *The Battleship Warspite* (London, 2002) Conway Maritime Press (Anatomy of the Ship Series)

Wells, John; *The Royal Navy: An Illustrated Social History* (Stroud, 1994) Sutton Publishing Ltd.

Winton, John; *Jellicoe* (London, 1981) Michael Joseph

Wolz, Nicolas; *From Imperial Splendour to Internment: The German Navy in the First World War* (Barnsley, 2015) Seaforth Publishing

Woodward, David; *The Collapse of Power: Mutiny in the High Seas Fleet* (London, 1973) Arthur Barker Ltd.

Yates, Keith; *Flawed Victory: Jutland, 1916* (Annapolis, MD, 2000) Naval Institute Press

Young, Filson; *With the Battlecruisers* (London, 1921) Cassell & Co

注释

序 / 引子

[1] Roberts, John; *Battlecruisers* (1997) and Staff, Gary; *German Battlecruisers of World War One* (Barnsley, 2014) 都对战列巡洋舰的优势和弊端进行了详尽研究，并极为详细地探讨了其背后的设计理念。

[2] "引子"中所提到的炮弹命中时间均基于 Campbell, John; *Jutland: An Analysis of the Fighting* (1986), p.60–95 中的详细描述。Campbell 详尽分析了双方主力舰造成和遭受的损失。

[3] *Narrative by the Navigating Officer of HMS New Zealand*, in Fawcett, H.W. & Hooper, G.W.W.; *The Fighting at Jutland: The Personal Experiences of Sixty Officers and Men of the British Fleet* (2001), p.38

[4] National Maritime Museum (NMM), Pakenham Papers PAC 16-01/12. Pakenham's view of the disaster is also described in Campbell (1986) p.60

[5] Imperial War Museums (IWM) sound recording, AC 4096/Reel 1 C. Falmer, cited in Steel, Nigel & Hart, Peter; *Jutland 1916: Death in the Grey Wastes* (2003), pp.95–96

[6] Fawcett & Hooper (2001), p.38

第一部分　决战难免

第一章　无畏舰横空出世

[1] Massie, Robert K.; *Dreadnought* (1992), p.401–407

[2] *Ibid*, p.410

[3] *Ibid*, p.412

[4] *Ibid*, p.412

[5]*Ibid*, p.413

[6] Mackay, Ruddock; *Fisher of Kilverstone* (1973), p.255. Also quoted in Massie (op cit) p.p.438

[7] Archibald E.H.H. (1984), p.152–155. Archibald 非常崇拜怀特之设计的美学质量，对此他曾经向笔者这样描述过："从美学的角度讲，这是你所希望看到的最完美的战列舰设计。"

[8] 关于无畏舰设计理念的这段描述大部分源自 Brown, David K; *Warrior to Dreadnought* (1997), 补充参考了 Massie; *op. cit.*, p.467–478.

[9] Archibald, op cit, p.160–161, and Brown. K.; *The Grand Fleet* (1997) p.36–37. For her particulars, see Gardiner, Robert (ed.); *Conway's All the World's Fighting Ships, 1906–21* (1986) p.21–22.

第二章　开赴决战场

[1] Gardiner; *op. cit.*, p.22

[2] Massie, *op. cit.*, p.485

[3] 这幅漫画作为插图见于 Bonney; *The Battle of Jutland 1916* (2002), p.12. 这本书还对那段时期英德两国的海上竞争做了一番总结。

[4] Hansen; *Deutschland wird Seemacht* 〔《德国成为海上强国》〕(1991) 一书

讲述了德国海军的建立。另见 Herwig; *Luxury Fleet* (1980) p.9–16.

[5] Gardiner (ed.); *Conway's All the World's Fighting Ships, 1860–1905* (1979), p.242, 246. Also see Holger, *op. cit.*, p.24

[6] Burt (2012), *Ibid*, p.149–171

[7] Massie, *op. cit.* p.165. Also see Herwig, *op. cit.*, p.33–39.

[8] Massie, *op. cit.*, p.169–170.

[9] Gardiner (ed.), *op. cit.*, p.248–249, Heerwig, *op. cit.*, p.43–45

[10] Massie, *op. cit.*, p.165

[11] Gardiner (ed.); (1986), p.144–145. Also Heerwig, *op. cit*, p.55–60.

[12] Gardiner, *op. cit*, p.22–23, 25–26. Also Archibald, *op. cit*, p.161–163, Brown, *op. cit*, p.37–41 and Burt; *British Battleships of World War One* (2012), p.122–148.

[13] *Ibid*, p.191–207

[14] 下方表格数据来自 Gardiner, op cit, p.21–38, 145–148

第三章 费舍尔的荒唐

[1] Massie, op cit, p.492–493

[2] Massie, p.495. Also Burt, op cit, p.42–60

[3] Gardiner, op cit. p.150–152

[4] Staff, op cit, p.137–200

[5] Heerwig, op cit., p.71–72

[6] Massie, op cit, p.541

[7] Gardiner (1979), p.86–87, Gardiner (1985), p.72

[8] 该策略在 Massie, op cit, p.745 中有所讨论；Osborne; *Britain's Economic Blockade of Germany, 1914–19* (2004) 一书对德国的封锁做了详尽的研究。

第四章　首轮交锋

[1] Massie (2003), p.12–13.

[2] Hewison; *This Great Harbour Scapa Flow* (2005), p.56

[3] *Ibid*, p.57–58

[4] Wolz; *From Imperial Splendour to Internment* (2013), p.24. 这一时期的德国战略还详见于 Tarrant; '*Jutland: The German Perspective* (1999), p.22.

[5] Bennett; *Naval Battles of the First World War* (1968), p.55

[6] 本处对科罗内尔战役的描述主要摘自 Bennett, Geoffrey; *Coronel and the Falklands* (1962), 另见 Bennett (1968), p.71–80., 以及 Massie, op cit. 225–235

[7] Bennett, Op Cit, p.77–78

[8] *Ibid*, p.104

[9] *Ibid*, p.108

[10] *Ibid*, p.14–16. 以及 Massie, *op. cit.* 27–29

[11] Massie, op cit., p.49

[12] Hewison, op cit., p.68

[13] 以下对赫尔戈兰湾战役的描述主要摘自 Osborne; *The Battle of Helgoland Bight* (2006), p.47–77

[14] Bennett, op cit, p.132

[15] Massie, op cit, p.120

第五章　诱敌出港

[1] 此次行动在 Goldrick *Before Jutland* (2015), p.171–177 有详细记述，另见于 Bennett (1968), p.37–39, 以及 Tarrant, op cit, p.27–28.

[2] 这一情报突破以及随后得到的情报，对英国海军的战争准备起到了至

关重要的作用。虽然对海军部"第40号房间"人员的工作仍需全面研究，不过，Massie, *op cit*, pp.316-318 中对这些事件的要点进行了详述。

[3] Goldrick, op cit. p.208, Tarrant, *op cit*., p.30.

[4] 关于多格尔沙洲海战的叙述参照了 Goldrick, *op. cit*, pp.256-281, Tarrant, op cit, p.33-39, Bennett, op cit., 141-145 and Marder; *From the Dreadnought to Scapa Flow* (2013) Vol II, pp.158-164

[5] 希佩尔行动后的报告在 Tarrant, op cit., p.35 中有引文可查。

[6] 虽然战舰完全能够在这些较大的射程范围内射击，但它们的火控系统大多数情况都是按照 16 000 码（14.6 千米）以下射程校准的。对这一时期炮术火控的全面解释参见 Friedman, Norman; *Naval Firepower* (2008), pp.16-39

[7] Massie, *op. cit*., p.390

[8] Bennett, *op. cit*. pp.142-143

[9] 德国海军关于"塞德利茨号"该炮塔损失情况的完整报告在 Bennett, op cit., 146 中可查。

[10] Tarrant, *op. cit*. p.37

[11] Bennett, *op. cit*. pp.144-145. Robinson; *The Zeppelin in Combat* (1994), pp.99-100 中对日德兰海战中支援公海舰队的飞艇行动进行了描述。

[12] Yates; *Flawed Victory*, (2000), p.98

第二部分　泰坦交锋

第六章　春季突击

[1] 这一德国海军策略的争论可见于 Herwig, pp.152-53, Massie, pp.421-423，尤其是 Goldrick, op cit, pp.285-290. Halpern; *A Naval History of World War 1*

(1994) p.290 中引用的提尔皮茨备忘录。

[2] See Tarrant, op cit. p.45-46, Yates, *op. cit.*, p.112

[3] 关于洛斯托夫特行动的描述基于 Massie, *op cit.*, pp.557-560, Tarrant, *op cit.*, pp.46-49, Marder, *op.ci.* pp.424-427 and Halpern, *op. cit.*, p.313.

[4] Captain Zenker quoted in Tarrant, op cit. p.48

[5] Temple Patterson (ed.); The Jellicoe Papers (1966) Vol. I, p.207

[6] 对"快速战列舰"概念的详细讨论参见 Burt, op cit., pp.277-287.

[7] Friedman; *British Carrier Operation* (Barnsley, 1988) pp.365-367 从英国的角度详细讲述了此次行动。Robinson, *op. cit.*, p.161 从德国的视角讲述了该行动。另见 Massie, *op. cit.*, p.556.

[8] 6月5日晚上，U-75号潜艇布设的一颗水雷将炸沉"汉普郡"号装甲巡洋舰，当时它正沿着奥克尼西海岸北上开往俄国。全舰655名船员中只有12人幸免于难。死者包括7名乘客——以陆军元帅基奇纳勋爵为首的军事代表团成员，当时他正在去往俄国商讨作战计划的路上。他的遗体没能找回。

第七章　发现敌舰!

[1] F.F. Clark, quoted in Brown & Meehan; *Scapa Flow* (1968) p.95

[2] *Ibid*, p.24

[3] Hase, Georg von; *Kiel and Jutland* (2001), p.69

[4] IWM Archives, Misc 1010, R. Church Colln., letter

[5] von Hase, op cit, p.70

[6] et seq; IWM Archive, Misc. 1010, R. Church Colln., Bassenge, response to questionnaire (trans.)

[7] IWM Archive, Farquhar, diary, 1916

[8] Bacon; *The Jutland Scandal*, p.178, also quoted in Massie, *op. cit.*, p.585

[9] F. Rutland, quoted in Fawcett, H.W. & Hooper, G.W.W.; *The Fighting at Jutland* (1921), p.8

[10] IWM Archive, Misc. 1010, R. Church Colln., Bassenge, response to questionnaire (trans.)

[11] von Hase, op cit, p.75

[12] IWM Archive, Misc. 1010, R. Church Colln., Eady, response to questionnaire

[13] Von Egidy, *Jutland: A German View* Published in *History of the First World War* (London, 1975) Purnell Partworks, vol. 4: 3, p, 1417

第八章 该死的船

[1] IWM Archive, Misc. 1010, R. Church Colln., Hayler, letter

[2] Pashen, Günther; *SMS Lützow at Jutland*, in *Journal of the Royal United Service Institution* (RUSI), vol. lxxii, p.33

[3] Lord Chatfield, *The Navy & Defence* (London, 1942), pp.140-141, cited in Steel & Hart, op cit., p.81

[4] IWM Archive, Combe, manuscript: *Account of the Action on May 31st 1916*,

[5] IWM Archive, Hayward, manuscript: *HMS Tiger*

[6] Von Hase, *op. cit.*, p.82

[7] *Ibid*, p.81

[8] IWM Archive, Bradley, diary, 1916

[9] *Ibid*, same diary entry

[10] Von Egidy, *op. cit.*, p.1417

[11] Mackenzie-Grieve, Alan; *Battle of Jutland, 31st May 1916*, published in *Cinque Ports Gazette*, December 1934, p.60

[12] IWM Archive, Misc. 1010, R. Church Colln., Bassenge, response to questionnaire (trans.)

[13] Account drawn from Brotherton Library, Leeds University, Peter Liddle Colln., McWilliam Papers, Storey, manuscript, cited in Steel & Hart, op cit.,

[14] IWM Archive, Field Colln., Francis, manuscript: *Impressions of a Gunner's Mate at Jutland*

[15] IWM Archive, Owen, manuscript

[16] Chatfield, *op. cit.*, p.143

[17] IWM Archive, Misc. 1010, R. Church Colln., Lewis, response to questionnaire, and Tempest, ditto.

第九章　向北撤退

[1] Corbett; *History of the Great War: Naval Operations* (1922) Vol. III, pp.345 -346.

[2] National Register of Archives, London (NRA), ADM 137/4808, Whitfield, letter

[3] Yates, *op. cit.*, p.140

[4] IWM Archive, Misc. 1010, R. Church Colln., King-Hall, manuscript

[5] IWM Archive, Walwyn, manuscript: *HMS Warspite,* also cited in Tarrant; *Battleship Warspite* (1990), p.27

[6] IWM Archive, Misc. 1010, R. Church Colln., Tillard, response to questionnaire

[7] et. seq. Foerster, Richard; *The Sea Battle off the Skagerrak on 31 May 1916* (London, 1924) published pamphlet (trans.)

[8] von Hase, *op. cit.*, p.96

[9] IWM Archive, Bickmore, manuscript

[10] IWM Archive, Misc. 1010, R. Church Colln., Owen, response to questionnaire

[11] Bingham, B.; *Falklands, Jutland and the Bight* (London, 1919) p.143

[12] NRA, ADM 137/4808, Whitfield, letter

[13] Bingham, *op. cit.*, pp.143-144

第十章 杰利科介入战斗

[1] IWM Archive, Misc. 1010, R. Church Colln., Rudall, response to questionnaire

[2] IWM Archive, Misc. 1010, R. Church Colln., Gulliver, response to questionnaire

[3] *Narrative from HMS Castor*, in Fawcett. & Hooper, *op. cit.*, p.202

[4] *HMS Inflexible*, in Fawcett. & Hooper, *op. cit.*, pp.226-227

[5] Signal cited in Tarrant (1999), p.281

[6] NRA, ADM 116/1485, Griffin, manuscript

[7] IWM Archive, Misc. 1010, R. Church Colln., Clement-Ford, response to questionnaire

[8] et seq., *The Adventures of HMS Acasta*, in Fawcett. & Hooper, *op. cit.*, pp.235-236

[9] Massie, *op. cit.* p.605 中对舍尔当时的境遇有精彩的描述。

[10] Graham, A. Cunninghame; *Random Naval Recollections, 1905-1951* (Gartocharn, 1979) p.50

[11] 这句广为引用的话最初被丘吉尔写入其战争回忆录中：*The World Crisis*, 1911-19 (London, 1927) Vol. 1.

[12] IWM Archive, James Colln., Norman, copy of letter

[13] IWM Archive, Misc. 1010, R. Church Colln., Lawder, response to questionnaire

[14] Yates, *op. cit.*, p.153

第十一章 无畏舰上阵

[1] et seq., Dreyer, Sir Frederic; *The Sea Heritage* (London, 1955) pp.146-147, quoted in Massie, *op. cit.* pp.612-613

[2] IWM Archive, Lorrimer Colln., Brind, manuscript

[3] Paschen, *op. cit.*, p.36

[4] et seq., IWM Archive, Lorrimer Colln., Brind, manuscript

[5] Von Hase, *op. cit.* p.100

[6] IWM Archive, Walwyn, manuscript: *HMS Warspite*

[7] IWM Archive, Bostock, microfilm account, cited in Steel & Hart, *op.cit.*, pp.208-209.

[8] IWM Archive, Walwyn, manuscript: *HMS Warspite*, cited in Tarrant, *op. cit.*, p.36

[9] Von Hase, *op. cit.* p.101

[10] IWM Archive, Misc. 1010, R. Church Colln., Webber, response to questionnaire

[11] Von Hase, *op. cit.* p.101

[12] Paschen, *op. cit.*, p.37

[13] IWM Archive, Misc. 1010, R. Church Colln., Webber, response to questionnaire

[14] IWM Archive, Misc. 1010, R. Church Colln., Dannreuther, letter

[15] IWM Archive, Croome, manuscript

[16] IWM Archive, Misc. 1010, R. Church Colln., Gasson, response to questionnaire

[17] IWM Archive, Misc. 1010, R. Church Colln., Dannreuther, letter

[18] IWM Archive, Myers, manuscript

[19] Signal cited in Tarrant (1999), p.281

[20] Cited in Steel & Hart, *op. cit.*, p.216

[21] Scheer, Reinhardt; Germany's *High Seas Fleet in the First World War* (1920, reprinted 2014), pp.151–152

第十二章 战术大转向

[1] *Narrative of HMS Duke of Edinburgh*, in Fawcett. & Hooper, *op. cit.*, p.177

[2] Cited in Massie, *op. cit*, p.622

[3] *Ibid*, p.622.

[4] Groos, Otto; *Der Krieg zur See, 1914–18* (1920) Vol. 5 Nordsee, p.300

[5] *Ibid*, p.301

[6] Paschen, *op. cit.*, p.38

[7] Von Hase, *op. cit.*, p.107

[8] NRA, ADM 116/1485, Tovey, report

[9] IWM Archive, Nichol, manuscript: *The Battle of Jutland*

[10] IWM Archive, AC 751, Reel 7, Fox, audio recording, cited in Steel & Hart, *op. cit.*, p.245.

[11] IWM Archive, Howell, letter

第十三章　再逢良机

[1] Signal cited in Tarrant, *op. cit.*, p.282

[2] *Ibid*, p.282

[3] et seq., Scheer; *Immediatbericht*, 4 July 1916, German Ministry of Marine, manuscript. 英文翻译版参见上述 Tarrant 著作，p.151

[4] Groos, *op. cit.*, p.305

[5] Scheer (1920, reprinted 2014), p.156

[6] *Narrative of a midshipman stationed in the fore-top of* HMS Neptune, in Fawcett. & Hooper, *op. cit.*, p.212

[7] Von Hase, *op. cit.*, p.110

[8] et. seq., *Narrative of an officer in 'A' turret, HMS Conqueror*, in Fawcett. & Hooper, *op. cit.*, pp.198–199

[9] NRA, ADM 137/4809, Blessman, letter

[10] IWM Archive, Misc. 1010, R. Church Colln., von Gymnich, response to questionnaire (trans.)

[11] IWM Archive, Misc. 1010, R. Church Colln., Wright, response to questionnaire

[12] Von Hase, *op. cit.*, p.110

第十四章　哈托格的死亡之行

[1] Signal cited in Tarrant, *op. cit.*, p.283

[2] Von Hase, *op. cit.*, pp.110–111

[3] *Ibid*, p.111

[4] *Ibid*, p.111

[5] Von Egidy, *op. cit.*, p.1420

[6] et seq., Von Hase, *op. cit.*, pp.111-114

[7] et. seq., Von Egidy, *op. cit.*, pp.1420-1421

[8] Foerster; *op. cit.*, pamphlet.

[9] IWM Archive, Misc. 1010, R. Church Colln., Melms, response to questionnaire(trans.)

[10] IWM Archive, Misc. 1010, R. Church Colln., Foot, letter

[11] Signal cited in Tarrant, *op. cit.*, p.283

[12] IWM Archive, Misc. 1010, R. Church Colln., Congreve, letter

[13] IWM Archive, Misc. 1010, R. Church Colln., Brister, response to questionnaire

[14] et seq., IWM Archive, Caslon Colln., Caslon, manuscript: *Recollections of the Battle of Jutland*

[15] *Ross, George P., Jutland* (1926) Transcript of talk given at Royal Scots Club, Edinburgh, pamphlet

[16] IWM Archive, Misc. 1010, R. Church Colln., Phipp, response to questionnaire

[17] Massie, *op. cit.*, p.630

第三部分　舍尔脱身

第十五章　光线趋暗，希望渐微

[1] Signal cited in Admiralty; *Battle of Jutland – Official Despatches*, p.464

[2] 该信号引自 Admiralty *Ofcial Despatches*, p.466. Massie, op cit., p.633. 之后引用了一句杰利科的话："说实话，我认为这条信号是次要的。"该信号成为杰利科和贝蒂双方支持者后来争论的焦点，并在 Marder (reprinted

2014), Vol. III, pp.142-146 中有着详尽的讨论。今天，很难再从有利于贝蒂及其支持者的角度看待其后来的主张。

[3] IWM Archive, Servaes, letter

[4] et seq., *Narrative from HMS Calliope, Flagship of the 4th L.C.S.* in Fawcett. & Hooper, *op. cit.*, p.269

[5] Le Mesurier, letter to wife, reprinted in Bachrach, Harriet; *Jutland Letters* (2006), p.14

[6] *Narrative from HMS Falmouth, Flagship of the 3rd L.C.S.* in Fawcett. & Hooper, *op. cit.*, pp.273-274

[7] Signal cited in Tarrant, *op. cit.*, p.284

[8] Von Hase, *op. cit.*, pp.119-120

[9] IWM Archive, AC 9260, Reel 2, Fox, audio recording, cited in Steel & Hart, *op. cit.*, pp.277-278

第十六章　黄昏对决

[1] Groos, *op. cit.*, p.345-348.

[2] Narrative from HMS *Indomitable*, in Fawcett. & Hooper, *op. cit.*, p.243

[3] et seq., Von Hase, *op. cit.*, p.121

[4] *Ibid*, p.121

[5] Cited in Steel & Hart, *op. cit.*, pp.279-280

[6] Cited in Frost, Holloway; *The Battle of Jutland* (1936), p.308

[7] Yates, *op. cit.*, p.185

第十七章　夜幕掩护

[1] Dreyer, *op. cit*, p.151

[2] IWM Archive, Misc. 1010, R. Church Colln., Bennett, response to questionnaire

[3] IWM Archive, Misc. 1010, R. Church Colln., King-Hall, manuscript

[4] IWM Archive, Misc. 1010, R. Church Colln., Bassenge, response to questionnaire (trans.)

[5] Temple-Paterson, *op. cit.*, p.248. 关于大舰队作战序列的章节题为：XIII. *Orders for the Conduct of the Fleet after Action*

[6] Quoted in Jellicoe, Sir John; *The Grand Fleet, 1914–1916* (1919) p.374. Also see...' Temple-Paterson, *op. cit.*, p.267

[7] Bennett, *op. cit.* p.128

[8] Scheer, *op. cit.*, p.159

[9] Von Hase, *op. cit.*, p.116

[10] Signal cited in Tarrant, *op. cit.*, p.285

[11] Signal cited in Tarrant, *op. cit.*, p.286

第十八章　侦察敌阵

[1] Cited Steel & Hart, *op. cit.*, p.289

[2] *Narrative of the Navigating Officer of HMS Broke*, in Fawcett. & Hooper, *op. cit.*, p.307

[3] *Narrative from HMS Castor*, in Fawcett. & Hooper, *op. cit.*, p.351

[4] IWM Archive, Misc. 1010, R. Church Colln., Burroughs, manuscript

[5] King-Hall, *op. cit.*, pp.148–149

[6] IWM Archive, Misc. 1010, R. Church Colln., Burroughs, manuscript

[7] King-Hall, *op. cit.*, p.149

[8] NRA, ADM 137/4808. Stolzmann, Interview in *Norddeutsche Allgemeine*

Zeitung, 25 June 1916 (trans.)

[9] IWM Archive, Misc. 1010, R. Church Colln., Bassenge, response to questionnaire (trans.)

[10] *Narrative of the Torpedo Lieutenant of HMS Southampton*, in Fawcett. & Hooper, *op. cit.*, p.290

[11] NRA, ADM 137/4808. Stolzmann, Interview in *Norddeutsche Allgemeine Zeitung*, 25 June 1916 (trans.)

[12] NRA, ADM 137/4808. Müller, Interview in *Norddeutsche Allgemeine Zeitung*, 25 June 1916 (trans.)

[13] Groos, *op. cit.*, p.366

[14] NRA, ADM 137/4808. Stolzmann, Interview in *Norddeutsche Allgemeine Zeitung*, 25 June 1916 (trans.)

[15] Von Egidy, *op. cit.*, p.1420

[16] Yates, *op. cit.*, p.192

第十九章　一支驱逐舰队的覆灭

[1] Gibson, & Harper, *The Riddle of Jutland* (1934), pp.219-210

[2] Signal cited in Tarrant, pp.286-287

[3] Quoted in Frost, *op. cit.*, p.346

[4] IWM Archive, Misc. 1010, R. Church Colln., Cox, response to questionnaire

[5] *Narrative of a survivor of HMS Tipperary*, in Fawcett. & Hooper, *op. cit.*, pp.339-340

[6] *Narrative of a survivor of HMS Tipperary*, in Fawcett. & Hooper, *op. cit.*, p.340

[7] *HMS Spitfire and the night action of Jutland*, in Fawcett. & Hooper, *op. cit.*, p.321

[8] IWM Archive, Milford Haven Colln., Glennie, letter (microfilm), cited in Steel & Hart, *op. cit.*, pp.311–312

[9] *HMS Spitfire and the night action of Jutland*, in Fawcett. & Hooper, *op. cit.*, p.322

[10] IWM Archive, Misc. 1010, R. Church Colln., Bassenge, response to questionnaire (trans.)

[11] IWM Archive, Croad, manuscript, cited in Steel & Hart, *op. cit.*, p.316

[12] IWM Archive, Milford Haven Colln., Glennie, letter (microfilm), cited in Steel & Hart, *op. cit.*, p.318

[13] IWM Archive, Croad, manuscript, cited in Steel & Hart, *op. cit.*, p.318

[14] IWM Archive, Milford Haven Colln., Glennie, letter (microfilm), cited in Steel & Hart, *op. cit.*, p.318

[15] *The Adventures of HMS Sparrowhawk*, in Fawcett. & Hooper, *op. cit.*, p.332

[16] IWM Archive, Milford Haven Colln., Glennie, letter (microfilm), cited in Steel & Hart, *op. cit.*, p.319

[17] IWM Archive, Croad, manuscript, cited in Steel & Hart, *op. cit.*, p.320

[18] Busch quoted in Dorling, T.; *Endless Story* (1932), p.207

[19] IWM Archive, Misc. 1010, R. Church Colln., Clifford, response to questionnaire

[20] National Maritime Museum, Greenwich (NMM), Archive, Marsden, manuscript: *HMS Ardent and Jutland Action*

第二十章　突破重围

[1] Massie, *op. cit.* p.645–646. Also see Yates, *op. cit.*, p.198

[2] IWM Archive, Misc. 1010, R. Church Colln., Congreve, letter

[3] et. seq., Scheer, *op. cit.*, pp.161-162

[4] Groos, *op. cit.*, p.377

[5] *HMS Spitfire and the night action of Jutland*, in Fawcett. & Hooper, *op. cit.*, p.326

[6] *Loss of HMS Turbulent*, in Fawcett. & Hooper, *op. cit.*, p.354

[7] IWM Archive, Grant, letter

[8] Yates, *op. cit.*, p.200

[9] IWM Archive, Misc. 1010, R. Church Colln., Knight, response to questionnaire

[10] *Narrative of HMS Obedient*, in Fawcett. & Hooper, *op. cit.*, p.360-362

[11] IWM Archive, AC9953. audio recording, cited in Steel & Hart, *op. cit.*, p.357

[12] IWM Archive, Misc. 1010, R. Church Colln., Champion, letter

[13] IWM Archive, Misc. 1010, R. Church Colln., Lees, response to questionnaire

[14] IWM Archive, Poignand, diary, 1916

[15] Frost, *op. cit.*, p.376

[16] Oram, H.K.; *Ready for Sea* (London 1975) p.172

[17] *A destroyer of the 12th Flotilla in the Day and Night Actions*, in Fawcett. & Hooper, *op. cit.*, pp.420-421

第四部分——取胜无望

第二十一章 空荡的海面

[1] Quoted in Yates, op[cit., p.203

[2] Robinson, *op. cit.*, pp.168-169. Also see Scheer, *op. cit.*, p.165

[3] Scheer; *Ibid*, pp.165-166. Also *Immediatbericht*, 4 July 1916, German Ministry

of Marine, manuscript. Translation provided in Yates, op cit., p201.

[4] Graham, A. Cunninghame; *Random Naval Recollections, 1905-1951* (Gartocharn, 1979) p.54

[5] IWM Archive, Caslon, manuscript: *Recollections of the Battle of Jutland*

[6] Quoted in Yates, *op. cit.*, p.204

[7] Temple Patterson, *op. cit.*, p.261

[8] Chalmers, W.S. *The Life and Letters of David Earl Beatty* (1951), p.262

[9] Wrakmuseum, Cuxhaven, Zenne, copy of magazine interview: Oberheizer Zenne : Der letzte Mann der Wiesbaden 1917 (trans.)

[10] *The Adventures of HMS Sparrowhawk*, in Fawcett. & Hooper, *op. cit.*, pp.335-336

[11] Von Egidy, *op. cit.* p.1420

[12] IWM Archive, Myers, manuscript

[13] *Narrative of the Commanding Officer of HMS Ardent*, in Fawcett. & Hooper, *op. cit.*, p.347

[14] IWM Archive, Misc. 1010, R. Church Colln., Champion, letter

[15] Temple Patterson, *op. cit.*, p.261

[16] IWM Archive, Misc. 1010, R. Church Colln., Hawkins, reply to questionnaire

[17] IWM Archive, Lorimer, manuscript

[18] IWM Archive, Misc. 1010, R. Church Colln., Handley, reply to questionnaire

[19] IWM Archive, Misc. 1010, R. Church Colln., Poole, manuscript

[20] Quoted in Fawcett. & Hooper, *op. cit.*, p.376

[21] Brown & Meehan, *op. cit.*, p.101

第二十二章 宣传战

[1] Massie, *op. cit.* p.658

[2] *Ibid*, pp.659–660

[3] Quoted in full in Massie, *op. cit.*, p.661

[4] Yates, *op. cit.*, p.208

[5] *Ibid*, p.211. Yates 同时也摘引了英王乔治五世致杰利科的信息。

[6] Temple Patterson, *op. cit.*, p.268

[7] Quoted in Yates, *op. cit.*, p.212

第二十三章 孰为胜者?

[1] 尽管所有资料来源都在日德兰一役中沉没的战舰数量上达成了一致意见，但它们给出的吨位损失和伤亡人数却不尽相同。这在一定程度上归因于各方对标准排水量和满载排水量之间的混淆，还由于有些资料将战后死亡的重伤人员、失踪人员及战俘也包括在内。此处给出的数据都是基于对这些损失的最新研究，Epkenhans; *Jutland* (2015) 一书对此进行了概述。

[2] et seq., Gardiner, Robert (ed) *Conway's All the World's Fighting Ships, 1906–1921* (1986) pp.155–162

[3] 此处的信息摘自对石油工业紧急生存专家的访谈（Aberdeen, 2014）以及皇家海军医院工作人员访谈内容（Haslar, 2015）

[4] See Wolz, *op. cit.*, p.119 and Herwig, *op. cit.*, pp.143–149

[5] National Library of Scotland, Alexander, A.C.B., pamphlet, 1916: *Jutland*

第二十四章 纵观全局

[1] Massie, *op. cit.*, p.662

[2] et seq., cheer; *Immediatbericht*, 4 July 1916, German Ministry of Marine, manuscript.

[3] Frost, *op. cit.*, p.396

[4] Halpern, *op. cit.*, pp.335-369 中涵盖了对 1917 年潜艇战危机的宝贵叙述，同时还有一份较为可靠的损失概览。

[5] *Ibid*, pp.444-447

[6] 经济封锁的影响之所以仍然引起人们的争议，主要是因为其结果造成的重大生命损失。德国的伤亡人数，实际上还有封锁带来的影响，都取决于所使用的原始统计数字，此外，还与疾病和其他可能相关的原因造成的死亡和饥饿有关。在大多数情况下，我参照的都是 Osborne, Eric; *Britain's Economic Blockade of Germany, 1914-19* (2004).

后记

[1] Staff, Gary, *German Battleships 1914-18 (2): Kaiser, König and Bayern classes* (2010), pp.23-38.

[2] Quoted in Brown and Meehan, *op. cit.*, p.127

[3] 此处涉及公海舰队斯卡帕湾自沉事件的描述大都来自 Van der Vat, Dan; *The Grand Scuttle* (2007), George, S.C.; *Jutland to Junkyard* (1973) and material held in the Orkney Library and Archive, Kirkwall.

[4] Quoted in Brown and Meehan, *op. cit.*, p.134